高等法律职业教育系列教材
审定委员会

主　　任　万安中

副主任　许　冬

委　　员　(按姓氏笔画排序)

　　　　　王　亮　刘　斌　刘　洁　刘晓晖

　　　　　李忠源　陈晓明　陆俊松　周静茹

　　　　　项　琼　顾　伟　盛永彬　黄惠萍

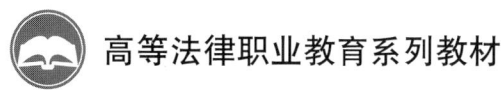高等法律职业教育系列教材

新编大学语文

XINBIAN DAXUE YUWEN

主　编○万月玲
副主编○张　明
撰稿人○卓燕华　黄晓梅　范小松
　　　　何　珊　李　琰

中国政法大学出版社

2018·北京

声　明　1. 版权所有，侵权必究。
　　　　2. 如有缺页、倒装问题，由出版社负责退换。

图书在版编目（CIP）数据

新编大学语文/万月玲主编. —北京：中国政法大学出版社，2018.3（2022.7重印）
ISBN 978-7-5620-8017-6

Ⅰ. ①新… Ⅱ. ①万… Ⅲ. ①大学语文课－高等学校－教材 Ⅳ. ①H19

中国版本图书馆CIP数据核字(2018)第012678号

出 版 者	中国政法大学出版社	
地　　址	北京市海淀区西土城路25号	
邮　　箱	fadapress@163.com	
网　　址	http://www.cuplpress.com（网络实名：中国政法大学出版社）	
电　　话	010-58908435(第一编辑部) 58908334(邮购部)	
承　　印	北京鑫海金澳胶印有限公司	
开　　本	787mm×1092mm　1/16	
印　　张	19.5	
字　　数	404千字	
版　　次	2018年3月第1版	
印　　次	2022年7月第3次印刷	
印　　数	9001～13000册	
定　　价	49.00元	

总序

高等法律职业化教育已成为社会的广泛共识。2008 年，由中央政法委等 15 部委联合启动的全国政法干警招录体制改革试点工作，更成为中国法律职业化教育发展的里程碑。这也必将带来高等法律职业教育人才培养机制的深层次变革。顺应时代法治发展需要，培养高素质、技能型的法律职业人才，是高等法律职业教育亟待破解的重大实践课题。

目前，受高等职业教育大趋势的牵引、拉动，我国高等法律职业教育开始了教育观念和人才培养模式的重塑。改革传统的理论灌输型学科教学模式，吸收、内化"校企合作、工学结合"的高等职业教育办学理念，从办学"基因"——专业建设、课程设置上"颠覆"教学模式："校警合作"办专业，以"工作过程导向"为基点，设计开发课程，探索出了富有成效的法律职业化教学之路。为积累教学经验、深化教学改革、凝塑教育成果，我们着手推出"基于工作过程导向系统化"的法律职业系列教材。

《国家（2010～2020 年）中长期教育改革和发展规划纲要》明确指出，高等教育要注重知行统一，坚持教育教学与生产劳动、社会实践相结合。该系列教材的一个重要出发点就是尝试为高等法律职业教育在"知"与"行"之间搭建平台，努力对法律教育如何职业化这一教育课题进行研究、破解。在编排形式上，打破了传统篇、章、节的体例，以司法行政工作的法律应用过程为学习单元设计体例，以职业岗位的真实任务为基础，突出职业核心技能的培养；在内容设计上，改变传统历史、原则、概念的理论型解读，采取"教、学、练、训"一体化的编写模式。以案例等导出问题，根据内容设计相应的情境训练,将相关原理与实操训练有机地结合,围绕关键知识点引入相关实例,归纳总结理论,分析判断解决问题的途径,充分展现法律职业活动的演进过程和应用法律的流程。

  法律的生命不在于逻辑,而在于实践。法律职业化教育之舟只有驶入法律实践的海洋当中,才能激发出勃勃生机。在以高等职业教育实践性教学改革为平台进行法律职业化教育改革的路径探索过程中,有一个不容忽视的现实问题:高等职业教育人才培养模式主要适用于机械工程制造等以"物"作为工作对象的职业领域,而法律职业教育主要针对的是司法机关、行政机关等以"人"作为工作对象的职业领域,这就要求在法律职业教育中对高等职业教育人才培养模式进行"辩证"地吸纳与深化,而不是简单、盲目地照搬照抄。我们所培养的人才不应是"无生命"的执法机器,而是有法律智慧、正义良知、训练有素的有生命的法律职业人员。但愿这套系列教材能为我国高等法律职业化教育改革作出有益的探索,为法律职业人才的培养提供宝贵的经验、借鉴。

2016 年 6 月

前言 Foreword

2007年教育部要求高校面向全体大学生开设大学语文课，并且要求将其列为必修课。这显现了新时期高等教育对素质培养的重视，也凸显了大学语文课程的重要地位与作用。大学语文课程作为非汉语言专业学生的必修课，其作用在于培养学生汉语语言文学方面的阅读、欣赏、理解、表达能力，培养大学生的人文精神和综合文化素质，增强他们走向未来的信心。

随着社会的发展与进步，高校体系中的高职高专教育越来越受到重视。高职高专教育与社会经济发展的关系十分密切，这决定了高职高专人才要想适应21世纪经济快速发展的需要，除了要具备较高的理论水平、较强的实践技能外，还需具备良好的人文与职业素质。但许多高职高专院校因为起步较晚，部分学科的课程建设还很不完善和成熟，教材建设也比较落后，基本沿用本科院校的通用教材，语文教材也不例外。目前高校中非汉语言专业的大学生的汉语水平并不乐观，总体上不尽如人意，而且理科专业和文科专业的学生均是如此，高职大学生的基本文字能力更是参差不齐。基于此，我们这本面向高职高专学生的大学语文教材本着以人为本的编写理念，按照"以就业为导向，以素质为本位，以能力为核心"的人才培养模式的要求，选取有利于启发学生的思维和发展学生的能力、有利于培养学生的创新精神和创造能力，并给学生留有足够的独立思考和自主探究空间的文学作品，以利于学生形成良好的个性品质、增强人文素养、促进学生良好人格的形成，使学生在审美的愉悦中能够潜移默化地受到爱国主义、集体主义、忧患意识、道德感、使命感、奋斗精神、竞争意识等人文精神的教育。

本书由于编写时间紧迫，难免会有一些错漏之处，敬请各位读者批评指正。

编者
2017 年 11 月

第一部分　诗词曲赋

《七月（豳风）》 ……………………………………《诗经》/ 1
《湘夫人》 …………………………………………………屈　原 / 6
《东门行》 …………………………………………………汉乐府 / 10
《饮马长城窟行》 …………………………………………汉乐府 / 12
《行行重行行》 …………………………………《古诗十九首》/ 14
《春江花月夜》 ……………………………………………张若虚 / 16
《登金陵凤凰台》 …………………………………………李　白 / 19
《新婚别》 …………………………………………………杜　甫 / 21
《长恨歌》 …………………………………………………白居易 / 24
《无题（昨夜星辰昨夜风）》 ……………………………李商隐 / 29
《八声甘州（对潇潇暮雨洒江天）》 ……………………柳　永 / 31
《沈园二首》 ………………………………………………陆　游 / 33
《醉花阴（薄雾浓云愁永昼）》 …………………………李清照 / 35
《摸鱼儿（更能消、几番风雨）》 ………………………辛弃疾 / 37
《登楼赋》 …………………………………………………王　粲 / 39
《般涉调·哨遍　高祖还乡》 ……………………………睢景臣 / 42
《送别》 ……………………………………………………李叔同 / 45
《相信未来》 ………………………………………………食　指 / 47
《回答》 ……………………………………………………北　岛 / 49
《春天，十个海子》 ………………………………………海　子 / 52
《远和近》 …………………………………………………顾　城 / 54
《西风颂》 ……………………………………………[英]雪　莱 / 56

第二部分 散文

- 《论语》八则 ………………………………………… 《论语》/ 60
- 《夫子当路于齐》 …………………………………… 孟　子 / 63
- 《山木》 ……………………………………………… 庄　子 / 66
- 《郑伯克段于鄢》 …………………………………… 《左传》/ 68
- 《邵公谏厉王弭谤》 ………………………………… 《国语》/ 72
- 《鲁仲连义不帝秦》 ………………………………… 《战国策》/ 75
- 《苏秦始将连横》 …………………………………… 《战国策》/ 80
- 《谏逐客书》 ………………………………………… 李　斯 / 84
- 《李将军列传》 ……………………………………… 司马迁 / 88
- 《张中丞传后叙》 …………………………………… 韩　愈 / 97
- 《赵武灵王胡服骑射》 ……………………………… 司马光 / 101
- 《文与可画筼筜谷偃竹记》 ………………………… 苏　轼 / 103
- 《报刘一丈书》 ……………………………………… 宗　臣 / 106
- 《看镜有感》 ………………………………………… 鲁　迅 / 110
- 《选择与安排》 ……………………………………… 朱光潜 / 114
- 《冬天》 ……………………………………………… 朱自清 / 120
- 《爱尔克的灯光》 …………………………………… 巴　金 / 122
- 《回忆鲁迅先生》 …………………………………… 萧　红 / 126
- 《公寓生活记趣》 …………………………………… 张爱玲 / 135
- 《听听那冷雨》 ……………………………………… 余光中 / 140
- 《沙漠中的饭店》 …………………………………… 三　毛 / 145
- 《海的味道　山的味道》 …………………………… ［日］黑柳彻子 / 149

第三部分 戏剧

- 《牡丹亭·游园》 …………………………………… 汤显祖 / 153
- 《一只马蜂》 ………………………………………… 丁西林 / 156
- 《原野》（序幕） …………………………………… 曹　禺 / 168
- 《哈姆雷特》（节选） ……………………………… ［英］莎士比亚 / 187

第四部分 小说

- 《世说新语》（二则） ……………………………… 刘义庆 / 192
- 《阿宝》 ……………………………………………… 蒲松龄 / 195
- 《红楼梦》（节选） ………………………………… 曹雪芹 / 200

《风波》	鲁　迅 / 207
《断魂枪》	老　舍 / 213
《萧萧》	沈从文 / 219
《箓竹山房》	吴组缃 / 229
《封锁》	张爱玲 / 235
《美食家》（节选）	陆文夫 / 243
《那片血一般红的杜鹃花》	白先勇 / 253
《命若琴弦》	史铁生 / 261
《一只特立独行的猪》	王小波 / 277
《霸王别姬》（节选）	李碧华 / 280
《悲惨世界》（节选）	［法］雨　果 / 290

参考文献 …………………………………………………… 300

第一部分 诗词曲赋

七月（豳风）[1]

《诗经》

七月流火[2]，九月授衣[3]。一之日觱发[4]，二之日栗烈[5]。无衣无褐[6]，何以卒岁[7]？三之日于耜[8]，四之日举趾[9]。同我妇子[10]，馌彼南亩[11]。田畯至喜[12]。

七月流火，九月授衣。春日载阳[13]，有鸣仓庚[14]。女执懿筐[15]，遵彼微行[16]，爰求柔桑[17]。春日迟迟[18]，采蘩祁祁[19]。女心伤悲，殆及公子同归[20]。

七月流火，八月萑苇[21]。蚕月条桑[22]，取彼斧斨[23]。以伐远扬[24]，猗彼女桑[25]。七月鸣鵙[26]，八月载绩[27]。载玄载黄[28]，我朱孔阳[29]，为公子裳。

四月秀葽[30]，五月鸣蜩[31]。八月其获[32]，十月陨萚[33]。一之日于貉[34]，取彼狐狸，为公子裘[35]。二之日其同[36]，载缵武功[37]。言私其豵[38]，献豜于公[39]。

五月斯螽动股[40]，六月莎鸡振羽[41]。七月在野，八月在宇，九月在户，十月蟋蟀入我床下[42]。穹窒熏鼠[43]，塞向墐户[44]。嗟我妇子[45]，曰为改岁[46]，入此室处[47]。

六月食郁及薁[48]，七月亨葵及菽[49]。八月剥枣[50]，十月获稻。为此春酒[51]，以介眉寿[52]。七月食瓜，八月断壶[53]，九月叔苴[54]，采荼薪樗[55]。食我农夫[56]。

九月筑场圃[57]，十月纳禾稼[58]。黍稷重穋[59]，禾麻菽麦[60]。嗟我农夫，我稼既同[61]，上入执宫功[62]。昼尔于茅[63]，宵尔索绹[64]，亟其乘屋[65]，其始播百谷[66]。

二之日凿冰冲冲[67]，三之日纳于凌阴[68]。四之日其蚤[69]，献羔祭韭[70]。九月肃霜[71]，十月涤场[72]。朋酒斯飨[73]，曰杀羔羊。跻彼公堂[74]，称彼兕觥[75]：万寿无疆！

注 释

[1]《七月》属于十五国风中的《豳风》。豳（bīn），国名，在今陕西省旬邑县西。

[2] 七月流火：火（古读如毁），或称大火，星名，即心宿。每年夏历五月，黄昏时候，这星当正南方，也就是正中和最高的位置。过了六月就偏西向下了，这就叫作"流"。

[3] 授衣：指分发寒衣。另一解为把裁制寒衣的工作交给妇女们去做。

[4] 一之日：一月的日子，指周历正月，即夏历十一月。以下"二之日"指周历二月，夏历十二月，"三之日"指周历三月，夏历正月，"四之日"指周历四月，夏历二月。夏历三月不叫"五之日"，只称为春。从四月到十月，周历和夏历同。觱（bì）发：寒风撼物的声音。

[5] 栗烈：或作"凛冽"，空气寒冷。

[6] 褐：原指粗毛、粗麻布。引申为粗麻或兽毛做的短衣。

[7] 卒岁：过了一年。指度过寒冬残年。

[8] 于耜（sì）：修理农具。于：动词词头。耜：古时的犁。这里加词头"于"用作动词，指修理农具。

[9] 趾（zhǐ）：足。"举趾"是说开始耕地。

[10] 同：动词，偕同。我：农家的家长自称。妇子：妻子和儿女。

[11] 馌（yè）：馈送食物。南亩：向阳的耕地。

[12] 田畯（jùn）：农神。又称农正或田大夫。至：指来到。

[13] 春日：指夏历三月。载：开始。阳：暖和。

[14] 仓庚：鸟名，即黄莺，俗称黄鹂。

[15] 懿筐：深筐。

[16] 遵：循，顺着……走。微行：小径（桑间道）。

[17] 爰：于是。求：寻求。柔桑：嫩桑叶。

[18] 迟迟：舒缓。指春日天长。

[19] 蘩（fán）：菊科植物，即白蒿。采白蒿是为了做蚕蔟，让蚕做茧子。祁祁：众多的样子。

[20] 殆：恐怕。及：与。公子：指贵族的公子。这句是说，女子担心被贵族公子抢走。

[21] 萑（huán）苇：芦苇。长成后的荻称为"萑"，长成后的芦称为"苇"。

[22] 蚕月：开始养蚕的月份，指夏历三月。条桑：指拣择桑叶，或修剪桑枝。

[23] 斧斨（qiāng）：泛指斧子。斨：方孔的斧头。

[24] 远扬：指又长又高的桑枝。

[25] 猗（jǐ）：通"掎（jǐ）"，牵引、拉住。"掎桑"是用手拉着桑枝来采叶。女桑：嫩桑。这句是说，攀着枝条采摘柔嫩的桑叶。

[26] 鵙（jú）：鸟名，又叫伯劳。

[27] 载绩：开始织麻。绩：将劈开的麻接拧成线，准备织布用。

[28] 载玄载黄：染的颜色又有黑又有黄。载：副词，又。玄、黄：都用作动词。玄：黑红色。

[29] 朱：赤色，比较鲜艳的红色。孔：很，非常。阳：鲜明，指鲜艳。

[30] 秀：植物抽穗开花。葽（yāo）：植物名，又名"师姑草"。

[31] 鸣蜩（tiáo）：蝉鸣。

[32] 其获：收获。其：动词词头。

[33] 陨萚（tuò）：叶子落下来。萚：草木脱落的皮或叶。

[34] 于貉（hè）：于，取，这里指猎取。貉：一种小野兽，像狸子，皮毛厚软，很珍贵。

[35] 裘：毛皮的衣服。

[36] 其同：指狩猎之前聚合众人。

[37] 缵（zuǎn）：继承，继续。武功：指打猎的事。

[38] 言私：指打猎的私人占有。豵（zōng）：一岁小猪，这里泛指比较小的兽。私其豵：小兽归猎者私有。

[39] 豜（jiān）：三岁的猪，泛指大兽。公：指统治者。这句是说，大兽献给王公贵族。

[40] 斯螽（zhōng）：虫名，蝗类，即蚱蜢、蚂蚱。旧说斯螽以两股相切发声。动股：指发出鸣声。

[41] 莎（suō）鸡：虫名，蟋蟀类。又名纺织娘。振羽：指振翅发声。

[42] "在野""在宇""在户""在床"，都是指蟋蟀，夏天在野外，秋天渐凉，便移于宇下、户下、床下。宇：房檐，这里指房檐下。户：门。

[43] 穹：穷尽。窒（zhì）：堵塞。穹窒：把屋里的洞堵好。熏：用烟熏。穹窒：把屋里所有的鼠穴都找到，然后把它们都堵上。

[44] 向：朝北的窗户。墐：用泥涂抹。墐户：把门涂上泥。贫家门扇用柴竹编成，涂泥使它不透风。

[45] 妇子：老婆孩子。

[46] 改岁：又过去了一年。是说旧年将尽，新年快到。

[47] 处：居住。这句是说到了冬天过室内生活。

[48] 郁：植物名，唐棣之类。树高五六尺，果实像李子，赤色。薁（yù）：植物名，果实大如桂圆。一说为野葡萄。

[49] 亨：通"烹"，煮。葵：即冬葵，古代一种重要蔬菜。菽：豆的总名。

[50] 剥：击，打。

[51] 春酒：冬天酿酒经春始成，叫作"春酒"。枣和稻都是酿酒的原料。

[52] 介（gài）：通"丐"，祈求。眉寿：长寿，人老眉间有豪毛，叫秀眉，所以长寿称眉寿。

[53] 断：指摘下。壶：葫芦。

[54] 叔：拾，收取。苴（jū）：结籽的麻。

[55] 荼（tú）：一种苦菜。樗（chū）：树名，臭椿。薪樗：砍柴。

[56] 食（sì）：这里是养活的意思。

[57] 场：是打谷的场地。圃：是菜园。春夏做菜园的地方秋冬就做成场地，所以场圃连成一词。

[58] 纳：收进谷仓。禾稼：泛指一切谷物。

[59] 黍：黍子。碾成的米叫黄米。稷：黍类的一种。重（zhǒng）：即"种"，是早种晚熟的谷。穋（lù）：即稑（lù），稑是晚种早熟的谷。

[60] 禾：是专指一种谷物，即今之小米。菽：豆。麦：麦子。

[61] 同：集中，指农民把打下的谷物都集中送给统治者的谷仓。

[62] 上入执宫功：还要到领主家去修缮房屋。上：同"尚"，尚且。执：指服役。宫：宫室。功：事。

[63] 尔：语气词。于：动词词头。茅：茅草。这里用作动词，割茅草。

[64] 索：作动词用，搓的意思。綯（táo）：绳。
[65] 亟：急，赶快。乘屋：指登上屋顶（修理住房）。
[66] 其始：指岁始，即第二年春初。
[67] 凿冰：指奴隶们凿取冰块。冲冲：凿冰的声音。
[68] 凌阴：冰窖。凌：冰。
[69] 蚤：通"早"，指早朝，是一种祭祀仪式。
[70] 献羔祭韭：献上羔羊，祭以韭菜。这是对司寒之神的祭祀。
[71] 肃霜：双声联绵词，即肃爽，指天高气爽。霜：通"爽"。
[72] 涤场：清扫干净打谷场。
[73] 朋酒：两壶酒。古代以贝壳为货币，五贝为一串，两串为一朋。斯：指示代词，复指酒。飨（xiǎng）：用酒款待人。
[74] 跻（jī）：登，升。公堂：统治者的朝堂，这里可能指公共场所。
[75] 称：举起。兕觥（sì gōng）：用兕角做的饮酒器具，也叫兕爵。兕：雌的犀牛。觥：酒器名，多用青铜制。

作家·作品

《诗经》是我国第一部诗歌总集，共收入自西周初期至春秋中叶约500年间的诗歌305篇。最初称《诗》，汉代儒者奉为经典，乃称《诗经》。

《诗经》分为"风""雅""颂"三部分。"风"包括"十五国风"，诗160篇，是出自各地的民歌，这一部分文学成就最高；"雅"包括《大雅》31篇，《小雅》74篇，是产生于王都附近的诗，多为贵族、士大夫所作，少量为民歌；《颂》包括《周颂》31篇，《商颂》5篇，《鲁颂》4篇，共40篇，是用于宗庙祭祀的诗歌。

《诗经》在内容上，从诸多方面反映了当时社会的经济、政治状况以及风俗习惯和意识形态。特别是不少民间创作深刻地揭露了统治者的恶行，真切地反映了下层人民的生活和情感。

《诗经》在艺术表现形式上，以四言为主，节奏简约，讲求用韵；常用重章叠句，回环往复，一唱三叹；多用比兴手法，意蕴深远含蓄，极富艺术感染力。

《诗经》注重反映并表现现实社会生活的创作传统以及赋、比、兴等艺术表现手法的运用等，都对后世文学艺术产生了深远的影响。

《七月》是《豳风》中的杰作，它以连续性的画面，具体全面地描绘了3000年前我国农奴的生活和劳动，真实地表现了农奴所受的剥削和压迫以及他们的悲惨生活。

这首诗分8章，共88句，是《国风》中最长的一篇。全诗采用了长轴画的结构来展现当时社会现状，通过时间和空间的交织推进，从纵横两个方面，具体展现了古代农奴的生活图景。作品一方面以时间为顺序，叙述农奴一年间每个月的繁重劳动和遭受剥削压迫的悲惨生活；另一方面，从空间上，依次描绘了农奴的劳动场所：田间、桑林、织房、染房、谷场、果园、酒房、宫室、猎场、冰上……由时间和空间交织织成的这幅画面，展现了农奴循环往复的悲惨生活，以及繁重的劳动，表现了农奴们在经济、政治、人身等方面所受的压迫和剥削。

《七月》风格古朴。全诗出语平淡，自然天成，无斧凿痕迹。但我们从这种平淡、低沉而凄婉的调子中，可以具体而深切地感受到农奴被奴役、被剥削、被践踏的深重苦难。这种古朴平淡的特点使诗篇产生了感人至深的力量。全诗章法结构相同，但每章的内容又各有重点，表现手法亦不雷同，生动多姿而井然有序，在朴素中表现了匠心。

思考·练习

1. 《七月》主要写了哪些方面的内容？
2. 简要分析《七月》的结构特点。
3. 谈谈《七月》运用了什么样的艺术手法。

拓展·阅读

1. 《诗经·豳风·东山》。
2. 《诗经·国风·蒹葭》。
3. 《诗经·商颂·玄鸟》。

湘夫人[1]

屈 原

帝子降兮北渚[2]，目眇眇兮愁予[3]。
嫋嫋兮秋风[4]，洞庭波兮木叶下[5]。
登白薠兮骋望[6]，与佳期兮夕张[7]。
鸟萃兮蘋中[8]？罾何为兮木上[9]？
沅有芷兮澧有兰[10]，思公子兮未敢言[11]。
荒忽兮远望[12]，观流水兮潺湲[13]。
麋何食兮庭中[14]？蛟何为兮水裔[15]？
朝驰余马兮江皋[16]，夕济兮西澨[17]。
闻佳人兮召予，将腾驾兮偕逝[18]。
筑室兮水中，葺之兮荷盖[19]。
荪壁兮紫坛[20]，匊芳椒兮成堂[21]。
桂栋兮兰橑[22]，辛夷楣兮药房[23]。
罔薜荔兮为帷[24]，擗蕙櫋兮既张[25]。
白玉兮为镇[26]，疏石兰兮为芳[27]。
芷葺兮荷屋[28]，缭之兮杜衡[29]。
合百草兮实庭[30]，建芳馨兮庑门[31]。
九嶷缤兮并迎[32]，灵之来兮如云[33]。
捐余袂兮江中[34]，遗余褋兮澧浦[35]。
搴汀洲兮杜若[36]，将以遗兮远者[37]。
时不可兮骤得[38]，聊逍遥兮容与[39]。

注 释

[1] 本篇选自《楚辞·九歌》，《九歌》是古乐曲名。《九歌》是一组祭祀上帝鬼神的歌舞曲，其中的湘君、湘夫人是一对配偶神。湘君就是传说中尧、舜、禹中的舜。他到南方巡视时，死在苍梧，他的妃子是尧的女儿，到南方寻找舜，走到洞庭湖附近，听说舜已死，乃投湘江而死。死后就成

了湘水神，被称为湘夫人。此篇写湘君等待湘夫人而不至，产生的思慕哀怨之情。

［2］帝子：指湘夫人。据说是帝尧之女，故称帝子。渚：水中小块陆地。

［3］眇眇（miǎo）：向远处望的样子。愁予：使予愁。愁：使动用法。

［4］嫋嫋（niǎo）：同"袅袅"，微风吹动的样子。

［5］波：这里用作动词，指掀起波浪。木叶：树叶。下：飘落。

［6］登白薠（fán）：登上长着白薠的地方。白薠：水草名，生湖泽间。骋望：纵目四望。

［7］佳：佳人，指湘夫人。期：约会。张：布置、陈设帷帐。

［8］萃：集，集中。苹（píng）：水草。

［9］罾（zēng）：渔网。

［10］沅、澧（lǐ）：即沅水、澧水，在今湖南省，都流入洞庭湖。芷、兰：两种香草。芷，一作"茝"。

［11］公子：指湘夫人。古代贵族称公族，贵族子女不分性别，都可称"公子"。

［12］荒忽：同"恍惚"。隐隐约约，不分明的样子。

［13］潺湲（chán yuán）：水缓缓流动的样子。

［14］麋（mí）：兽名，鹿的一种。

［15］水裔（yì）：水边。

［16］江皋（gāo）：江边。

［17］济：渡过。澨（shì）：水边。

［18］腾驾：驾着马车奔腾飞驰。偕逝：同往。

［19］葺：覆盖。盖：指屋顶。荷盖：以荷叶为屋顶。

［20］荪壁：用荪草饰墙壁。荪（sūn）：一种香草。紫坛：用紫贝铺砌的中庭。紫：紫贝。坛：中庭。

［21］成：装饰。

［22］桂栋：以桂木作栋梁。兰橑：以木兰作屋椽。橑（lǎo）：屋椽。

［23］辛夷：香木名。楣：门上横梁。药：白芷。房：卧房。

［24］罔：通"网"，用作动词，编结。薜荔：一种香草。帷：帷帐。

［25］擗蕙櫋：（挂上）用蕙草纺织的帘子把房间隔开。擗（pì）：剖开。蕙：一种香草。櫋（mián）：檐际木。一说指室中隔扇。张：挂，布置。

［26］镇：镇压坐席之物。

［27］疏：散布，分布。石兰：一种香草。

［28］芷葺：覆盖芷草。

［29］缭：围绕。杜衡：一种香草。

［30］合：合聚。百草：指各种芳草。实：充实，充满。

［31］建：陈设，布置。芳馨：能够远闻的香。庑（wǔ）门：走廊和大门。

［32］九嶷（yí）：山名，传说中舜的葬地，在湘水南。这里指九嶷山诸神。缤：盛多的样子。

［33］灵：指众神。如云：形容众多。

［34］捐：抛弃。袂（mèi）：衣袖。

［35］遗：丢掉。褋（dié）：外衣。

7

[36] 搴（qiān）：拔。汀洲：江河中的草地。杜若：一种香草。

[37] 遗（wèi）：赠送。远者：指远方的美人。

[38] 时：这里指约会的时机。骤得：数得，屡得。

[39] 聊：权且。容与：悠闲的样子。

作家·作品

屈原（约公元前340～前278），名平，字原，战国时楚国人。先秦时期的伟大诗人。他出身贵族，楚怀王时，曾任左徒、三闾大夫等职。屈原学识渊博，善于辞令，具有远大的政治理想，对外主张联齐抗秦，对内主张举贤授能，改革政治，变法图强，甚得楚怀王信任。后楚怀王听信谗言，疏远了屈原，还曾将他放逐于汉北。楚襄王继位后，屈原又被流放到江南。他痛心国势日微而自己的理想无法实现，乃自投汨罗江而死。屈原是"骚体"的创始者。他留存下来的作品，一般认为有《离骚》、《九歌》（11篇）、《天问》和《九章》（9篇）等。诗人在这些诗篇中，用积极浪漫主义的色彩，揭露了统治集团的腐朽、污浊，表现了作者进步的政治理想、高尚的人格情操、热爱祖国的真挚感情和坚贞不屈的斗争精神。作品采用大量的神话传说，构思奇特，想象丰富，辞藻华丽。作为我国积极浪漫主义诗歌的开端，屈原的作品对我国古代文学的发展，具有特别重要的意义。

《湘夫人》这首诗描写并歌颂了传说中湘水的一对配偶神的爱情。这首诗通过对湘君热烈地企盼与湘夫人相会，最终却没有等到爱人的描写，抒发了湘君对湘夫人刻骨铭心的爱慕、思念之情，也把湘君在约会地点没有等到湘夫人时的感情起伏和一系列的心理活动描写得幽婉感人。全诗情节虽然简单，但内蕴丰富，感情强烈，既表达了对于纯洁的爱情的渴望，同时也反映了诗人热烈的追求和企盼得不到实现的精神痛苦。

这首诗的意象丰富，全诗充满了丰富的想象和幻奇的境界，有鲜明的浪漫主义特点，在修辞上多用比喻手法和排比句式。诗人善于通过对周围景物和环境气氛的描写，烘托出湘君在等待湘夫人时的忧愁、懊恼以及对未来生活的美好想象等起伏复杂心理状态，从而形成情景交融的美妙境界。诗的语言华美，如泣如诉，单纯自然而又意味幽深，有很强的感染力。

思考·练习

1. 这首诗是怎样通过细节描写表现主人翁的思想感情的？
2. 分析诗中寓情于景、情景交融的艺术境界。
3. 全诗的浪漫主义色彩主要表现在哪些方面？

拓展·阅读

1. （战国）屈原：《离骚》。
2. （战国）宋玉：《九辩》。
3. （西汉）贾谊：《惜誓》。

东门行[1]

汉乐府

出东门，不顾归[2]。来入门[3]，怅欲悲[4]。盎中无斗米储[5]，还视架上无悬衣[6]。拔剑东门去，舍中儿母牵衣啼[7]："他家但愿富贵[8]，贱妾与君共餔糜[9]。上用仓浪天故[10]，下当用此黄口儿[11]。今非[12]！""咄[13]！"行[14]！吾去为迟[15]！白发时下难久居[16]。

注　释

[1] 东门行：乐府古辞，载于《乐府诗集·相和歌·瑟调曲》中。东门：主人公所居之处的东城门。行：古代乐曲的一种。这首诗写的是一个城市贫民在无衣无食的绝境中，准备铤而走险的情景，反映出当时社会矛盾的激化。

[2] 顾：念。不顾归，（不打算）再回家了。

[3] 来：回转。

[4] 怅欲悲：惆怅烦恼越想越悲伤。

[5] 盎（àng）：大腹小口的陶器。

[6] 还视：回头看。架：衣架。悬衣：挂着的衣服。

[7] 舍中：家里。

[8] 他家：别人家。

[9] 餔糜（bū mí）：吃粥。餔：动词，食，吃。

[10] 用：为了。仓浪天：即苍天、青天。仓浪：青色。

[11] 黄口儿：指幼儿。

[12] 今非：现在的这种行为不对。

[13] 咄：拒绝妻子的劝告而发出的呵叱声。

[14] 行：走啦。

[15] 吾去为迟：我已经去晚啦。

[16] 白发时下：白发经常脱落。下：指头发脱落。难久居：指苦日子很难再熬下去。

作家·作品

乐府本是汉武帝时设立的专管音乐的机构。这个机构主管宫廷的音乐创作、搜集民间的歌谣和乐曲。魏晋以后，人们将乐府所搜集演唱的诗歌，称为乐府诗，或简称乐府。汉代的乐府诗，既有贵族、文人的创作，也包括相当一部分民歌。它们具有浓厚的生活气息，是乐府诗的精华所在。汉乐府民歌以叙事诗居多，诗中的情节比较完整，人物形象鲜明，极富个性；善于选取典型细节，通过人物的语言和行动来表现人物的性格；语言口语化，朴实自然，富有生活气息；在诗体形式上自由多样，富于变化，句式多为五言，间有杂言。汉乐府民歌，继承并发展了《诗经》风诗的现实主义传统，反映了汉代下层人民贫困艰难的生活，表达了他们对现实的不满，以及对幸福、理想、爱情的追求与憧憬，具有很强的思想性。汉乐府民歌，对后代民歌和文人的诗歌创作产生了深远的影响，是我国诗歌史上一份珍贵的遗产。

这首乐府民歌通过人物行为和对话描写了一个贫民在饥寒交迫的情况下，不得不铤而走险的故事。篇幅虽然短小，但"出"与"来"的行为描写，以及简短有力的对话，把男女主人公复杂的心理活动表现得真实而生动。诗中女主人公委曲求全，能忍则忍；男主人公比较坚强，但他内心也很矛盾。作品正是通过对妻子缠绵凄切、柔肠寸断的劝说，以及男主人公矛盾心理的描写，揭示了社会矛盾的激化，官逼民反的社会现实。这首诗语言质朴，描述自然，语言干练利落，对话运用贴切生动。本诗虽然采取了杂言形式，但是由于用字简练，句子长短相济，读来琅琅上口，有顿挫流畅之感。

思考·练习

1. 分析这首诗歌的艺术特点。

拓展·阅读

1. （北宋）郭茂倩：《乐府诗集》。
2. 汉乐府：《上山采蘼芜》。
3. 吴相洲：《唐诗十三论》，学苑出版社2002年版。

饮马长城窟行[1]

汉乐府

青青河畔草,绵绵思远道[2]。远道不可思[3],宿昔梦见之[4]。梦见在我旁,忽觉在他乡[5]。他乡各异县,展转不相见[6]。枯桑知天风,海水知天寒[7]。入门各自媚[8],谁肯相为言[9]!客从远方来,遗我双鲤鱼[10]。呼儿烹鲤鱼[11],中有尺素书[12]。长跪读素书[13],书中竟何如?上言加餐饭[14],下言长相忆[15]。

注 释

[1] 此诗最早见于《文选》,《乐府诗集》收于《相和歌辞·相和曲》中。《五臣注》曰:"长城,秦所筑以备胡者。其下有泉窟,可以饮马。征人路出于此而伤悲矣。言夫征役,军戎未止,妇人思夫,故作是行。"

[2] 绵绵:连绵不断的样子。这里义含双关,由看到连绵不断的青青春草,而引起对征人的缠绵不断的情思。远道:远方。

[3] 不可思:是无可奈何的反语。这句是说征人辗转远方,思念也无用。

[4] 宿昔:一作"夙昔",昨夜。《广雅》云:"昔,夜也。"

[5] 忽觉:突然惊醒。

[6] 展转:同"辗转",翻来覆去。不相见:一作"不可见"。

[7] 枯桑知天风,海水知天寒:枯桑,落了叶的桑树。这两句是说枯桑虽然没有叶,仍然感到风吹,海水虽然不结冰,仍然感到天冷。比喻夫妇久别,自知孤苦。闻一多《乐府诗笺》云:"喻夫妇久别,口虽不言而心自知苦。"

[8] 入门:回家,指从远方归来的其他人。媚:爱。这句是说从远方归来的人自顾同自己家人欢聚。

[9] 言:《广雅》云:"言,问也。"这句是说谁肯来跟我说句安慰的话?

[10] 双鲤鱼:指信函。古人寄信是藏于木函中,函用刻为鱼形的两块木板制成,一盖一底,所以称之为"双鲤鱼"。按以鱼象征书信,是我国古代习用的比喻。

[11] 烹:煮。这里指打开书函。

[12] 尺素书:指书信。古人写信是用帛或木板,其长皆不过尺,故称"尺素"或"尺牍"。这句是说打开信函取出信。

[13] 长跪:伸直腰跪着。古人日常都是席地而坐,两膝着地耸体为跪。长跪是将上躯直耸,以

示恭敬。

[14] 餐饭：一作"餐食"。表示关怀保重。

[15] 长相忆：相思绵长。

作家·作品

这是一首汉乐府民歌，抒写怀人情愫。本诗把妇人的思念之情，写得细腻委婉，深沉缠绵，具有浓郁的民歌风味。诗歌以青草起兴，由青青绵绵而"思远道"之人；但又猛然回到现实"远道不可思"；只好去回忆昨晚"梦见在身边"，但又再次惊醒"忽觉在他乡"，陷入别人难以体会的相思苦中；远方的书信令妇人欣喜，但读后的结果却更是相思难耐。这曲折多变的笔法，完全随着抒情主人公飘忽不定的思绪而曲折回旋。几个转折中，情思恍惚，意象迷离，亦喜亦悲，变化难测，充分写出了她怀人之情的缠绵殷切。

这首诗歌在抒情中夹杂叙述，读来亲切自然，语言虽平直但意味深长，比兴手法的运用也贴切自然。

思考·练习

1. 本诗是按照什么顺序来写的？
2. 分析本诗的艺术特点。

拓展·阅读

1. （南梁）萧统：《昭明文选》。
2. 汉乐府：《十五从军征》。
3. 汉乐府：《战城南》。

行行重行行

《古诗十九首》

行行重行行[1]，与君生别离。
相去万余里，各在天一涯；
道路阻且长[2]，会面安可知！
胡马依北风[3]，越鸟巢南枝[4]。
相去日已远，衣带日已缓[5]；
浮云蔽白日[6]，游子不顾返。
思君令人老，岁月忽已晚[7]。
弃捐勿复道[8]，努力加餐饭！

注　释

[1] 重行行：行了又行，走个不停。
[2] 阻：艰险。
[3] 胡马：指北方的马。古时称北方少数民族为胡。依：依恋。
[4] 越鸟：南方的鸟。越：南方的国名百越。
[5] 缓：宽松。
[6] 浮云蔽白日：是设想丈夫另有所欢。白日：喻指未归的丈夫。
[7] 忽：迅速。晚：岁暮。
[8] 捐：丢开。道：谈说，提起。

作家·作品

《行行重行行》是《古诗十九首》的第一首。《古诗十九首》为汉代五言诗，后收入梁代昭明太子萧统编的《文选》。这些诗的作者，创作的时间、地点都难以确定，但后世却视之为带有整体性的组诗，"古诗十九首"也就成了这些诗的专名。其内容多为夫妇朋友间的离愁别绪和士人的彷徨失意，有些作品表现出追求富贵和及时行乐的思想。作品语言朴素自然，描写生动真切，代表了汉代五言诗的最高成就。

这是一首在东汉末年动荡岁月中思妇怀念远方游子的诗，抒发了一个女子对远行在外的丈夫的深切思念。她咏叹别离的痛苦、相隔的遥远和见面的艰难，把自己的刻骨的相思和丈夫的一去不复返相对照，但还是自我宽解，只希望远行的人自己保重。本诗写得"情真、景真、事真、意真"（陈绎《诗谱》），读之使人悲感无端，反复低徊，为女主人公真挚痛苦的爱情呼唤所感动。这首诗善用比兴、典故，抒情委婉含蓄，又真挚动人，把思妇的思夫之情写得或显、或寓、或直、或曲。这种迂回诉说，言简意丰，耐人寻味的表现手法，正是这首诗具有永恒艺术魅力的所在。此外，这首诗语言朴素自然又精炼生动，充满浓郁的生活气息，呈现出淳朴清新，平易淡远的民歌风格。诗歌的字里行间也凝结着无名诗人对痴情、忠贞、坚强的女性的无限同情。

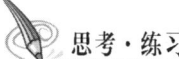

思考·练习

1. 试谈读这首诗的感想。
2. 试分析说明"胡马依北风，越鸟巢南枝"两句承上启下的比兴寓意。
3. 举例说明此诗表现内心情感细腻入微而又含蓄蕴藉的特点。

拓展·阅读

1. 汉乐府：《古诗十九首》。
2. （南朝）萧统：《昭明文选》。
3. 吴小如等编：《汉魏六朝诗鉴赏辞典》，上海辞书出版社1992年版。

春江花月夜[1]

张若虚

春江潮水连海平，海上明月共潮生。
滟滟随波千万里[2]，何处春江无月明。
江流宛转绕芳甸[3]，月照花林皆似霰[4]。
空里流霜不觉飞[5]，汀上白沙看不见。
江天一色无纤尘，皎皎空中孤月轮。
江畔何人初见月？江月何年初照人？
人生代代无穷已[6]，江月年年只相似。
不知江月待何人，但见长江送流水。
白云一片去悠悠[7]，青枫浦上不胜愁[8]。
谁家今夜扁舟子[9]？何处相思明月楼？
可怜楼上月徘徊[10]，应照离人妆镜台。
玉户帘中卷不去[11]，捣衣砧上拂还来[12]。
此时相望不相闻[13]，愿逐月华流照君。
鸿雁长飞光不度，鱼龙潜跃水成文[14]。
昨夜闲潭梦落花，可怜春半不还家。
江水流春去欲尽，江潭落月复西斜。
斜月沉沉藏海雾，碣石潇湘无限路[15]。
不知乘月几人归[16]，落月摇情满江树[17]。

注 释

[1]《春江花月夜》：乐府《清商曲·吴声歌》旧题，相传创始于陈后主。

[2] 滟滟：波光闪动的样子，此指月光。

[3] 芳甸：杂花飘香的原野。甸：郊外之地。

[4] 霰（xiàn）：雪珠。

[5] 流霜：古人以为霜和雪一样，是从天上飞落下来的，所以叫流霜。这里比喻月光皎洁，但

又不觉其飞流。

[6] 穷已：穷尽。

[7] 悠悠：渺茫、深远。

[8] 青枫浦：地名，在今湖南浏阳境内。这里泛指遥远荒僻的地方。

[9] 扁舟：孤舟。扁舟子：乘一孤舟在外漂流的游子。

[10] 月徘徊：指月光缓缓移动。

[11] 玉户：华美的门。形容楼阁华丽，以玉石镶嵌。

[12] 捣衣砧：捣衣石、捶布石。

[13] 相闻：互通音信。

[14] 文：同纹。

[15] 碣石：山名，位于今河北省。潇湘：水名，在今湖南省。无限路：言离人相去很远。

[16] 乘月：趁着月光。

[17] 摇情：激荡情思。月光撒落在江边轻轻晃动的树上，似是满怀无尽的情意。

作家·作品

张若虚（660~720），字不详，扬州（今江苏扬州）人。唐代诗人。张若虚生平事迹不详，现只知道其曾任兖州（今山东境内）兵曹（掌管军防、门禁等事的官）。唐中宗神龙年间，以其诗文而闻名，与贺知章、张旭、包融号称"吴中四士"。今仅存诗《春江花月夜》与《代答闺梦还》二首。其中《春江花月夜》是初唐七言歌行的杰作。

《春江花月夜》本为乐府旧题，相传为陈后主所创，是写艳情的"宫体"诗。隋及唐初人仿作逐渐将其改变为写景诗，但仍为五言短篇。张若虚首次将这一旧题改造成长篇七言歌行，对春江花月夜景作尽情描绘，抒写真挚感人的离别情绪和富有哲理意味的人生感慨，完全洗去了宫体诗的浓脂艳粉，给人以澄澈空明、清丽自然的感觉。全诗紧扣春、江、花、月、夜的背景来写，而又以月为中心。在月的照耀下，江水、沙滩、天空、原野、枫树、花林、飞霜、白云、扁舟、高楼、镜台、砧石、长飞的鸿雁、潜跃的鱼龙、不眠的思妇以及漂泊的游子，组成了完整的诗歌形象，展现出一幅充满人生哲理与生活情趣的画卷。全诗语言清新优美，韵律婉转悠扬，艺术效果十分完美。

思考·练习

1. 有人认为，这首诗的情感基调"哀而不伤"，谈谈你的感受和认识。
2. 为什么说"月光"是全诗的灵魂？
3. 本诗有哪些地方用了暗示手法？

拓展·阅读

1. 周长春："论张若虚《春江花月夜》的艺术风格"，载《阅读与鉴赏：教研》

2006年第11期。

2. 董艾冰："张若虚《春江花月夜》与琵雅芙《玫瑰人生》的比较阅读"，载《名家欣赏》2016年第5期。

3. 康怀远："诗化时空的绝唱"，载《名家欣赏：鉴赏版刊旬》2005年第10期。

登金陵凤凰台[1]

李 白

凤凰台上凤凰游,凤去台空江自流。
吴宫花草埋幽径[2],晋代衣冠成古丘[3]。
三山半落青天外[4],二水中分白鹭洲[5]。
总为浮云能蔽日[6],长安不见使人愁!

注 释

[1] 凤凰台:故址在今南京城西南凤台山。据《江南通志》记载南朝宋元嘉十六年(439年),有三只大鸟翔集山间,文采五色,状如孔雀,时人谓之凤凰,起台于山,谓之凤凰台。李白于天宝六年(747年)游金陵,登台赋此诗。

[2] 吴宫:三国时吴国建都金陵。后孙皓建营新宫,大开园囿,穷极技巧。花草,指宫苑中的奇花异草,也可喻指妃嫔宫娥。

[3] 晋代:指东晋。都城仍为吴之金陵。衣冠:指世家大族。古丘:古墓。

[4] 三山:在今南京西南长江东岸,因有三个山峰而得名。半落青天外:形容三山云遮雾挡,朦朦胧胧,若隐若现。

[5] 白鹭洲,古代长江中的小洲。据《建康志》:"秦淮河出句容溧水两山间,全流至建康之左,分为二支,一支入城,一支绕城外,共夹一洲,曰白鹭。"

[6] 总为:总是因为。陆贾《新语·慎微》:"邪臣之蔽贤,尤浮云之障日月也。"浮云:喻奸佞小人。日:象征皇帝,表示奸佞当道,贤者不得任用。

作家·作品

李白(701~762),字太白,号青莲居士,祖籍陇西成纪(今甘肃秦安东)。他的一生,绝大部分在漫游中度过。安史之乱爆发后,李白曾应邀入永王李璘幕府,后永王军队为唐肃宗消灭,李白也受牵连入狱,不久流放夜郎(今贵州桐梓一带),途中遇赦得归,时已59岁。李白晚年流落在江南一带,公元762年病逝于当涂(今安徽当涂)。李白是继屈原之后我国最伟大的浪漫主义诗人。李白的诗歌题材广泛,有对当时社会腐朽势力的猛烈抨击,有对美好理想的执着追求,也有对祖国壮丽山河的热情讴歌，充分体现了他奔放的热情，洒脱不羁的豪侠气概和积极用世的精神。李白的诗歌想象奇特丰富，感情奔放豪迈，词采瑰玮绚丽，风格飘逸自然；有《李太白集》。

《登金陵凤凰台》是作者因遭排挤而怀才不遇的登临吊古之作。天宝三年（744年）李白离京南游，在金陵游了凤凰台，大发对朝廷的牢骚，作了这首名诗。诗歌熔名胜古迹与眼前景物于一炉，写出了自己独特的感受。在封建时代，凤凰是一种祥瑞。作者将天下贤才（包括他自己）比作凤凰，贤才不被重用，剩个空台伴着寂寞的流水。古国昔日的繁华已经荒芜，现实中，皇帝已经被奸佞所包围，朝政已经腐败，而自己空怀满腔热情却报国无门。作者将历史的典故、眼前的景物和自己的感受交织在一起，抒发了忧国伤时、有志难酬的感慨。《登金陵凤凰台》被尊为七律中的极品。其颈联气势磅礴、构思巧妙、对仗精工，佳句天成。此诗还以其旷达高远与略带黯淡色彩的吟咏，成为文学史上独特的凤凰咏叹调。

思考·练习

1. 指出诗中的多种抒情写意的方法。
2. "总为浮云能蔽日，长安不见使人愁"有何象征意义？
3. 背诵这首诗。

拓展·阅读

1. 熊礼汇评注：《李白诗选》，人民文学出版社2016年版。
2. 袁行霈："气象壮丽　意旨深远——李白《登金陵凤凰台》赏析"，载《课外语文》2004年第1期。
3. （唐）崔颢：《黄鹤楼》。

新婚别

杜 甫

兔丝附蓬麻，引蔓故不长[1]。
嫁女与征夫，不如弃路旁。
结发为君妻，席不暖君床。
暮婚晨告别，无乃太匆忙[2]！
君行虽不远，守边赴河阳[3]。
妾身未分明，何以拜姑嫜[4]？
父母养我时，日夜令我藏[5]。
生女有所归，鸡狗亦得将[6]。
君今往死地，沉痛迫中肠[7]。
誓欲随君去，形势反苍黄[8]。
勿为新婚念，努力事戎行[9]！
妇人在军中，兵气恐不扬。
自嗟贫家女，久致罗襦裳[10]。
罗襦不复施，对君洗红妆[11]。
仰视百鸟飞，大小必双翔。
人事多错迕，与君永相望[12]！

注 释

[1] 兔丝：草名，即菟丝子，蔓生植物，攀附在其他植物上生长。蓬和麻的枝干都很短，所以菟丝子附在上面的引蔓自然长不了。这两句是诗的比兴法。

[2] 无乃：岂不是。

[3] 河阳：今河南孟州市，当时唐军与叛军在此对峙。

[4] 身：身份，指在新家中的名份地位。唐代习俗，嫁后三日，始上祖坟告家庙，再拜公婆，才算成婚。今仅宿一夜，婚礼尚未完成，故身份不明。姑嫜：婆婆、公公。

[5] 令我藏：令我不出闺门。

[6] 归：女子出嫁。将：带领，相随。

[7] 迫：煎熬、压抑。中肠：内心。

[8] 苍黄：青色和黄色。《墨子所染》："染于苍则苍，染于黄则黄。"后因以"苍黄"喻极大的变化。

[9] 事戎行：从军打仗。戎行：军队。

[10] 久致：许久才制成。罗：纱罗。襦：短上衣。裳：裙。

[11] 施：穿着。洗红妆：洗去脂粉，不再打扮。

[12] 错迕（wǔ）：差错，不如意。永相望：永远盼望夫妻重聚。表示对丈夫的爱情始终不渝。

作家·作品

杜甫（712~770），字子美，盛唐大诗人；原籍湖北襄阳，生于河南巩县；因诗人曾居于长安杜陵附近之少陵，世称杜少陵；安史之乱中，只身逃奔凤翔，受任左拾遗；被贬为华州司功参军后，弃官辗转至四川，定居成都浣花溪畔；经西川节度使严武荐举任节度参谋、检校工部员外郎，故又称杜工部；晚年离开成都，漂泊西南，病逝于湘江舟中。

杜甫是我国古代最伟大的现实主义诗人。其诗思想深刻，意境开阔，广泛地反映了唐代社会的剧烈变革，有强烈的社会意义。"诗史"般的诗作，也形成了杜诗特有的"沉郁顿挫"的创作风格，故杜甫有"诗圣"之称。杜甫在总结与借鉴前人成就的基础上，博采众长，兼备诸体，尤其对七律的发展作出了杰出的贡献。他的许多反映民生苦难的诗歌，继承了《诗经》和汉乐府的传统，又有自己的开拓和艺术创造，是白居易倡导新乐府运动的先声。杜甫现存诗1400余首，有《杜少陵集》传世。

《新婚别》是"三吏""三别"组诗中的一首。这是一首高度思想性和完美艺术性结合的作品，运用了大胆的浪漫的艺术虚构，在女主人公的身上倾注了诗人浪漫主义的理想色彩。在人物塑造上，《新婚别》又具有现实主义的精雕细琢的特点，诗中主人公形象有血有肉，经过曲折剧烈的痛苦的内心斗争，最后毅然勉励丈夫"努力事戎行"。本诗细致表现战争环境中人物思想感情的发展变化，令人丝毫不感到牵强和抽象，而觉得非常自然，符合事件和人物性格发展的逻辑，并且极具感染力。

人物语言的个性化，是《新婚别》的一大艺术特点。全诗采用独白形式，以新娘子的口吻说话，语气生动、逼真。诗里采用了不少俗语，这也有助于语言的个性化，符合女主人公"贫家女"的身份。此外，在押韵上，是一韵到底、一气呵成，更有利于主人公的诉说，也更便于读者的倾听。

思考·练习

1. 通过赏析作品，体会杜诗的创作特点和艺术风格。

2. 根据作品人物语言个性化特点，通过具体的诗句分析，谈谈它对人物形象塑造的作用。

拓展·阅读

1. （五代）赵莹：《旧唐书·杜甫传》。
2. （清）彭定求等编：《全唐诗·壮游》。
3. （唐）杜甫：《三吏》。
4. （唐）杜甫：《三别》。

长恨歌

白居易

汉皇重色思倾国，御宇多年求不得[1]。
杨家有女初长成[2]，养在深闺人未识。
天生丽质难自弃，一朝选在君王侧。
回眸一笑百媚生，六宫粉黛无颜色[3]。
春寒赐浴华清池[4]，温泉水滑洗凝脂[5]。
侍儿扶起娇无力，始是新承恩泽时。
云鬓花颜金步摇[6]，芙蓉帐暖度春宵。
春宵苦短日高起，从此君王不早朝。
承欢侍宴无闲暇，春从春游夜专夜[7]。
后宫佳丽三千人，三千宠爱在一身。
金屋妆成娇侍夜，玉楼宴罢醉和春。
姊妹弟兄皆列土[8]，可怜光彩生门户[9]。
遂令天下父母心，不重生男重生女。
骊宫高处入青云，仙乐风飘处处闻。
缓歌慢舞凝丝竹，尽日君王看不足。
渔阳鼙鼓动地来[10]，惊破霓裳羽衣曲[11]。
九重城阙烟尘生[12]，千乘万骑西南行[13]。
翠华摇摇行复止[14]，西出都门百余里。
六军不发无奈何，宛转蛾眉马前死。
花钿委地无人收，翠翘金雀玉搔头[15]。
君王掩面救不得，回看血泪相和流。
黄埃散漫风萧索，云栈萦纡登剑阁[16]。

峨嵋山下少人行[17]，旌旗无光日色薄。
蜀江水碧蜀山青，圣主朝朝暮暮情。
行宫见月伤心色，夜雨闻铃肠断声[18]。
天旋日转回龙驭，到此踌躇不能去[19]。
马嵬坡下泥土中[20]，不见玉颜空死处。
君臣相顾尽沾衣，东望都门信马归。
归来池苑皆依旧，太液芙蓉未央柳[21]。
芙蓉如面柳如眉，对此如何不泪垂。
春风桃李花开日，秋雨梧桐叶落时。
西宫南内多秋草[22]，落叶满阶红不扫。
梨园弟子白发新，椒房阿监青娥老[23]。
夕殿萤飞思悄然，孤灯挑尽未成眠。
迟迟钟鼓初长夜，耿耿星河欲曙天。
鸳鸯瓦冷霜华重[24]，翡翠衾寒谁与共。
悠悠生死别经年，魂魄不曾来入梦。
临邛道士鸿都客[25]，能以精诚致魂魄。
为感君王辗转思，遂教方士殷勤觅。
排空驭气奔如电[26]，升天入地求之遍。
上穷碧落下黄泉[27]，两处茫茫皆不见。
忽闻海上有仙山，山在虚无缥缈间。
楼阁玲珑五云起，其中绰约多仙子[28]。
中有一人字太真，雪肤花貌参差是[29]。
金阙西厢叩玉扃，转教小玉报双成[30]。
闻道汉家天子使，九华帐里梦魂惊[31]。
揽衣推枕起徘徊，珠箔银屏迤逦开[32]。
云鬓半偏新睡觉，花冠不整下堂来。
风吹仙袂飘飘举，犹似霓裳羽衣舞。
玉容寂寞泪阑干[33]，梨花一枝春带雨。
含情凝睇谢君王[34]，一别音容两渺茫。
昭阳殿里恩爱绝，蓬莱宫中日月长[35]。

回头下望人寰处，不见长安见尘雾。
惟将旧物表深情，钿合金钗寄将去[36]。
钗留一股合一扇，钗擘黄金合分钿[37]。
但教心似金钿坚，天上人间会相见。
临别殷勤重寄词，词中有誓两心知。
七月七日长生殿[38]，夜半无人私语时。
在天愿作比翼鸟，在地愿为连理枝[39]。
天长地久有时尽，此恨绵绵无绝期。

注 释

[1] 汉皇：指汉武帝。中唐后诗人多好以汉武帝（刘彻）借指唐玄宗（李隆基）。倾国：指美女。御宇：统治天下。

[2] 杨家有女：杨贵妃是蜀州司户杨玄琰的女儿，幼年养在叔父杨玄珪家，小名玉环。开元二十三年（735年），册封为寿王（玄宗的儿子李瑁）妃。开元二十八年玄宗使她为道士，住太真宫，改名太真。天宝四年册封为贵妃。

[3] 六宫：后妃的住处。粉黛：本是妇女的化妆品，这里指美女。

[4] 华清池：开元十一年建温泉宫于骊山，天宝六年改名华清宫。温泉池也改名"华清池"。

[5] 凝脂：形容皮肤白嫩而柔滑。

[6] 步摇：一种首饰的名称，用金银丝宛转屈曲制成花枝形状，上缀珠玉，插在发髻上，行走时摇动，所以叫"步摇"。

[7] 夜专夜：每夜都得专宠。

[8] 姊妹弟兄：指杨氏一家。杨玉环受册封后，她的大姐封韩国夫人，三姐封虢国夫人，八姐封秦国夫人。从兄杨钊赐名国忠，天宝十一年（752年）为右丞相。列土：分封土地，此指加官晋爵。

[9] 可怜：可羡。

[10] 渔阳：天宝元年河北道的蓟州改称渔阳郡，当时所辖之地约在今北京市东面的地区。鼙（pí）鼓：古代军中用的一种小鼓。

[11] 霓裳羽衣曲：著名舞曲名。

[12] 九重城阙：指京城。烟尘生：战火纷起。

[13] 西南行：天宝十五年六月，安禄山破潼关，唐玄宗和杨贵妃逃向西南蜀地。

[14] 翠华：指皇帝仪仗中用翠鸟羽毛装饰的旗子。

[15] 翠翘：翠鸟尾上的长毛叫"翘"。此处指形似"翠翘"的头饰。金雀：雀形的金钗。玉搔头：玉簪。这句说各种各样的首饰和花钿都丢在地上。

[16] 云栈：高入云雾的栈道。萦纡：回环曲折。剑阁：即剑门关，在今四川省剑阁县。

[17] 峨嵋山：即峨眉山，在今四川乐山峨眉山境内。唐玄宗到蜀中，不经过峨眉山，此泛指今蜀中的高山。

[18] 夜雨闻铃：《明皇杂录》记"明皇既幸蜀，西南行，初入斜谷，霖雨涉旬，于栈道雨中闻

铃音，隔山相应。上既悼念贵妃，采其声为《雨淋铃曲》以寄恨焉"。

[19] 天旋日转：指大局转变，国家得到恢复。回龙驭：指玄宗由蜀中回到长安。龙驭：皇帝的车驾。此：指杨贵妃自尽处。

[20] 马嵬坡：在今陕西兴平西。

[21] 太液：池名，在长安城东北面的大明宫内。未央：宫名，在西安市长安区西北。此处泛指唐朝的池苑和宫庭。

[22] 西宫：太极宫。南内：兴庆宫。

[23] 椒房：宫殿名称，皇后所居。以椒（花椒）和泥涂壁，取其温暖、芳香而又多子之意。阿监：宫廷中的近侍，唐代六七品女官名。青娥：指年轻貌美的宫女。"青娥老"和上句"白发新"对举。

[24] 鸳鸯瓦：屋瓦一俯一仰扣合在一起叫"鸳鸯瓦"。霜华：即霜花。重：指霜厚。

[25] 临邛（qióng）：今四川邛崃。鸿都：洛阳北宫门名，此借指长安。鸿都客：是说这位四川方士曾在洛阳住过。一说"鸿都客"是说临邛道士来京都为客。

[26] 排空驭气：腾云驾雾。

[27] 穷：找遍的意思。碧落：道家所指天界。

[28] 五云：五色祥云。绰约：美好的样子。

[29] 参差：仿佛，差不多。

[30] 叩玉扃：叩玉作的门。扃（jiōng）：本指门闩或门环，这里指门。小玉：吴王夫差女。双成：姓董，西王母之侍女。此借指仙境中杨贵妃的侍婢。

[31] 九华帐：各种图案绣成的彩帐。

[32] 珠箔：珠帘。迤逦（yǐ lǐ）：连接不断的样子。

[33] 阑干：纵横的样子。

[34] 凝睇：凝视。

[35] 昭阳殿：汉宫名，赵飞燕居住过的地方。这时代指杨贵妃旧居处。蓬莱宫：传说中的海上仙山。这里代指仙境。

[36] 钿合：镶嵌金花的首饰盒。寄将去：托请捎去。

[37] 擘：分开。这两句意思是：钗留一股合一扇，钗分开了，盒也分开了，一份捎去给玄宗，一份自留下。

[38] 长生殿：华清宫中贵妃的寝殿。

[39] 连理枝：两树根不同，而树干结合在一起。

作家·作品

白居易（772~864），字乐天，号香山居士，下邽（今属陕西渭南）人；贞元十六年（800年）中进士，补校书郎，任翰林学士、左拾遗；元和十年（815年）因上书言事，得罪权贵，被贬为江州（今属江西）司马，后任忠州（今属四川）、杭州、苏州、同州（今属山西大荔）刺史，官终刑部尚书。白居易是继杜甫后中唐诗坛上又一伟大的现实主义诗人，是新乐府运动的倡导者和主要代表，提出了"文章合为时而著，歌诗合为事而作"的文学主张。其诗以通俗易懂、雅俗共赏著称于世，代表诗作有《琵琶行》《红线毯》《卖炭翁》《上阳白发人》等。白居易与元稹齐名，并称"元白"；有《白氏长庆集》传世。

本诗选自《白氏长庆集》卷十二，是白居易诗作中流传最广的名篇之一。元和元年（806年），诗人任盩厔（今陕西周至）县尉，与友人陈鸿、王质夫同游马嵬坡附近的仙游寺，有感于唐玄宗、杨贵妃的故事而创作此诗。

《长恨歌》是一首长篇叙事诗，作者在诗中以精练的语言，优美的形象，缠绵悱恻的形式，叙事、抒情与描写相结合的手法，叙述了唐玄宗与杨贵妃的爱情悲剧。全诗情节曲折多变，描写细腻，语言通俗流畅，浪漫主义色彩浓郁，通过层层渲染，反复抒情，回环往复，构成一个宛转动人的故事。从作者写作的意图来看，李、杨的爱情故事是其"所感之事"，这感慨有对荒淫的唐玄宗和恃宠而骄逸的杨贵妃的讽刺和批判，也有对悲剧主人公的深切同情，而蓬莱仙境的神话更是歌颂了这种爱情，可见这种艺术构思交织着双重主题，作品的意蕴因此而变得更加深厚。

清代文学家赵翼在《瓯北诗话》中说道："《长恨歌》一篇，其事本易传，以易传之事，为绝妙之辞，有声有情，可歌可泣，文人学士，既叹为不可及，妇人女子，亦喜闻而乐诵之。是以不胫而走，传遍天下。"可见这首诗所具有的巨大艺术魅力。

思考·练习

1. 分析《长恨歌》的主题思想，体会作者对李隆基、杨玉环的爱情的态度。
2. 这首叙事诗的详略处理极为得宜，试作分析。
3. 《长恨歌》的艺术特色如何？

拓展·阅读

1. （唐）白居易：《白氏长庆集》。
2. （五代）赵莹：《旧唐书·白居易传》。
3. 张中宇：《白居易〈长恨歌〉研究》，中华书局2005年版。
4. 《长恨歌》纪录片。
5. 乔榛、丁建华：唐诗朗诵《长恨歌》。

无题[1]

李商隐

昨夜星辰昨夜风，画楼西畔桂堂东[2]。
身无彩凤双飞翼，心有灵犀一点通[3]。
隔座送钩春酒暖，分曹射覆蜡灯红[4]。
嗟余听鼓应官去，走马兰台类转蓬[5]。

注释

[1]《无题》：李商隐的一部分诗自署"无题"，另一些诗虽有题目，如《锦瑟》，只是取了诗的起首两字，实际仍属无题诗。他的无题诗大都含蓄隐晦，其中有些写爱情，有些别有政治寄托。寄托的具体内容，历来众说纷纭。这首诗多认为是一首爱情诗。

[2] 画楼、桂堂：比喻富贵人家的屋舍。

[3] 灵犀：旧说犀牛有神异，角中有白纹如线，上下相通，比喻两心相印。

[4] 送钩：也称藏钩。古代宴会中的一种游戏，把钩在暗中传递，让人猜在谁手中，猜不中就罚酒。分曹：分组。射覆：古代的一种游戏，在器皿下覆盖东西让人猜。这是比喻宴会时的热闹。

[5] 鼓：指更鼓。应官：前往官府报到。兰台：即秘书省，掌管图书秘籍。李商隐曾任秘书省正字。这句从字面看，是参加宴会后，随即骑马到兰台，类似蓬草之飞转，实则也隐含自伤飘零意。

作家·作品

李商隐（813~858），字义山，号玉谿生，唐代怀州河内（今河南沁阳）人，出身于没落的小官僚家庭。唐朝中叶后期，朝政腐败，宦官弄权，朋党斗争十分激烈。李商隐和当时掌权的牛李两派的人都有交往，但不因某一方得势而趋附，所以他常常遭到攻击，一生不得志，没有任过重要官职，只是在四川、广西、广东和徐州等地做些幕僚的工作，45岁时死于河南郑州。李商隐是唐朝上千诗人中极富才华的一位，在当时就享有很高的赞誉。存留下来的诗，有600余首，其数量和质量，在唐诗中均属上乘。李商隐的诗在创作手法上，众采百家，自成一体，形成了独特的风格。他的诗长于律、绝，富于文采，风格色彩浓丽，多用典，意旨比较隐晦，以《无题》组诗最为著名，并有《樊南文诗集》《李义山诗集》。

李商隐的《无题》，有二十首之多，在他的整个创作中占的比例并不大，但它们对后世的影响却超过了他的其他诗作。李商隐的《无题》，以七律为主要形式，以抒情的深细婉曲、意境的含蓄朦胧为主要特色。

　　本诗是一首恋情诗。李商隐追忆昨夜参与的一次贵家后堂之宴，表达了与意中人席间相遇、旋成间阻的怀想和惆怅：先写筵会时地；接着写形体相隔，人情相通；再写相遇的情意绵绵；最后写别后离恨。诗作艳丽而不猥亵，情真而不痴癫。全诗融婉转轻快与沉郁顿挫两种风格为一体，一气呵成，感情深挚缠绵，炼句设色，流丽圆美。李商隐将身世之感并入艳情，以华艳词章反衬困顿失意情怀，营造出情采并茂、婉曲幽约的艺术境界。诗中意象的错综跳跃，又使其主旨带有多义性和歧义性，李商隐对心灵世界开掘的深度和广度，大大超越了前人，其在文学史上的地位，很大程度上便取决于这类无题诗所产生的巨大而持久的影响。

思考·练习

1. 本诗的艺术特点有哪些？
2. 背诵这首诗。

拓展·阅读

1. （唐）李商隐：《夜雨寄北》。
2. （唐）李商隐：《锦瑟》。
3. （唐）李商隐：《无题（相见时难别亦难）》。

八声甘州[1]

柳 永

对潇潇暮雨洒江天,一番洗清秋[2]。渐霜风凄紧[3],关河冷落,残照当楼。是处红衰翠减[4],苒苒物华休[5]。惟有长江水,无语东流。

不忍登高临远,望故乡渺邈[6],归思难收。叹年来踪迹,何事苦淹留[7]?想佳人、妆楼颙望[8],误几回、天际识归舟。争知我,倚栏干处[9],正恁凝愁[10]。

注 释

[1]《八声甘州》:又名《甘州》,唐教坊大曲名,后用为词调。此调前后段共八韵,故名"八声",属慢词。

[2] 潇潇:下雨声。一说雨势急骤的样子。清秋:清冷的秋景。

[3] 霜风:指秋风。凄紧:凄凉迫近,寒意强烈,逼人之意。

[4] 是处:到处。红:代指花。翠:指绿叶。

[5] 苒苒:同"荏苒",是指一点一点地、渐渐地。物华:即华物。休:衰败的意思。

[6] 渺邈(miǎo):渺茫遥远。

[7] 淹留:长期停留。

[8] 佳人:美女。古诗文中常用以代指自己所怀念的对象。颙(yóng)望:抬头凝望。

[9] 争:怎。处:这里表示时间。"倚栏干处"即"倚栏干时"。

[10] 恁:如此、这样。凝愁:愁苦不已。凝:表示极端专注。

作家·作品

柳永(987~1053),初名三变,因排行第七,故又称柳七,字耆卿,后改名永,福建崇安人。他于宋仁宗景佑元年(1034年)考取进士,做过屯田员外郎等小官,世称柳屯田。柳永潦倒终身,独以词著称于世,最后死于润州(今江苏镇江)。柳永是北宋著名词人,婉约派的代表。柳永在词的内容和表现手法方面都有新的开拓,标志着宋词的重大变化,对宋词的发展产生了重要影响。他的词多写都市繁华景象及青楼歌妓的生活,尤善于表达羁旅行役之苦,扩大了词的题材。柳永精通音律,大量制作慢词,被誉为北宋巨手,对我国词体的发展起到了重要的作用。柳词以铺叙见长,善于用通俗的语言传情状物,其词音律谐婉,平易轻约,情景相融,雅俗共赏,因而流传很广。著有《乐章集》,其词中名篇有《雨霖铃》《凤栖梧》《八声甘州》《望海潮》等。

《八声甘州》是柳永写羁旅失意客中思家的代表作之一,是柳永同类作品中艺术成就最高的一首。这首词描写羁旅行役之苦,表达了强烈的思归情绪。柳永于其中倾吐了萍踪漂泊的坎坷经历,表达了事业无成的内心矛盾苦闷,从侧面反映了封建时代中下层士子典型的生活遭遇和思想情绪。贯穿全词的线索是"登高临远"。词的上片,描绘登高所见之景。词的下片抒写临远思归之情。这首词借景抒情,情景相生,上片写景中浸染词人浓重的离愁,对景物的描写铺叙而富表现力。下片抒情时又含凄美之景。通篇结构严密,跌宕开阖,呼应灵活,首尾照应。全词一层深一层,一步接一步,以铺张扬厉的手段,曲折委婉地表现了登楼凭栏,望乡思亲的羁旅之情。

思考·练习

1. 试分析《八声甘州》上片写情层层铺叙的特点。
2. 词的下片转写佳人,对抒发作者的羁旅之情有什么好处?
3. 该词是如何以秋景烘托离愁的?
4. 背诵这首词。

拓展·阅读

1. (北宋)柳永:《雨霖铃》。
2. (北宋)柳永:《望海潮》。
3. (北宋)柳永:《蝶恋花》。

沈园二首

陆 游

其一

城上斜阳画角哀[1]，沈园非复旧池台[2]。

伤心桥下春波绿，曾是惊鸿照影来。

其二

梦断香消四十年，沈园柳老不吹绵。

此身行作稽山土[3]，犹吊遗踪一泫然。

注 释

[1] 画角：涂有颜色的军中号角。

[2] 沈园：故址在今绍兴禹迹寺南。

[3] 稽山：会稽山，绍兴东南的一座名山。

作家·作品

陆游（1125～1210），字务观，号放翁，晚号龟堂老人，越州山阴（今浙江省绍兴市）人，南宋爱国诗人。他一生创作了大量作品，今存诗将近万首，还有词130首和大量的散文。其作品题材广泛，内容丰富。其中，诗的成就最为显著。其诗作前期多为爱国诗，诗风宏丽、豪迈奔放；后期多为田园诗，风格清丽、平淡自然。他的词，大多飘逸婉丽，但也有不少慷慨激昂的作品，充满悲壮的爱国激情。他的作品凭借强烈的爱国主义精神和卓越的艺术成就，在中国文学史上占有重要地位。他继承并发扬了古典诗歌现实主义和浪漫主义的优良传统，对当时和后代的文坛产生了深刻影响，并有《剑南诗稿》《渭南文集》等。

《沈园》这首诗是宋宁宗庆元五年（1199年）春，作者在山阴重经旧地沈园时，感伤往事之作。诗中不乏刻骨铭心的眷恋与相思，也充满不堪回首的无奈与绝望，寥寥数句，荡气回肠，震撼人心。

思考·练习

1. 这首诗表现了诗人怎样的心情？

2. 这首诗在语言上有什么特点?

拓展·阅读

1. (南宋)陆游:《卜算子·咏梅》。
2. (南宋)陆游:《钗头凤·红酥手》。
3. (南宋)陆游:《南唐书》。

醉花阴[1]

李清照

薄雾浓云愁永昼[2]，瑞脑消金兽[3]。佳节又重阳，玉枕纱厨[4]，半夜凉初透。

东篱把酒黄昏后[5]，有暗香盈袖[6]。莫道不消魂，帘卷西风[7]，人比黄花瘦[8]。

注 释

[1] 此词调首见于北宋毛滂词，词中有"人在翠阴中""劝君对客杯须覆"等句。因据其意，取作调名。双调，五十二字，仄韵。

[2] 永昼：漫长的白天。

[3] 瑞脑：即龙脑，香料名。金兽：兽形的铜香炉。

[4] 玉枕：瓷枕的美称。纱厨：纱帐，一称碧纱帐。

[5] 东篱：陶渊明《饮酒》诗："采菊东篱下，悠然见南山"。后即以东篱指代赏菊之处。

[6] 暗香：幽香。这里指菊花的香气。

[7] 帘卷西风："西风卷帘"的倒文。

[8] 黄花：指菊花。

作家·作品

李清照（1084～约1151），南宋女词人，号易安居士，济南（今属山东）人；幼有才藻，十八岁适金石家赵明诚，夫妇感情甚笃；南渡后，赵明诚病故，颠沛流离于江浙皖赣一带，在孤寂中度过晚年；工诗能文，词尤为宋代大家。前期词多写闺情相思，后期词融入家国之恨与身世之感，风格顿变；擅长小令慢词，每能创意出奇，以经过提炼的口语表达其独特真切的感受，形成辛弃疾所称道的"易安体"；作品有《漱玉词》。

这首词是李清照寄给她丈夫赵明诚的。全词以含蓄蕴藉见长。"薄雾浓云愁永昼"，"永昼"多用以形容夏日，而时下已是昼短夜长的深秋季节，可知"永昼"当是一种对时间的心理错觉，作者借此点出了她独守空闺时的度日如年之感。"瑞脑消金兽"，枯坐铜香炉旁，看那炉中的香料一点点地消融，岂不见作者的寂寞无聊？"半夜凉初透"，暗示了她的辗转反侧，难以成眠。"有暗香盈袖"，则既烘染了雅淡如菊的情怀，也隐含了"声香盈怀袖,路远莫致之"的夫妇睽离之感。此词歇拍三句极为脍炙人口,最为工妙,采取自我反观的笔法,用西风吹卷帘幕,露现出比黄花更为憔悴的少妇面容,形象地抒写了相思之苦。

思考·练习

1. 这首词表达了作者怎样的思想感情?
2. 背诵这首词。

拓展·阅读

1. (南宋)李清照:《漱玉词》。
2. (南宋)李清照:《词论》。
3. (南宋)李清照:《一剪梅·红藕香残玉簟秋》。

摸鱼儿[1]

辛弃疾

淳熙己亥[2],自湖北漕移湖南,同官王正之置酒小山亭,为赋。

更能消[3]、几番风雨,匆匆春又归去。惜春长怕花开早,何况落红无数。春且住!见说道[4]、天涯芳草无归路。怨春不语。算只有殷勤,画檐蛛网,尽日惹飞絮。长门事,准拟佳期又误[5]。蛾眉曾有人妒[6]。千金纵买相如赋,脉脉此情谁诉?君莫舞,君不见、玉环飞燕皆尘土[7]!闲愁最苦。休去倚危栏,斜阳正在,烟柳断肠处。

注 释

[1] 摸鱼儿:本为唐教坊曲名,后用作词调。双调,一百十六字,仄韵。

[2] 淳熙己亥:淳熙六年(1179年),辛弃疾从湖北转运副使调任湖南,将从鄂州至潭州主持漕运。小山亭在湖北转运使官署内。

[3] 消:消受,禁得住。

[4] 见说:听说。

[5] 长门事:传说汉武帝时陈皇后失宠,幽居长门宫,以千金请司马相如作《长门赋》以抒悲愁。准拟:约定。

[6] 蛾眉:细长而弯曲的眉。这里借指美人。

[7] 玉环、飞燕:杨贵妃小名玉环;汉成帝宠爱的赵后号飞燕。

作家·作品

辛弃疾(1140~1207),字幼安,号稼轩,历城(今山东济南)人;少年时曾聚众参加耿京的抗金义军;渡江南归后,历任湖北、江西、湖南、福建、浙东安抚使等职;一生力主抗金,屡陈恢复大计,因而颇遭当权者之忌,曾长期落职闲居于江西上饶一带。辛弃疾词与苏轼齐名,多抒写报国雄心和有志不得伸的感慨,词风豪纵奔放,沉郁悲壮;有《稼轩长短句》《稼轩词》。

《摸鱼儿》这首词,上片主要写春意阑珊,下片主要写美人迟暮。表现手法比较接近婉约派,运用比兴手法来表达词的内容。词的上片伤春,痛风雨之无情。起句喷薄而出,先是"惜春长怕花开早",继则留"春且住"终而"怨春不语"。伤春、惜春、留春、怨春，就春而发，寄寓了作者光阴虚掷，事业无成的感慨。下片咏怀，借"长门事"谈到蛾眉见妒的遭遇。哀时忆之可悯，虽曰"闲愁"，而寄托遥深，身世之感与爱国忧时之心，悠悠不尽，蕴积其中。

思考·练习

1. 谈一谈这首词的艺术特色。
2. 背诵这首词。

拓展·阅读

1. （南宋）辛弃疾：《西江月·夜行黄沙道中》。
2. （南宋）辛弃疾：《永遇乐·千古江山》。
3. 辛更儒：《辛弃疾研究》，人民出版社 2008 年版。

登楼赋

王 粲

　　登兹楼以四望兮[1]，聊暇日以销忧[2]。览斯宇之所处兮[3]，实显敞而寡仇[4]。挟清漳之通浦兮[5]，倚曲沮之长洲[6]。背坟衍之广陆兮[7]，临皋隰之沃流[8]。北弥陶牧[9]，西接昭丘[10]。华实蔽野[11]，黍稷盈畴[12]。虽信美而非吾土兮[13]，曾何足以少留[14]！

　　遭纷浊而迁逝兮[15]，漫逾纪以迄今[16]。情眷眷而怀归兮[17]，孰忧思之可任[18]？凭轩槛以遥望兮[19]，向北风而开襟。平原远而极目兮[20]，蔽荆山之高岑[21]。路逶迤而修迥兮[22]，川既漾而济深[23]。悲旧乡之壅隔兮[24]，涕横坠而弗禁[25]。昔尼父之在陈兮，有归欤之叹音[26]。钟仪幽而楚奏兮[27]，庄舄显而越吟[28]。人情同于怀土兮，岂穷达而异心[29]！

　　惟日月之逾迈兮[30]，俟河清其未极[31]。冀王道之一平兮[32]，假高衢而骋力[33]。惧匏瓜之徒悬兮[34]，畏井渫之莫食[35]。步栖迟以徙倚兮[36]，白日忽其将匿[37]。风萧瑟而并兴兮[38]，天惨惨而无色[39]。兽狂顾以求群兮，鸟相鸣而举翼。原野阒其无人兮[40]，征夫行而未息。心凄怆以感发兮[41]，意忉怛而憯恻[42]。循阶除而下降兮[43]，气交愤于胸臆。夜参半而不寐兮[44]，怅盘桓以反侧[45]。

注 释

[1] 兹楼：此楼，指当阳城楼。

[2] 暇：同"假"，作"借"解。暇日：借此日。销忧：消除忧愁。

[3] 斯宇：此楼。指当阳城楼。

[4] 仇：匹敌。

[5] 挟：带。漳：漳水，流经当阳境内。浦：大水有小口别通它水曰浦。

[6] 沮（jū）：沮水，在当阳境内与漳水汇合南流入长江。洲：水中陆地。

[7] 背：背对着，指后面。坟衍：地势高平。地势高起为坟，地势广平为衍。

[8] 临：面对着，指前面。皋：水边之地。隰（xí）：低湿的地方。沃流：可灌溉土地的流水。沃：美。

[9] 弥：尽，终至。陶牧：指范蠡的坟地。陶：陶朱公，即春秋时越国之范蠡。牧：郊远之地。

[10] 昭丘：楚昭王的墓地，在当阳东南七十里。

［11］华实：花果。

［12］黍稷：泛指谷物、庄稼。畴：田野。

［13］信：实在。

［14］曾：语气助词。

［15］纷浊：比喻时世的动乱。纷：纷扰。迁逝：迁徙流亡。作者因董卓之乱而避难荆州。

［16］漫：长久。逾：超过。纪：古以十二年为一纪。

［17］眷眷：依恋不舍。怀：思。

［18］任：经受。

［19］凭：依靠。轩槛（jiàn）：楼窗前的栏杆。

［20］极目：尽目力所及望去。

［21］荆山：在今湖北南漳县。岑：小而高的山。

［22］逶迤（wēiyí）：长而曲折的样子。修：长。迥：远。

［23］漾：水流很长的样子。济：渡。

［24］壅隔：阻塞隔绝。

［25］横坠：零乱地落下。

［26］"昔尼父"二句：谓当年孔子在陈国断粮，曾有"归欤（回去吧）"之叹。

［27］"钟仪"句：春秋时楚国钟仪被晋国俘囚，晋侯让他弹琴，他弹的仍是楚国的乐调。幽：囚。楚奏：弹奏楚国的乐调。

［28］"庄舄（xì）"句：越国人庄舄在楚国做大官，病时思念故乡，仍用越国语说话、呻吟。显：地位显赫。

［29］穷达：指困窘失意和富贵得志。穷：穷困。达：显贵。

［30］惟：想。逾迈：消逝。

［31］河清：《左传·襄公八年》："俟河之清，人寿几何？"传说黄河水一千年清一次。后以河清喻时世太平。极：至。

［32］冀：期望。王道：王朝的政权。一平：统一稳定。

［33］假：借。高衢（qú）：大道。骋：施展。

［34］"惧匏（páo）瓜"句：孔子曾说："吾岂匏瓜也哉，焉能系而不食！"（《论语·阳货》）意为我岂能像匏瓜一样只挂在那儿而不被任用！匏瓜：一种葫芦。徒悬：白白地挂着。

［35］"畏井渫"句：语出《周易·井卦》："井渫不食，为我心恻。"井渫，把井淘干净。意思是担心自己把井淘干净了却没人来饮水。喻指自己有才而不为世用。

［36］栖迟：游息。徙倚：徘徊。

［37］匿：藏。

［38］萧瑟：凄凉萧条的样子。

［39］惨惨：暗淡无光。

［40］阒（qù）：寂静。

［41］凄怆：悲伤。

［42］忉怛（dāo dá）：哀伤。憯恻：悲痛。憯：同"惨"。

［43］阶除：指楼梯。除：台阶。

[44] 参：及。

[45] 盘桓：徘徊，此指反复思考。

作家·作品

王粲（177～217），字仲宣，东汉山阳高平（今山东邹县西南）人，为"建安七子"之一，在七子中文学成就最高，被誉为"七子之冠冕"；天资聪颖，少有才名，擅长辞赋。王粲先依刘表，未被重用，后为曹操幕僚，官至侍中。他亲历乱离，感触颇深，部分作品真切地反映了当时的社会现实，其代表作《七哀诗》和《登楼赋》最能代表建安文学的精神；建安二十二年（217年）卒，享年41岁。明代人辑录其作品，编就《王侍中文集》流传后世。

《登楼赋》是王粲避难荆州时登当阳城楼所写，富于感人力量，是抒情小赋的名篇。赋中塑造了一位乱离人的形象，抒发了诗人登楼远眺，由眼前的"华实蔽野，黍稷盈畴"等景物所触发的因久居他乡，才能不得施展而产生的怀乡思归之情和怀才不遇之忧。全文结构严谨，脉络分明，以登楼游览的活动为顺序，以"忧"字贯穿全篇。开头写"登兹楼以四望"，结尾点出"循阶除而下降"；登楼希望借览胜以"销忧"，下楼反而"气交愤于胸臆"，前后照应，首尾相连，有一唱三叹的回环之美。此赋风格沉郁悲凉，辞句丰富优美，语言自然流畅，文气从容，写景与抒情结合，富有诗意，摆脱了汉赋铺陈堆砌的积习，是王粲赋中的名篇，也是建安时期抒情小赋的代表作。

思考·练习

1. 学习文章寓情于景的写作手法。
2. 体会作者思乡怀归、怀才不遇的忧愤之情。
3. 找出文中所用典故并说明其作用。

拓展·阅读

1. （东汉）王粲：《七哀诗》。
2. （西晋）陈寿：《三国志·魏书·王粲传》。
3. （东汉）曹植：《王仲宣诔》。

般涉调·哨遍　高祖还乡[1]

睢景臣

【哨遍】社长排门告示[2]，但有的差使无推故[3]。这差使不寻俗。一壁厢纳草除根[4]，一边又要差夫[5]。索应付[6]。又言是车驾，都说是銮舆，今日还乡故。王乡老执定瓦台盘[7]，赵忙郎抱着酒胡芦[8]。新刷来的头巾，恰糨来的绸衫，畅好是妆么大户[9]。

【耍孩儿】瞎王留引定火乔男女[10]，胡踢蹬吹笛擂鼓[11]。见一彪人马到庄门，匹头里几面旗舒[12]：一面旗白胡阑套住个迎霜兔[13]，一面旗红曲连打着个毕月乌[14]，一面旗鸡学舞[15]，一面旗狗生双翅[16]，一面旗蛇缠葫芦[17]。

【五煞】红漆了叉[18]，银铮了斧[19]，甜瓜苦瓜黄金镀[20]。明晃晃马镫枪尖上挑[21]，白雪雪鹅毛扇上铺[22]。这几个乔人物，拿着些不曾见的器仗，穿着些大作怪衣服。

【四煞】辕条上都是马，套顶上不见驴[23]，黄罗伞柄天生曲。车前八个天曹判[24]，车后若干递送夫[25]。更几个多娇女，一般穿着，一样妆梳。

【三煞】那大汉下的车，众人施礼数。那大汉觑得人如无物，众乡老展脚舒腰拜，那大汉挪身着手扶。猛可里抬头觑，觑多时认得，险气破我胸脯。

【二煞】你身须姓刘，你妻须姓吕。把你两家儿根脚从头数。你本身做亭长耽几盏酒[26]，你丈人教村学读几卷书。曾在俺庄东住，也曾与我喂牛切草，拽坝扶锄[27]。

【一煞】春采了桑，冬借了俺粟。零支了米麦无重数。换田契强秤了麻三秤，还酒债偷量了豆几斛[28]。有甚胡突处？明标着册历，见放着文书[29]。

【尾声】少我的钱，差发内旋拨还[30]；欠我的粟，税粮中私准除[31]。只道刘三，谁肯把你揪摔住[32]，白甚么改了姓、更了名唤作汉高祖[33]！

注　释

[1] 高祖还乡：高祖，即汉高祖刘邦。刘邦于公元前195年10月，平定淮南王英布后，返京时路过故乡沛县。

[2] 社长：相当于里正、村长。社，古时地方区域的基层单位，汉以二十五户为一社。

[3] 但有的：只要有的。

［4］纳草除根：交纳去了根的草料。

［5］差夫：摊派劳役。

［6］索：必须。

［7］瓦台盘：进献礼品用的陶制的托盘。

［8］忙郎：宋元俗语，称牧童为忙郎，亦作芒郎。这里指童仆。一说是乡民的通称。元曲中常用以称乡村青少年。

［9］妆幺：装模作样。

［10］乔男女：不三不四的男女。

［11］胡踢蹬：胡乱地。

［12］匹头里：即劈头里，当头，迎头。

［13］白胡阑套住个迎霜兔：白胡阑，白色的环。胡阑，"环"之合音。迎霜兔，即玉兔。神话传说月中有玉兔捣药。此指皇帝仪仗中的月旗。

［14］红曲连打着个毕月乌：红曲连，红色的圈。曲连，"圈"之合音。打着，套住。毕月乌，神话传说日中有三足金乌。此指皇帝仪仗中的日旗。

［15］鸡学舞：此指凤凰旗。

［16］狗生双翅：此指飞虎旗。

［17］蛇缠葫芦：此指蟠龙戏珠旗，上有蟠龙戏珠的图案，乡下人不识，以为蛇缠葫芦。

［18］红漆了叉：此指仪仗中的画戟。

［19］银铮了斧：此指仪仗中的斧钺。银铮：镀银。

［20］甜瓜苦瓜黄金镀：此指仪仗中的金瓜锤。

［21］马镫枪尖上挑：指朝天镫。

［22］鹅毛扇上铺：指鹅毛官扇。

［23］套顶：套在牲口脖子上用以驾车的绳子。

［24］天曹判：天府的判官。天曹：天上的官府。此指皇帝车驾前的导驾官。

［25］递送夫：指奔走服侍的宫廷内官。

［26］亭长：秦时十里为一亭，亭有亭长，刘邦曾任泗水亭长。耽：嗜好。

［27］拽坝：拉耙平整田地。扶锄：锄地。

［28］斛：古时以十斗为一斛，后改五斗为一斛。

［29］见：通"现"。文书：指借据。

［30］差发：提差发钱。被征发当官差的人向官府缴纳一笔费用可以免差。

［31］私准除：暗中扣除。

［32］揪捽住：即揪住，拉住。

［33］白甚么：为什么无缘无故地。

作家·作品

睢景臣，生卒年不详，元散曲家；一作舜臣，字景贤，又作嘉贤，扬州人（今属江苏）。元成宗大德七年（1303年）移居杭州。睢景臣心性聪明，酷嗜音律，而仕途不得志；著有杂剧《屈原投江》《牡丹记》《千里投人》三种，今不传。其散曲作品仅存套曲3首，其中《高祖还乡》制作新奇，被人推为绝唱。钟嗣成在其所作《录鬼簿》中称："维扬诸公，俱作《高祖还乡》套数，公〔哨遍〕制作新奇，诸公皆出其下。"此曲于当时已负盛名，是元代散曲作品名篇。

套曲取材于《史记》所载汉高祖刘邦称帝后，威加海内，荣返故乡的史实。全曲借用一个乡民之口，揭露了"帝王之尊"的虚伪与可笑。通过这个与刘邦有过瓜葛的乡民之口，揭示了刘邦昔日强称麻、暗偷豆的行为；并以贫贱与显贵的对比描写，寥寥数笔，勾画出封建社会最高统治者昔日喂牛切草，拽坝扶锄，如今却"觑得人如无物"的变化，撕下了封建社会最高统治者"神圣尊严"的面具。同时，作品还对那些趋炎附势的乡绅们忙着接驾时装模作样的丑态，进行了无情的嘲讽。作品写的虽是历史故事，却在一定程度上反映了元代社会的现实情况，表现了人民对封建统治者的轻蔑和憎恶。

这套散曲构思巧妙新颖、角度独特，对比手法的运用，揭示了事物的本质，幽默诙谐，具有强烈的喜剧性与讽刺性。曲中比喻生动恰切，方言俗语用得自然活泼，人物鲜明，语言本色生动，有较高的艺术成就。

 思考·练习

1. 本篇的语言有何突出特色。
2. 曲子的思想进步性主要表现在哪里。
3. 作品从旁观者"我"的角度来描写汉高祖有何好处。

拓展·阅读

1. （元）睢景臣：《黄莺儿—寓僧舍秋色》。
2. （元）睢景臣：《六国朝》。
3. 隋树森：《全元散曲》，中华书局1964年版。

送 别

李叔同

长亭外，古道边，
芳草碧连天。
晚风拂柳笛声残，
夕阳山外山。
天之涯，地之角，
知交半零落。
一觚浊酒尽余欢，
今宵别梦寒。
长亭外，古道边，
芳草碧连天。
晚风拂柳笛声残，
夕阳山外山。

作家·作品

李叔同（1880~1942），弘一法师，俗名李叔同；祖籍浙江平湖，出生于天津。李叔同是中国话剧运动创始人之一，中国新文化运动的先驱，卓越的艺术家、教育家、思想家、革新家，中国近现代佛教史上最杰出的一位高僧，将中国传统文化与佛教文化相结合的优秀代表。他于1905年东渡日本留学，与留日的曾孝谷、欧阳予倩、谢杭白等创办"春柳剧社"，演出话剧《茶花女》《黑奴吁天录》《新蝶梦》等。他在书、画、诗词、篆刻、音乐、戏剧诸方面均有成就，是最早把油画和钢琴音乐介绍到中国的人之一。1918年李叔同在杭州虎跑寺出家，皈依佛门，翌年在灵隐寺受具足戒，后创设南山律学院，弘扬南山戒律，并提出"念佛不忘救国，救国不忘念佛"的主张。李叔同对佛学律宗贡献很大，被佛门称为重兴南山律宗第十一代祖师；1942年于福建泉州圆寂；著作有《清凉歌集》《晚晴山房书简》《南山道祖略谱》《在家律要》《李庐印谱》等。

这首诗是作者在出家前所作，经后人谱曲为歌，历经几十年传唱而不衰，成为经典名曲。从总体结构看,《送别》很像一首古词(类小令),共三节,其中一、三两节文字相同。第一节着重写送别的环境。"长亭外,古道边,芳草碧连天",首先从景物暗示了送别的情景。作者选取了"长亭""古道""芳草""晚风""暮色""弱柳""残笛""夕阳"八个典型的意象,渲染离别的场景。第二节着重写送别人的心境,是全曲的高潮。通过"天涯""地角""知交""零落""浊酒""夜别""离梦",诉诸感官,触动心弦。送别之情,陡然令人从内心生出许多感慨!第三节是第一节的重叠,进一步烘托别离的气氛,是意象上的强化和音韵上的反复。整首《送别》,意象丰富,意境广阔,韵律和谐,感情缠绵,画意诗情,相得益彰,浑然天成。从表达的感情来看,本诗也是哀而不伤,愁而不悲,很符合中国传统的审美情趣,即中和之美。全诗达到了意象与情思,语言与韵律,形式与内容的完美统一,是一曲送别的绝唱。

思考·练习

1. 在第一节中找出传递诗人感情的景物。结合自己的感受,说说诗人描绘了一幅怎样的画面?

2. 领会这首白话新诗的古典美。

拓展·阅读

1. 李叔同:《李叔同说佛》。

2. 李叔同:《临终偈语》。

3. 陈慧剑:《弘一大师传》,中国建设出版社1989年版。

相信未来

食 指

当蜘蛛网无情地查封了我的炉台,
当灰烬的余烟叹息着贫困的悲哀,
我依然固执地铺平失望的灰烬,
用美丽的雪花写下:相信未来。
当我的紫葡萄化为深秋的露水,
当我的鲜花依偎在别人的情怀,
我依然固执地用凝霜的枯藤,
在凄凉的大地上写下:相信未来。
我要用手指那涌向天边的排浪,
我要用手撑那托住太阳的大海,
摇曳着曙光那枝温暖漂亮的笔杆,
用孩子的笔体写下:相信未来。
我之所以坚定地相信未来,
是我相信未来人们的眼睛——
她有拨开历史风尘的睫毛,
她有看透岁月篇章的瞳孔。
不管人们对于我们腐烂的皮肉,
那些迷途的惆怅、失败的痛苦,
是寄予感动的热泪、深切的同情,
还是给以轻蔑的微笑、辛辣的嘲讽。
我坚信人们对于我们的脊骨,
那无数次的探索、迷途、失败和成功,

一定会给予热情、客观、公正的评定。
是的，我焦急地等待着他们的评定。
朋友，坚定地相信未来吧，
相信不屈不挠的努力，
相信战胜死亡的年轻，
相信未来、热爱生命。

作家·作品

食指（1948~），原名郭路生，山东鱼台人；自幼爱好文学，深受马雅可夫斯基、普希金、莱蒙托夫等人诗歌的影响。"文革"期间，他因救出被围打的教师而遭受迫害，曾在北京光电技术研究所工作，因在部队中遭受强烈刺激，其精神分裂。食指是一个用生命写作的人，他以一名反抗者和思想者的姿态站在大风中高歌、呼喊，让自己的诗歌感动和温暖了一代人。食指出版的诗集有《相信未来》（1988）、《食指 黑大春现代抒情诗合集》（1993）、《诗探索金库·食指卷》（1998）等。

《相信未来》写于1968年，是食指的代表作之一。在这首诗中，食指用朴实平易的文字，将冷静的思考与炽热的感情融入字里行间。仔细品读，我们可以想象食指先生在农村破草房里的煤油灯下勤奋地写作，在病床上安静地思考，探索着前面的方向。在那个时代，"蜘蛛网无情地查封了我的炉台""灰烬的余烟叹息着贫困悲哀"，食指却用"美丽的雪花""孩子的笔体"写下了《相信未来》，让人们看到希望的光芒。

"相信未来"，是诗人的信念。食指曾经说："'文革'前我就挨整，我已经看到这代人的命运了。鱼儿跳出水面，落在冰块上，它的前途是死，和这个冰块一起消亡我们会战胜死亡，这已经进了一步了。我年轻，我能看到冰块消亡的那一天。"

通过学习这首诗歌，我们要了解到作者面对残酷的现实，艰苦的困境，始终不渝地相信未来的爱国情怀和不管人生多么艰辛、命运多么坎坷，都要对未来充满信心以及向命运挑战的乐观、奋斗精神。

思考·练习

1. 赏析体会《相信未来》这首诗歌的结构美和意象美。
2. 分析学习该诗的反复手法和拟人修辞。
3. 根据诗人食指的生平和年代特点，理解诗人的思想感情。

拓展·阅读

1. 食指：《鱼儿三部曲》。
2. 食指：《海洋三部曲》。
3. 食指：《这是四点零八分的北京》。

回　答

北　岛

卑鄙是卑鄙者的通行证，
高尚是高尚者的墓志铭。
看吧，在那镀金的天空中，
飘满了死者弯曲的倒影。
冰川纪过去了，
为什么到处都是冰凌？
好望角发现了，
为什么死海里千帆相竞？
我来到这个世界上，
只带着纸、绳索和身影，
为了在审判之前，
宣读那些被判决的声音：
告诉你吧，世界，
我——不——相——信！
纵使你脚下有一千名挑战者，
那就把我算作第一千零一名。
我不相信天是蓝的；
我不相信雷的回声；
我不相信梦是假的；
我不相信死无报应。
如果海洋注定要决堤，
就让所有的苦水都注入我心中；

如果陆地注定要上升，
就让人类重新选择生存的峰顶。
新的转机和闪闪的星斗，
正在缀满没有遮拦的天空。
那是五千年的象形文字，
那是未来人们凝视的眼睛。

作家·作品

北岛，原名赵振开，祖籍浙江湖州，1949年生于北京，1990年旅居美国，现任教于加利福尼亚州戴维斯大学，曾获得诺贝尔文学奖提名，著有诗集《太阳城札记》《北岛诗选》《北岛顾城诗选》等。北岛的诗歌创作，反映了从迷惘到觉醒的一代青年的心声。"文革"的荒诞现实，造成了他出奇的冷静和深刻的思辨性。他想"通过作品建立一个自己的世界，这是一个真诚而独特的世界，正直的世界，正义和人性的世界"。他建立了自己的"理性法庭"，以理性和人性为准绳，重新确定人的价值，恢复人的本性，嘲讽异化的世界，反思历史和现实。北岛的诗歌隐喻和象征意象相结合，当中具有高度概括力的警句，形成了北岛诗独有的艺术力量。

北岛的《回答》标志着"朦胧诗"时代的开始。本诗展现了悲愤之极的冷峻，以坚定的口吻表达了对暴力世界的怀疑。诗篇揭露了黑白混淆、是非颠倒的现实，对矛盾重重、险恶丛生的社会发出了愤怒的质疑，并庄严地向世界宣告了"我不相信"的回答。《回答》反映了整整一代青年觉醒的心声，是与已逝的一个历史时代彻底告别的"宣言书"。他在人们茫茫酣睡的黑夜里发出"我不相信"的呐喊。这呐喊刺穿了乌托邦的虚伪，呈现出了世界的本来面目。

从诗歌总体特征看，本诗为象征诗。北岛在20世纪80年代初接受西方现代派文学影响，他通过所倾心的意象的接组和叠加，撞击和转换，通过所谓的超越时空的蒙太奇剪接，成功地将一个理想的艺术世界呈现在读者面前。诗中既有直接的抒情和充满哲理的警句，又有大量语意曲折的象征、隐喻、比喻等，使诗作既明快、晓畅，又含蕴丰厚，具有强烈的震撼力。民族文化传统、时代的哲学氛围、沉重的理想生活的渴求成为他诗歌的主题。象征作为一种艺术手法，在北岛的诗里被普遍运用，展现了诗人丰富的再造性想象力。

思考·练习

1. 诗中重复地出现"我不相信"四个字，谈谈这四个字释放出来的力量给你的感受。
2. 如何理解《回答》是已逝的一个历史时代彻底告别的"宣言书"？
3. 解析这首诗歌的艺术手法。

拓展·阅读

1. 北岛：《宣告》。
2. 北岛：《结局或开始》。
3. 北岛：《走吧》。

春天，十个海子

海 子

春天，十个海子全都复活
在光明的景色中
嘲笑这一个野蛮而悲伤的海子
你这么长久地沉睡究竟为了什么？

春天，十个海子低低地怒吼
围着你和我跳舞、唱歌
扯乱你的黑头发，骑上你飞奔而去，尘土飞扬
你被劈开的疼痛在大地弥漫

在春天，野蛮而悲伤的海子
就剩下这一个，最后一个
这是一个黑夜的孩子，沉浸于冬天，倾心死亡
不能自拔，热爱着空虚而寒冷的乡村

那里的谷物高高堆起，遮住了窗户
它们一半用于一家六口人的嘴，吃和胃
一半用于农业，他们自己繁殖
大风从东吹到西，从北刮到南，无视黑夜和黎明
你所说的曙光究竟是什么意思

1989.3.14 凌晨3点~4点

作家·作品

海子，原名查海生，1964年5月出生在安徽省安庆城外的高河查湾，1979年15岁时考入北京大学法律系，1982年开始诗歌创作，1983年毕业后在中国政法大学政治系哲学教研室任教；先后自印诗集《河流》、《传说》、《麦地之翁》（与西川合印）、《太阳，断头篇》、《太阳，天堂选幕》，另有长诗《土地》、《太阳，天堂和唱》，1988年写

出仪式诗剧三部曲之一《剎》。在诗人短暂的生命里，他保持了一颗圣洁的心。他曾长期不被世人理解，但他是中国20世纪70年代新文学史中一位全力冲击文学与生命极限的诗人。他凭着辉煌的才华、奇迹般的创造力、敏锐的直觉和广博的知识，在极端贫困、单调的生活环境里创作了将近200万字的诗歌、小说、戏剧、论文。海子曾获北京大学第一届艺术节五四文学大奖特别奖、第三届《十月》文学奖荣誉奖。其部分作品已收入近20种诗歌选集，而他留下的大约200万字的诗作、剧本、小说和论文尚待整理出版。

《春天，十个海子》是海子的最后一首诗。这是海子青春生命的凝聚和爆发，是他的心找不到出路的迷茫和绝望的最后咆哮。在"光明的景色中"，长期压抑的世俗欲望一拥而上，"嘲笑着""野蛮而悲伤的海子"，"你这么长久地沉睡到底是为了什么？"在这里，海子放弃了世俗的幸福，感到迷茫。

空旷而延续的思路，分裂而破碎的意象，传达着伤痛而荒凉的心境，全诗弥漫着"野蛮"和"悲伤"的情绪，无尽的绝望。在春天这个象征生命循环开始的季节里，"十个海子"的复活，象征着与海子的诗歌理想尖锐冲突的各种世俗欲望的复苏。

海子给了我们太多的美丽遐思。学习这首诗歌，我们了解到海子当时的思想感情的同时，也产生对社会现实的思考，我们该如何建立一个美好的人文环境？而当遇到挫折的时候，我们不能只被负面情感所包围，而是应该向前思索如何正面地解决生活中的种种问题。

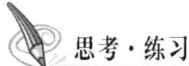
思考·练习

1. 如何理解十个海子的复活？
2. 试以该诗与海子的另一首诗歌《面朝大海，春暖花开》作比较，谈谈感想。
3. 通过学习这首诗，我们应该怎么改善人与人之间的生活交际环境，如何正面地面对生活的种种挫折？

拓展·阅读

1. 海子：《亚洲铜》。
2. 海子：《土地》。
3. 海子：《但是水，水》。

远和近

顾 城

你，
一会看我，
一会看云。
我觉得，
你看我时很远，
你看云时很近。

1980 年 6 月

作家·作品

顾城（1956～1993），北京人；20 世纪 70 年代开始写诗，是我国新时期朦胧诗派的代表人物。他的诗歌充斥着一种童话色彩，对理想生活的执着纯真无瑕、扑朔迷离。顾城被称为以一颗童心看世界的"童话诗人"。顾城充满梦幻和童稚的诗，却充溢着一股成年人的忧伤。这忧伤虽淡淡的，但又像铅一样沉重。因为这不仅是诗人个人的忧伤，而是一代人觉醒后的忧伤，是觉醒的一代人看到眼前现实而产生的忧伤。他曾说："我已在生命中行走千次，那时，山上有蕨草、铁犁，书还没有诞生，字还在土里细微地趴着，死亡还没有诞生，中世纪的尖塔远没生长起来。"顾城是个多才多艺的作家，除了写诗外，还能写小说、散文，会书画，懂翻译，好哲学，是我国当代不可多得的一位优秀才子，著有诗集《无名小花》《舒婷、顾城抒情诗选》《北岛、顾城诗选》《黑眼睛》《顾城诗集》等，另与谢烨合著长篇小说《英儿》。

顾城的《远和近》是朦胧诗里非常著名的诗篇。他在对《远和近》的自我评价中提到："这首诗很像摄影中的推拉镜头，利用'你''我''云'主观距离的变换，来显示人与人之间习惯的戒惧心理和人对自然原始的亲切感。这组对比并不是毫无倾向的，它隐含着'我'对人性复归自然的愿望。"

在诗歌中诗人表达了人对于远近的哲理思考，人和自然，人和人的关系。这种关系充满了一种辨证的距离、一种美和对爱的得失的痛苦。近处的爱人却是远在天边，天上的云却在心灵近处。爱人可近却不可能真正地接近，自然被隔离在远方却在爱人的心旁。

诗歌里表现出一种透明的、纯净的、神奇变幻的美，带有一种痛苦的思辨的忧伤。虽只有短短的六句，却容纳了诗人对历史反思的丰富内涵。诗中的"你""我""云"三个意象都具有一定的象征意义。"你""我"都生活在客观现实中、同属于社会的组成人员，"云"则象征着美丽淳朴的大自然。"远""近"是距离概念，是客观存在，有科学的衡量标准。但在情感作用下产生的心理距离却不同，"远"可以变"近"，"近"可以变"远"。诗中用"你""我""云"心理距离的变换，曲折地反映了人与人之间的隔阂、戒备以及诗人对和谐、融洽的理想人际关系的向往、追求。这首诗看似信手拈来，实则匠心独运，工巧而不矫饰。

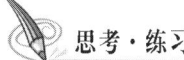

1. 这是一首写空间感并由空间涉及人际关系的诗，用语看似简朴，却含有深刻哲理，分析体会其中流露出来的孤独感和不信任感，联系生活，思考当中的内涵。
2. 《远和近》在语法和语意上都打破了日常语言规律，体会这种创作方法。
3. 解析该诗的代词巧用。

拓展·阅读

1. 顾城：《我是一个任性的孩子》。
2. 顾城：《一代人》。
3. 顾城：《英儿》。

西风颂

[英] 雪 莱

1
哦,狂暴的西风,秋之生命的呼吸!
你无形,但枯死的落叶被你横扫,
有如鬼魅碰到了巫师,纷纷逃避:
黄的,黑的,灰的,红得像患肺痨,
呵,重染疫疬的一群:西风呵,是你
以车驾把有翼的种子催送到
黑暗的冬床上,它们就躺在那里,
像是墓中的死穴,冰冷,深藏,低贱,
直等到春天,你碧空的姊妹吹起
她的喇叭,在沉睡的大地上响遍,
(唤出嫩芽,像羊群一样,觅食空中)
将色和香充满了山峰和平原。
不羁的精灵呵,你无处不远行;
破坏者兼保护者:听吧,你且聆听!

2
没入你的急流,当高空一片混乱,
流云像大地的枯叶一样被撕扯
脱离天空和海洋的纠缠的枝干。
成为雨和电的使者:它们飘落
在你的磅礴之气的蔚蓝的波面,
有如狂女的飘扬的头发在闪烁,

从天穹的最遥远而模糊的边沿
直抵九霄的中天,到处都在摇曳
欲来雷雨的卷发,对濒死的一年
你唱出了葬歌,而这密集的黑夜
将成为它广大墓陵的一座圆顶,
里面正有你的万钧之力的凝结;
那是你的浑然之气,从它会迸涌
黑色的雨,冰雹和火焰:哦,你听!

3
是你,你将蓝色的地中海唤醒,
而它曾经昏睡了一整个夏天,
被澄澈水流的回旋催眠入梦,
就在巴亚海湾的一个浮石岛边,
它梦见了古老的宫殿和楼阁
在水天辉映的波影里抖颤,
而且都生满青苔、开满花朵,
那芬芳真迷人欲醉!呵,为了给你
让一条路,大西洋的汹涌的浪波
把自己向两边劈开,而深在渊底
那海洋中的花草和泥污的森林
虽然枝叶扶疏,却没有精力;
听到你的声音,它们已吓得发青:
一边颤栗,一边自动萎缩:哦,你听!

4
哎,假如我是一片枯叶被你浮起,
假如我是能和你飞跑的云雾,
是一个波浪,和你的威力同喘息,
假如我分有你的脉搏,仅仅不如
你那么自由,哦,无法约束的生命!
假如我能像在少年时,凌风而舞

便成了你的伴侣，悠游天空
（因为呵，那时候，要想追你上云霄，
似乎并非梦幻），我就不致像如今
这样焦躁地要和你争相祈祷。
哦，举起我吧，当我是水波、树叶、浮云！
我跌在生活的荆棘上，我流血了！
这被岁月的重轭所制服的生命
原是和你一样：骄傲、轻捷而不驯。

5
把我当作你的竖琴吧，有如树林：
尽管我的叶落了，那有什么关系！
你巨大的合奏所振起的音乐
将染有树林和我的深邃的秋意：
虽忧伤而甜蜜。呵，但愿你给予我
狂暴的精神！奋勇者呵，让我们合一！
请把我枯死的思想向世界吹落，
让它像枯叶一样促成新的生命！
哦，请听从这一篇符咒似的诗歌，
就把我的话语，像是灰烬和火星
从还未熄灭的炉火向人间播散！
让预言的喇叭通过我的嘴唇
把昏睡的大地唤醒吧！西风呵，
如果冬天来了，春天还会远吗？

作家·作品

珀西·比希·雪莱（Percy Bysshe Shelley，1792~1822），英国著名作家、浪漫主义诗人，被认为是历史上最出色的英语诗人之一；柏拉图主义者和理想主义者，受空想社会主义思想影响颇深。雪莱生于英格兰萨塞克斯郡霍舍姆附近的沃恩汉，12岁进入伊顿公学，1810年进入牛津大学，1811年3月25日由于散发《无神论的必然》，入学不足一年就被牛津大学开除；1813年11月完成叙事长诗《麦布女王》，1818年至1819年完成了两部重要的长诗《解放了的普罗米修斯》和《倩契》，以及其不朽的名作《西风颂》；1822年7月8日逝世。恩格斯称他是"天才预言家"。

《西风颂》是19世纪英国伟大的浪漫主义诗人雪莱的代表作之一，是雪莱"三大颂"诗歌中的一首，写于1819年。《西风颂》全诗气势豪放，想象奇丽，意境雄浑，思想深沉，感情强烈，在艺术上达到辉煌的境界。当时，欧洲各国的工人运动和革命运动风起云涌。英国工人阶级为了争取自身的生存权利，正同资产阶级展开英勇的斗争，捣毁机器和罢工事件接连不断。诗中诗人把西风当作革命力量的象征，它横扫败叶、席卷残云、震荡大海，是无所不及、无处不在的"不羁的精灵"。同时西风对新生事物起了保护和促进作用，是"破坏者兼保护者"。这首诗可以说是诗人"骄傲、轻捷而不驯的灵魂"的自白，是时代精神的写照。诗人凭借自己的诗才，借助自然的精灵让自己的生命与鼓荡的西风相呼相应，用气势恢宏的篇章唱出了生命的旋律和心灵的狂舞。诗人愿意做一把预言的号角，告知人们：如果冬天已经来了，呵，西风，春天还会遥远吗？这有名的诗句一百多年来鼓舞了无数革命者。

本文译者为查良铮。

思考·练习

1. 分析诗中所运用的比喻和象征，并指出它们之间想象的逻辑。
2. 从诗人的作品中挑选自己喜欢的诗句谈谈感受。
3. 如何看待雪莱其人和他的自由恋爱观。

拓展·阅读

1. ［法］安德烈·莫洛亚：《雪莱传》，谭立德、郑其行译，浙江大学出版社2013年版。
2. 《雪莱抒情诗选》，查良铮译，人民文学出版社1993年版。
3. 雪莱：《致云雀》。

第二部分　散文

《论语》八则

子曰:"吾十有五而志于学[1],三十而立,四十而不惑,五十而知天命[2],六十而耳顺,七十而从心所欲,不逾矩。"

《论语·为政》

子曰:"富与贵,是人之所欲也;不以其道得之,不处也[3]。贫与贱,是人之所恶也;不以其道得之[4],不去也。君子去仁,恶乎成名[5]?君子无终食之间违仁,造次必于是[6],颠沛必于是。"

《论语·里仁》

樊迟问知。子曰:"务民之义[7],敬鬼神而远之,可谓知矣。"问仁。曰:"仁者先难而后获,可谓仁矣。"

《论语·雍也》

子绝四[8]:毋意[9],毋必[10],毋固[11],毋我[12]。

《论语·子罕》

颜渊问仁。子曰:"克己复礼为仁。一日克己复礼,天下归仁焉。为仁由己[13],而由人乎哉?"颜渊曰:"请问其目[14]。"子曰:"非礼勿视,非礼勿听,非礼勿言,非礼勿动。"颜渊曰:"回虽不敏,请事斯语矣[15]。"

《论语·颜渊》

或曰:"以德报怨,何如?"子曰:"何以报德?以直报怨[16],以德报德。"

《论语·宪问》

子曰:"小子何莫学夫《诗》?《诗》可以兴,可以观,可以群,可以怨。迩之事父[17],远之事君。多识于鸟兽草木之名。"

《论语·阳货》

子张问于孔子曰:"何如斯可以从政矣?"子曰:"尊五美,屏四恶[18],斯可以从政矣。"子张曰:"何谓五美?"子曰:"君子惠而不费,劳而不怨,欲而不贪,泰而不骄[19],威而不猛。"子张曰:"何谓惠而不费?"子曰:"因民之所利而利之,斯不亦惠而不费乎!择可劳而劳之,又谁怨?欲仁而得仁,又焉贪?君子无众寡,无小大,无敢慢,斯不亦泰而不骄乎?君子正其衣冠,尊其瞻视,俨然人望而畏之,斯不亦威而不猛乎?"子张曰:"何谓四恶?"子曰:"不教而杀谓之虐;不戒视成谓之暴;慢令致期谓之贼[20];犹之与人也,出纳之吝谓之有司[21]。"

《论语·尧曰》

注　释

[1] 有:同"又","十有五"即"十五",古人十五岁为入学的年龄。

[2] 天命:上天的意志。

[3] 处:接受。

[4] 这句的"得"字应是"去"字之误。

[5] 恶乎:哪里,怎么。

[6] 造次:匆忙,仓促。

[7] 民:通"人"。义:适宜。

[8] 绝:断绝,避免。

[9] 毋:音"无",没有。意:随意猜测。

[10] 必:必然,绝对。

[11] 固:偏执顽固。

[12] 我:自私和自我。

[13] 为仁:修养仁德。

[14] 目:条目,具体细节。

[15] 事:实行。

[16] 直:正直。

[17] 迩:近。

[18] 屏:同"摒",摒除,除去。

[19] 泰:庄重矜持。

[20] 慢令致期:慢令,命令松懈。致期:限期紧迫。

[21] 出纳:出和纳(入)本是两个意义相反的词,这里偏指出,而没有入的意思。有司:古代管事者的称呼,职务卑微。这里用来代指小气。

作家·作品

孔子(公元前551~前479),春秋末期思想家、政治家、教育家,儒学学派的创始人,名丘,字仲尼,鲁国陬邑(今山东曲阜东南)人,出生于没落奴隶主贵族家庭。孔子的思想核心是"仁","仁"即"爱人"。他把"仁"作为行仁的规范和目的,强调"仁"和"礼"相互为用。主张统治者对人民"道之以德，齐之以礼"。孔子曾在鲁国做官，后又曾周游宋、卫、蔡、齐、楚等国，主要从事学术和教育活动。孔子一生培养弟子三千余人，身通六艺（礼、乐、射、御、书、数）者七十二人。他先后删《诗》《书》，订《礼》《乐》，修《春秋》，对中国古代文献进行了全面整理。孔子一生的主要言行，经其弟子和再传弟子整理编成《论语》一书，该书成为后世儒家学派的经典，对中国思想文化的发展有极其深远的影响。

《论语》是记载孔子及其学生言行的一部书。《论语》共20篇，包括政治主张、教育原则、伦理观念、品德修养等诸多方面，内容非常丰富，是儒学最主要的经典。《论语》语言精练，形象生动而又含蓄有致，是语录体散文的典范。在编排上，《论语》没有严格的编纂体例，每一条就是一章，集章为篇，篇、章之间并无紧密联系，只是大致归类。这里选取的《论语》中的八则，包含了孔子对人生的历程和滋味的总结：他认为人都是不断学习与不断成长的；有耕耘才有收获；要以德报德；对富贵、贫贱的态度，强调君子爱财，取之有道，"仁"是最高的道德准则。而其尊五美、屏四恶的政治观点，以及对文学作品的社会作用的高度赞扬，对于我们都有很好的启迪作用，富有哲理性。

思考·练习

1. 分析这八则语录的现实意义。
2. 举一些《论语》中的名言，谈谈你的看法。

拓展·阅读

1. 南怀瑾：《论语中的名言》。
2. 辜鸿铭：《辜鸿铭讲论语》。
3. 李零：《丧家狗：我读〈论语〉》（修订版）。

夫子当路于齐

孟 子

公孙丑问曰[1]:"夫子当路于齐[2],管仲晏子之功,可复许乎[3]?"

孟子曰:"子诚齐人也!知管仲晏子而已矣。或问乎曾西曰[4]:'吾子与子路孰贤[5]?'曾西蹵然曰[6]:'吾先子之所畏也[7]。'曰:'然则吾子与管仲孰贤?'曾西艴然不悦曰[8]:'尔何曾比予于管仲[9]!管仲得君,如彼其专也!行乎国政,如彼其久也!功烈[10],如彼其卑也[11]!尔何曾比予于是!'"曰[12]:"管仲,曾西之所不为也,而子为我愿之乎[13]?"

曰:"管仲以其君霸,晏子以其君显,管仲晏子犹不足为与?"

曰:"以齐王,由反手也[14]!"

曰:"若是,则弟子之惑滋甚。且以文王之德,百年而后崩[15],犹未洽于天下[16]。武王、周公继之[17],然后大行[18]。今言王若易然,则文王不足法与?"

曰:"文王何可当也?由汤至于武丁,贤圣之君六七作[19],天下归殷久矣,久则难变也。武丁朝诸侯[20],有天下,犹运之掌。纣之去武丁未久也,其故家遗俗,流风善政,犹有存者,又有微子、微仲、王子比干、箕子、胶鬲,皆贤人也,相与辅相之[21],故 久而后失之也。尺地莫非其有也,一民莫非其臣也,然而文王犹方百里起[22],是以难也。齐人有言曰:'虽有智慧,不如乘势;虽有镃基,不如待时[23]。'今时则易然也。夏后殷周之盛,地未有过千里者也,而齐有其地矣。鸡鸣狗吠相闻,而达乎四境,而齐有其民矣。地不改辟矣,民不改聚矣,行仁政而王,莫之能御也。且王者之不作,未有疏于此时者也;民之憔悴于虐政,未有甚于此时者也。饥者易为食,渴者易为饮。孔子曰:'德之流行,速于置邮[24]而传命。'当今之时,万乘之国行仁政,民之悦之,犹解倒悬也。故事半古之人,功必倍之,惟此时为然。"

注 释

[1] 公孙丑:孟子弟子,齐国人。

[2] 当路:路,指仕途。当路:当权,当政。

[3] 许:兴起。

[4] 曾西:名曾申,字子西,鲁国人,孔子学生曾参的孙子。

[5] 吾子：古时对人的尊称，可译为"您"。
[6] 蹙然：恭敬不安的样子。
[7] 先子：古人称自己已逝世的长辈为先子。这里指曾参。
[8] 艴（fó）然：恼怒的样子。
[9] 何曾：为什么竟。
[10] 功烈：功业。
[11] 卑：卑劣，不足道。
[12] 曰：不表示另一个人说话，而是表示"更端"（换一个话题）。
[13] 为：通"谓"，以为。
[14] 由：通"犹"，如同。反手：翻手，极言王天下之易。
[15] 百年而后崩：相传周文王活了九十七岁。百年是举整数。
[16] 洽：霑，润。
[17] 周公：武王之弟，曾辅佐武王伐纣，统一天下。文武周公，都是儒家推崇的统治者。
[18] 大行：指德化大行于天下。
[19] 作：兴起。六七作：兴起了六七次。
[20] 朝诸侯：使诸侯来朝。
[21] 相与："共同"的意思。辅相：辅佐协助。
[22] 犹：通"由"。起：兴起。
[23] 镃（zī）基：农具，相当于今天的锄头之类。时：指农时。
[24] 置邮：都是古代传达政令的方法。置驿，即马达。邮驿，即车达。

孟子（约公元前372~前289），名轲，邹（今山东邹城）人，战国时期伟大的思想家，儒家学派的主要代表。他受业于孔子的孙子子思，继承和发展了孔子的政治思想体系，提出了"民贵君轻"的主张，以"平治天下"为己任，反对"霸道"，提倡以"仁""义"为中心的所谓"仁政""王道"。孟子擅长论辩，善用譬喻，与其弟子共同编著了《孟子》一书。他的文章气势磅礴，感情奔放，在先秦诸子散文中极为突出，对后世散文产生了极大的影响，他被尊奉为仅次于孔子的"亚圣"。

本章反映了孟子反对"霸道"，提倡"王道"的思想。作为儒家"王道"政治的推行者，孟子不屑于与"霸道"政治家管仲、晏婴相比，他所热衷的，是在齐国推行"王道"政治，靠实施"仁政"来统一天下。而且，他认为无论从土地、人口，还是从时机来看，目前都是实施王道的最好时候，可以收到事半功倍的效果。文章中提出的"虽有智慧，不如乘势；虽有镃基，不如待时"的思想，更可以让我们得到深刻的启示。

思考·练习

1. 归纳文章的结构层次。

2. 作者在文章中是如何阐述自己的政治观点的？
3. 文章中哪些思想在现在仍具有积极的现实意义？

拓展·阅读

1. 《孟子·尽心下》。
2. （清）康有为：《孟子微》。
3. （宋）张九成：《四库全书·孟子传》。

山 木

庄 子

　　庄子行于山中，见大木枝叶盛茂[1]，伐木者止其旁而不取也。问其故，曰："无所可用。"庄子曰："此木以不材得终其天年[2]。"夫子出于山[3]，舍于故人之家。故人喜，命竖子杀雁而烹之[4]。竖子请曰："其一能鸣，其一不能鸣，请奚杀？"主人曰："杀不能鸣者。"明日，弟子问于庄子曰："昨日山中之木，以不材得终其天年；今主人之雁，以不材死。先生将何处[5]？"庄子笑曰："周将处乎材与不材之间。材与不材之间，似之而非也，故未免乎累[6]。若夫乘道德而浮游则不然[7]，无誉无訾[8]，一龙一蛇[9]，与时俱化，而无肯专为[10]。一上一下，以和为量[11]，浮游乎万物之祖[12]。物物而不物于物[13]，则胡可得而累邪！此神农、黄帝之法则也。若夫万物之情，人伦之传[14]，则不然。合则离，成则毁[15]，廉则挫，尊则议[16]，有为则亏，贤则谋，不肖则欺[17]，胡可得而必乎哉！悲夫！弟子志之，其唯道德之乡乎[18]！"

注 释

[1] 大木：大树。

[2] 不材：不成材。天年：自然寿命。

[3] 夫子，指庄子。

[4] 竖子：童仆。雁：鹅。鹅由雁驯化成，故亦称鹅为雁。烹：应作"享"，通"飨"，招待、款待之意。

[5] 何处：如何自处。指在材与不材间选择哪种以立身自处。

[6] 未免乎累：不能免于受牵累。

[7] 若夫：至于。乘道德：顺自然。浮游：茫然无心的漫游。

[8] 訾（zǐ）：毁谤非议。

[9] 一龙一蛇：或如龙之显现，或如蛇之潜藏，随时而变化。

[10] 专为：主于一端，滞于一物。

[11] 和：中和，与外物相和谐。量：度量。

[12] 万物之祖：指未曾有物之前的虚无状态。

[13] 物物：按物本性去主宰支配物。不物于物：不被外物所支配役使。

[14] 人伦之传：人世伦理之传习。

[15] 成则毁：有成就有毁，成必转为毁。

[16] 廉：刚正、有棱角。议：非议、指责。

[17] 谋：算计、暗算。欺：戏弄欺侮。

[18] 志：记注。乡：同"向"，趋向、归向。

作家·作品

庄子（约公元前369~前286），名周，战国时宋国蒙（今安徽蒙城）人，曾为蒙地漆园吏。他继承和发展了老子"道法自然"的观点，与老子同是道家学派的代表人物，并称"老庄"。他认为"道"是无限的，"无所不在"的，强调事物的自生自化，否认有神的主宰。他的思想包含着朴素辩证法因素，看到一切事物都处在"无动而不变，无时而不移"中，却忽视了事物的稳定性和事物之间的差别。他对当时的社会深感不满，无情地揭露和抨击黑暗的现实，主张顺应自然，取消一切政治措施，抛弃一切社会文明；著有《庄子》，亦称《南华经》，现存33篇。其中内篇7篇为庄子所著；外篇15篇和杂篇11篇为庄周后学所作。文章汪洋恣肆，善于采用寓言形式，想象丰富，文笔变化多端，具有浓厚的浪漫主义色彩，并富有幽默讽刺的意味，对后世有广泛的影响。

本篇主要是讨论处世之道。作者虚构了逃避现实的理想境界，体现了自己"虚己处世"的人生哲学。通过"山中伐木"和"故人烹雁"这两个前后矛盾的故事，我们不难看到，在现实社会生活中，处世不易，世事多患，很难找到一条万全之路。无论是材与不材，都是十分危险的，山木不材不能保全，雁不能鸣却被杀，即便处于材与不材之间也不能免于拘束与劳累。人生最高的境界应该是超脱于世俗的生活，"乘道德而浮游""与时俱化""物物而不物于物"，彻底摆脱现实社会的羁绊。这种思想与庄子的"道"论是密切相关的，庄子认为人的生活应与自然融为一体，不要做违背自然规律的事，就会达到"至德之世"或"无为之乡"，实际上是追求逃避现实的虚无境界。

思考·练习

1. 本文是怎样体现"寓真于诞，寓实于玄"的手法的。
2. 如何评价庄子的处世之道。
3. 体会本文跌宕跳跃、富于变化的语言特点。

拓展·阅读

1. （战国）庄子：《逍遥游·内篇》。
2. （战国）庄子：《秋水·外篇》。
3. （战国）庄子：《齐物论·内篇》。

郑伯克段于鄢

《左传》

初[1]，郑武公娶于申[2]，曰武姜[3]。生庄公及共叔段[4]。庄公寤生[5]，惊姜氏，故名曰"寤生"，遂恶之[6]。爱共叔段，欲立之。亟请于武公[7]，公弗许。

及庄公即位，为之请制[8]。公曰："制，岩邑也[9]，虢叔死焉[10]，他邑唯命[11]。"请京[12]，使居之，谓之"京城大叔"。祭仲曰[13]："都城过百雉[14]，国之害也。先王之制，大都不过参国之一[15]；中，五之一；小，九之一。今京不度，非制也，君将不堪[16]。"公曰："姜氏欲之，焉辟害[17]？"对曰："姜氏何厌之有[18]？不如早为之所[19]，无使滋蔓。蔓，难图也[20]。蔓草犹不可除，况君之宠弟乎？"公曰："多行不义必自毙[21]，子姑待之。"

既而大叔命西鄙、北鄙贰于己[22]。公子吕曰[23]："国不堪贰，君将若之何[24]？欲与大叔，臣请事之；若弗与，则请除之，无生民心。"公曰："无庸[25]，将自及。"大叔又收贰为己邑，至于廪延[26]。子封曰："可矣，厚将得众。"公曰："不义不昵[27]，厚将崩。"

大叔完聚[28]，缮甲兵，具卒乘[29]，将袭郑。夫人将启之[30]。公闻其期，曰："可矣！"命子封帅车二百乘以伐京[31]。京叛大叔段。段入于鄢。公伐诸鄢[32]。五月辛丑[33]，大叔出奔共。

遂置姜氏于城颍[34]，而誓之曰："不及黄泉，无相见也[35]。"既而悔之。颍考叔为颍谷封人[36]，闻之，有献于公。公赐之食。食舍肉[37]。公问之，对曰："小人有母，皆尝小人之食矣，未尝君之羹[38]，请以遗之[39]。"公曰："尔有母遗，繄我独无[40]！"颍考叔曰："敢问何谓也？"公语之故，且告之悔。对曰："君何患焉？若阙地及泉[41]，隧而相见[42]，其谁曰不然？"公从之。公入而赋[43]："大隧之中，其乐也融融[44]！"姜出而赋："大隧之外，其乐也泄泄[45]！"遂为母子如初。君子曰[46]："颍考叔，纯孝也。爱其母，施及庄公[47]。诗曰：'孝子不匮，永锡尔类[48]。'其是之谓乎？"

注 释

[1]初：当初，从前。故事开头时用语。

[2]郑武公：春秋时诸侯国郑国（在今河南新郑）国君，姓姬，名掘突，武为死后谥号。申：

诸侯国名，在今河南南阳，姜姓。

[3] 武姜：郑武公妻子，姜氏。姜为母家的姓。

[4] 庄公：即郑庄公。共叔段：共是国名，叔为兄弟排行居后，段是名。

[5] 寤（wù）生：逆生，倒生，即难产。

[6] 恶（wù）：讨厌，不喜欢。

[7] 亟（qì）：多次，屡次。

[8] 制：郑国城市名，在今河南荥阳虎牢关。

[9] 岩邑：险要的城邑。

[10] 虢（guó）叔：东虢国国君。后为郑武公所灭，死于制。

[11] 唯命："唯命是从"的省略。

[12] 京：郑国邑名，在今河南荥阳东南。

[13] 祭（zhài）仲：郑国大夫，字足。

[14] 雉：古时建筑计量单位，长三丈，高一丈。

[15] 参：同"三"。国：国都。

[16] 堪：忍受，经得起。

[17] 焉：哪里，怎么。辟：同"避"。

[18] 何厌之有：有何厌。厌：满足。

[19] 所：处所，地方。

[20] 图：治，对付。

[21] 毙：仆倒，倒下去。

[22] 鄙：边境上的城市。贰于己：同时属于庄公和自己。贰：两属。

[23] 公子吕：郑国大夫，字子封。

[24] 若之何：对他怎么办。

[25] 庸：用。

[26] 廪延：郑国邑名，在今河南延津北。

[27] 昵：亲近。

[28] 完：修缮。聚：积聚。

[29] 缮：修整。甲：铠甲。兵：武器。具：准备。卒：步兵。乘（shèng）：战车。一乘即一车四马，车上站甲士三人，车后随步卒七十二人。

[30] 夫人：指武姜。启之：为之而启。

[31] 帅：率领。

[32] 鄢：郑国邑名，在陵境内。

[33] 五月辛丑：即五月二十三日。古人用天干和地支搭配记日。

[34] 颍：地名，在今河南临颍西北。

[35] 黄泉：黄土下的泉水。这里指人死。

[36] 颍考叔：郑国大夫。颍谷：郑国邑名，在今河南登封西南。封人：管理边界的官。

[37] 舍肉：把肉放在旁边不吃。

[38] 羹：调和五味做成的带汁的肉。

[39] 遗：赠送。
[40] 繄：语气助词，没有实义。
[41] 阙：同"掘"，挖。
[42] 隧：地道。这里做动词，意思是挖隧道。
[43] 赋：指作诗。
[44] 融融：快乐自得的样子。
[45] 泄泄（yì）：快乐舒畅的样子。
[46] 君子曰：作者假托君子发表议论。《左传》作者常用这种方式发表评论。
[47] 施（yì）：延及，推及。
[48] 这两句诗出自《诗·大雅·既醉》。匮：穷尽。锡：同"赐"，给予。

作家·作品

《左传》是我国现存第一部较为完备的编年体史书，相传为春秋末年左丘明所作。它起自鲁隐公元年（公元前722年），迄于鲁哀公二十七年（公元前464年），是记录春秋时期社会状况的重要典籍，也是儒家重要经典之一。西汉时称之为《左氏春秋》，东汉以后改称《春秋左氏传》，简称《左传》。它与《公羊传》《谷梁传》合称"春秋三传"。《左传》的取材范围包括了王室档案、鲁史策书、诸侯国史等。其记事基本以《春秋》鲁十二公为次序，相当系统而具体地记述了春秋列国这一时期各国的政治、军事、外交等方面的重大事件。它对于天文、鬼神、灾祥、占卜等方面也有记载。《左传》不仅在记叙历史事件时注重抓住事件中的重要环节着力描写，具有很强的故事性和戏剧性，而且非常善于描写战争，常常将军事斗争与政治经济外交联系起来写，塑造了许多形象鲜明个性突出的人物形象。《左传》代表了先秦史学的最高成就，是研究先秦历史和春秋时期历史的重要文献，它对后世的史学，特别是对编年体史书的编写产生了很大影响。

公元前722年，在郑国统治者内部发生了一件骨肉相残的事件，即"郑伯克段于鄢"。本文通过记叙郑庄公与其弟共叔段争权夺利，最后兵戎相见、骨肉相残的事件，揭露了当时统治阶级的残酷无情和虚伪卑鄙。

全文结构完整，情节波澜起伏，围绕郑庄公与共叔段争权这一中心，将人物置于尖锐复杂的矛盾冲突中，成功地刻画出人物的性格特征。从表面上看，庄公听任共叔段步步紧逼，不断扩张，显得仁慈、忍让但实为"养恶"，足见其老谋深算、虚伪阴毒；而共叔段相比之下则显得鲁莽、贪婪。作者略写庄公"克段于鄢"的战争经过，详写这场战争的起因及矛盾不断激化的过程，以集中笔墨刻画人物，揭示其内心世界，从而突出文章的主题，这一写法体现了《左传》善于描写战争的特点。

思考·练习

1. 本文所要表现的主题是什么？

2. 概括庄公、姜氏、共叔段、颍考叔的性格特征，并结合课文中的有关描写，作简要分析。

3. 举例说明细节描写在本文中对刻画人物性格的作用。

4. 作者为何要在末段花费笔墨描写颍考叔的"纯孝"？

拓展·阅读

1. （春秋）左丘明：《春秋左氏传》。
2. 陈克炯：《左传详解词典》，中国古籍出版社2004年。
3. 金永健：《半塘文库：清代〈左传〉考证研究》，社会科学文献出版社2013年。

邵公谏厉王弭谤[1]

《国语》

厉王虐，国人谤王。邵公告曰："民不堪命矣[2]！"王怒，得卫巫[3]，使监谤者。以告，则杀之。国人莫敢言，道路以目。

王喜，告邵公曰："吾能弭谤矣，乃不敢言。"邵公曰："是障之也[4]。防民之口，甚于防川。川壅而溃，伤人必多，民亦如之。是故为川者决之使导[5]，为民者宣之使言[6]。故天子听政，使公卿至于列士献诗[7]，瞽献曲[8]，史献书[9]，师箴[10]，瞍赋[11]，矇诵[12]，百工谏[13]，庶人传语，近臣尽规[14]，亲戚补察，瞽、史教诲，耆、艾修之[15]，而后王斟酌焉，是以事行而不悖[16]。民之有口，犹土之有山川也，财用于是乎出；犹其原隰之有衍沃也[17]，衣食于是乎生；口之宣言也，善败于是乎兴。行善而备败[18]，其所以阜财用衣食者也[19]。夫民虑之于心而宣之于口，成而行之[20]，胡可壅也？若壅其口，其与能几何[21]？"

王弗听，于是国人莫敢出言。三年[22]，乃流王于彘[23]。

注　释

[1] 本篇选自《国语·周语上》。邵公：周厉王卿士，名虎。一作召公。厉王：周夷王之子，名胡，在位三十七年。弭：消除。

[2] 命：指周厉王苛虐的政令。

[3] 卫巫：卫国的巫者。巫：以装神弄鬼为职业的人。

[4] 障：堵塞。

[5] 为川者：治水的人。

[6] 宣：疏导。

[7] 公卿：指执政大臣。古代有三公九卿之称。《尚书·周官》："立太师、太傅、太保，兹惟三公。"九卿指少师、少傅、少保、冢宰、司徒、宗伯、司马、司寇、司空。列士：古代官员有上士、中士、下士之分，统称列士，位在大夫之下。诗：指有讽谏意义的诗篇。

[8] 瞽（gǔ）：盲人。因古代乐官多由盲人担任，故也称乐官为瞽，其典多采自民间，可反映民意。

[9] 史：史官。书：指史书典籍。

[10] 师：乐官。箴：一种具有警戒性的文辞。

[11] 瞍（sǒu）：盲人。赋：不唱，只有节奏地诵读。

[12] 曚（méng）：有眼珠的盲人。瞍曚均指乐师。

[13] 百工：百官。一说"工"指乐工。

[14] 尽规：尽规谏之责。

[15] 耆（qí）艾：年六十叫耆，年五十叫艾。这里指朝中元老。修：整理修饰。

[16] 悖（bèi）：违背。

[17] 原隰（xí）：平原和低湿之地。衍沃：指平坦肥沃的良田。

[18] 行善：推行百姓认为好的。备败：防范百姓认为坏的。

[19] 阜：增多。

[20] 成：成熟。行：自然流露。

[21] 与：帮助。

[22] 三年：周厉王于公元前842年被国人放逐到彘，据此邵公谏厉王事当在公元前845年。

[23] 流：放逐。彘（zhì）：地名，在今山西霍县东北。

作家·作品

《国语》是中国最早的一部国别史著作，全书21卷，记事年代起自周穆王，止于鲁悼公（约公元前1000~前440），分别记载了周朝王室和鲁国、齐国、晋国、郑国、楚国、吴国、越国等诸侯国的历史；以记载言论为主，但也有不少记事的成分。这部书不是系统完整的历史著作，除《周语》略为连贯外，其余各国只是重点记载了个别事件。《国语》的写作风格以纪实为主，注重客观描写，所以表现出来的思想也随所记之人、所记之言不同而各异。它以记述各国贵族言论为主，通过各有风格、各有特色的语言来塑造人物性格，表述不同人物的思想及命运，记载波澜壮阔的历史大事。《国语》用语言记史，生动、精练，为历代所称道，在历史散文中占有比较重要的地位。

本文选自《国语·周语上》，是《国语》中的名篇之一。文章记载了周厉王被逐的过程。他执政时，由于残暴无道，遭到人们的谴责，然而他非但不思改过，反而采取强制的手段堵塞舆论的批评。结果人民在忍无可忍的情况下揭竿而起，把他流放到彘地去，而拥戴周公、邵公执政。它告诉人们一条真理："防民之口，甚于防川。"人民的力量是不可抗拒的，不让人民说话的暴君最终只会自食其果。邵公针对厉王弭谤而发表的一大段议论是文章的中心内容。先以治水来喻治民，形象而精警；进而以前代治国经验正面规谏厉王；最后以比喻论证民众舆论对治国安邦的作用。本文叙述与议论相结合，重在议论。邵公能够重视人民的意见，体现了我国古代就已有民本思想的优秀传统。

思考·练习

1. 邵公是怎样论述"防民之口，甚于防川"的命题的？
2. 周厉王拒谏的原因是什么？又给今人留下了怎样的历史教训？

拓展·阅读

1. 《国语》。

2. 上官冬:"叙事记言两相宜——读《邵公谏厉王弭谤》",载《新闻界》1990年第6期。

3. 徐艳艳:"从《邵公谏厉王弭谤》探讨《国语》性质",载《青春岁月》2011年第16期。

鲁仲连义不帝秦[1]

《战国策》

秦围赵之邯郸[2]。魏安釐王使将军晋鄙救赵[3]。畏秦，止于荡阴不进[4]。魏王使客将军辛垣衍间入邯郸[5]，因平原君谓赵王曰[6]："秦所以急围赵者，前与齐闵王[7]争强为帝，已而复归帝[8]，以齐故。今齐闵王[9]益弱，方今唯秦雄天下，此非必贪邯郸，其意欲求为帝。赵诚[10]发使尊秦昭王为帝，秦必喜，罢兵去。"平原君犹豫未有所决。

此时鲁仲连适[11]游赵，会[12]秦围赵，闻魏将欲令赵尊秦为帝，乃见平原君曰："事将奈何矣？"平原君曰："胜也何敢言事？百万之众折于外[13]，今又内围邯郸而不能去。魏王使客将军辛垣衍令赵帝秦，今其人在是，胜也何敢言事？"鲁连曰："始吾以君为天下之贤公子也，吾乃今然后知君非天下之贤公子也。梁客辛垣衍安在？吾请为君责而归之[14]。"平原君曰："胜请召而见之于先生[15]。"

平原君遂见辛垣衍，曰："东国[16]有鲁连先生，其人在此。胜请为绍介而见之于将军。"辛垣衍曰："吾闻鲁连先生，齐国之高士也[17]。衍，人臣也，使事有职。吾不愿见鲁连先生也。"平原君曰："胜已泄之矣。"辛垣衍许诺。

鲁连见辛垣衍而无言。辛垣衍曰："吾视居此围城之中者，皆有求于平原君者也。今吾视先生之玉貌，非有求于平原君者，曷为久居此围城之中而不去也？"鲁连曰："世以鲍焦无从容而死者[18]，皆非也。今众人不知，则为一身[19]。彼秦者，弃礼义而上首功之国也[20]。权使其士，虏使其民[21]。彼则肆然而为帝[22]，过而遂正于天下[23]，则连有赴东海而死矣，吾不忍为之民也！所为见将军者，欲以助赵也。"辛垣衍曰："先生助之奈何？"鲁连曰："吾将使梁及燕助之，齐、楚固助之矣。"辛垣衍曰："燕则吾请以从矣。若乃梁[24]，则吾乃梁人也，先生恶能使梁助之耶？"鲁连曰："梁未睹秦称帝之害故也。使[25]梁睹秦称帝之害，则必助赵矣。"辛垣衍曰："秦称帝之害将奈何？"鲁仲连曰："昔齐威王尝为仁义矣！率天下诸侯而朝周，周贫且微，诸侯莫朝，而齐独朝之。居岁余，周烈王崩，诸侯皆吊，齐后往。周怒，赴[26]于齐曰：'天崩地坼[27]，天子下席[28]。东藩之臣田婴齐后至，则斮[29]之！'威王勃然怒曰：'叱嗟！而[30]母婢也！'卒为天下笑。故生则朝周，死则叱之，诚不忍其求也。彼天子固然，其无足怪！"

辛垣衍曰："先生独未见夫仆乎？十人而从一人者，宁力不胜，智不若耶？畏之也。"鲁仲连曰:"然。梁之比于秦,若仆耶?"辛垣衍曰:"然。"鲁仲连曰:"然则吾将使秦王烹醢梁王[31]!"辛垣衍怏然不悦曰:"嘻!亦太甚矣,先生之言也!先生又恶能使秦王烹醢梁王?"鲁仲连曰:"固也!待吾言之:昔者,鬼侯、鄂侯、文王,纣之三公也。鬼侯有子而好[32],故入之于纣,纣以为恶[33],醢鬼侯;鄂侯争之急,辨之疾[34],故脯鄂侯[35];文王闻之,喟然而叹,故拘之于牖里之库百日[36],而欲令之死。曷为与人俱称帝王,卒就脯醢之地也?齐闵王将之鲁,夷维子执策而从[37],谓鲁人曰:'子将何以待吾君?'鲁人曰:'吾将以十太牢待子之君。'夷维子曰:'子安取礼而来待吾君?彼吾君者,天子也。天子巡狩,诸侯避舍,纳于筦键[38],摄衽抱几[39],视膳于堂下,天子已食,退而听朝也。'鲁人投其籥[40],不果纳[41],不得入于鲁。将之薛,假涂于邹[42]。当是时,邹君死。闵王欲入吊。夷维子谓邹之孤曰:'天子吊,主人必将倍殡柩,设北面于南方,然后天子南面吊也。'邹之群臣曰:'必若此,吾将伏剑而死。'故不敢入于邹。邹、鲁之臣,生则不得事养[43],死则不得饭含[44]。然且欲行天子之礼于邹、鲁之臣,不果纳。今秦万乘之国,梁亦万乘之国,俱据万乘之国,交有称王之名[45]。睹其一战而胜,欲从而帝之,是使三晋之大臣,不如邹、鲁之仆妾也。且秦无已而帝[46],则且变易诸侯之大臣[47],彼将夺其所谓不肖,而予其所谓贤,夺其所憎,而予其所爱;彼又将使其子女谗妾为诸侯妃姬,处梁之宫,梁王安得晏然而已乎[48]?而将军又何以得故宠乎?"

于是,辛垣衍起,再拜谢曰:"始以先生为庸人,吾乃今日而知先生为天下之士也。吾请去,不敢复言帝秦。"

秦将闻之,为却军五十里[49]。适会魏公子无忌夺晋鄙军以救赵击秦,秦军引而去[50]。

于是,平原君欲封鲁仲连。鲁仲连辞让者三,终不肯受。平原君乃置酒,酒酣,起,前,以千金为鲁连寿。鲁连笑曰:"所贵于天下之士者,为人排患、释难、解纷乱而无所取也。即有所取者[51],是商贾之人也,仲连不忍为也。"遂辞平原君而去,终身不复见。

注 释

[1] 义:名词用作状语,根据正义。不帝秦:不尊秦王为帝。帝:用如动词。

[2] 邯郸:赵国国都,今河北邯郸。

[3] 魏安釐(xī)王:魏昭王的儿子,名圉(yǔ)。釐:通"僖"。晋鄙:魏国大将。

[4] 荡阴:今河南汤阴县,是赵魏两国交界的地方。

[5] 客将军:别国人在魏国做将军,所以称客将军。辛垣:复姓。间入:指偷偷地进入。

[6] 因:靠,通过。平原君:赵孝成王的叔父,名胜,封为平原君,是战国四公子之一,当时是赵相。赵王:指孝成王,名丹。

[7] 齐闵王:也写作"齐湣王",是齐宣王的儿子,姓田,名地。周赧王二十七年(公元前288

年），齐闵王称东帝，秦昭王（名稷）称西帝。

[8] 归帝：归还帝号。

[9] 此句疑有误。秦围邯郸时，齐闵王已经死了二十余年。此句意思可能是"今之齐比闵王时益弱"。益，更加。

[10] 诚：真，这里含有假设的意思。

[11] 适：副词，正巧，恰在这时。

[12] 会：正巧碰上。

[13] 百万句：此指长平之战。赵国降卒四十万被秦将白起坑杀。

[14] 归之：使之归，叫他回去。

[15] 见（xiàn）之：使之见。

[16] 东国：指齐国。

[17] 高士，品行高尚而不做官的人。

[18] 鲍焦：春秋时隐士。传说他因不满时政，抱树饿死。从容：心胸开阔。

[19] 一身：个人。

[20] 上：通"尚"，崇尚。首功：斩首之功。

[21] 权使其士，虏使其民："权"，"虏"都是名词作状语，以权诈之术来使用他的士，把他的人民当作奴隶来使用。

[22] 则：假如。肆然：放肆地，毫无忌惮地。

[23] 过：竟然。正：通"政"，统治。

[24] 若乃：至于。

[25] 使：假如。

[26] 赴：使人奔告丧事，即报丧。后来写作"讣"。

[27] 坼：裂开。比喻天子死。

[28] 下席：指孝子离开原来的宫室，寝在草上守丧。

[29] 斮（zhuó）：斩杀。

[30] 而：通"尔"，你的。

[31] 烹醢（hǎi）：都是古代的酷刑。醢：剁成肉酱。

[32] 子：指女儿。在上古时代，子本是男女的通称。好：貌美。

[33] 恶：貌丑。

[34] 辨：通"辩"。疾：跟上句的"急"同义。

[35] 脯：干肉，这里用如动词，作成肉干。

[36] 牖里：一作"羑里"，在今河南汤阴县北。

[37] 策：马鞭。

[38] 纳筦键：交出锁匙。

[39] 摄衽：提（牵）起衣襟，这是奴仆伺候主人的礼节。

[40] 投其籥：指闭关下锁。

[41] 不果：未成为事实，没有结果。

[42] 假涂：借道。涂：通"塗"，途。

[43] 事：奉事，伺候。

[44] 饭含：把米放在死人口中叫饭，把玉放在死人口中叫含。

[45] 交：皆，都。

[46] 无已而帝：没有人阻止而称帝。

[47] 且：将。

[48] 晏然：平安地。

[49] 为却军：因为他退兵。

[50] 引：向后退。

[51] 即：假如。

作家·作品

《战国策》是继《国语》之后的又一部国别体史书。全书共33篇，分别记载战国时期东周、西周、秦、齐、楚、赵、韩、魏、燕、宋、卫、中山12国的部分历史，由西汉末刘向整理编订。《战国策》主要记述战国时代谋臣策士游说各国或互相辩论时所提出的政治主张和斗争策略，反映当时各诸侯国、各阶级、阶层之间尖锐复杂的矛盾和斗争，是研究先秦史的重要资料。该书说理论事善于运用铺排、夸张、渲染的修辞手法，善于运用寓言、故事、比喻来增强生动性和说服力，体现了纵横家的语言特色。在选材和结构上，该书围绕某一人物的游说、谋策、议论来组织材料，结构篇章，为纪传体的出现奠定了一定的基础。

本文选自《战国策·赵策三》。战国末，秦日益强大，出兵围赵，魏派辛垣衍游说赵国尊秦为帝。而齐国游士鲁仲连却挺身而出，反对妥协投降，和辛垣衍进行了单刀直入、针锋相对的斗争。他论辩的主旨是诸侯国不应该向残暴专制、妄图称帝的强秦低头。鲁仲连的演说激情洋溢、说理透彻、推断严密。他一方面指出诸侯国们伺候天子时丧失尊严的屈辱悲惨状况，另一方面举出众多宁死不屈的诸侯国及其大臣，借以唤醒那些投降派们的斗志和勇气。这样正反两方面的论证说服，终于使原来打算事秦的大臣和国家走上了联合抗暴的道路，从而也化解了赵国的重大危机。

本文生动地表现了鲁仲连反对投降的正确立场和功成不居的高贵品德，也刻画了国难当头束手无策的平原君和企图名利、毫无政治主见的辛垣衍。鲁仲连的议论，具有远见卓识，分析利害入情入理，又善于运用历史事实与生动的比喻，具有很强的说服力。

思考·练习

1. 鲁仲连的论辩有何特点？
2. 如何评价他"义不帝秦"的主张？

拓展·阅读

1. （唐）周昙：《全唐诗·春秋战国门·鲁仲连》。
2. （明）袁可立：《蓬莱阁怀古》。
3. （西汉）司马迁：《史记·卷八十三·鲁仲连邹阳列传第二十三》。

苏秦始将连横

《战国策》

苏秦始将连横[1]，说秦惠王曰[2]："大王之国，西有巴、蜀、汉中之利[3]，北有胡貉、代马之用[4]，南有巫山、黔中之限[5]，东有肴、函之固[6]。田肥美，民殷富，战车万乘，奋击百万[7]，沃野千里，蓄积饶多，地势形便，此所谓天府[8]，天下之雄国也。以大王之贤，士民之众，车骑之用，兵法之教，可以并诸侯，吞天下，称帝而治。愿大王少留意，臣请奏其效。"

秦王曰："寡人闻之，毛羽不丰满者不可以高飞，文章不成者不可以诛罚，道德不厚者不可以使民，政教不顺者不可以烦大臣。今先生俨然不远千里而庭教之[9]，愿以异日[10]。"

苏秦曰："臣固疑大王之不能用也。昔者神农伐补遂[11]，黄帝伐涿鹿而禽蚩尤[12]，尧伐驩兜[13]，舜伐三苗[14]，禹伐共工[15]，汤伐有夏[16]，文王伐崇[17]，武王伐纣[18]，齐桓任战而伯天下[19]。由此观之，恶有不战者乎[20]？古者使车毂击驰[21]，言语相结，天下为一；约从连横，兵革不藏；文士并饬[22]，诸侯乱惑；万端俱起[23]，不可胜理。科条既备，民多伪态；书策稠浊[24]，百姓不足。上下相愁，民无所聊[25]；明言章理[26]，兵甲愈起。辩言伟服[27]，战攻不息；繁称文辞，天下不治。舌弊耳聋，不见成功，行义约信，天下不亲。于是乃废文任武，厚养死士，缀甲厉兵[28]，效胜于战场。夫徒处而致利[29]，安坐而广地，虽古五帝、三王、五伯[30]，明主贤君，常欲坐而致之，其势不能，故以战续之。宽则两军相攻，迫则杖戟相橦[31]，然后可建大功。是故兵胜于外，义强于内；威立于上，民服于下。今欲并天下，凌万乘[32]，诎敌国[33]，制海内，子元元[34]，臣诸侯，非兵不可。今之嗣主，忽于至道[35]，皆惛于教[36]，乱于治，迷于言，惑于语，沈于辩[37]，溺于辞，以此论之，王固不能行也。"

说秦王书十上而说不行[38]，黑貂之裘弊，黄金百斤尽，资用乏绝，去秦而归，嬴縢履蹻[39]，负书担橐[40]，形容枯槁，面目犁黑[41]，状有归色[42]。归至家，妻不下纴[43]，嫂不为炊，父母不与言。苏秦喟叹曰："妻不以我为夫，嫂不以我为叔，父母不以我为子，是皆秦之罪也。"乃夜发书，陈箧数十，得太公《阴符》之谋[44]，伏而诵之，简练以为揣摩[45]。读书欲睡，引锥自刺其股，血流至足[46]，曰："安有说人主不能出其金玉锦绣，取卿相之尊者乎？"期年，揣摩成，曰："此真可以说当世之君矣。"

于是乃摩燕乌集阙[47]，见说赵王于华屋之下[48]，抵掌而谈[49]，赵王大悦，封为武安君[50]。受相印，革车百乘，锦绣千纯，白璧百双，黄金万溢[51]，以随其后。约从散横，以抑强秦，故苏秦相于赵而关不通[52]。

当此之时，天下之大，万民之众，王侯之威，谋臣之权，皆欲决苏秦之策。不费斗粮，未烦一兵，未战一士，未绝一弦，未折一矢，诸侯相亲，贤于兄弟。夫贤人在而天下服，一人用而天下从。故曰："式于政，不式于勇[53]；式于廊庙之内[54]，不式于四境之外。"当秦之隆[55]，黄金万溢为用，转毂连骑，炫熿于道，山东之国，从风而服[56]，使赵大重[57]。且夫苏秦，特穷巷掘门、桑户棬枢之士耳[58]，伏轼撙衔[59]，横历天下，廷说诸侯之王，杜左右之口，天下莫之能伉[60]。

将说楚王，路过洛阳。父母闻之，清宫除道，张乐设饮[61]，郊迎三十里。妻侧目而视，倾耳而听。嫂蛇行匍伏，四拜自跪而谢。苏秦曰："嫂何前倨而后卑也[62]？"嫂曰："以季子之位尊而多金[63]。"苏秦曰："嗟乎！贫穷则父母不子，富贵则亲戚畏惧。人生世上，势位富贵，盖可忽乎哉[64]！"

注　释

[1] 苏秦：战国时洛阳人，著名策士。连横：战国时代，合六国抗秦，称为约从或"合从"；秦与六国中任何一国联合以打击别的国家，称为连横。

[2] 秦惠王：公元前336至公元前311年在位。

[3] 巴：今四川省东部。蜀：今四川省西部。汉中：今陕西省南部地区。

[4] 胡貉（hé）：北方的少数民族。代马：地名，指代郡、马邑，在今山西东北部。

[5] 巫山：在今四川省巫山县东。黔中：在今湖南沅陵县西。限：屏障，险阻。

[6] 肴：同"殽"，山名，在今河南洛宁县西北。函：函谷关，在今河南灵宝市西南。

[7] 奋击：奋勇作战的军队。

[8] 天府：物产富饶的地方。

[9] 俨然：庄重矜持。

[10] 愿以异日：愿改在其他时间。

[11] 神农：传说中发明农业和医药的远古帝王。补遂：古国名。

[12] 黄帝：姬姓，号轩辕氏，传说中中原各族的共同祖先。涿鹿：在今河北省涿鹿县南。禽：通"擒"。蚩尤：神话中东方九黎族的首领，与皇黄帝战于涿鹿，为其擒杀。

[13] 驩（huān）兜（dōu）：尧的大臣，传说曾与共工一起作恶，后被放逐至崇山。

[14] 三苗：古代部族名。

[15] 共工：传为尧的大臣，与驩兜、三苗、鲧并称四凶。后流放于幽陵。

[16] 有夏：即夏桀。有：语助词，无义。

[17] 崇：古国名，在今陕西省户县东。

[18] 纣：商朝末代君主，传说中的大暴君。

［19］伯：同"霸"，称霸。

［20］恶：同"乌"，何，怎么。

［21］毂（gǔ）：车轮中央圆眼，以容车轴。这里代指车乘。

［22］饬：同"饰"，巧为游说。

［23］万端俱起：百姓议论纷纷。

［24］稠浊：多而乱。

［25］聊：依。

［26］章：同"彰"，明显。

［27］伟服：奇特的服饰。

［28］厉：通"砺"，磨砺。

［29］徒处：白白地等待。

［30］五伯：伯同"霸"，"五伯"指春秋五霸。即齐桓公、晋文公、楚庄王、宋襄公、秦穆公。

［31］杖：持着。橦（chōng）：冲刺。

［32］凌：凌驾于上。万乘：万辆战车。

［33］诎：同"屈"，屈服。

［34］元元：人民。子元元：以广大人民为子，意即统一天下。

［35］至道：指用兵之道。

［36］悟：同"昏"，不明。

［37］沈：同"沉"。

［38］说不行：指连横的主张未得实行。

［39］羸（léi）：缠绕。縢（téng）：绑腿布。蹻：草鞋。

［40］橐（tuó）：囊。

［41］犁：通"黧"（lí）：黑色。

［42］归：应作"愧"。

［43］纴（rèn）：织布帛的丝缕。此代指织机。

［44］太公：姜太公吕尚。《阴符》：相传为姜尚所著兵书。

［45］简：选择。练：熟习。

［46］足：应作"踵"，足跟。

［47］摩：近。燕乌集：宫阙名。此指君王居所。

［48］华屋：指宫殿。

［49］抵：通"抵"（zhǐ），拍击。

［50］武安：赵国城邑，今属河北省。

［51］溢：通"镒"。古时重量单位，一镒二十四两。

［52］关：函谷关，为六国通秦要道。

［53］式：用。

［54］廊庙：谓朝廷。

［55］隆：显赫。

［56］山东：指崤山以东。

[57] 使赵大重：谓使赵的地位因此而提高。

[58] 掘：同"窟"，土室。桑户：桑木为板的门。棬（quān 圈）枢：树枝做成的门枢，形容屋舍简陋。

[59] 轼：车前横木。撙（zǔn 上声）：节制。衔：青铜制或铁制勒马器具。

[60] 伉：通"抗"。匹敌。

[61] 张：设置。

[62] 倨：傲慢。

[63] 季子：对兄弟中排行居次或年纪最小的人的称谓。

[64] 盖：同"盍"，何。

作家·作品

本文记述了苏秦最初主张连横，向秦惠王陈说自己的主张，说秦失败后发愤读书、揣摩谋策，转而说赵主张合纵，终于取得成功。全文比较集中地刻画了苏秦这个战国策士的形象，从中可以看出战国时代纵横家的思想主张和说辞的特点，表现了策士在当时政治舞台上的作用和苏秦的人生观以及世态的炎凉。全文可分为两部分：第一部分是苏秦说秦王的具体内容。他以雄辩滔滔的口才及其夸张铺陈之辞盛赞秦国河山之险和国富兵强，极力鼓动秦王用武力吞并天下。第二部分写苏秦从失败到成功的经历，描述了他为猎取功名富贵而刻苦自励的情形，同时也反映了当时社会的世态人情和封建伦理关系的实质。作者运用了言行神态描写、外在形象描写、心理描写、对比描写等多种手法，栩栩如生地刻画了苏秦这个人物形象，深刻揭示了人物的心理状态。

思考·练习

1. 苏秦是如何表述的他主张的？
2. 本文如何刻画苏秦这个战国策士的形象？

拓展·阅读

1. （西汉）刘向：《战国策·齐策一·邹忌讽齐王纳谏》。
2. （西汉）刘向：《战国策·秦策一》。
3. 大型历史剧《大秦帝国之纵横》。

谏逐客书

李 斯

臣闻吏议逐客,窃以为过矣。

昔缪公求士,西取由余于戎[1],东得百里奚于宛[2],迎蹇叔于宋[3],来丕豹、公孙支于晋[4]。此五子者,不产于秦[5],而缪公用之,并国二十,遂霸西戎[6]。孝公用商鞅之法[7],移风易俗,民以殷盛[8],国以富强,百姓乐用,诸侯亲服,获楚、魏之师,举地千里,至今治强。惠王用张仪之计[9],拔三川之地[10],西并巴、蜀[11],北收上郡[12],南取汉中[13],包九夷[14],制鄢、郢[15],东据成皋之险[16],割膏腴之壤,遂散六国之从,使之西面事秦,功施到今[17]。昭王得范雎[18],废穰侯[19],逐华阳[20],强公室,杜私门,蚕食诸侯,使秦成帝业。此四君者,皆以客之功。由此观之,客何负于秦哉?向使四君却客而不内[21],疏士而不用,是使国无富利之实,而秦无强大之名也。

今陛下致昆山之玉,有随、和之宝[22],垂明月之珠,服太阿之剑[23],乘纤离之马[24],建翠凤之旗,树灵鼍之鼓[25]。此数宝者,秦不生一焉,而陛下说之,何也?必秦国之所生然后可,则是夜光之璧不饰朝廷;犀象之器不为玩好;郑、卫之女不充后宫,而骏良駃騠不实外厩[26];江南金锡不为用,西蜀丹青不为采[27]。所以饰后宫、充下陈、娱心意、说耳目者[28],必出于秦然后可,则是宛珠之簪、傅玑之珥[29]、阿缟之衣[30]、锦绣之饰不进于前;而随俗雅化、佳冶窈窕赵女不立于侧也[31]。夫击瓮叩缶,弹筝搏髀[32],而歌呼呜呜快耳者,真秦之声也。《郑》《卫》《桑间》《韶虞》《武象》者,异国之乐也。今弃击瓮叩缶而就《郑》《卫》,退弹筝而取《韶虞》,若是者何也?快意当前,适观而已矣。今取人则不然,不问可否,不论曲直,非秦者去,为客者逐。然则是所重者,在乎色、乐、珠、玉,而所轻者,在乎人民也。此非所以跨海内、制诸侯之术也。

臣闻地广者粟多,国大者人众,兵强则士勇。是以泰山不让土壤[33],故能成其大;河海不择细流[34],故能就其深;王者不却众庶,故能明其德。是以地无四方,民无异国,四时充美,鬼神降福,此五帝三王之所以无敌也[35]。今乃弃黔首以资敌国[36],却宾客以业诸侯[37],使天下之士退而不敢西向,裹足不入秦,此所谓"藉寇兵而赍盗粮"者也[38]。

夫物不产于秦，可宝者多；士不产于秦，而愿忠者众。今逐客以资敌国，损民以益雠[39]，内自虚而外树怨于诸侯，求国无危，不可得也。

注　释

[1] 由余：亦作"繇余"，戎王的臣子，后为秦缪（穆）公所收并重用，帮助秦国攻灭西戎众多小国，称霸西戎。戎：古代中原人多称西方少数部族为戎。此指秦国西北部的西戎，活动范围约在今陕西西南、甘肃东部、宁夏南部一带。

[2] 百里奚：原为虞国大夫。晋灭虞被俘，后作为秦缪公夫人的陪嫁臣妾之一送往秦国。奚以为耻，逃亡到宛，被楚人所执。秦缪公用五张黑公羊皮赎出，用为大夫。他是辅佐秦缪公称霸的重臣。宛：楚国邑名。

[3] 蹇叔：百里奚的好友，经百里奚推荐，秦缪公把他从宋国请来，委任为上大夫。

[4] 丕豹：晋国大夫丕郑之子，丕郑被晋惠公杀死后，丕豹投奔秦国，秦缪公任为大夫，使攻晋，破八城。公孙支：字子桑，秦人，曾游晋，后返秦任大夫。

[5] 产：生，出生。

[6] 并国二十，遂霸西戎：《秦本纪》云秦缪公"益国二十，开地千里，遂霸西戎"。这里的"二十"相当是约数。

[7] 孝公：即秦孝公。商鞅：卫国公族，氏公孙，亦称公孙鞅。初为魏相公叔痤家臣，公叔痤死后入秦，受到秦孝公重用，任左庶长、大良造，因功封于商（今山西商县东南）十五邑，号称商君。于公元前三五六年和前三五〇年两次实行变法，奠定秦国富强的基础。公元前338年，秦孝公去世，被车裂身死。

[8] 殷：多，众多。殷盛：指百姓众多而且富裕。

[9] 惠王：即秦惠王，名驷，秦孝公之子，公元前337年至前311年在位。张仪：魏人，秦惠王时数次任秦相，鼓吹"连横"，游说各国诸侯事奉秦国。

[10] 三川之地：指黄河、雒水、伊水三川之地，在今河南西北部黄河以南的洛水、伊水流域。

[11] 巴：国名，在今四川东部、湖北西部一带。蜀：国名，在今四川中部偏西地区。

[12] 上郡：郡名，魏文侯时置，辖境有今陕西洛河以东，黄梁河以北，东北到子长县、延安市一带。

[13] 汉中：郡名，楚怀王时置，辖境有陕西东南和湖北西北的汉水流域。

[14] 九夷：此指楚国境内西北部的少数部族，在今陕西、湖北、四川三省交界地区。

[15] 鄢（yān）：楚国别都，在今湖北宜城东南。郢：楚国都城，在今湖北江陵市西北纪南城。

[16] 成皋：邑名，在今河南荥阳汜水镇，地势险要，是著名的军事重地。

[17] 施（yì）：推及，延续。

[18] 昭王：名稷，秦惠王之子，秦武王异母弟，公元前306年至前251年在位。范雎：魏人，入秦后改名张禄，受到秦昭王信任，为秦相，对内力主废除外戚专权，对外采取远交近攻策略。

[19] 穰（rǎng）侯：即魏冉，楚人后裔，秦昭王母宣太后之异父弟。因秦昭王听用范雎之言，被免去相职，终老于陶。

[20] 华阳：即华阳君芈戎，楚昭王母宣太后之同父弟，曾任将军等职，与魏冉同掌国政。公元

前266年，与魏冉同被免职遣归封地。

[21] 向使：当初假如。却：推却，拒绝。内：通"纳"，接纳。

[22] 随、和之宝：即所谓"随侯珠"和"和氏璧"，传说中春秋时随侯所得的夜明珠和楚人卞和来得的美玉。

[23] 太阿：亦称"泰阿"，宝剑名，相传为春秋著名工匠欧冶子、干将所铸。

[24] 纤离：骏马名。

[25] 鼍（tuó）：亦称扬子鳄，俗称猪龙婆，皮可蒙鼓。

[26] 駃騠（jué tí）：骏马名。外厩：官外的马圈。

[27] 丹：丹砂，可以制成红色颜料。青：可以制成青黑色颜料。西蜀丹青：蜀地素以出产丹青矿石出名。

[28] 下陈：殿堂下陈放礼器、站立侯从的地方。

[29] 傅：附着，镶嵌。玑：泛指珠子。珥：耳饰。

[30] 阿：地名，指齐国东阿（今山东东阿）。缟：未经染色的绢。

[31] 随俗雅化：随合时俗而雅致不凡。佳：美好，美丽。冶：妖冶，艳丽。

[32] 瓮（wèng）：陶制的容器，古人用来打水。缶（fǒu）：一种口小腹大的陶器。秦人将瓮、缶作为打击乐器。搏：击打，拍打。髀（bì）：大腿。

[33] 让：辞让，拒绝。

[34] 择：挑拣，抛弃。

[35] 五帝：指黄帝、颛顼、帝喾、尧、舜。三王：指夏、商、周三代开国君主，即夏禹、商汤、周文王。

[36] 资：资助，供给。

[37] 业：从事，侍奉。

[38] 赍（jī）：送，送给。

[39] 益：增加。雠：通"仇"，仇敌。

作家·作品

李斯（？～公元前208年）战国时期楚国上蔡（今河南上蔡西南）人，是秦代著名政治家、文学家；少时与韩非子同师从荀况学帝王之术、治国之道；后得到秦王的赏识，秦王先任命他为长史，后又拜为客卿，在其帮助下，秦王嬴政吞并六国，统一了天下。统一后，李斯参与了一系列重大的政治改革，如统一文字、统一货币、统一度量衡等。秦二世二年（公元前208年），宦者赵高诬其谋反，被腰斩于咸阳，灭三族。《谏逐客书》是他的代表作，碑文有《泰山刻石文》《琅玡台刻石文》等。

本文针对秦王驱逐客卿之事，开宗明义、旗帜鲜明提出自己的基本观点："臣闻吏议逐客，窃以为过矣。"接着举出秦国历史上四位君主礼遇客卿，使秦国富国强兵、成就霸业的历史事实，说明客卿有不可磨灭的功绩，鲜明对照出秦王逐客的错误。其次，文章列举出生活中的现实事例，说明秦王喜用别国的珍宝、音乐、美色。而在用人问题上排斥别国的客卿，这重物轻人的做法与秦王想统一天下的目的是相违背的。

再次,作者在理论上对比分析了接纳客卿和驱逐客卿对秦国的利害,以五帝三王海纳百川般的胸襟与秦王逐客的狭隘想法、做法相对比,说明逐客无异于"藉寇兵而赍盗粮"。作者在论证过程中,始终抓住秦王想富国强兵、一统天下的心理,反复阐明了驱逐客卿的错误,写得理足词胜,雄辩滔滔。全文结构严谨,层次清晰,论证方式灵活多样。用正反对比、利害对举论证,说理透彻深刻,还用比喻、排比、对偶的句式,使文气畅达,气势磅礴。

思考·练习

1. 为了说明逐客之害、纳客之利,本文用了哪些论证方法?
2. 本文善用铺陈手法,善用多词表达一义,试举例说明。

拓展·阅读

1. (秦)李斯:《狱中上书》。
2. 刘羽若:《李斯传》,连载于晋江文学城。
3. (西汉)司马迁:《史记·李斯列传》。
4. 任兴有:"李斯《谏逐客书》的说服艺术",载《科教导刊(中旬刊)》2011年第2期。

李将军列传

司马迁

　　李将军广者,陇西成纪人也[1]。其先曰李信,秦时为将,逐得燕太子丹者也[2]。故槐里[3],徙成纪。广家世世受射[4]。孝文帝十四年[5],匈奴大入萧关[6],而广以良家子从军击胡[7],用善骑射,杀首虏多[8],为汉中郎[9]。广从弟李蔡亦为郎[10],皆为武骑常侍[11],秩八百石[12]。尝从行,有所冲陷折关[13],及格猛兽[14],而文帝曰:"惜乎,子不遇时!如令子当高帝时[15],万户侯岂足道哉[16]!"及孝景初立[17],广为陇西都尉[18],徙为骑郎将[19]。吴、楚军时[20],广为骁骑都尉[21],从太尉亚夫击吴、楚军[22],取旗,显功名昌邑下[23]。以梁王授广将军印,还,赏不行[24]。徙为上谷太守[25],匈奴日以合战[26],典属国公孙昆邪为上泣曰[27]:"李广才气,天下无双,自负其能[28],数与虏敌战,恐亡之[29]。"于是,乃徙为上郡太守[30]。后广转为边郡太守,徙上郡[31]。尝为陇西、北地、雁门、代郡、云中太守[32],皆以力战为名。

　　匈奴大入上郡,天子使中贵人从广勒习兵击匈奴[33]。中贵人将骑数十纵[34],见匈奴三人,与战。三人还射[35],伤中贵人,杀其骑且尽。中贵人走广[36]。广曰:"是必射雕者也。"广乃遂从百骑往驰三人[37]。三人亡马步行[38],行数十里。广令其骑张左右翼,而广身自射彼三人者[39],杀其二人,生得一人,果匈奴射雕者也。已缚之上马,望匈奴有数千骑,见广,以为诱骑,皆惊,上山陈[40]。广之百骑皆大恐,欲驰还走。广曰:"吾去大军数十里,今如此以百骑走,匈奴追射我立尽。今我留,匈奴必以我为大军诱之,必不敢击我。"广令诸骑曰:"前!"前未到匈奴陈二里所[41],止,令曰:"皆下马解鞍!"其骑曰:"虏多且近,即有急,奈何?"广曰:"彼虏以我为走,今皆解鞍以示不走,用坚其意[42]。"于是胡骑遂不敢击。有白马将出护其兵[43],李广上马与十余骑奔射杀胡白马将,而复还至其骑中,解鞍,令士皆纵马卧[44]。是时会暮[45],胡兵终怪之,不敢击。夜半时,胡兵亦以为汉有伏军于旁,欲夜取之[46],胡皆引兵而去。平旦[47],李广乃归其大军。大军不知广所之,故弗从。

　　居久之,孝景崩,武帝立[48]。左右以为广名将也,于是广以上郡太守为未央卫尉[49],而程不识亦为长乐卫尉[50]。程不识故与李广俱以边太守将军屯[51]。及出击胡,而广行无部伍行阵[52],就善水草屯[53],舍止[54],人人自便,不击刁斗以自卫[55],莫府省约文书籍事[56],然亦远斥候[57],未尝遇害。程不识正[58]部曲行伍营阵,击刁斗,士吏治军簿至明，军不得休息，然亦未尝遇害。不识曰："李广军极简易，然虏卒犯之[59]，无以禁也[60]，而其士卒亦佚乐[61]，咸乐为之死。我军虽烦扰，然虏亦不得犯我。"是时汉边郡李广、程不识皆为名将，然匈奴畏李广之略，士卒亦多乐从李广而苦程不识。程不识孝景时以数直谏为太中大夫[62]。为人廉，谨于文法[63]。

后，汉以马邑城诱单于[64]，使大军伏马邑旁谷，而广为骁骑将军，领属护军将军[65]。是时单于觉之，去，汉军皆无功。其后四岁，广以卫尉为将军，出雁门击匈奴[66]。匈奴兵多，破败广军，生得广。单于素闻广贤，令曰："得李广必生致之[67]！"胡骑得广，广时伤病，置广两马间，络而盛卧广[68]。行十余里，广佯死，睨其旁有一胡儿骑善马，广暂腾而上胡儿马[69]，因推堕儿[70]，取其弓，鞭马南驰数十里，复得其余军，因引而入塞[71]。匈奴捕者骑数百追之，广行取胡儿弓，射杀追骑，以故得脱。于是至汉。汉下广吏[72]，吏当广所失亡多[73]，为虏所生得，当斩，赎为庶人[74]。

顷之，家居数岁。广家与故颍阴侯孙屏野居蓝田南山中射猎[75]。尝夜从一骑出，从人田间饮。还至霸陵亭[76]，霸陵尉醉，呵止广。广骑曰："故李将军。"尉曰："今将军尚不得夜行，何乃故也[77]！"止广宿亭下。居无何[78]，匈奴入，杀辽西太守[79]，败韩将军[80]，韩将军后徙右北平[81]。于是天子乃召拜广为右北平太守。广即请霸陵尉与俱，至军而斩之。广居右北平，匈奴闻之，号曰"汉之飞将军"，避之数岁，不敢入右北平。

广出猎，见草中石，以为虎而射之，中石没镞[82]，视之石也。因复更射之[83]，终不能复入石矣。广所居郡闻有虎，尝自射之，及居右北平，射虎，虎腾伤广，广亦竟射杀之[84]。

广廉，得赏赐辄分其麾下，饮食与士共之。终广之身，为二千石四十余年，家无余财，终不言家产事。广为人长[85]，猿臂[86]，其善射亦天性也[87]。虽其子孙他人学者[88]，莫能及广。广讷口少言[89]，与人居则画地为军陈，射阔狭以饮[90]。专以射为戏，竟死[91]。广之将兵，乏绝之处[92]，见水，士卒不尽饮，广不近水；士卒不尽食，广不尝食。宽缓不苛，士以此爱乐为用。其射，见敌急[93]，非在数十步之内，度不中不发，发即应弦而倒。用此[94]，其将兵数困辱，其射猛兽亦为所伤云。

居顷之，石建卒[95]，于是上召广代建为郎中令。元朔六年[96]，广复为后将军[97]，从大将军军出定襄[98]，击匈奴。诸将多中首虏率[99]，以功为侯者，而广军无功。

后二岁，广以郎中令将四千骑出右北平，博望侯张骞将万骑与广俱[100]，异道行[101]，可数百里[102]，匈奴左贤王将四万骑围广[103]。广军士皆恐，广乃使其子敢往驰之。敢独与数十骑驰，直贯胡骑[104]，出其左右而还。告广曰："胡虏易与耳[105]。"军士乃安。广为圜陈外向[106]，胡急击之，矢下如雨。汉兵死者过半，汉矢且尽[107]。广乃令士持满毋发[108]，而广身自以大黄射其裨将[109]，杀数人，胡虏益解[110]。会日暮，吏士皆无人色，而广意气自如，益治军[111]。军中自是服其勇也。明日，复力战，而博望侯军亦至，匈奴军乃解去。汉军罢[112]，弗能追。是时广军几没[113]，罢归[114]。汉法，博望侯留迟后期[115]，当死，赎为庶人。广军功自如[116]，无赏。

初，广之从弟李蔡与广俱事孝文帝。景帝时，蔡积功劳至二千石。孝武帝时，至代相[117]。以元朔五年为轻车将军[118]，从大将军击右贤王，有功中率，封为乐安侯[119]。元狩二年中[120]，代公孙弘为丞相[121]。蔡为人在下中，名声出广下甚远。然广不得爵邑，官不过九卿，而蔡为列侯，位至三公[122]。诸广之军吏及士卒或取封侯。广尝与望气王朔燕语，曰[123]："自汉击匈奴，而广未尝不在其中。而诸部校尉以下，才能不及中人[124]，然以击胡军功取侯者数十人；而广不为后人[125]，然无尺寸之功以得封邑者，何也？岂吾相不当侯邪[126]？且固命也[127]？"朔曰："将军自念，岂尝有所恨乎[128]？"广曰："吾尝为陇西守，羌尝反[129]，吾诱而降，降者八百余人，吾诈而同日杀之[130]。至今大恨独此耳。"朔曰："祸莫大于杀已降，此乃将军所以不得侯者也。"

后二岁，大将军、骠骑将军大出击匈奴[131]，广数自请行，天子以为老，弗许；良久，乃许之，以为前将军。是岁，元狩四年也。

广既从大将军青击匈奴，既出塞，青捕虏知单于所居，乃自以精兵走之[132]，而令广并于右将军军[133]，出东道[134]。东道少回远[135]，而大军行水草少，其势不屯行[136]。广自请曰："臣部为前将军，今大将军乃徙令臣出东道；且臣结发而与匈奴战[137]，今乃一得当单于[138]，臣愿居前，先死单于[139]。"大将军青亦阴受上诫[140]，以为李广老，数奇[141]，毋令当单于，恐不得所欲。而是时公孙敖新失侯[142]，为中将军，从大将军，大将军亦欲使敖与俱当单于，故徙前将军广。广时知之，固自辞于大将军[143]。大将军不听[144]，令长史封书与广之莫府，曰："急诣部[145]，如书[146]！"广不谢大将军而起行[147]，意甚愠怒而就部[148]，引兵与右将军食其合军出东道。军亡导[149]，或失道[150]，后大将军。大将军与单于接战，单于遁走，弗能得而还。南绝幕[151]，遇前将军、右将军，广已见大将军，还入军[152]。大将军使长史持糒醪遗广[153]，因问广、食其失道状，青欲上书报天子军曲折[154]。广未对，大将军使长史急责广之幕府对簿[155]。广曰："诸校尉无罪，乃我自失道。吾今自上簿[156]。"至莫府，广谓其麾下曰："广结发与匈奴大小七十余战，今幸从大将军出接单于兵[157]，而大将军又徙广部行回远，而又迷失道，岂非天哉！且广年六十余矣，终不能复对刀笔之吏[158]。"遂引刀自颈[159]。广军士大夫一军皆哭[160]。百姓闻之，知与不知[161]，无老壮皆为垂涕[162]。而右将军独下吏，当死，赎为庶人。

……

太史公曰[163]：传曰"其身正，不令而行；其身不正，虽令不从[164]"。其李将军之谓也[165]？余睹李将军悛悛如鄙人[166]，口不能道辞[167]。及死之日，天下知与不知，皆为尽哀[168]。彼其忠实心诚信于士大夫也[169]。谚曰："桃李不言，下自成蹊[170]。"此言虽小，可以谕大也[171]。

注　释

[1] 陇西成纪：陇西郡成纪县。陇西：郡名，今甘肃东南。成纪：县名，今甘肃秦安县北。

[2] 逐得燕太子丹者也：李广的祖先李信，是战国时的秦将，荆轲刺秦王失败后，曾与王翦一同领兵击燕，迫使燕王斩太子丹首级来献。逐得：追逐获得。

[3] 槐里：今陕西兴平东南。

[4] 受：通"授"，传授。

[5] 孝文帝十四年：公元前166年。孝文帝：刘恒，高祖之子。

[6] 匈奴大入萧关：古代北方的一个游牧民族大举入侵萧关。萧关：今甘肃环县西北。

[7] 良家子：好人家的子弟。非医巫、商贾、百工人家的子弟。这都是汉代当时社会所贱视抑制的人。

[8] 用：以，因为。

[9] 中郎：担任宫禁中守卫任务的官员。

[10] 从弟：堂弟。

[11] 武骑常侍：皇帝的侍从官。

[12] 秩：官吏俸禄。武骑常侍的俸禄为每年八百石。

[13] 冲陷折关：冲锋陷阵，攻坚破关。

[14] 格：格斗，搏杀。

[15] 当高帝时：处在汉高祖刘邦平定天下的时候。

[16] 万户侯：封邑万户的侯爵。

[17] 孝景：指汉景帝刘启，文帝之子。

[18] 陇西都尉：陇西的郡尉，掌管一郡的武事。

[19] 骑郎将：统帅骑兵护送皇帝车驾的将领。

[20] 吴、楚军时：指对吴、楚用兵之时。孝景帝三年吴、楚等七个封国起兵反叛中央政权，后被周亚夫等平定。

[21] 骁（xiāo）骑都尉：统帅英勇骑兵的将领。骁骑：轻捷威猛的骑兵。

[22] 太尉亚夫：指周亚夫，平定七国之乱的主帅。太尉：汉代中央最高武职官。

[23] 昌邑：今山东金乡西北。

[24] 还，赏不行：李广本汉将，在梁有战功，梁王封李广为将军。这一做法是违反汉的法令的，李广还朝后，朝廷并没有给李广以奖赏。

[25] 上谷：汉时郡名，今河北怀来县南。

[26] 日以合战：每天都交战。日：每天。合战：交战。

[27] 典属国：掌管外国事务的官。公孙昆邪（hún yē）：复姓公孙，名昆邪。

[28] 负：仗恃，靠着。

[29] 恐亡之：恐怕使他丧命。之：指李广。

[30] 上郡：今陕西北部及内蒙古自治区南部的一部分地区。

[31] 徙上郡：调任上郡太守。徙：迁，调任。

[32] 北地、雁门、代郡、云中：这些都是郡名。北地：今甘肃东北部及宁夏回族自治区东南部一带。雁门今山西西北部。代郡：山西北部及河北西北部一带。云中：今山西西北部及内蒙古自治区南部一带。

[33] 中贵人：宫中贵人，皇帝宠幸使之监察天下的太监。勒：部勒，统率、监督。习兵：

练兵。

[34] 纵：放纵，放马奔驰。

[35] 还射：回射，回身射箭。

[36] 走广：逃到李广处。

[37] 从：使……随从，带领。驰：追逐。

[38] 亡马步行：丢掉马徒步行走。亡：失掉。

[39] 身自：亲自。

[40] 陈：通"阵"。摆开阵势。

[41] 所：许，左右。

[42] 用坚其意：以此来坚定他们的想法（错误的判断）。用：以。

[43] 护：监护。

[44] 纵马卧：把马放开随便躺下。

[45] 会：正好，适逢。

[46] 取：攻击。

[47] 平旦：天刚蒙蒙亮。

[48] 武帝：刘彻，汉景帝刘启之子。

[49] 未央卫尉：未央宫的禁卫长官。

[50] 长乐卫尉：长乐宫的禁卫长官。

[51] 以边太守将军屯：以边境太守的身份带领部队屯扎。屯：驻扎。

[52] 部伍行阵：部队行军时的编队和行列阵势。古时五人为"伍"，二十五人为行。行：这指行列。

[53] 善水草：水草丰美。

[54] 舍止：停宿。

[55] 刁斗：有柄的军用铜锅。白天用来做饭，晚上用来敲击巡更。

[56] 莫府：幕府，这里指军中将帅所帐幕。省约：简约，简化。

[57] 远斥候：把哨兵放到远处。

[58] 正：整肃。指严加管束。

[59] 卒犯之：突然之间来侵犯他。

[60] 无以禁也：没有办法制服（他）。无以：无所以，无法。

[61] 佚乐：安逸快乐。佚：同"逸"。

[62] 太中大夫：掌管议论的官员。

[63] 谨于文法：严守法度，严格遵守条文法令的规定。

[64] 马邑：今山西朔县西。

[65] 领属护军将军：隶属于韩安国。护军将军：指韩安国，他是这次战役的主将。

[66] 雁门：关名，今山西代县西北。

[67] 生致之：活捉他。

[68] 置广两马间，络而盛（chéng）卧广：两马之间结成网络，让李广躺卧在里边。络：结成网络。

［69］暂腾：突然跃起。

［70］因：顺势。

［71］塞：边关。

［72］下广吏：把李广交给执法者处理。

［73］当：判决。

［74］赎为庶人：用金钱赎罪，免于一死，贬为普通百姓。

［75］故颍阴侯孙：指灌强，汉初名将灌婴之孙，被封于颍阴。灌强因袭祖父之爵为颍阴侯。屏野：屏退人事而隐居山野。蓝田：县名，今陕西蓝田。

［76］霸陵亭：霸陵附近的亭驿。霸陵：汉文帝的陵墓，今西安市西北。

［77］何乃：何况是。

［78］居无何：没过多久。

［79］辽西：郡名，今河北省东南部。

［80］韩将军：指韩安国。当时他驻守渔阳（今北京密云西南）。

［81］右北平：郡名，今河北兴隆、隆化以东及辽宁建昌、建平以西一带。

［82］没：陷入。镞（zú）：箭头。

［83］更：再，又。

［84］竟：终于。

［85］长：身材高大。

［86］猿臂：臂像猿那么长。

［87］天性：有天赋。

［88］学者：向他学习的人。

［89］讷口：嘴笨。

［90］射阔狭以饮：以射中阔或狭来判定胜负，负者饮酒。

［91］竟死：直到死。竟：最终。

［92］乏绝之处：（粮草）缺乏、断绝的地方。

［93］急：迫近。

［94］用此：因此。

［95］石建：石奋之子，汉武帝时为郎中令。宫中宿卫长官。

［96］元朔六年：公元前 123 年。

［97］后将军：当时有前后左右四将军。其职位仅次于上卿。

［98］从大将军：跟随大将军卫青。定襄：今陕西北部和内蒙古自治区南部一带。

［99］率：规格、标准。

［100］张骞：汉中人，因出使西域有功，封为博望侯。

［101］异道行：分道行军。

［102］可：大约。

［103］左贤王：匈奴单于手下的统帅，分左、右贤王。

［104］直贯胡骑：从匈奴的骑兵队伍中直穿过去。贯：穿。

［105］易与：容易对付。

［106］为圜陈外向：摆圆形的阵势，使所有的人都面向外。

［107］且：将要。

［108］持满毋发：把弓拉满不要射出。毋：不要，表禁止的副词。

［109］大黄：强弓名，体大色黄。裨（pí）将：副将。

［110］益解（xiè）：逐渐松弛。解：通"懈"。

［111］益治军：更加严格地整理部队。

［112］罢（疲）：通"疲"。

［113］没：全军覆没。

［114］罢归：收兵返回。

［115］留迟后期：行军迟缓，而未能在约定日期到达。

［116］军功自如：所立下的军功与应该得到的罪罚相抵。如：相等。

［117］代相：代国的相。汉文帝二年立其参为代王，都晋阳（今山西太原）。相：汉代王国最高行政长官。

［118］元朔五年：公元前124年。

［119］乐安：县名。今山东博兴北。

［120］元狩二年：公元前121年。

［121］公孙弘：字季，薛（今山东滕州）人。后李蔡代其为相。

［122］位至三公：汉代中央最高官职，位在九卿上。汉以丞相、太尉、御史大夫为三公。

［123］望气：观测气象，预言吉凶的人。燕：私下。

［124］中人：一般中等人。指才干。

［125］不为后人：从不落在人后。

［126］相：面相。

［127］且：或者，还是。

［128］恨：遗憾。

［129］羌尝反：羌人时常造反。羌：当时居住在陇西一带的少数民族。

［130］诈：欺骗。

［131］骠骑将军大出击匈奴：元狩四年春，大将军卫青、骠骑将军霍去病各领五万骑步兵从者数十万，霍去病出代郡，卫青出定襄击匈奴。

［132］走之：追逐单于。

［133］令广并于右将军军：命令李广率领部队和右将军赵食（yì）其（jī）所率领的部队合并前进。

［134］出东道：从东路出兵。

［135］少回远：稍微地迂回而路远。

［136］不屯行：不便驻扎行军。

［137］结发：束发。古代男子二十岁时结发于顶。

［138］当：抵挡。

［139］先死单于：首先和单于拼一死战。

［140］阴：暗中。

[141] 数奇（jī）：命运不好。奇：不偶，不与好运道相偶合。
[142] 公孙敖：义渠人。与卫青友好，敖三次从青击匈奴有功，封合骑侯。元狩二年，因误期而赎为庶人。
[143] 固自辞于大将军：坚决要求辞去与右将军合并的任命。
[144] 不听：不接受。
[145] 诣：往，到……去。
[146] 如书：按照文书所写的执行。
[147] 谢：辞别。
[148] 就部：到达自己的营部。
[149] 亡：通"无"。导：向导。
[150] 或失道：迷惑走错了道路。或：同"惑"。
[151] 绝：横渡。幕：通"漠"。
[152] 还入军：回到自己军中。
[153] 糒（bèi）醪（láo）：干粮和酒。
[154] 军曲折：军情的曲折，即军事的详细情况。
[155] 对簿：受审问时，据文书对质。
[156] 上簿：就是"对簿"。
[157] 接：接战。
[158] 刀笔之吏：掌管文书的官。古时文书写在简牍上，用笔书写，用刀削去误字。
[159] 引刀自颈：抽刀自刎。此"颈"通"刭"。
[160] 士大夫：这里指将士。
[161] 知：熟悉。
[162] 无：无论。
[163] 太史公曰：以下是司马迁的评论。
[164] "传曰"四句：孔子语，出自《论语·子路》。其意思是：处在上位的人，自身做得正，不发命令，事情也行得通。如果自身做得不正，即使下命令，百姓也不会服从。虽：即使，纵使。假设连词。传：先秦两汉把古书称作传。
[165] 其李将军之谓也：说的大概就是李将军吧。其：副词，大约，大概。
[166] 悛悛（xún）如鄙人：诚实拘谨的样子像个乡下人。悛悛：诚谨貌。鄙人：乡野之人。
[167] 不能道辞：不擅辞令。
[168] 尽哀：尽情地表达了哀痛。尽：竭尽。旧俗丧礼，每说依礼尽哀。应是动词，与尽欢，尽孝，尽忠等同一结构。
[169] "彼其"句：他那忠诚老实的思想品德确能使士大夫们信服。
[170] 蹊：小路。
[171] 谕：通"喻"，说明。

作家·作品

司马迁（约公元前145～前90），字子长，西汉夏阳龙门人（今陕西韩城南）。司马迁自幼好学，10岁开始学习古文书传；20岁时，从京师长安南下漫游，足迹遍及江淮流域和中原地区，所到之处考察风俗，采集传说；30岁为郎中，常随汉武帝到各地巡游。元封三年（公元前108年），司马迁继承其父司马谈之职，任太史令，有条件看到大量的图书文献和国家档案，这为司马迁编写《史记》提供了不可缺少的条件。此后，司马迁开始撰写《史记》，后因替投降匈奴的李陵辩护，获罪下狱，受宫刑。出狱后任中书令，继续发愤著书，终于在公元前91年完成了《史记》的撰写。

《史记》是中国第一部纪传体通史，它记载上起黄帝轩辕氏，下迄汉武帝天汉年间，包括政治、经济、军事、文化、少数民族和外国历史等丰富内容的近三千年的历史。全书130篇，由本纪12篇、世家30篇，列传70篇、表10篇、书8篇组成。《史记》在中国散文发展史上起着承前启后的作用，它既开创了中国纪传体史学，也开创了中国的传记文学，对后世史学影响深远。

《李将军列传》这篇人物传记，围绕抗击匈奴，记叙了西汉名将李广一生的战斗业绩，赞扬了李广抗击匈奴的卓越功勋。作者以具体生动的事例，错综灵活的笔法，描述了李广射技盖世，骁勇善战，沉着镇定，临危不乱的军事才能，塑造了"飞将军"的鲜明形象。同时，作者也写出了李广廉洁轻财、爱护士卒、忠实厚道的品性，使这一形象显得更加丰满，光彩照人。作者还着重记叙了李广的坎坷遭遇，记叙了他虽然战功赫赫，但屡屡蒙受委屈竟至自刎身亡的不幸结局，指责了最高统治者赏罚不公，刻薄寡恩，揭示出造成李广一生悲剧的根本原因。作者还运用了不同的艺术手法，比如虚实相衬法、正反对比法、直抒胸臆法等，全面地揭示了李将军的不平遭际和忠君爱国精神，使李广这一人物形象展现出独特的风采。整篇文章，自始至终，浸润着作者的感情，表现出了作者对李广才略、人品的钦佩赞颂和对李广遭遇的同情惋惜，作者对李广倾注了赞誉之情以及对封建统治阶级内部谗害忠良的无限愤恨。

思考·练习

1. 结合课文，分析李广的性格特点。
2. 本文主要运用的写作手法有哪些，其作用是什么？

拓展·阅读

1. （西汉）司马迁：《史记》。
2. （清）崔适：《史记探源》。
3. （西汉）司马迁：《报任安书》。

张中丞传后叙

韩 愈

  元和二年四月十三日夜[1]，愈与吴郡张籍阅家中旧书[2]，得李翰所为《张巡传》[3]。翰以文章自名[4]，为此传颇详密。然尚恨有缺者，不为许远立传[5]，又不载雷万春事首尾[6]。

  远虽材若不及巡者，开门纳巡[7]，位本在巡上。授之柄而处其下[8]，无所疑忌，竟与巡俱守死，成功名。城陷而虏，与巡死先后异耳[9]。两家子弟材智下[10]，不能通知二父志[11]，以为巡死而远就虏，疑畏死而辞服于贼。远诚畏死，何苦守尺寸之地，食其所爱之肉[12]，以与贼抗而不降乎？当其围守时，外无蚍蜉蚁子之援[13]，所欲忠者，国与主耳，而贼语以国亡主灭。远见救援不至，而贼来益众[14]，必以其言为信。外无待而犹死守[15]，人相食且尽，虽愚人亦能数日而知死处矣，远之不畏死亦明矣。乌有城坏，其徒俱死，独蒙愧耻求活，虽至愚者不忍为。呜呼！而谓远之贤而为之耶？

  说者又谓远与巡分城而守，城之陷，自远所分始[16]，以此诟远。此又与儿童之见无异。人之将死，其脏腑必有先受其病者；引绳而绝之，其绝必有处。观者见其然，从而尤之，其亦不达于理矣！小人之好议论，不乐成人之美，如是哉！如巡、远之所成就，如此卓卓，犹不得免，其他则又何说！

  当二公之初守也，宁能知人之卒不救，弃城而逆遁？苟此不能守，虽避之他处何益？及其无救而且穷也，将其创残饿羸之余[17]，虽欲去，必不达。二公之贤，其讲之精矣[18]。守一城，捍天下，以千百就尽之卒，战百万日滋之师，蔽遮江淮，沮遏其势[19]，天下之不亡，其谁之功也？当是时，弃城而图存者，不可一二数；擅强兵坐而观者，相环也。不追议此，而责二公以死守，亦见其自比于逆乱，设淫辞而助之攻也。

  愈尝从事於汴、徐二府[20]，屡道于两府间，亲祭于其所谓双庙者[21]。其老人往往说巡、远时事，云：南霁云之乞救于贺兰也[22]，贺兰嫉巡、远之声威功绩出己上，不肯出师救。爱霁云之勇且壮，不听其语，强留之，具食与乐，延霁云坐。霁云慷慨语曰："云来时，睢阳之人不食月余日矣！云虽欲独食，义不忍；虽食，且不下咽！"因拔所佩刀断一指，血淋漓，以示贺兰。一座大惊，皆感激为云泣下。云知贺兰终无为云出师意，即驰去。将出城，抽矢射佛寺浮图，矢著其上砖半箭，曰："吾归破贼，必灭贺兰！此矢所以志也。"愈贞元中过泗州[23]，船上人犹指以相语。城陷，贼以刃胁降巡，巡不屈，即牵去，将斩之；又降霁云，云未应。巡呼云曰："南八[24]，男儿死耳，不可为不义屈！"云笑曰："欲将以有为也；公有言，云敢不死！"即不屈。

张籍曰："有于嵩者，少依于巡，及巡起事，嵩常在围中[25]。籍大历中于和州乌江县见嵩[26]，嵩时年六十余矣。以巡，初尝得临涣县尉[27]，好学，无所不读。籍时尚小，粗问巡、远事，不能细也。云巡长七尺余，须髯若神。尝见嵩读《汉书》，谓嵩曰："何为久读此？"嵩曰："未熟也。"巡曰："吾于书读不过三遍，终身不忘也。"因诵嵩所读书，尽卷不错一字。嵩惊，以为巡偶熟此卷，因乱抽他帙以试[28]，无不尽然。嵩又取架上诸书，试以问巡，巡应口诵无疑。嵩从巡久，亦不见巡常读书也。为文章，操纸笔立书，未尝起草。初守睢阳时，士卒仅万人[29]，城中居人户亦且数万，巡因一见问姓名，其后无不识者。巡怒，须髯辄张。及城陷，贼缚巡等数十人坐，且将戮。巡起旋，其众见巡起，或起或泣。巡曰："汝勿怖，死，命也。"众泣不能仰视。巡就戮时，颜色不乱，阳阳如平常。远宽厚长者，貌如其心；与巡同年生，月日后于巡，呼巡为兄，死时年四十九。嵩贞元初死于亳、宋间[30]。或传嵩有田在亳、宋间，武人夺而有之，嵩将诣州讼理[31]，为所杀。嵩无子。张籍云。

注　释

[1] 元和二年：807年。元和，唐宪宗李纯的年号（806~820）。

[2] 张籍（约767~约830）：字文昌，和州乌江（今安徽和县乌江镇）人，唐代著名诗人，韩愈学生。

[3] 李翰：字子羽，赵州赞皇（今河北元氏县）人，官至翰林学士。与张巡友善，客居睢阳时，曾亲见张巡战守事迹。

[4] 自名：自许。

[5] 许远（709~757）：字令威，杭州盐官（今浙江海宁）人。安史之乱时，任睢阳太守，后与张巡合守孤城。

[6] 雷万春：张巡部下勇将。此当是"南霁云"之误。

[7] 开门纳巡：肃宗至德二年（757年）正月，叛军安庆绪部将尹子奇带兵十三万围睢阳，许远向张巡告急，张巡自宁陵率军入睢阳城。

[8] 柄：权柄。

[9] 城陷而虏二句：此年十月，睢阳陷落，张巡、许远被虏。

[10] 两家句：据《新唐书·许远传》载，安史乱平定后，大历年间，张巡之子张去疾轻信小人挑拨，上书代宗，谓许远屈降叛军，请追夺许远官爵。

[11] 通知：通晓。

[12] 食其句：尹子奇围睢阳时，城中粮尽，军民先以雀鼠为食，后只得以妇女与老弱男子充饥。当时，张巡曾杀爱妾、许远曾杀奴仆以充军粮。

[13] 蚍（pí）蜉（fú）：黑色大蚁。蚁子：幼蚁。

[14] 益：更加。

[15] 外无待：睢阳被围后，河南节度使贺兰进明等皆拥兵观望，不来相救。

[16] 说者句：张巡和许远分兵守城，张守东北，许守西南。城破时叛军先从西南处攻入，故有此说。

[17] 羸（léi）：瘦弱。

[18] 二公二句：谓二公功绩前人已有精当的评价。此指李翰《进张中丞传表》所云："巡退军睢阳，扼其咽领，前后拒守，自春徂冬，大战数十，小战数百，以少击众，以弱击强，出奇无穷，制胜如神，杀其凶五九十余万。贼所以不敢越睢阳而取江淮，江淮所以保全者，巡之力也。"

[19] 沮（jǔ）遏：阻止。

[20] 愈尝句：韩愈曾先后在汴州（治所在今河南开封）、徐州（治所在今江苏徐州）任推官之职。唐称幕僚为从事，这里指任职。

[21] 双庙：张巡、许远死后，后人在睢阳立庙祭祀，称为双庙。

[22] 南霁云（712~757）：魏州顿丘（今河南清丰西南）人。贺兰：复姓，指贺兰进明。时为御史大夫、河南节度使，驻节于临淮一带。

[23] 贞元：唐德宗李适年号（785~805）。泗州：唐属河南道，州治在临淮（今江苏泗洪东南）。

[24] 南八：南霁云排行第八，故称。

[25] 常：通"尝"，曾经。

[26] 大历：唐代宗李豫年号（766~779）。和州乌江县：在今安徽省和县东北。

[27] 以巡句：张巡死后，朝廷封赏他的亲戚、部下，于嵩因此得官。临涣：故城在今安徽省宿县西南。

[28] 帙（zhì至）：书套，也指书本。

[29] 仅：将近。

[30] 亳（bó薄）：亳州，治所在今安徽亳州。宋：宋州，治所在睢阳。

[31] 诣：到，往。

作家·作品

韩愈（768~824），唐代文学家，字退之，河阳（今河南孟州）人，自称祖籍昌黎，故世称韩昌黎；晚年任吏部侍郎，谥文，故又称韩吏部，韩文公；唐德宗时任监察御史时，因上书言事，被贬为阳山（今广东阳山）令；宪宗元和十二年（817年）随裴度平定淮西藩镇之乱，迁刑部侍郎。元和十四年，他上疏谏迎佛骨，触怒了宪宗，被贬为潮州刺史，后于穆宗时，被召为国子监祭酒，历任京兆尹及兵部、吏部侍郎。韩愈是唐代古文运动的倡导者和领袖。他推崇儒学，排斥佛老；反对六朝以来的骈偶的文风，提倡继承和发扬先秦、两汉散文的优良传统；主张"辞必己出"，强调"惟陈言之务去"。他的文章各体兼长，语言精练，气势充沛，名列"唐宋八大家"之首；著有《昌黎先生集》40卷，《外集》10卷。

本文最大的艺术特色是夹叙夹议，前半部分侧重于议论，针对诬蔑张巡、许远的错误论调进行驳斥，热情赞扬张巡、许远"守一城，捍天下"的历史功绩。后半部分侧重叙事，着重记叙了南霁云的动人事迹，并补叙了张巡、许远的其他轶事。两部分既有分工又有联系，前者议论为后者之纲，后者叙事为前者的佐证，都紧紧围绕赞美英雄、斥责小人的主题。这是韩愈对"叙"这种文体的一个创造。细节描写是本文的又一特色，张巡、许远尤其是南霁云三人的性格特征都十分突出，皆得力于细节描写的运用，如南霁云拔刀断指、抽矢射塔，张巡超人的记忆力和就义情景等，它使人物形象更加生动传神、感人至深。

思考·练习

1. 体会并说明本文议论与叙述并重的特色。
2. 本文是如何批驳小人对张巡、许远的诽谤和诋毁的？分析其写作特点。
3. 分析本文细节描写对塑造人物形象的作用。

拓展·阅读

1. （唐）韩愈：《昌黎先生集》。
2. （唐）韩愈：《晚春》。
3. （唐）韩愈：《山石》。
4. （唐）张巡：《守睢阳诗》。

赵武灵王胡服骑射[1]

司马光

赵武灵王北略中山之地[2]，至房子[3]，遂至代[4]，北至无穷[5]，西至河，登黄华之上[6]，与肥义谋胡服骑射以教百姓[7]，曰："愚者所笑，贤者察焉。虽驱世以笑我，胡地、中山，吾必有之！"遂胡服。

国人皆不欲，公子成称疾不朝[8]。王使人请之曰："家听于亲，国听于君。今寡人作教易服而公叔不服，吾恐天下议己也。制国有常，利民为本；从政有经，令行为上[9]。明德先论于贱，而从政先信于贵。故愿慕公叔之义以成胡服之功也。"公子成再拜稽首曰："臣闻中国者[10]，圣贤之所教也，礼乐之所用也，远方之所观赴也，蛮夷之所则效也[11]。今王舍此而袭远方之服，变古之道，逆人之心，臣愿王孰图之也[12]！"使者以报。

王自往请之，曰："吾国东有齐、中山，北有燕、东胡，西有楼烦、秦、韩之边。今无骑射之备，则何以守之哉？先时中山负齐之强兵，侵暴吾地，系累吾民[13]，引水围鄗[14]；微社稷之神灵，则鄗几于不守也，先君丑之。故寡人变服骑射，欲以备四境之难，报中山之怨。而叔顺中国之俗，恶变服之名，以忘鄗事之丑，非寡人之所望也。"公子成听命，乃赐胡服，明日服而朝。于是始出胡服令，而招骑射焉。

注　释

[1] 赵武灵王：名雍，战国时赵国的第八代国君，公元前 325 年至前 299 年在位。为加强边防，赵武灵王十九年（公元前 307 年），他下令"胡服骑射"，实行军事改革，并攻取中山国土地，扩展疆域。胡服，战国时北方游牧民族的服装，窄袖短装，皮靴皮带，头戴羽冠。

[2] 略：侵夺。

[3] 房子：县名，在今河北临城。

[4] 代：地名，在今天山西北部雁门关一带。

[5] 无穷：自代北出塞外，大漠数千里，故称"无穷"。

[6] 黄华：山名，位于黄河边。

[7] 肥义：赵国的一位忠臣。

[8] 公子成：赵武灵王的叔父。

[9] 令：法令、政令。

[10] 中国：中原之地。
[11] 则效：效法。
[12] 孰图：深思熟虑。孰，同"熟"。
[13] 系累：用绳子捆绑，指俘虏。
[14] 鄗（hào）：赵国城市名。

作家·作品

司马光（1019~1086），北宋著名政治家、史学家、文学家；字君实，号迂叟，陕州夏县（今属山西）涑水乡人，故又称涑水先生；宋仁宗宝元进士，曾任天章阁待制兼侍讲知谏院等；宋英宗治平三年（1066年）撰成《通志》战国迄秦的八卷上进；宋神宗时赐书名《资治通鉴》并亲自作序；因反对王安石变法，于熙宁三年（1070年）出知永兴军（今陕西西安）；次年退居洛阳，专心编撰《资治通鉴》，至元丰七年（1084年）成书；元丰八年哲宗即位，召为门下侍郎，进尚书左仆射，主持朝政，数月间尽废新法，罢黜新党；不久病逝，追封太师、温国公，谥文正。司马光学识渊博，通晓史学、音律、天文、书数，著作甚丰，有《资治通鉴》《温国文正司马公文集》《稽古录》《涑水记闻》等。

赵武灵王推行胡服骑射是一场重大的军事改革，揭开了我国古代战争史上由车战时代转变为骑战时代的重要一页，并且对中原地区民族融合、服饰制度演变、思想文化的变革都产生了重要的影响。这段历史在《战国策》和《史记》中都有记载，而司马光在《资治通鉴》中则写得更加生动具体，故事情节性强，成为后世传诵的名篇佳作。

思考·练习

1. 比较赵武灵王与公子成的不同观点，体会这场改革有何意义？
2. 仔细阅读文章，认知本文主要通过对话展开说理，刻画人物的表现手法。

拓展·阅读

1. （北宋）司马光：《资治通鉴》。
2. （北宋）司马光：《温国文正司马公文集》。
3. （北宋）司马光：《稽古录》。
4. （西汉）司马迁：《史记·卷四十三·赵世家第十三》。
5. "服装史学：赵武灵王赵雍的服装革命"，载华衣网，http://news.ef360.com/ArticlesInfo/2010-8-10/218570.html，访问于2017年10月8日。

文与可画筼筜谷偃竹记[1]

苏 轼

竹之始生,一寸之萌耳,而节叶具焉。自蜩蝮蛇蚹[2],以至于剑拔[3]十寻者,生而有之也。今画者乃节节而为之,叶叶而累之,岂复有竹乎!故画竹必先得成竹于胸中,执笔熟视,乃见其所欲画者,急起从之,振笔直遂[4],以追其所见,如兔起鹘落[5],少纵则逝[6]矣。与可之教予如此。予不能然也,而心识其所以然。夫既心识其所以然,而不能然者,内外不一,心手不相应,不学之过也。故凡有见于中,而操之不熟者,平居自视了然,而临事忽焉丧之[7],岂独竹乎?

子由为《墨竹赋》,以遗与可,曰:"庖丁,解牛者也,而养生者取之[8];轮扁,斫轮者也,而读书者与之[9]。今夫夫子之托于斯竹也,而予以为有道者,则非耶?"子由未尝画也,故得其意而已。若予者,岂独得其意,并得其法。

与可画竹,初不自贵重,四方之人,持缣素而请者[10],足相蹑于其门[11]。与可厌之,投诸地而骂曰:"吾将以为袜。"士大夫传之,以为口实。及与可自洋州还,而余为徐州。与可以书遗余曰:"近语士大夫:'吾墨竹一派,近在彭城,可往求之'。袜材当萃于子矣[12]。"书尾复写一诗,其略曰:"拟将一段鹅溪绢[13],扫取寒梢万尺长[14]。"予谓与可:"竹长万尺,当用绢二百五十匹,知公倦于笔砚,愿得此绢而已。"与可无以答,则曰:"吾言妄矣,世岂有万尺竹哉!"余因而实之,答其诗曰:"世间亦有千寻竹,月落庭空影许长。"与可笑曰:"苏子辩则辩矣。然二百五十匹绢,吾将买田而归老焉。"因以所画筼筜谷偃竹遗予,曰:"此竹数尺耳,而有万尺之势。"筼筜谷在洋州,与可尝令予作《洋州三十咏》,《筼筜谷》其一也。予诗云:"汉川修竹贱如蓬,斤斧何曾赦箨龙[15]。料得清贫馋太守,渭滨千亩在胸中[16]。"与可是日与其妻游谷中,烧笋晚食,发函得诗,失笑喷饭满案。

元丰二年正月二十日,与可没于陈州[17]。是岁七月七日,予在湖州曝书画[18],见此竹,废卷而哭失声[19]。昔曹孟德祭桥公文,有"车过"、"腹痛"之语[20],而予亦载与可畴昔戏笑之言者[21],以见与可于予亲厚无间如此也。

注 释

[1] 文与可(1018~1079):名同,字与可,四川梓潼人,北宋著名画家,擅长画竹。他与苏轼

是表兄弟，曾任洋州（今陕西洋县）知州。筼筜（yún dāng）谷：地名，在陕西洋州西北，谷中多产竿粗节长的竹子，故名筼筜竹。偃竹：仰斜的竹子。熙宁八年（1075 年）文与可任洋州知州，筑亭筼筜谷上，游乐谷中。曾画一幅水墨偃竹（偃卧而生的竹）赠苏轼。与可病逝后，苏轼在湖州曝晒书画，见到这幅遗作，写了这篇题记。

[2] 自蜩蝮句：这句是以蝉破壳而出、蛇长蜕皮一样的状态形容竹子初生时形状。蜩蝮（tiáo fù）蝉壳。蛇蚹（fù）蛇腹下的横鳞。

[3] 剑拔：剑从鞘中拔出。这里用来形容修长的竹子，如剑出鞘，挺拔有力。寻：古代八尺为一寻。

[4] 振笔直遂：动笔作画，一气呵成。直：径直。遂：完成。

[5] 兔起鹘落：比喻动作迅猛，这里形容挥笔迅速。鹘（hú）一种猛禽，又名隼（sǔn）。

[6] 少：稍微。

[7] 忽焉：恍惚，把握不住的样子。丧：丧失，消失。

[8] 庖丁三句：庖丁：掌厨的人叫"庖"，名丁。这里指宰牛的人。取：取法。庖丁是宰割牛的，而讲究养生之道的人可以从中悟出养生的道理。典出《庄子·养生主》。

[9] 轮扁：名扁，善制轮。这里指制车轮的人。斫：砍，削。典出《庄子·天道》。

[10] 缣（jiān）素：古人用来作画的白绢。

[11] 足相蹑：脚踩着脚，形容求文与可作画的人很多。蹑：踩，踏。

[12] 袜材句：做袜子的材料（指画绢）将要聚集到您那里去了。萃（cuì）：聚集。

[13] 鹅溪：地名，在四川盐亭西北，以产绢著名。唐时用它做贡品，宋人绘画以它为上品。

[14] 扫：指用笔作画。寒梢：指竹。因竹耐寒，故名。

[15] 箨（tuò）龙：竹笋的别名。

[16] 渭滨千亩句：渭滨：渭川之滨。渭水边以产竹闻名。这句话字面的意思是苏轼戏言文与可吃了渭水岸边的千亩竹林，实指他胸中装着丰富的竹子形象。

[17] 没：通"殁"，死亡。

[18] 曝（pù）：晒。

[19] 废卷：放下画卷。

[20] 昔曹孟德二句：据《三国志·魏书·武帝纪》裴松之的注文记载，曹操年轻时，桥玄很赏识他。桥玄死后，曹操路过故乡谯郡，用太牢的隆重仪式祭祀桥玄，并作《祀故太尉桥玄文》，文中写道："又承从容约誓之言：'殂逝之后，路有经由，不以斗酒只鸡相沃酹，车过三步，腹痛勿怪。'虽临时戏笑之言，非至亲之笃好，胡肯为此辞乎？"本篇引此典故，说明曹操与桥玄之间亲密的关系，从而表白自己和文与可之间亲密的关系。

[21] 畴（chóu）昔：昔日，从前。

作家·作品

苏轼（1037~1101），字子瞻，号东坡居士，眉州眉山（今四川眉山）人，宋代文学家、书画家，与其父苏洵、弟苏辙并称"三苏"，都是北宋著名的散文家，被后人列入"唐宋八大家"。神宗熙宁年间，苏轼因与主张新法的王安石政见不合，出任杭州、密州、徐州、湖州等地地方官,后因被诬"谤讪朝廷"而获罪,入御史台狱,酿成"乌台诗案",后被贬黄州团练副使。宋哲宗即位,苏轼回京,任中书舍人、翰林学士等职。因反对司马光等尽废新法,苏轼复遭排挤。1094 年,新党再度执政,苏轼重又被贬至广东惠州,海南儋州,直到 1100 年宋徽宗即位时,才获赦北归,途中卒于常州,后追谥"文忠"。

苏轼的文章汪洋恣肆,明白畅达,有不少广为传诵的名作。其诗题材广阔,清新豪健,善用夸张、比喻,在艺术表现方面独具风格;少数诗篇也能反映民间疾苦,指责统治者的奢侈骄纵;词开豪放一派,与辛弃疾并称"苏辛",著有《东坡全集》《东坡乐府》《东坡书传》等。

本文是苏轼写的一篇随笔小品文,又可视为悼念性的记人散文。全文以文与可论画竹始,中间写两人关于画竹的交往,以曝晒文与可所画之竹结,"画竹"一线贯串始终,熔叙事、议论、抒情于一炉,文笔如行云流水,舒卷自如。细细品读,无论抒写人生感慨、记述身边琐事,或是发表艺术见解、描述风土人情,都给人真情袒露、曲折尽义之感。特别是关于"胸有成竹""意在笔先"的创作规律的提出,已成为文艺创作的经典理论。

 思考·练习

1. 这则短文偏重于说理,它主要运用了哪种说理的方法?
2. 我们应当怎样理解文中所说画竹不当"节节而为之,叶叶而累之"?
3. 贯穿全文的线索是什么?

拓展·阅读

1. (北宋)苏东坡:《东坡全集》。
2. 林语堂:《苏东坡传》,百花文艺出版社 2008 年版。
3. 李一冰:《苏东坡新传》,联经出版事业公司 1996 年版。
4. CCTV 大型人文历史纪录片《苏东坡》。

报刘一丈书[1]

宗 臣

数千里外，得长者时赐一书[2]，以慰长想，即亦甚幸矣[3]；何至更辱馈遗[4]，则不才益将何以报焉？书中情意甚殷[5]，即长者之不忘老父[6]，知老父之念长者深也。至以"上下相孚，才德称位"语不才[7]，则不才有深感焉。夫才德不称，固自知之矣；至于不孚之病，则尤不才为甚。

且今世之所谓"孚"者何哉？日夕策马[8]，候权者之门。门者故不入，则甘言媚词，作妇人状，袖金以私之[9]。即门者持刺入[10]，而主者又不即出见。立厩中仆马之间[11]，恶气袭衣裾，即饥寒毒热不可忍，不去也。抵暮，则前所受赠金者出，报客曰："相公倦[12]，谢客矣。客请明日来。"即明日，又不敢不来。夜披衣坐，闻鸡鸣，即起盥栉[13]，走马抵门[14]。门者怒曰："为谁？"则曰："昨日之客来。"则又怒曰："何客之勤也[15]！岂有相公此时出见客乎？"客心耻之，强忍而与言曰："亡奈何矣[16]，姑容我入。"门者又得所赠金，则起而入之。又立向所立厩中[17]。幸主者出，南面召见[18]，则惊走匍匐阶下[19]。主者曰："进！"则再拜，故迟不起，起则上所上寿金[20]。主者故不受[21]，则固请；主者故固不受，则又固请。然后命吏内之[22]，则又再拜，又故迟不起，起则五六揖，始出。出，揖门者曰："官人幸顾我[23]！他日来，幸亡阻我也[24]！"门者答揖，大喜奔出。马上遇所交识[25]，即扬鞭语曰："适自相公家来[26]，相公厚我[27]，厚我！"且虚言状[28]。即所交识，亦心畏相公厚之矣[29]。相公又稍稍语人曰[30]："某也贤，某也贤。"闻者亦心计交赞之[31]。此世所谓"上下相孚"也，长者谓仆能之乎[32]？

前所谓权门者，自岁时伏腊一刺之外[33]，即经年不往也[34]。间道经其门[35]，则亦掩耳闭目，跃马疾走过之，若有所追逐者。斯则仆之褊哉[36]，以此常不见悦于长吏[37]，仆则愈益不顾也。每大言曰："人生有命，吾惟守分尔！"长者闻此，得无厌其为迂乎[38]？

乡园多故，不能不动客子之愁。至于长者之抱才而困[39]，则又令我怆然有感。天之与先生者甚厚，亡论长者不欲轻弃之[40]，即天意亦不欲长者之轻弃之也，幸宁心哉[41]！

注　释

[1] 报：答复，回复。刘一丈（刘名玠）：字国珍，号墀石，排行第一，故称一丈。丈：对男性长者的尊称。刘一丈是作者父亲宗周的至交。

[2] 长者：年纪大的长辈。这里是指刘一丈。时：经常。

[3] 长想：长久的思念。

[4] 馈遗（kuì wèi）：赠送礼品。

[5] 殷：盛，恳切。

[6] 老父：宗臣父宗周，字维翰，号履庵。初仕山东金乡，官至四川马湖府太守。

[7] 上下相孚，才德称位：此句为刘一丈信中勉励作者的话，即上级和下级要互相融洽、信任，才与德跟自己的地位相称。孚：信，融洽，信任。称：符合，适合。

[8] 策：马鞭。这里作动作用，指鞭打。

[9] 袖金：把钱藏在袖子里。古人携带小物件、少数银钱都装在袖子里，故说"袖金"。私之：偷偷地送给他（给门者一点好处）。

[10] 即：即使。刺：名帖、名片。

[11] 厩（jiù）：马棚。仆马：马夫和马。

[12] 相公：这里指宰相严嵩。

[13] 盥栉（guàn zhì）：洗脸梳头。盥：洗手。栉：梳发。

[14] 走马：骑马小跑。

[15] 勤：次数多，经常。

[16] 亡：通"无"。亡奈何：无有办法。

[17] 向：从前，上次。这里指昨天。

[18] 南面：古代以面南而坐为尊位。

[19] 惊走：惶恐地小跑。

[20] 寿金：礼金，赠金。上寿金：以祝寿为名进献金钱。这里指贿赂。

[21] 固：坚持。下文的"固"字词义相同。

[22] 内：通"纳"，接受。

[23] 官人：这里称门者。幸顾：垂顾。幸顾我：意为多亏看顾我，幸而看得起我。

[24] 幸：希望。

[25] 所交识：所与交游熟识的人。

[26] 适：刚才。

[27] 厚我：待我很好，很看重我。

[28] 虚言状：指夸张地编造相公厚待他的情况。

[29] 畏：佩服。

[30] 稍稍：稍微，偶尔。

[31] 心计：心里考虑着，盘算着。交赞之：交口称赞，一起来称赞他。

[32] 仆：谦辞，自指。

[33] "自岁"二句：是说除了过年过节去投张名帖为贺外，终年不往。岁时：一年四季。伏腊：

夏天的伏日和冬天的腊日，夏伏冬腊，古代都举行祭祀，是两个祭祀的名称。这里泛指过年过节。一刺：拜谒一次。

[34] 经年：终年，整年。

[35] 间：间或，偶尔。道经：路过。

[36] 斯则仆之褊（biǎn）哉：这就是我的胸怀的狭小啊。这里是反语，作者言自己清高孤傲，褊：地方狭小，引申为气量狭窄。

[37] 长吏：上级官吏。

[38] 得无：该不会，表示推测语气。

[39] 抱才而困：才能陷于困厄的境地，即怀才不遇。刘一丈少负隽才，曾多次参加科举考试，均落选，以布衣而终，故云。

[40] "亡论"二句：意思是说，刘的才德禀赋很好，不要说你自己不愿轻易抛弃它，就是老天也不希望你轻易抛弃它。亡论：不用说。

[41] 幸宁心哉：希望能够心情平静，安心等待时机。

作家·作品

宗臣（1525~1560），字子相，扬州兴化人（今江苏兴化），明世宗嘉靖二十九年（1550年）进士，任刑部主事、吏部员外郎；嘉靖三十六年（1557年）因作文祭杨继盛而得罪严嵩，被贬为福建布政使司左参议，后因防御倭寇有功，迁提学副使，卒于任上，年仅36岁。宗臣为人耿直，不附权贵。宗臣与李攀龙；王世贞；谢榛；梁有誉；徐中行；吴国伦齐名，在明代文坛上合称"后七子"，他们针对明初的八股和以歌功颂德为内容的"台阁体"提出"文必秦汉，诗必盛唐"的复古文学主张，对冲击八股文和"台阁体"起了一定的积极作用。宗臣为文较少堆砌、模拟，风格雄厉横放，散文创作成就在"后七子"中突出，著有《宗子相先生集》。

宗臣在《报刘一丈书》中刻画了官场行贿受贿、买官卖官的画面。文章通过对"某人"奔走权门、拍马邀宠的具体事例的描述，从干谒者、权要者、门者、闻者等不同角度揭示了当时官场的污浊和官吏的腐败，显示出"上下相孚"的真实内情和丑恶本质。作者所揭露的现象在明代以及整个封建社会有着普遍的代表性，因而本文就具有了十分深刻的认识意义。全文紧扣"上下相孚"借题发挥，采用略带夸张的漫画笔法，将干谒者的奴颜婢膝、曲意奉承、先媚而后狂；权贵者的假作姿态、受贿应承、先傲而后贪；守门人的狗仗人势、借机勒索、势利而刁钻，刻画得形神兼备。作者还在表面冷峻的描述中暗寓着针砭讽刺，表示了对这种官场丑态的强烈憎恶，表明自己不巴结权贵的立身原则。

思考·练习

1. 文章是怎样运用对比手法来表现人物性格特征的？
2. 作者是怎样扣紧"上下相孚"四字来进行记叙、议论的？

3. 本文的主要内容是什么？有何现实意义？
4. 联系课文简要分析作者刻画的三个反面人物形象。

拓展·阅读

1. （明）宗臣：《宗子相集》。
2. （清）王先谦：《宗子相先生诗集序》。
3. （明）宗臣：《送吴山人》。

看镜有感[1]

鲁 迅

因为翻衣箱，翻出几面古铜镜子来，大概是民国初年到北京时候在那里买的，"情随事迁"，全然忘却，宛如见了隔世的东西了。

一面圆径不过二寸，很厚重，背面满刻蒲陶[2]，还有跳跃的鼯鼠，沿边是一圈小飞禽。古董店家都称为"海马葡萄镜"。但我的一面并无海马，其实和名称不相当。记得曾见过别的一面，是有海马的，但贵极，没有买。这些都是汉代的镜子；后来也有模造或翻沙者，花纹可造粗拙得多了。汉武通大宛安息，以致天马蒲萄，大概当时是视为盛事的，所以便取作什器的装饰。古时，于外来物品，每加海字，如海榴，海红花，海棠之类。海即现在之所谓洋，海马译成今文，当然就是洋马。镜鼻是一个虾蟆，则因为镜如满月，月中有蟾蜍之故，和汉事不相干了。

遥想汉人多少闳放，新来的动植物，即毫不拘忌，来充装饰的花纹。唐人也还不算弱，例如汉人的墓前石兽，多是羊，虎，天禄，辟邪[3]，而长安的昭陵上，却刻着带箭的骏马，还有一匹驼鸟，则办法简直前无古人。现今在坟墓上不待言，即平常的绘画，可有人敢用一朵洋花一只洋鸟，即私人的印章，可有人肯用一个草书一个俗字么？许多雅人，连记年月也必是甲子，怕用民国纪元。不知道是没有如此大胆的艺术家；还是虽有而民众都加迫害，他于是乎只得萎缩，死掉了？

宋的文艺，现在似的国粹气味就熏人。然而辽金元陆续进来了，这消息很耐寻味。汉唐虽然也有边患，但魄力究竟雄大，人民具有不至于为异族奴隶的自信心，或者竟毫未想到，凡取用外来事物的时候，就如将彼俘来一样，自由驱使，绝不介怀。一到衰弊陵夷之际，神经可就衰弱过敏了，每遇外国东西，便觉得彷佛彼来俘我一样，推拒，惶恐，退缩，逃避，抖成一团，又必想一篇道理来掩饰，而国粹遂成为屠王和屠奴的宝贝。

无论从那里来的，只要是食物，壮健者大抵就无需思索，承认是吃的东西。惟有衰病的，却总常想到害胃，伤身，特有许多禁条，许多避忌；还有一大套比较利害而终于不得要领的理由，例如吃固无妨，而不吃尤稳，食之或当有益，然究以不吃为宜云云之类。但这一类人物总要日见其衰弱的，因为他终日战战兢兢，自己先已失了活气了。

不知道南宋比现今如何，但对外敌，却明明已经称臣，惟独在国内特多繁文缛节以及唠叨的碎话。正如倒霉人物，偏多忌讳一般，豁达闳大之风消歇净尽了。直到后来，都没有什么大变化。我曾在古物陈列所所陈列的古画上看见一颗印文，是几个罗马字母。但那是所谓"我圣祖仁皇帝"的印，是征服了汉族的主人，所以他敢；汉族的奴才是不敢的。便是现在，便是艺术家，可有敢用洋文的印的么？

清顺治中，时宪书[4]上印有"依西洋新法"五个字，痛苦流涕来劾洋人汤若望[5]的偏是汉人杨光先。直到康熙初，争胜了，就教他做钦天监正去，则又叩阍以"但知推步之理不知推步之数"辞。不准辞，则又痛哭流涕地来做《不得已》，说道"宁可使中夏无好历法，不可使中夏有西洋人。"然而终于连闰月都算错了，他大约以为好历法专属于西洋人，中夏人自己是学不得，也学不好的。但他竟论了大辟，可是没有杀，放归，死于途中了。汤若望入中国还在明崇祯初，其法终未见用；后来阮元[6]论之曰："明季君臣以大统寝疏，开局修正，既知新法之密，而讫未施行。圣朝定鼎，以其法造时宪书，颁行天下。彼十余年辩论翻译之劳，若以备我朝之采用者，斯亦奇矣！……我国家圣圣相传，用人行政，惟求其是，而不先设成心。即是一端，可以仰见如天之度量矣！"（《畴人传》四十五）

现在流传的古镜们，出自冢中者居多，原是殉葬品。但我也有一面日用镜，薄而且大，规抚汉制，也许是唐代的东西。那证据是：一、镜鼻已多磨损；二、镜面的沙眼都用别的铜来补好了。当时在妆阁中，曾照唐人的额黄和眉绿[7]，现在却监禁在我的衣箱里，它或者大有今昔之感罢。

但铜镜的供用，大约道光咸丰时候还与玻璃镜并行；至于穷乡僻壤，也许至今还用着。我们那里，则除了婚丧仪式之外，全被玻璃镜驱逐了。然而也还有余烈可寻，倘街头遇见一位老翁，肩了长凳似的东西，上面缚着一块猪肝色石和一块青色石，试伫听他的叫喊，就是"磨镜，磨剪刀！"

宋镜我没有见过好的，什九并无藻饰，只有店号或"正其衣冠"等类的迂铭词，真是"世风日下"。但是要进步或不退步，总须时时自出新裁，至少也必取材异域，倘若各种顾忌，各种小心，各种唠叨，这么做即违了祖宗，那么做又象了夷狄，终生惴惴如在薄冰上，发抖尚且来不及，怎么会做出好东西来。所以事实上"今不如古"者，正因为有许多唠叨着"今不如古"的诸位先生们之故。现在情形还如此。倘再不放开度量，大胆地，无畏地，将新文化尽量地吸收，则杨光先似的向西洋主人沥陈中夏的精神文明的时候，大概是不劳久待的罢。

但我向来没有遇见过一个排斥玻璃镜子的人。单知道咸丰年间，汪曰桢[8]先生却在他的大著《湖雅》里攻击过的。他加以比较研究之后，终于决定还是铜镜好。最不可解的是：他说，照起面貌来，玻璃镜不如铜镜之准确。莫非那时的玻璃镜当真坏到如此，还是因为他老先生又带上了国粹眼镜之故呢？我没有见过古玻璃镜。这一点终于猜不透。

一九二五年二月九日

注 释

[1] 本文发表于1925年3月2日《语丝》周刊第16期，后收入杂文集《坟》。

[2] 蒲陶：即葡萄。

[3] 天禄，辟邪：古代传说中的神兽，似鹿而长尾，一角者为天禄，二角者为辟邪，可攘除灾难。

[4] 时宪书：历书。

[5] 汤若望（1592~1666），德国科隆人，耶稣会传教士。1623年抵京，开始在中国传教，后在历局供职，推行新历法。杨光先，安徽歙县人，顺治时上书反对"依西洋新法"，康熙四年（1665年）又上书，向礼部控告传教士有颠覆中国之阴谋，称汤若望所订历法不准，汤若望因此被处凌迟。

[6] 阮元（1764~1849），江苏仪征人，清代学者，乾隆进士，曾任湖广、两广、云贵总督，体仁阁大学士等职；学问渊博，在经学、方志、金石学及诗词方面都有很高造诣，尤以音韵训诂之学为长；著有《畴人传》《积古斋钟鼎彝器款识》《揅经室集》等。

[7] 额黄和眉绿：是一种我国妇女的古老美容妆饰，额黄，也称"鹅黄""鸦黄""约黄""贴黄"，因为是以黄色颜料染画于额间，故有此名。眉绿，古代妇女在眉上所作的修饰。额黄和眉绿在唐代后广为盛行。

[8] 汪曰桢（1813~1881），浙江吴兴人，清代咸丰时任会稽教谕。

作家·作品

鲁迅（1881~1936），字豫才，原名周樟寿，后改周树人，浙江绍兴人（祖籍河南正阳）；是我国著名的文学家、思想家和革命家，中国现代文学的奠基人之一。鲁迅出身于破落封建家庭；1898年到南京求学，1902年赴日本留学，入东京弘文学院；1904年到仙台医学专科学校学医，后弃医习文。鲁迅的作品主要有小说集《呐喊》《彷徨》《故事新编》；散文集《朝花夕拾》；散文诗集《野草》；杂文集《而已集》《二心集》《南腔北调集》《热风》；等等。此外，他还大力翻译外国进步文学作品和介绍国内外著名的绘画、木刻；搜集、研究、整理大量的古典文学，编著《中国小说史略》《汉文学史纲要》，整理《嵇康集》，辑录《会稽郡故书杂录》《古小说钩沈》《唐宋传奇录》《小说旧闻钞》；等等。

本文是鲁迅前期杂文名篇之一。本文立意深刻，在文章中，鲁迅从自己收藏的汉代铜镜说开，论及汉、唐以及宋、清等各个朝代对待外来文化的不同态度，阐述了文化艺术上吸取外来新鲜事物和大胆创新的重要意义，批判了文化艺术上的"国粹"主义和保守主义思想。本文采用了比喻论证和正反对比论证结合的方法，深入浅出地论证了对于新文化应取的基本态度。鲁迅认为，只有善于吸收外来文化，大胆创新才是中国文化艺术发展进步的必然之路。

思考·练习

1. 中国历史上对外来文化有哪两种不同态度？，对此文章是如何描述的？

2. 请结合实际谈谈你对汲取外来文化的态度。

拓展·阅读

1. 鲁迅：《坟》。
2. 傅德岷、包晓玲等编著：《鲁迅散文名篇赏析》，四川出版集团巴蜀书社 2012 年版。
3. 雷世文："试论鲁迅《看镜有感》的文本寓意"，载《盐城师范学院学报（人文社会科学版）》2011 年第 1 期。

选择与安排[1]

朱光潜

在作文运思时，最重要而且最艰苦的工作不在搜寻材料，而在有了材料之后，将它们加以选择与安排，这就等于说，给它们一个完整有生命的形式。材料只是生糙的钢铁，选择与安排才显出艺术的锤炼刻画。就生糙的材料说，世间可想到可说出的话在大体上都已经从前人想过说过；然而后来人却不能因此就不去想不去说，因为每个人有他的特殊的生活情境与经验，所想所说的虽大体上仍是那样的话，而想与说的方式却各不相同。变迁了形式，就变迁了内容。所以他所想所说尽管在表面上是老生常谈，而实际上却可以是一种新鲜的作品，如果选择与安排给了它一个新的形式，新的生命。"袅袅兮秋风，洞庭波兮木叶下"[2]，在大体上和"菡萏香销翠叶残，西风愁起绿波间"[3]表现同样的情致，而各有各的佳妙处，所以我们不能说后者对于前者是重复或是抄袭。莎士比亚写过夏洛克以后，许多作家接着写过同样典型的守财奴（莫里哀的哈伯贡和巴尔扎克的哥里阿是著例）[4]，也还是一样入情入理。材料尽管大致相同，每个作家有他的不同的选择与安排，这就是说，有他的独到的艺术手腕，所以仍可以有他的特殊的艺术成就。

最好的文章，像英国小说家斯沃夫特所说的[5]，须用"最好的字句在最好的层次"。找最好的字句要靠选择，找最好的层次要靠安排。其实这两桩工作在人生各方面都很重要，立身处世到处都用得着，一切成功和失败的枢纽都在此。在战争中我常注意用兵，觉得它和作文的诀窍完全相同。善将兵的人都知道兵在精不在多。精兵一人，可以抵得许多人用，疲癃[6]残疾的和没有训练没有纪律的兵愈多愈不易调动，反而成为累赘或障碍。一篇文章中每一个意思或字句就是一个兵，你在调用之前，须加一番检阅，不能作战的，须一律淘汰，只留下精锐，让他们各站各的岗位，各发挥各的效能。排定岗位就是摆阵势，在文章上叫做"布局"。在调兵布阵时，步骑炮工辎须有联络照顾[7]，将校尉士卒须按部就班，全战线的中坚与侧翼，前锋与后备，尤须有条不紊。虽是精锐，如果摆布不周密，纪律不严明，那也就成为乌合之众，打不来胜仗。文章的布局也就是一种阵势，每一段就是一个队伍，摆在最得力的地位才可以发生最大的效用。

文章的通病不外两种，不知选择和不知安排。第一步是选择，斯蒂芬生说[8]：文学是"剪裁的艺术"。剪裁就是选择的消极方面。有选择就必有排弃，有割爱。在兴酣采烈时，我们往往觉得自己所想到的意思样样都好，尤其是费过苦心得来的，要把它一笔勾销，似未免可惜。所以割爱是大难事，它需要客观的冷静，尤其需要谨严的自我批评。不知选择大半由于思想的懒惰和虚荣心所生的错觉。遇到一个题目来，不肯朝深一层处想，只浮光掠影地凑合一些实在是肤浅陈腐而自以为新奇的意思，就把它们和盘托出。我常看大学生的论文，把一个题目所有的话都一五一十地说出来，每一点都约略提及，可是没有一点说得透彻，甚至前后重复或自相矛盾。如果有几个人同做一个题目，说的话和那话说出来的形式都大半彼此相同，看起来只觉得"天下老鸦一般黑"。这种文章如何能说服读者或感动读者？这里我们可以再就用兵打比譬，用兵致胜的要诀在占领要塞，击破主力。要塞既下，主力既破，其余一切就望风披靡，不攻自下。古人所以有"射人先射马，擒贼先擒王"的说法。如果虚耗兵力于无战略性的地点，等到自己的实力消耗尽了，敌人的要塞和主力还屹然未动，那还能希望打什么胜仗？做文章不能切中要害，错误正与此相同。在艺术和在自然一样，最有效的方式常是最经济的方式，浪费不仅是亏损而且也是伤害。与其用有限的力量于十件事上而不能把任何一件事做得好，不如以同样的力量集中在一件事上，把它做得斩钉截铁。做文章也是如此。世间没有说得完的话，你想把它说完，只见得你愚蠢；你没有理由可说人人都说的话，除非你比旁人说得好，而这却不是把所有的话都说完所能办到的。每篇文章必有一个主旨，你须把着重点完全摆在这主旨上，在这上面鞭辟入里[9]，烘染尽致[10]，使你所写的事理情态成一个世界，突出于其他一切世界之上，像浮雕突出于石面一样。读者看到，马上就可以得到一个强有力的印象，不由得他不受说服和感动。这就是选择，这就是攻坚破锐。

我们最好拿戏剧小说来说明选择的道理。戏剧和小说都描写人和事。人和事的错综关系向来极繁复，一个人和许多人有因缘，一件事和许多事有联络，如果把这些关系辗转追溯下去，可以推演到无穷。一部戏剧或小说只在这无穷的人事关系中割出一个片段来，使它成为一个独立自足的世界，许多在其他方面虽有关系而在所写的一方面无大关系的事事物物，都须斩断撒开。我们在谈劫生辰纲的梁山泊好汉[11]，生辰纲所要送到的那个豪贵场合也许值得描写，而我们却不能去管。谁不想知道哈姆雷特在魏敦堡的留学生活[12]，但是我们现在只谈他的家庭悲剧，时间和空间的限制都不许我们搬到魏敦堡去看一看。再就划定的小范围来说，一部小说或戏剧须取一个主要角色或主要故事做中心，其余的人物故事穿插，须能烘托这主角的性格或理清这主要故事的线索，适可而止，多插一个人或一件事就显得臃肿繁芜。再就一个角色或一个故事的细节来说，那是数不尽的，你必须有选择，而选择某一个细节，必须它有典型性，选了它，其余无数细节就都可不言而喻。悭吝人到处悭吝，吴敬梓在《儒林外史》里写严监生[13]，只挑选他临死时看见油灯里有两茎灯芯不闭眼一事。《红楼梦》对于妙玉着笔墨最少，而她那一副既冷僻而又不忘情的心理却令我们一见不忘。刘姥姥吃过的茶杯她叫人掷去，却将自己用的绿玉斗斟茶给宝玉；宝玉做寿，众姊妹闹得欢天喜地，她一人枯坐参禅，却暗地递一张粉红笺的贺帖。寥寥数笔，把一个性格，一种情境，写得活灵活现。在这些地方多加玩索，我们就可悟出选择的道理。

选择之外，第二件要事就是安排，就是摆阵势。兵家有所谓"常山蛇阵"[14]，它的特点是"击首则尾应，击尾则首应，击腹则首尾俱应"[15]。亚里士多德在《诗学》里论戏剧结构说它要完整，于是替"完整"一词下了一个貌似平凡而实精深的定义："我所谓完整是指一件事物有头，有中段，有尾。头无须有任何事物在前面笼盖着，而后面却必须有事物承接着。中段要是前面既有事物笼盖着，后面又有事物承接着。尾须有事物在前面笼盖着，却不须有事物在后面承接着。"这与"常山蛇阵"的定义其实是一样。用近代语言来说，一个艺术品必须为完整的有机体，必须是一件有生命的东西。有生命的东西第一须有头有尾有中段，第二是头尾和中段各在必然的地位，第三是有一股生气贯注于全体，某一部分受影响，其余各部分不能麻木不仁。一个好的阵形应如此，一篇好的文章布局也应如此。一段话如果丢去仍于全文无害，那段话就是赘疣[16]；一段话如果搬动位置仍于全文无害，那篇文章的布局就欠斟酌。布局愈松懈，文章的活力就愈薄弱。

从前中国文人讲文章义法[17]，常把布局当作呆板的形式来谈，例如全篇局势须有起承转合，脉络须有起伏呼应，声调须有抑扬顿挫，命意须有正反侧，如作字画，有阴阳向背。这些话固然也有它们的道理，不过它们是由分析作品得来的，离开作品而空谈义法，就不免等于纸上谈兵。我们想懂得布局的诀窍，最好是自己分析完美的作品；同时，自己在写作时，多费苦心衡量斟酌。最好的分析材料是西方戏剧杰作，因为它们的结构通常都极严密。习作戏剧也是学布局的最好方法，因为戏剧须把动作表现于有限时间与有限空间之中，如果起伏呼应不紧凑，就不能集中观众的兴趣，产生紧张的情绪。我国史部要籍如《左传》、《史记》之类在布局上大半也特别讲究，值得细心体会。一篇完美的作品，如果细经分析，在结构上必具备下面的两个要件：

第一是层次清楚。文学像德国学者莱森所说的[18]，因为用在时间上承续的词语为媒介，是沿着一条线绵延下去。如果同时有许多事态线索，我们不能把它们同时摆在一个平面上，如同图画上许多事物平列并存；我们必须把它们在时间上分先后，说完一点，再接着说另一点，如此生发下去。这许多要说的话，谁说在先，谁说在后，须有一个层次。层次清楚，才有上文所说的头尾和中段。文章起头最难，因为起头是选定出发点，以后层出不穷的意思都由这出发点顺次生发出来，如幼芽生发出根干枝叶。文章有生发，才能成为完整的有机体。所谓"生发"，是上文意思生发下文意思，上文有所生发，下文才有所承接。文章的"不通"有多种，最厉害的是上气不接下气，上段上句的意思没有交代清楚就搁起来，下段下句的意思没有伏根就突然出现。顺着意思的自然生发，脉络必有衔接，不致有脱节断气的毛病；而且意思可以融贯，不致有前后矛盾的毛病。打自己耳光，是文章最大的弱点。章实斋在韩退之《送孟东野序》

里挑出过一个很好的例[19]。上文说"凡物不得其平则鸣",下文接着说"伊尹鸣商,周公鸣周"[20],伊尹、周公并非不得其平。这是自相矛盾,下文意思不是从上文意思很逻辑地生发出来。意思互相生发,就能互相呼应,也就能以类相聚,不相杂乱。杂乱有两种:一是应该在前一段说的话遗漏着不说,到后来一段不很相称的地方勉强插进去;一是在上文已说过的话,到下文再重复说一遍。这些毛病的根由都在思想疏懈。思想如果谨严,条理自然缜密。

第二是轻重分明。文章不仅要分层次,尤其要分轻重。轻重犹如图画的阴阳光影,一则可以避免单调,起抑扬顿挫之致;二则轻重相形,重者愈显得重,可以产生较强烈的效果。一部戏剧或小说的人物和故事,如果不分宾主,群龙无首,必定显得零乱芜杂。一篇说理文如果有五六层意思都平铺并重,它一定平淡无力,不能说服读者。艺术的特征是完整,完与整是相因的,整一才能完美。在许多意思并存时,想产生整一的印象,它们必须轻重分明。文章无论长短,一篇须有一篇的主旨,一段须有一段的主旨。主旨是纲,由主旨生发出来的意思是目。纲必须能领目,目必须附丽于纲[21],尊卑就序,然后全体自能整一。"譬如北辰,居其所而众星拱之"[22]。一篇文章的主旨应有这种气象,众星也要分大小远近。主旨是着重点,有如照像投影的焦点,其余所有意思都附在周围,渐远渐淡。在文章中显出轻重,通常不外两种办法:第一是在层次上显出。同是一个意思,摆的地位不同,所生的效果也就不同,不过我们不能指定某一地位是天然的着重点。起头有时可以成为着重点,因为它笼盖全篇,对读者可以生"先入为主"的效果;收尾通常不能不着重,虎头蛇尾是文章的大忌讳,作家往往一层深一层地掘下去,不断地引起读者的好奇心,使他不能不读到终了,到终了主旨才见分晓,故事才告结束,谜语才露谜底。中段承上起下,也可以成为着重点,戏剧的顶点大半落在中段,可以为证。一个地位能否成为着重点,全看作者渲染烘托的技巧如何,我们不能定出法则,但是可以从分析名著(尤其是叙事文)中探得几分消息。其次,轻重可以在篇幅分量上显出。就普遍情形说,意思重要,篇幅应占多;意思不重要,篇幅应占少。这不仅是为着题旨醒豁,也是要在比例匀称上现出一点波澜节奏,如同图画上的阴阳。轻重倒置在任何艺术作品中都是毛病。不过这也不能一概而论,名手立论或叙事,往往在四面渲染烘托,到了主旨所在,有如画龙点睛,反而轻描淡写地掠过去,不多着笔墨。

从上面的话看来,我们可以知道文章有一定的理,没有一定的法。所以我们只略谈原理,不像一般文法修辞书籍,在义法上多加剖析。"大匠能诲人以规矩,不能使人巧"[23]。知道文章作法,不一定就做出好文章。艺术的基本原则是寓变化于整齐,整齐易说,变化则全靠心灵的妙运,这是所谓"神而明之,存乎其人"[24]了。

注　释

[1] 文章写于抗日战争后期,后收入1943年出版的《谈文学》论文集。

[2] 袅袅兮秋风，洞庭波兮木叶下：屈原《九歌·湘夫人》中的诗句。袅袅：微风吹拂的样子。波：起波，这里用作动词。木叶：树叶。

[3] 菡萏（hàn dàn）香销翠叶残，西风愁起绿波间：南唐李璟《摊破浣溪沙》词中的两句。菡萏：荷花。

[4] 莫里哀（1622～1673）：法国著名剧作家，主要作品有《伪君子》《悭吝人》等。哈伯贡：现在一般译作"阿尔巴贡"，是喜剧《悭吝人》中的人物。哥里阿：现在一般译作"葛朗台"，巴尔扎克小说《欧也妮·葛朗台》中的暴发户。

[5] 乔纳森·斯沃夫特（1667～1745）：现在一般译作"斯威夫特"。他的代表作是寓言小说《格列佛游记》。

[6] 疲癃（lóng）：原意是曲腰高背的病态，这里泛指年老多病。癃：衰弱多病。

[7] 辎（zī）：古代的一种车。这里指行军时携带军械、粮草、被服等物资的运输部队。

[8] 罗伯特·斯蒂芬生（1850～1894）：英国作家。现在一般译作"罗伯特·斯蒂文森"。

[9] 鞭辟入里：形容能透彻说明问题，深中要害。鞭辟：剖析、分析。里：里头。

[10] 烘染：烘托渲染。

[11] 劫生辰纲的梁山泊好汉：见《水浒传》第十六回"杨志押送金银担 吴用智取生辰纲"。

[12] 魏敦堡：今译威登堡，德国宗教改革的中心地。

[13] 严监生：吴敬梓《儒林外史》中塑造的吝啬人物。

[14] 常山蛇阵：首尾呼应的阵法，简称"常山阵"，阵势如常山之蛇，故名。常山蛇，古代传说中一种首尾能互相救应的蛇。

[15] 击腹则首尾俱应：见《孙子·九地》。这几句的原文是："击其首则尾至，击其尾则首至，击其中则首尾俱至。"

[16] 赘疣（zhuì yóu）：比喻多余而无用的东西。

[17] 义法：写文章应遵循的准则。

[18] 莱森（1729～1781）：现在一般译作"莱辛"，剧作家、文艺理论家。

[19] 章实斋（1738～1801）：即章学诚，实斋是他的字，清代史学家，会稽（今浙江绍兴）人，著有《文史通义》。退之：唐代散文家韩愈的字。东野：唐代诗人孟郊的字。贞元十九年（803年），孟郊被任命为溧阳尉，抑郁不平，韩愈写此赠序，予以宽慰。

[20] 伊尹：名挚，殷代贤相。周公：姓姬名旦，武王（发）之弟，成王（诵）之叔，西周初期政治家，巩固周王朝最有力的人。

[21] 附丽：依附，附着。

[22] 譬如北辰居其所而众星拱之：见《论语·为政》。北辰：北极星。拱：环绕。

[23] 大匠能诲人以规矩，不能使人巧：见《孟子·尽心下》。

[24] 神而明之，存乎其人：见《周易·系辞上》。意思是，对于玄妙高深事理的领悟和明了，全在于人能运用锐敏的智慧。

作家·作品

朱光潜（1897～1986），安徽桐城人；中国美学家和文艺理论家；青年时期在桐城中学、武昌高等师范学校学习，后肄业于香港大学文学院；1925年出国留学，1933年回国，先后在国立北京大学、国立四川大学、国立武汉大学任教；并任中华全国美学学会名誉会长；历任全国政协委员、常委，民盟中央委员，中国美学学会会长、名誉会长，中国作协顾问，中国社科院学部委员。朱光潜主要编著有《文艺心理学》《悲剧心理学》《谈美》《诗论》《谈文学》《克罗齐哲学述评》《西方美学史》《美学批判论文集》《谈美书简》《美学拾穗集》等，并翻译了爱克曼的《歌德谈话录》、柏拉图的《文艺对话集》、莱辛的《拉奥孔——论画与诗的界限》、黑格尔的《美学》、克罗齐的《美学》、维柯的《新科学》等。

这是一篇谈写作经验的议论文，论说广征博引，自然通达，是朱光潜一贯倡导的说理文也要美感的范例。文章中心论点：在作文运思时，最重要的而且最艰苦的工作不在搜寻材料，而在有材料之后，将它们加以选择与安排。文中还提出多种观点：安排材料时要善于谋篇布局，应使文章的头、尾、中段等部分各得其所，自然生发、衔接、呼应，成为完整严密的有机体。文章应当层次井然，有条不紊，纲目清晰，轻重分明，要避免脱节断气、零乱芜杂、轻重倒置的毛病；选择材料要力求经济致用，有益于突出文章主旨，要对材料进行艰苦、深入的分析，冷静、客观的评价，有所取舍，以防止面面俱到、浮光掠影，前后重复或自相矛盾。这些观点，是作者在长期的学习和写作实践中得出的经验总结，富有指导意义。文章综合运用了类比、比喻等多种论证方法，极富说服力与生动性。

思考·练习

1. 指明文章的主旨。
2. 举例说明文章用到的论证方法。
3. 谈谈学习这篇文章给自己带来的启示。

拓展·阅读

1. 朱光潜：《美学拾穗集》。
2. 朱光潜：《西方美学史》。
3. 朱光潜：《美学批判论文集》。
4. 朱光潜：《谈美书简》。

冬 天[1]

朱自清

  说起冬天，忽然想到豆腐。是"小洋锅"（铝锅）白煮豆腐，热腾腾的。水滚着，像好些鱼眼睛，一小块一小块豆腐养在里面，嫩而滑，仿佛反穿的白狐大衣。锅在"洋炉子"（煤油不打气炉）上，和炉子都熏得乌黑乌黑，越显出豆腐的白。这是晚上，屋子老了，虽点着"洋灯"，也还是阴暗。围着桌子坐的是父亲跟我们哥儿三个。"洋炉子"太高了，父亲得常常站起来，微微地仰着脸，觑着眼睛，从氤氲[2]的热气里伸进筷子，夹起豆腐，一一地放在我们的酱油碟里。我们有时也自己动手，但炉子实在太高了，总还是坐享其成的多。这并不是吃饭，只是玩儿。父亲说晚上冷，吃了大家暖和些。我们都喜欢这种白水豆腐；一上桌就眼巴巴望着那锅，等着那热气，等着热气里从父亲筷子上掉下来的豆腐。

  又是冬天，记得是阴历十一月十六晚上。跟S君P君在西湖里坐小划子，S君刚到杭州教书，事先来信说："我们要游西湖，不管它是冬天。"那晚月色真好，现在想起来还像照在身上。本来前一晚是"月当头"；也许十一月的月亮真有些特别吧。那时九点多了，湖上似乎只有我们一只划子。有点风，月光照着软软的水波；当间那一溜儿反光，象新砑[3]的银子。湖上的山只剩了淡淡的影子。山下偶尔有一两星灯火。S君口占两句诗道："数星灯火认渔村，淡墨轻描远黛痕。"我们都不大说话，只有均匀的桨声。我渐渐地快睡着了。P君"喂"了一下，才抬起眼皮，看见他在微笑。船夫问要不要上净寺去；是阿弥陀佛生日，那边蛮热闹的。到了寺里，殿上灯烛辉煌，满是佛婆念佛的声音，好像醒了一场梦。这已是十多年前的事了，S君还常常通着信，P君听说转变了好几次，前年是在一个特税局里收特税了，以后便没有消息。

  在台州过了一个冬天，一家四口子。台州是个山城，可以说在一个大谷里。只有一条二里长的大街。别的路上白天简直不大见人；晚上一片漆黑。偶尔人家窗户里透出一点灯光，还有走路的拿着火把，但那是少极了。我们住在山脚下。有的是山上松林里的风声，跟天上一只两只的鸟影。夏末到那里，春初便走，却好像老在过着冬天似的；可是即便真冬天也并不冷。我们住在楼上，书房临着大路；路上有人说话，可以清清楚楚地听见。但因为走路的人太少了，间或有点说话的声音，听起来还只当远风送来的，想不到就在窗外。我们是外路人，除上学校去之外，常只在家里坐着。

妻也惯了那寂寞，只和我们爷儿们守着。外边虽老是冬天，家里却老是春天。有一回我上街去，回来的时候，楼下厨房的大方窗开着，并排地挨着她们母子三个；三张脸都带着天真微笑地向着我。似乎台州空空的，只有我们四人；天地空空的，也只有我们四人。那时是民国十年，妻刚从家里出来，满自在。现在她死了快四年了，我却还老记着她那微笑的影子。

无论怎么冷，大风大雪，想到这些，我心上总是温暖的。

注　释

[1] 本文选自《朱自清散文》，作于1933年冬。
[2] 氤氲：形容烟或气很盛。
[3] 研：碾压或摩擦物品，使之密实而光亮。

作家·作品

朱自清（1898～1948），原名自华，字佩弦，号秋实；1898年出生于江苏；6岁时移居扬州，故自称"扬州人"；现代著名散文家，"文学研究会"的早期成员，反对国民党独裁，拒绝帝国主义的救济粮，具有崇高的民族气节和爱国主义精神；1948年去世。朱自清是我国现代文学史上一位卓有建树、风格独特的散文家，有著作27种，共约190万字，包括诗歌、散文、文艺批评、学术研究等。朱自清的散文主要是叙事性和抒情性的小品文。其代表作品有《生命的价格——七毛钱》《背影》《儿女》《悼亡妇》《绿》《春》《桨声灯影里的秦淮河》《荷塘月色》等。其散文素朴缜密、清隽沉郁，以语言洗练，文笔清丽著称，极富有真情实感。

《冬天》是一篇写人的散文。朱自清精选了三个生活场：一是孩提时代冬夜在老屋油灯下，父亲带着兄弟三个煮豆腐吃；二是十多年前的冬天，与友人月下泛舟西湖；三是台州的冬天，妻子与儿女笑迎归人。通过作者对亲情、友情、夫妻儿女情的描绘，从微笑的生活细节中挖掘真、善、美，在冷冷的人世间平添了一丝暖意。寥寥数笔，意味全出，让我们深深体验着时光不再、物是人非的悲怆和苍凉。

思考·练习

1. 《冬天》在结构安排上有何特点？
2. 简析本文的语言风格。

拓展·阅读

1. 朱自清：《桨声灯影里的秦淮河》。
2. 朱自清：《绿》。
3. 朱自清：《欧游杂记》。

爱尔克的灯光[1]

巴 金

傍晚,我靠着逐渐黯淡的最后的阳光的指引,走过十八年前的故居。这条街、这个建筑物开始在我的眼前隐藏起来,像在躲避一个久别的旧友。但是它们的改变了的面貌于我还是十分亲切。我认识它们,就像认识我自己。还是那样宽的街,宽的房屋。巍峨的门墙代替了太平缸和石狮子,那一对常常做我们坐骑的背脊光滑的雄狮也不知逃进了哪座荒山。然而大门开着,照壁上"长宜子孙"四个字却是原样地嵌在那里,似乎连颜色也不曾被风雨剥蚀。我望着那同样的照壁,我被一种奇异的感情抓住了,我仿佛要在这里看出过去的十八个年头,不,我仿佛要在这里寻找十八年以前的遥远的旧梦。

守门的卫兵用怀疑的眼光看我。他不了解我的心情。他不会认识十八年前的年轻人。他却用眼光驱逐一个人的许多亲密的回忆。

黑暗来了。我的眼睛失掉了一切。于是大门内亮起了灯光。灯光并不曾照亮什么,反而增加了我心上的黑暗。我只得失望地走了。我向着来时的路回去。已经走了四五步,我忽然掉转头,再看那个建筑物。依旧是阴暗中一线微光。我好像看见一个盛满希望的水碗一下子就落在地上打碎了一般,我痛苦地在心里叫起来。在这条被夜幕覆盖着的近代城市的静寂的街中,我仿佛看见了哈立希岛上的灯光。那应该是姐姐爱尔克点的灯吧。她用这灯光来给她的航海的兄弟照路,每夜每夜灯光亮在她的窗前,她一直到死都在等待那个出远门的兄弟回来。最后她带着失望进入坟墓。

街道仍然是清静的。忽然一个熟习的声音在我耳边轻轻地唱起了这个欧洲的古传说。在这里不会有人歌咏这样的故事。应该是书本在我心上留下的影响。但是这个时候我想起了自己的事情。

十八年前在一个春天的早晨,我离开这个城市、这条街的时候,我也曾有一个姐姐,也曾答应过有一天回来看她,跟她谈一些外面的事情。我相信自己的诺言。那时我的姐姐还是一个出阁才只一个多月的新嫁娘,都说她有一个性情温良的丈夫,因此也会有长久的幸福的岁月。

然而人的安排终于被"偶然"毁坏了。这应该是一个"意外"。但是这"意外"却毫无怜悯地打击了年轻的心。我离家不过一年半光景,就接到了姐姐的死讯。我的哥哥用了颤抖的哭诉的笔叙说一个善良女性的悲惨的结局，还说起她死后受到的冷落的待遇。从此那个作过她丈夫的所谓温良的人改变了，他往一条丧失人性的路走去。他想往上爬，结果却不停地向下面落，终于到了用鸦片烟延续生命的地步。对于姐姐，她生前我没有好好地爱过她，死后也不曾做过一样纪念她的事。她寂寞地活着，寂寞地死去。死带走了她的一切，这就是在我们那个地方的旧式女子的命运。

我在外面一直跑了十八年。我从没有向人谈过我的姐姐。只有偶尔在梦里我看见了爱尔克的灯光。一年前在上海我常常睁起眼睛做梦。我望着远远的在窗前发亮的灯，我面前横着一片大海，灯光在呼唤我，我恨不得腋下生出翅膀，即刻飞到那边去。沉重的梦压住我的心灵，我好像在跟许多无形的魔手挣扎。我望着那灯光，路是那么远，我又没有翅膀。我只有一个渴望：飞！飞！那些熬煎着心的日子！那些可怕的梦魇[2]！

但是我终于出来了。我越过那堆积着像山一样的十八年的长岁月，回到了生我养我而且让我刻印了无数儿时回忆的地方。我走了很多的路。十八年，似乎一切全变了，又似乎都没有改变。死了许多人，毁了许多家。许多可爱的生命葬入黄土。接着又有许多新的人继续扮演不必要的悲剧。浪费，浪费，还是那许多不必要的浪费——生命，精力，感情，财富，甚至欢笑和眼泪。我去的时候是这样，回来时看见的还是一样的情形。关在这个小圈子里，我禁不住几次问我自己：难道这十八年全是白费？难道在这许多年中间所改变的就只是装束和名词？我痛苦地搓自己的手，不敢给一个回答。

在这个我永不能忘记的城市里，我度过了五十个傍晚。我花费了自己不少的眼泪和欢笑，也消耗了别人不少的眼泪和欢笑。我匆匆地来，也将匆匆地去。用留恋的眼光看我出生的房屋，这应该是最后的一次了。我的心似乎想在那里寻觅什么。但是我所要的东西绝不会在那里找到。我不会像我的一个姑母或者嫂嫂，设法进到那所已经易了几个主人的公馆，对着园中的花树垂泪，慨叹着一个家族的盛衰。摘吃自己栽种的树上的苦果，这是一个人的本分。我没有跟着那些人走一条路，我当然在这里找不到自己的脚迹。几次走过这个地方，我所看见的还只是那四个字："长宜子孙"。

"长宜子孙"这四个字的年龄比我的不知大了多少。这也该是我祖父留下的东西吧。最近在家里我还读到他的遗嘱。他用空空两手造就了一份家业。到临死还周到地为儿孙安排了舒适的生活。他叮嘱后人保留着他修建的房屋和他辛苦地搜集起来的书画。但是儿孙们回答他的还是同样的字：分和卖。我很奇怪，为什么这样聪明的老人还不明白一个浅显的道理：财富并不"长宜子孙"，倘使不给他们一样生活技能，不向他们指示一条生活道路；"家"这个小圈子只能摧毁年轻心灵的发育成长，倘使不同时让他们睁起眼睛去看广大世界；财富只能毁灭崇高的理想和善良的气质，要是它只消耗在个人的利益上面。

"长宜子孙"，我恨不能削去这四个字[3]！许多可爱的年轻生命被摧残了，许多有为的年轻心灵被囚禁了。许多人在这个小圈子里面憔悴地捱着日子。这就是"家"！"甜蜜的家"！这不是我应该来的地方。爱尔克的灯光不会我把引到这里来的。

于是在一个春天的早晨，依旧是十八年前的那些人把我送到门口，这里面少了几个，也多了几个。还是和那次一样，看不见我姐姐的影子，那次是我没有等待她，这次是我找不到她的坟墓。一个叔父和一个堂兄弟到车站送我，十八年前他们也送过我一段路程。

我高兴地来，痛苦地去。汽车离站时我心里的确充满了留恋。但是清晨的微风，路上的尘土，马达的叫吼，车轮的滚动，和广大田野里一片盛开的菜子花，这一切驱散了我的离愁。我不顾同行者的劝告，把头伸到车窗外面，去呼吸广大天幕下的新鲜空气。我很高兴，自己又一次离开了狭小的家，走向广大的世界中去！

忽然在前面田野里一片绿的蚕豆和黄的菜花中间，我仿佛又看见了一线光，一个亮，这还是我常常看见的灯光。这不会是爱尔克的灯里照出来的，我那个可怜的姐姐已经死去了。这一定是我的心灵的灯，它永远给我指示我应该走的路。

1941 年 3 月在重庆

注　释

[1] 本文写于 1941 年 3 月，最初收入散文集《龙·虎·狗》，后收入《巴金文集》第十卷。

[2] 梦魇：噩梦。

[3] 作者 1959 年注：1956 年 12 月我终于走进了这个公馆。"长宜子孙"四个字果然跟着"照壁"一起消灭了。

作家·作品

巴金（1904～2005），原名李尧棠，字芾甘；原籍浙江嘉兴，生于四川成都；著名小说家、散文家、翻译家、编辑家；1923 年，到上海、南京等地，从事翻译、写作和宣传无政府主义；1927 年底到法国留学；1928 年发表处女作中篇小说《灭亡》；回国后陆续出版了长篇小说《爱情三部曲》（《雾》《雨》《电》）、《激流三部曲》（《家》《春》《秋》）；中篇小说《春天里的秋天》《憩园》《寒夜》《第四病室》；散文集《随想录》；译作长篇小说《父与子》《处女地》；回忆录《往事与随想》等。巴金小说创作最为著称的是取材于旧家庭的崩溃和青年一代的叛逆反抗的作品，他善于在娓娓动听的叙述和真挚朴实的描写中，倾泻自己感情的激流，细腻独到，自有一种打动人的艺术力量。中华人民共和国成立后，巴金曾任全国文联副主席、中国作家协会主席、中国笔会中心主席、全国政协副主席等职，并主编大型文学期刊《收获》杂志。巴金的作品结构严谨、语言酣畅明快，已被译成多种文字出版，人民文学社出版了《巴金文集》14 卷。

本文是一篇托物言志的抒情散文。通过抒写作者回故乡时的所忆所念，所思所感，控诉了所谓"长宜子孙"的封建家庭对年轻生命、年轻心灵的摧残，表现出巴金对受害者的深深同情，对封建家庭和封建礼教的彻底否定。作者以 18 年后"回来看见的还是一样的情景"的观感,表露了自己对封建势力的本质及其顽固性的深刻认识。作者总结出一个真理"财富并不长宜子孙",唯一的出路就是和旧家庭决裂,年轻人应该走出狭小的家,走向广大的世界,寻求光明的前途。

《爱尔克的灯光》里写了三种灯光,都包含着深邃的象征意义:故居大门内亮起的昏暗的灯光,是旧家庭、旧礼教走向没落、崩溃的象征。爱尔克的灯光,象征着旧生活的悲剧和希望的破灭。"我的心灵的灯"象征着作者对新生活的信念和对理想的追求。

思考·练习

1. 作者在文中多次提到"长宜子孙"四个字,对表达中心思想有什么作用。
2. 姐姐的命运说明了什么?
3. 说明文中出现的三种灯光的象征意蕴。

拓展·阅读

1. 巴金:《寒夜》。
2. 巴金:《真话集》。
3. 巴金:《爱情三部曲》(《雾》《雨》《电》)。
4. 巴金:《激流三部曲》(《家》《春》《秋》)。

回忆鲁迅先生[1]

萧　红

鲁迅先生的笑声是明朗的，是从心里的欢喜。若有人说了什么可笑的话，鲁迅先生笑的连烟卷都拿不住了，常常是笑的咳嗽起来。

鲁迅先生走路很轻捷，尤其使人记得清楚的，是他刚抓起帽子来往头上一扣，同时左腿就伸出去了，仿佛不顾一切地走去。

鲁迅先生不大注意人的衣裳，他说："谁穿什么衣裳我看不见的……"

鲁迅先生生病，刚好了一点，窗子开着，他坐在躺椅上，抽着烟，那天我穿着新奇的火红的上衣，很宽的袖子。

鲁迅先生说："这天气闷热起来，这就是梅雨天。"他把他装在象牙烟嘴上的香烟，又用手装得紧一点，往下又说了别的。

许先生忙着家务，跑来跑去，也没有对我的衣裳加以鉴赏。

于是我说："周先生，我的衣裳漂亮不漂亮？"

鲁迅先生从上往下看了一眼："不大漂亮。"

过了一会又接着说："你的裙子配的颜色不对，并不是红上衣不好看，各种颜色都是好看的，红上衣要配红裙子，不然就是黑裙子，咖啡色的就不行了；这两种颜色放在一起很混浊……你没看到外国人在街上走的吗？绝没有下边穿一件绿裙子，上边穿一件紫上衣，也没有穿一件红裙子而后穿一件白上衣的……"

鲁迅先生就在躺椅上看着我："你这裙子是咖啡色的，还带格子，颜色混浊得很，所以把红色衣裳也弄得不漂亮了。"

"……人瘦不要穿黑衣裳，人胖不要穿白衣裳；脚长的女人一定要穿黑鞋子，脚短就一定要穿白鞋子；方格子的衣裳胖人不能穿，但比横格子的还好；横格子的胖人穿上，就把胖子更往两边裂着，更横宽了，胖子要穿竖条子的，竖的把人显得长，横的把人显的宽……"

那天鲁迅先生很有兴致，把我一双短统靴子也略略批评一下，说我的短靴是军人穿的，因为靴子的前后都有一条线织的拉手，这拉手据鲁迅先生说是放在裤子下边的……

我说:"周先生,为什么那靴子我穿了多久了而不告诉我,怎么现在才想起来呢?现在我不是不穿了吗?我穿的这不是另外的鞋吗?"

"你不穿我才说的,你穿的时候,我一说你该不穿了。"

那天下午要赴一个筵会去,我要许先生给我找一点布条或绸条束一束头发。许先生拿了来米色的绿色的还有桃红色的。经我和许先生共同选定的是米色的。为着取笑,把那桃红色的,许先生举起来放在我的头发上,并且许先生很开心地说着:

"好看吧!多漂亮!"

我也非常得意,很规矩又顽皮地在等着鲁迅先生往这边看我们。

鲁迅先生这一看,脸是严肃的,他的眼皮往下一放向着我们这边看着:

"不要那样装饰她……"

许先生有点窘了。

我也安静下来。

鲁迅先生在北平教书时,从不发脾气,但常常好用这种眼光看人,许先生常跟我讲,她在女师大读书时,周先生在课堂上,一生气就用眼睛往下一掠,看着他们,这种眼光是鲁迅先生在记范爱农先生的文字曾自己述说过,而谁曾接触过这种眼光的人就会感到一个旷代的全智者的催逼。

我开始问:"周先生怎么也晓得女人穿衣裳的这些事情呢?"

"看过书的,关于美学的。"

"什么时候看的……"

"大概是在日本读书的时候……"

"买的书吗?"

"不一定是买的,也许是从什么地方抓到就看的……"

"看了有趣味吗?!"

"随便看看……"

"周先生看这书做什么?"

"……"没有回答,好像很难以答。

许先生在旁说:"周先生什么书都看的。"

在鲁迅先生家里做客人,刚开始是从法租界来到虹口,搭电车也要差不多一个钟头的工夫,所以那时候来的次数比较少。记得有一次谈到半夜了,一过十二点电车就没有的,但那天不知讲了些什么,讲到一个段落就看看旁边小长桌上的圆钟,十一点半了,十一点四十五分了,电车没有了。

"反正已十二点,电车也没有,那么再坐一会。"许先生如此劝着。

鲁迅先生好像听了所讲的什么引起了幻想,安顿地举着象牙烟嘴在沉思着。

一点钟以后，送我（还有别的朋友）出来的是许先生，外边下着的濛濛的小雨，弄堂里灯光全然灭掉了，鲁迅先生嘱咐许先生一定让坐小汽车回去，并且一定嘱咐许先生付钱。

以后也住到北四川路来，就每夜饭后必到大陆新村来了，刮风的天，下雨的天，几乎没有间断的时候。

鲁迅先生很喜欢北方饭，还喜欢吃油炸的东西喜欢吃硬的东西，就是后来生病的时候，也不大吃牛奶。鸡汤端到旁边用调羹舀了一二下就算了事。

有一天约好我去包饺子吃，那还是住在法租界，所以带了外国酸菜和用绞肉机绞成的牛肉，就和许先生站在客厅后边的方桌边包起来。海婴公子围着闹得起劲，一会按成圆饼的面拿去了，他说做了一只船来，送在我们的眼前，我们不看他，转身他又做了一只小鸡。许先生和我都不去看他，对他竭力避免加以赞美，若一赞美起来，怕他更做得起劲。

客厅后没到黄昏就先黑了，背上感到些微的寒凉，知道衣裳不够了，但为着忙，没有加衣裳去。等把饺子包完了看看那数目并不多，这才知道许先生和我们谈话谈得太多，误了工作。许先生怎样离开家的，怎样到天津读书的，在女师大读书时怎样做了家庭教师。她去考家庭教师的那一段描写，非常有趣，只取一名，可是考了好几十名，她之能够当选算是难的了。指望对于学费有一点补足，冬天来了，北平又冷，那家离学校又远，每月除了车子钱之外，若伤风感冒还得自己拿出买阿司匹林的钱来，每月薪金十元要从西城跑到东城……

饺子煮好，一上楼梯，就听到楼上明朗的鲁迅先生的笑声冲下楼梯来，原来有几个朋友在楼上也正谈得热闹。那一天吃得是很好的。

以后我们又做过韭菜合子，又做过荷叶饼，我一提议鲁迅先生必然赞成，而我做的又不好，可是鲁迅先生还是在饭桌上举着筷子问许先生："我再吃几个吗？"

因为鲁迅先生的胃不大好，每饭后必吃"脾自美"胃药丸一二粒。

有一天下午鲁迅先生正在校对着瞿秋白的《海上述林》，我一走进卧室去，从那圆转椅上鲁迅先生转过来了，向着我，还微微站起了一点。

"好久不见，好久不见。"一边说着一边向我点头。

刚刚我不是来过了吗？怎么会好久不见？就是上午我来的那次周先生忘记了，可是我也每天来呀……怎么都忘记了吗？

周先生转身坐在躺椅上才自己笑起来，他是在开着玩笑。

梅雨季，很少有晴天，一天的上午刚一放晴，我高兴极了，就到鲁迅先生家去了，跑得上楼还喘着。鲁迅先生说："来啦！"我说："来啦！"

我喘着连茶也喝不下。

鲁迅先生就问我：

"有什么事吗？"

我说："天晴啦，太阳出来啦。"

许先生和鲁迅先生都笑着，一种对于冲破忧郁心境的展然的会心的笑。

海婴一看到我非拉我到院子里和他一道玩不可，拉我的头发或拉我的衣裳。

为什么他不拉别人呢？据周先生说："他看你梳着辫子，和他差不多，别人在他眼里都是大人，就看你小。"

许先生问着海婴："你为什么喜欢她呢？不喜欢别人？"

"她有小辫子。"说着就来拉我的头发。

鲁迅先生家生客人很少，几乎没有，尤其是住在他家里的人更没有。一个礼拜六的晚上，在二楼上鲁迅先生的卧室里摆好了晚饭，围着桌子坐满了人。每逢礼拜六晚上都是这样的，周建人先生带着全家来拜访的。在桌子边坐着一个很瘦的很高的穿着中国小背心的人，鲁迅先生介绍说："这是一位同乡，是商人。"

初看似乎对的，穿着中国裤子，头发剃的很短。当吃饭时，他还让别人酒，也给我倒一盅，态度很活泼，不大像个商人；等吃完了饭，又谈到《伪自由书》及《二心集》。这个商人，开明得很，在中国不常见。没有见过的，就总不大放心。

下一次是在楼下客厅后的方桌上吃晚饭，那天很晴，一阵阵的刮着热风，虽然黄昏了，客厅后还不昏黑。鲁迅先生是新剪的头发，还能记得桌上有一碗黄花鱼，大概是顺着鲁迅先生的口味，是用油煎的。鲁迅先生前面摆着一碗酒，酒碗是扁扁的，好像用做吃饭的饭碗。那位商人先生也能喝酒，酒瓶手就站在他的旁边。他说蒙古人什么样，苗人什么样，从西藏经时，那西藏女人见了男人追她，她就如何如何。

这商人可真怪，怎么专门走地方，而不做买卖？并且鲁迅先生的书他也全读过，一开口这个，一开口那个。并且海婴叫他×先生，我一听那×字就明白他是谁了。×先生常常回来得很迟，从鲁迅先生家里出来，在弄堂里遇到了几次。

有一天晚上×先生从三楼下来，手里提着小箱子，身上穿着长袍子，站在鲁迅先生的面前，他说他要搬了。他告了辞，许先生送他下楼去了。这时候周先生在地板上绕了两个圈子，问我说：

"你看他到底是商人吗？"

"是的。"我说。

鲁迅先生很有意思的在地板上走几步，而后向我说："他是贩卖私货的商人，是贩卖精神上的……"

×先生走过二万五千里回来的。

青年人写信，写得太草率，鲁迅先生是深恶痛绝之的。

"字不一定要写得好,但必须得使人一看了就认识,年轻人现在都太忙了……他自己赶快胡乱写完了事,别人看了三遍五遍看不明白,这费了多少工夫,他不管。反正这费了功夫不是他的。这存心是不太好的。"

但他还是展读着每封由不同角落里投来的青年的信,眼睛不济时,便戴起眼镜来看,常常看到夜里很深的时光。

鲁迅先生坐在××电影院楼上的第一排,那片名忘记了,新闻片是苏联纪念五一节的红场。

"这个我怕看不到的……你们将来可以看得到。"鲁迅先生向我们周围的人说。

珂勒惠支的画,鲁迅先生最佩服,同时也很佩服她的做人。珂勒惠支受希特拉的压迫,不准她做教授,不准她画画,鲁迅先生常讲到她。

史沫特莱,鲁迅先生也讲到,她是美国女子,帮助印度独立运动,现在又在援助中国。

鲁迅先生介绍人去看的电影:《夏伯阳》,《复仇艳遇》……其余的如《人猿泰山》……或者非洲的怪兽这一类的影片,也常介绍给人的。鲁迅先生说:"电影没有什么好的,看看鸟兽之类倒可以增加些对于动物的知识。"

鲁迅先生不游公园,住在上海十年,兆丰公园没有进过。虹口公园这么近也没有进过。春天一到了,我常告诉周先生,我说公园里的土松软了,公园里的风多么柔和。周先生答应选个晴好的天气,选个礼拜日,海婴休假日,好一道去,坐一乘小汽车一直开到兆丰公园,也算是短途旅行。但这只是想着而未有做到,并且把公园给下了定义。鲁迅先生说:"公园的样子我知道的……一进门分做两条路,一条通左边,一条通右边,沿着路种着点柳树什么树的,树下摆着几张长椅子,再远一点有个水池子。"

我是去过兆丰公园的,也去过虹口公园或是法国公园的,仿佛这个定义适用在任何国度的公园设计者。

鲁迅先生不戴手套,不围围巾,冬天穿着黑石蓝的棉布袍子,头上戴着灰色毡帽,脚穿黑帆布胶皮底鞋。

胶皮底鞋夏天特别热,冬天又凉又湿,鲁迅先生的身体不算好,大家都提议把这鞋子换掉。鲁迅先生不肯,他说胶皮底鞋子走路方便。

"周先生一天走多少路呢?也不就一转弯到×××书店走一趟吗?"

鲁迅先生笑而不答。

"周先生不是很好伤风吗?不围巾子,风一吹不就伤风了吗?"

鲁迅先生这些个都不习惯,他说:

"从小就没戴过手套围巾，戴不惯。"

鲁迅先生一推开门从家里出来时，两只手露在外边，很宽的袖口冲着风就向前走，腋下夹着个黑绸子印花的包袱，里边包着书或者是信，到老靶子路书店去了。

那包袱每天出去必带出去，回来必带回来。出去时带着给青年们的信，回来又从书店带来新的信和青年请鲁迅先生看的稿子。

鲁迅先生抱着印花包袱从外边回来，还提着一把伞，一进门客厅早坐着客人，把伞挂在衣架上就陪客人谈起话来。谈了很久了，伞上的水滴顺着伞杆在地板上已经聚了一堆水。

鲁迅先生上楼去拿香烟，抱着印花包袱，而那把伞也没有忘记，顺手也带到楼上去。

鲁迅先生的记忆力非常之强，他的东西从不随便散置在任何地方。

鲁迅先生很喜欢北方口味。许先生想请一个北方厨子，鲁迅先生以为开销太大，请不得的，男佣人，至少要十五元钱的工钱。

所以买米买炭都是许先生下手。我问许先生为什么用两个女佣人都是年老的，都是六七十岁的？许先生说她们做惯了，海婴的保姆，海婴几个月时就在这里。

正说着那矮胖胖的保姆走下楼梯来了，和我们打了个迎面。

"先生，没吃茶吗？"她赶快拿了杯子去倒茶，那刚刚下楼时气喘的声音还在喉管里咕噜咕噜的，她确实年老了。

来了客人，许先生没有不下厨房的，菜食很丰富，鱼，肉……都是用大碗装着，起码四五碗，多则七八碗。可是平常就只三碗菜：一碗素炒豌豆苗，一碗笋炒咸菜，再一碗黄花鱼。

这菜简单到极点。

鲁迅先生的原稿，在拉都路一家炸油条的那里用着包油条，我得到了一张，是译《死魂灵》的原稿，写信告诉了鲁迅先生。鲁迅先生不以为希奇，许先生倒很生气。

鲁迅先生出书的校样，都用来揩桌，或做什么的。请客人在家里吃饭，吃到半道，鲁迅先生回身去拿来校样给大家分着。客人接到手里一看，这怎么可以？鲁迅先生说：

"擦一擦，拿着鸡吃，手是腻的。"

到洗澡间去，那边也摆着校样纸。

许先生从早晨忙到晚上，在楼下陪客人，一边还手里打着毛线。不然就是一边谈着话一边站起来用手摘掉花盆里花上已干枯了的叶子。许先生每送一个客人，都要送到楼下门口，替客人把门开开，客人走出去而后轻轻地关了门再上楼来。

来了客人还到街上去买鱼或买鸡，买回来还要到厨房里去工作。

鲁迅先生临时要寄一封信，就得许先生换起皮鞋子来到邮局或者大陆新村旁边信筒那里去。落着雨的天，许先生就打起伞来。

许先生是忙的，许先生的笑是愉快的，但是头发有一些是白了的。

夜里去看电影，施高塔路的汽车房只有一辆车，鲁迅先生一定不坐，一定让我们坐。许先生，周建人夫人……海婴，周建人先生的三位女公子。我们上车了。

鲁迅先生和周建人先生，还有别的一二位朋友在后边。

看完了电影出来，又只叫到一部汽车，鲁迅先生又一定不肯坐，让周建人先生的全家坐着先走了。

鲁迅先生旁边走着海婴，过了苏州河的大桥去等电车去了。等了二三十分钟电车还没有来，鲁迅先生依着沿苏州河的铁栏杆坐在桥边的石围上了，并且拿出香烟来，装上烟嘴，悠然地吸着烟。

海婴不安地来回地乱跑，鲁迅先生还招呼他和自己并排的坐下。

鲁迅先生坐在那儿和一个乡下的安静老人一样。

鲁迅先生吃的是清茶，其余不吃别的饮料。咖啡、可可、牛奶、汽水之类，家里都不预备。

鲁迅先生陪客人到深夜，必同客人一道吃些点心。那饼干就是从铺子里买来的，装在饼干盒子里，到夜深许先生拿着碟子取出来，摆在鲁迅先生的书桌上。吃完了，许先生打开立柜再取一碟。还有向日葵子差不多每来客人必不可少。鲁迅先生一边抽着烟，一边剥着瓜子吃，吃完了一碟鲁迅先生必请许先生再拿一碟来。

鲁迅先生备有两种纸烟，一种价钱贵的，一种便宜的。便宜的是绿听子的，我不认识那是什么牌子，只记得烟头上带着黄纸的嘴，每五十支的价钱大概是四角到五角，是鲁迅先生自己平日用的。另一种是白听子的，是前门烟，用来招待客人的，白听烟放在鲁迅先生书桌的抽屉里。来客人鲁迅先生下楼，把它带到楼下去，客人走了，又带回楼上来照样放在抽屉里。而绿听子的永远放在书桌上，是鲁迅先生随时吸着的。

鲁迅先生的休息，不听留声机，不出去散步，也不倒在床上睡觉，鲁迅先生自己说：

"坐在椅子上翻一翻书就是休息了。"

鲁迅先生从下午两三点钟起就陪客人，陪到五点钟，陪到六点钟，客人若在家吃饭，吃完饭又必要在一起喝茶，或者刚刚吃完茶走了，或者还没走又来了客人，于是又陪下去，陪到八点钟，十点钟，常常陪到十二点钟。从下午两三点钟起，陪到夜里十二点，这么长的时间，鲁迅先生都是坐在藤躺椅上，不断地吸着烟。

客人一走，已经是下半夜了，本来已经是睡觉的时候了，可是鲁迅先生正要开始工作。

在工作之前，他稍微阖一阖眼睛，燃起一支烟来，躺在床边上，这一支烟还没有吸完，许先生差不多就在床里边睡着了。（许先生为什么睡得这样快？因为第二天早晨六七点钟就要起来管理家务。）海婴这时在三楼和保姆一道睡着了。

全楼都寂静下去，窗外也一点声音没有了，鲁迅先生站起来，坐到书桌边，在那绿色的台灯下开始写文章了。许先生说鸡鸣的时候，鲁迅先生还是坐着，街上的汽车嘟嘟地叫起来了，鲁迅先生还是坐着。

有时许先生醒了，看着玻璃窗白萨萨的了，灯光也不显得怎么亮了，鲁迅先生的背影不象夜里那样高大。

鲁迅先生的背影是灰黑色的，仍旧坐在那里。

人家都起来了，鲁迅先生才睡下。

海婴从三楼下来了，背着书包，保姆送他到学校去，经过鲁迅先生的门前，保姆总是吩附他说：

"轻一点走，轻一点走。"

鲁迅先生刚一睡下，太阳就高起来了，太阳照着隔院子的人家，明亮亮的，照着鲁迅先生花园的夹竹桃，明亮亮的。

鲁迅先生的书桌整整齐齐的，写好的文章压在书下边，毛笔在烧瓷的小龟背上站着。

一双拖鞋停在床下，鲁迅先生在枕头上边睡着了。

鲁迅先生喜欢吃一点酒，但是不多吃，吃半小碗或一碗。鲁迅先生吃的是中国酒，多半是花雕。

老靶子路有一家小吃茶店，只有门面一间，在门面里边设座，座少，安静，光线不充足，有些冷落。鲁迅先生常到这吃茶店来，有约会多半是在这里边，老板是犹太也许是白俄，胖胖的，中国话大概他听不懂。

鲁迅先生这一位老人，穿着布袍子，有时到这里来，泡一壶红茶，和青年人坐在一道谈了一两个钟头。

有一天鲁迅先生的背后那茶座里边坐着一位摩登女子，身穿紫裙子黄衣裳，头戴花帽子……那女子临走时，鲁迅先生一看她，用眼瞪着她，很生气地看了她半天。而后说："是做什么的呢？"

鲁迅先生对于穿着紫裙子黄衣裳，戴花帽子的人就是这样看法的。

作家·作品

萧红（1911~1942），原名张乃莹，笔名田娣、悄吟，东北流亡女作家，出生于黑龙江呼兰县一个地主家庭,童年孤苦。1929年,萧红离家出走,后走上写作之路,成为30年代著名左翼女作家。萧红一生命运坎坷,1942年1月22日病逝于香港,年仅31岁。短短的9年创作生涯,萧红留下了长篇小说、短篇小说、散文等共计100多万字的作品,她的《生死场》《呼兰河传》等众多作品都成为中国现代文学史上的经典篇章,为我国文学事业做出了贡献。

《回忆鲁迅先生》节选自萧红在鲁迅先生去世3年后写的回忆文章,这篇怀人散文一改大家从中学课本里所熟知的僵化的鲁迅的形象,萧红以大众化、当代化的视角涉及鲁迅的饮食起居,待人接物,读书写作,休闲娱乐。阅读鲁迅的著作,可以感知作为思想家和文学家的鲁迅。通过萧红的回忆,展现在我们眼前的是一个生活化、真实化的鲁迅。鲁迅是人而非神。他有着普通人的心态,他可以对人的穿着品头论足,他可以和年轻人开童心未泯的玩笑,他和普通人一样饮食、起居,他同样可以享受亲情,享受天伦之乐。正如他的诗歌所说的那样:"无情未必真豪杰,怜子如何不丈夫。"

本文在内容上没有严格的逻辑顺序,材料与材料之间互不关联,形成某种断裂,有些片断即使倒置似乎也无碍于文章的连贯,这是一篇非常情绪化的文章。作者动笔之前对于全篇的布局似乎漫不经心,全无预设。动笔之后,作者心底的感情如喷涌的泉水,飞扬的激流,尽情倾泻挥洒,形诸笔墨而成为艺术结晶。凡属作者感到有诗意潜质和倾诉冲动的内容她就断断续续写出,用感情的红线将素材的珍珠逐渐织成一幅清晰的画面。

思考·练习

1. 分析文章中鲁迅的形象,谈谈文中的鲁迅与你了解的鲁迅有何异同。
2. 分析文中"我"与鲁迅先生的关系如何?

拓展·阅读

1. 萧红:《马伯乐》。
2. 萧红:《呼兰河传》。
3. 萧红:《生死场》。

公寓生活记趣

张爱玲

读到"我欲乘风归去,又恐琼楼玉宇,高处不胜寒"的两句词,公寓房子上层的居民多半要感到毛骨悚然。屋子越高越冷。自从煤贵了之后,热水汀早成了纯粹的装饰品。构成浴室的图案美,热水龙头上的 H 字样自然是不可少的一部分;实际上呢,如果你放冷水而开错了热水龙头,立刻便有一种空洞而凄怆的轰隆轰隆之声从九泉之下发出来,那是公寓里特别复杂,特别多心的热水管系统在那里发脾气了。即使你不去太岁头上动土,那雷神也随时地要显灵。无缘无故,只听见不怀好意的"嗡……"拉长了半晌之后接着"訇訇"两声,活像飞机在顶上盘旋了一会,掷了两枚炸弹。在战时香港吓细了胆子的我,初回上海的时候,每每为之魂飞魄散。若是当初它认真工作的时候,艰辛地将热水运到六层楼上来,便是咕噜两声,也还情有可原。现在可是雷声大,雨点小,难得滴下两滴生锈的黄浆……然而也说不得了,失业的人向来是肝火旺的。

梅雨时节,高房子因为压力过重,地基陷落的原故,门前积水最深。街道上完全干了,我们还得花钱雇黄包车渡过那白茫茫的护城河。雨下得太大的时候,屋子里便闹了水灾。我们轮流抢救,把旧毛巾、麻袋、褥单堵住了窗户缝;障碍物湿濡了,绞干,换上,污水折在脸盆里,脸盆里的水倒在抽水马桶里。忙了两昼夜,手心磨去了一层皮,墙根还是汪着水,糊墙的花纸还是染了斑斑点点的水痕与霉迹子。

风如果不朝这边吹的话,高楼上的雨倒是可爱的。有一天,下了一黄昏的雨,出去的时候忘了关窗户,回来一开门,一房的风声雨味,放眼望出去,是碧蓝的潇潇的夜,远处略有淡灯摇曳,多数的人家还没点灯。

常常觉得不可解,街道上的喧声,六楼上听得分外清楚,仿佛就在耳根底下,正如一个人年纪越高,距离童年渐渐远了,小时的琐屑的回忆反而渐渐亲切明晰起来。

我喜欢听市声。比我较有诗意的人在枕上听松涛,听海啸,我是非得听见电车响才睡得着觉的。在香港山上,只有冬季里,北风彻夜吹着常青树,还有一点电车的韵味。长年住在闹市里的人大约非得出了城之后才知道他离不了一些什么。城里人的思想,背景是条纹布的幔子,淡淡的白条子便是行驰着的电车——平行的,匀净的,声响的河流,汩汩流入下意识里去。

我们的公寓邻近电车厂，可是我始终没弄清楚电车是几点钟回家。"电车回家"这句子仿佛不很合适——大家公认电车为没有灵魂的机械，而"回家"两个字有着无数的情感洋溢的联系。但是你没看见过电车进厂的特殊情形吧？一辆衔接一辆，像排了队的小孩，嘈杂，叫嚣，愉快地打着哑嗓子的铃："克林，克赖，克赖，克赖！"吵闹之中又带着一点由疲乏而生的驯服，是快上床的孩子，等着母亲来刷洗他们。车里的灯点得雪亮。专做下班的售票员的生意的小贩们曼声兜售着面包。有时候，电车全进了厂了，单剩下一辆，神秘地，像被遗弃了似的，停在街心。从上面望下去，只见它在半夜的月光中袒露着白肚皮。

　　这里的小贩所卖的吃食没有多少典雅的名色。我们也从来没缒下篮子去买过东西（想起《依本痴情》里的顾兰君了。她用丝袜结了绳子，缚住了纸盒，吊下窗去买汤面。袜子如果不破，也不是丝袜了！在节省物资的现在，这是使人心惊肉跳的奢侈），也许我们也该试着吊下篮子去。无论如何，听见门口卖臭豆腐干的过来了，便抓起一只碗来，噔噔奔下六层楼梯，跟踪前往，在远远的一条街上访到了臭豆腐干担子的下落，买到了之后，再乘电梯上来，似乎总有点可笑。

　　我们的开电梯的是个人物，知书达理，有涵养，对于公寓里每一家的起居他都是一本清帐。他不赞成他儿子去做电车售票员——嫌那职业不很上等。再热的天，任凭人家将铃掀得震天响，他也得在汗衫背心上加上一件熨得溜平的纺绸小褂，方肯出现。他拒绝替不修边幅的客人开电梯。他的思想也许缙绅气太重，然而他究竟是个有思想的人。可是他离了自己那间小屋，就踏进了电梯的小屋——只怕这一辈子是跑不出这两间小屋了。电梯上升，人字图案的铜栅栏外面，一重重的黑暗往下移，棕色的黑暗，红棕色的黑暗，黑色的黑暗……衬着交替的黑暗，你看见司机人的花白的头。

　　没事的时候他在后天井烧个小风炉炒菜烙饼吃。他教我们怎样煮红米饭；烧开了，熄了火，停个十分钟再煮，又松，又透，又不塌皮烂骨，没有筋道。

　　托他买豆腐浆，交给他一只旧的牛奶瓶，陆续买了两个礼拜，他很简单地报告道："瓶没有了。"是砸了还是失窃了，也不得而知。再隔些时，他拿了一只小一号的牛奶瓶装了豆腐浆来。我们问道："咦？瓶又有了？"他答道："有了。"新的瓶是赔给我们的呢还是借给我们的，也不得而知。这一类的举动是颇有点社会主义风的。

　　我们的《新闻报》每天早上他要循例过目一下方才给我们送来。小报他读得更为仔细些，因此要到十一二点钟才轮得到我们看。英文、日文、德文、俄文的报他是不看的，因此大清早便卷成一卷插在人家弯曲的门钮里。

　　报纸没有人偷，电铃上的钢板却被撬去了。看门的巡警倒有两个，虽不是双生子，一样都是翻领里面竖起了木渣渣的黄脸，短裤与长统袜之间露出木渣渣的黄膝盖；上班的时候，一般都是横在一张藤椅上睡觉，挡住了信箱。每次你去看看信箱的时候总得殷勤地凑到他面颊前面，仿佛要询问："酒刺好了些罢？"

　　恐怕只有女人能够充分了解公寓生活的特殊优点：佣人问题不那么严重。生活程度这么高，即使雇得起人，也得准备着受气。在公寓里"居家过日子"是比较简单的事。找个清洁公司每隔两星期来大扫除一下。也就用不着打杂的了。没有佣人，也是人生一快。抛开一切平等的原则不讲，吃饭的时候如果有个还没吃过饭的人立在一边眼睁睁望着，等着为你添饭，虽不至于使人食不下咽，多少有些讨厌。许多身边杂事自有它们的愉快性质。看不到田园里的茄子，到菜场上去看看也好——那么复杂的，油润的紫色；新绿的豌豆，熟艳的辣椒，金黄的面筋，像太阳里的肥皂泡。把菠菜洗过了，倒在油锅里，每每有一两片碎叶子粘在篾篓底上，抖也抖不下来；迎着亮，翠生生的枝叶在竹片编成的方格子上招展着，使人联想到篱上的扁豆花。其实又何必"联想"呢？篾篓子的本身的美不就够了么？我这并不是效忠于国社党，劝诱女人回到厨房里去。不劝便罢，若是劝，一样的得劝男人到厨房里去走一遭。当然，家里有厨子而主人不时的下厨房，是会引起厨子最强烈的反感的。这些地方我们得寸步留心，不能太不识眉眼高低。

有时候也感到没有佣人的苦处。米缸里出虫，所以掺了些胡椒在米里——据说米虫不大喜欢那刺激性的气味，淘米之前先得把胡椒拣出来。我捏了一只肥白的肉虫的头当做胡椒，发现了这错误之后，不禁大叫起来，丢下饭锅便走。在香港遇见了蛇，也不过如此罢了。那条蛇我只见到它的上半截，它钻出洞来矗立着，约有二尺来长。我抱了一叠书匆匆忙忙下山来。正和它打了个照面。它静静地望着我，我也静静地望着它，望了半晌，方才哇呀呀叫出声来，翻身便跑。

提起虫豸之类，六楼上苍蝇几乎绝迹，蚊子少许有两个。如果它们富于想象力的话，飞到窗口往下一看，便会晕倒了罢？不幸它们是像英国人一般地淡漠与自足——英国人住在非洲的森林里也照常穿上了燕尾服进晚餐。

公寓是最合理想的逃世的地方。厌倦了大都会的人们往往记挂着和平幽静的乡村，心心念念盼望着有一天能够告老归田，养蜂种菜，享点清福。殊不知在乡下多买半斤腊肉便要引起许多闲言闲语，而在公寓房子的最上层你就是站在窗前换衣服也不妨事！

然而一年一度，日常生活的秘密总得公布一下。夏天家家户户都大敞着门，搬一把藤椅坐在风口里。这边的人在打电话，对过一家的仆欧一面熨衣裳，一面便将电话上的对白译成了德文说给他的小主人听。楼底下有个俄国人在那里响亮地教日文。二楼的那位女太太和贝多芬有着不共戴天的仇恨，一捶十八敲，咬牙切齿打了他一上午；钢琴上倚着一辆脚踏车。不知道哪一家在煨牛肉汤，又有哪一家泡了焦三仙。

人类天生的是爱管闲事。为什么我们不向彼此的私生活里偷偷的看一眼呢？既然被看者没有多大损失而看的人显然得到了片刻的愉悦？凡事牵涉到快乐的授受上，就犯不着斤斤计较了。较量些什么呢？——长的是磨难，短的是人生。

屋顶花园里常常有孩子们溜冰，兴致高的时候，从早到晚在我们头上咕滋咕滋锉过来又锉过去，像磁器的摩擦，又像睡熟的人在那里磨牙，听得我们一粒粒牙齿在牙仁里发酸如同青石榴的籽，剔一剔便会掉下来。隔壁一个异国绅士声势汹汹上楼去干涉。他的太太提醒他道,"人家不懂你的话,去也是白去。"他揎拳捋袖道:"不要紧,我会使他们懂得的!"隔了几分钟他偃旗息鼓嗒然下来了。上面的孩子年纪都不小了,而且是女性,而且是美丽的。

谈到公德心,我们也不见得比人强。阳台上的灰尘我们直截了当地扫到楼下的阳台上去。"啊,人家栏杆上晾着地毯呢——怪不过意的,等他们把地毯收了进去再扫罢!"一念之慈,顶上生出了灿烂圆光。这就是我们的不甚彻底的道德观念。

作家·作品

张爱玲(1920~1995),原名张瑛,河北丰润人,1920年生于上海。她是清末著名"清流派"代表张佩纶的孙女,前清大臣李鸿章的重外孙女,出身名门;1937年,毕业于上海圣玛利亚女子中学,次年考取伦敦大学,后因战事改入香港大学;1943年,发表成名作《沉香屑·第一炉香》,同年发表代表作《金锁记》《倾城之恋》等;1944年出版小说集《传记》和散文集《流言》;1955年留美定居;1995年9月8日于洛杉矶家中去世。张爱玲的创作大多取材于上海、香港的上层社会的人与事,描绘一群人的百无聊赖的精神状态,笔致秀逸。其作品社会内容不很宽广,却开拓了现代文学的题材领域。这些作品,既以中国古典小说为根柢,又突出运用了西方现代派心理描写技巧,并将两者融合于一体,形成颇具特色的个人风格。张爱玲的主要作品有小说集《传奇》,散文集《流言》《余韵》,中篇小说《小艾》,长篇小说《十八春》《半生缘》《秧歌》《赤地之恋》《怨女》和评论集《红楼梦魇》等。

《公寓生活记趣》表现了浓厚的市民情趣,以充满诙谐的笔调描述了20世纪40年代上海市民的公寓生活,展现了趣味盎然而又光怪陆离的现代社会的一角,表达了作者对人生的独特见解,体现了作者热爱市民的俗美,于平庸的日常生活,于柴米油盐之中寻找实际人生。张爱玲是一个能充分体味到、享受到都市生活之乐的人。文章围绕"趣"字展开公寓生活的方方面面,联系人们熟悉的意境,细致观察,展开描述。她将幽微复杂的感觉通过寻常的事物准确妥帖地传达出来,唤起读者同样的认可与亲近。此外,作者以她惯有的对人性对社会的批判性审视,也看到了繁华欢乐背后的破败与悲哀,看到了人生种种缺陷,发出"长的是磨难,短的是人生"的悲叹,这声悲叹,透露了骨子里的悲剧意识。

张爱玲自称一身俗骨,她写俗生活、俗女人、俗艺术,似乎并无雅致可言,但我们却从中读出了她的优雅、她的透彻、她的智慧。她的散文清新流利、机智幽默,形成了自己的独特风格。

思考·练习

1. 结合作者的生活,理解文中的"长的是磨难,短的是人生"。
2. 讨论本文对生活的艺术化的写法,说说其妙处。

3. 谈谈文中那个开电梯的小人物的生存方式有什么象征意义。
4. 假若你写一篇你的生活记趣,你会怎样取材?

拓展·阅读

1. 张爱玲:《半生缘》。
2. 张爱玲:《红玫瑰与白玫瑰》。
3. 张爱玲:《倾城之恋》。

听听那冷雨

余光中

惊蛰一过,春寒加剧。先是料料峭峭,继而雨季开始,时而淋淋漓漓,时而淅淅沥沥,天潮潮地湿湿,即使在梦里,也似乎把伞撑着。而就凭一把伞,躲过一阵潇潇的冷雨,也躲不过整个雨季。连思想也都是潮润润的。每天回家,曲折穿过金门街到厦门街迷宫式的长巷短巷,雨里风里,走入霏霏令人更想入非非。想这样子的台北凄凄切切完全是黑白片的味道,想整个中国整部中国的历史无非是一张黑白片子,片头到片尾,一直是这样下着雨的。这种感觉,不知道是不是从安东尼奥尼那里来的。不过那一块土地是久违了,二十五年,四分之一的世纪,即使有雨,也隔着千山万山,千伞万伞。二十五年,一切都断了,只有气候,只有气象报告还牵连在一起,大寒流从那块土地上弥天卷来,这种酷冷吾与古大陆分担。不能扑进她怀里,被她的裙边扫一扫吧,也算是安慰孺慕之情。

这样想时,严寒里竟有一点温暖的感觉了。这样想时,他希望这些狭长的巷子永远延伸下去,他的思路也可以延伸下去,不是金门街到厦门街,而是金门到厦门。他是厦门人,至少是广义的厦门人,二十年来,不住在厦门,住在厦门街,算是嘲弄吧,也算是安慰。不过说到广义,他同样也是广义的江南人,常州人,南京人,川娃儿,五陵少年。杏花春雨江南,那是他的少年时代了。再过半个月就是清明。安东尼奥尼的镜头摇过去,摇过去又摇过来。残山剩水犹如是,皇天后土犹如是。纭纭黔首纷纷黎民从北到南犹如是。那里面是中国吗?那里面当然还是中国永远是中国。只是杏花春雨已不再,牧童遥指已不再,剑门细雨渭城轻尘也都已不再。然则他日思夜梦的那片土地,究竟在哪里呢?

在报纸的头条标题里吗?还是香港的谣言里?还是傅聪的黑键白键马思聪的跳弓拨弦?还是安东尼奥尼的镜底勒马洲的望中?还是呢,故宫博物院的壁头和玻璃橱内,京戏的锣鼓声中太白和东坡的韵里?

杏花。春雨。江南。六个方块字,或许那片土就在那里面。而无论赤县也好神州也好中国也好,变来变去,只要仓颉的灵感不灭,美丽的中文不老,那形象,那磁石一般的向心力当必然长在。因为一个方块字是一个天地。太初有字,于是汉族的心灵他祖先的回忆和希望便有了寄托。譬如凭空写一个"雨"字,点点滴滴,滂滂沱沱,淅沥淅沥，一切云情雨意，就宛然其中了。视觉上的这种美感，岂是什么rain也好pluie也好所能满足？翻开一部《辞源》或《辞海》，金木水火土，各成世界，而一入"雨"部，古神州的天颜千变万化，便悉在望中，美丽的霜雪云霞，骇人的雷电霹雹，展露的无非是神的好脾气与坏脾气，气象台百读不厌门外汉百思不解的百科全书。

听听，那冷雨。看看，那冷雨。嗅嗅闻闻，那冷雨，舔舔吧，那冷雨。雨在他的伞上，这城市百万人的伞上，雨衣上，屋上，天线上，雨下在基隆港，在防波堤，在海峡的船上，清明这季雨。雨是女性，应该最富于感性。雨气空濛而迷幻，细细嗅嗅，清清爽爽新新，有一点点薄荷的香味，浓的时候，竟发出草和树沐发后特有的淡淡土腥气，也许那竟是蚯蚓和蜗牛的腥气吧，毕竟是惊蛰了啊。也许地上的地下的生命，也许古中国层层叠叠的记忆皆蠢蠢而蠕，也许是植物的潜意识和梦吧，那腥气。

第三次去美国，在高高的丹佛他山居了两年。美国的西部，多山多沙漠，千里干旱。天，蓝似盎格鲁·萨克逊人的眼睛；地，红如印第安人的肌肤；云，却是罕见的白鸟。落矶山簇簇耀目的雪峰上，很少飘云牵雾。一来高，二来干，三来森林线以上，杉柏也止步，中国诗词里"荡胸生层云"或是"商略黄昏雨"的意趣，是落矶山上难睹的景象。落矶山岭之胜，在石，在雪。那些奇岩怪石，相叠互倚，砌一场惊心动魄的雕塑展览，给太阳和千里的风看。那雪，白得虚虚幻幻，冷得清清醒醒，那股皑皑不绝一仰难尽的气势，压得人呼吸困难，心寒眸酸。不过要领略"白云回望合，青霭入看无"的境界，仍须回来中国。台湾湿度很高，最饶云气氤氲雨意迷离的情调。两度夜宿溪头，树香沁鼻，宵寒袭肘，枕着润碧湿翠苍苍交叠的山影和万籁都歇的岑寂，仙人一样睡去。山中一夜饱雨，次晨醒来，在旭日未升的原始幽静中，冲着隔夜的寒气，踏着满地的断柯折枝和仍在流泻的细股雨水，一径探入森林的秘密，曲曲弯弯，步上山去。溪头的山，树密雾浓，蓊郁的水气从谷底冉冉升起，时稠时稀，蒸腾多姿，幻化无定，只能从雾破云开的空处，窥见乍现即隐的一峰半堑，要纵览全貌，几乎是不可能的。至少入山两次，只能在白茫茫里和溪头诸峰玩捉迷藏的游戏。回到台北，世人问起，除了笑而不答心自闲，故作神秘之外，实际的印象，也无非山在虚无之间罢了。云缭烟绕，山隐水迢的中国风景，由来予人宋画的韵味。那天下也许是赵家的天下，那山水却是米家的山水。而究竟，是米氏父子下笔像中国的山水，还是中国的山水上纸像宋画，恐怕是谁也说不清楚了吧？

雨不但可嗅，可观，更可以听。听听那冷雨。听雨，只要不是石破天惊的台风暴雨，在听觉上总是一种美感。大陆上的秋天，无论是疏雨滴梧桐，或是骤雨打荷叶，听去总有一点凄凉，凄清，凄楚。于今在岛上回味，则在凄楚之外，再笼上一层凄迷了，饶你多少豪情侠气，怕也经不起三番五次的风吹雨打。一打少年听雨，红烛昏沉。二打中年听雨，客舟中，江阔云低。三打白头听雨在僧庐下，这便是亡宋之痛，一颗敏感心灵的一生：楼上，江上，庙里，用冷冷的雨珠子串成。十年前，他曾在一场撼心折骨的鬼雨中迷失了自己。雨，该是一滴湿漓漓的灵魂，在窗外喊谁。

雨打在树上和瓦上，韵律都清脆可听。尤其是铿铿敲在屋瓦上，那古老的音乐，属于中国。王禹偁在黄冈，破如橡的大竹为屋瓦。据说住在竹楼上面，急雨声如瀑布，密雪声比碎玉。而无论鼓琴，咏诗，下棋，投壶，共鸣的效果都特别好。这样岂不像住在竹筒里面，任何细脆的声响，怕都会加倍夸大，反而令人耳朵过敏吧。

雨天的屋瓦，浮漾湿湿的流光，灰而温柔，迎光则微明，背光则幽黯，对于视觉，是一种低沉的安慰。至于雨敲在鳞鳞千瓣的瓦上，由远而近，轻轻重重轻轻，夹着一股股的细流沿瓦槽与屋檐潺潺泻下，各种敲击音与滑音密织成网，谁的千指百指在按摩耳轮。"下雨了"，温柔的灰美人来了，她冰冰的纤手在屋顶拂弄着无数的黑键啊灰键，把响午一下子奏成了黄昏。

在古老的大陆上，千屋万户是如此。二十多年前，初来这岛上，日式的瓦屋亦是如此。先是天黯了下来，城市像罩在一块巨幅的毛玻璃里，阴影在户内延长复加深。然后凉凉的水意弥漫在空间，风自每一个角落里旋起，感觉得到，每一个屋顶上呼吸沉重都覆着灰云。雨来了，最轻的敲打乐敲打这城市。苍茫的屋顶，远远近近，一张张敲过去，古老的琴，那细细密密的节奏，单调里自有一种柔婉与亲切，滴滴点点滴滴，似幻似真，若孩时在摇篮里，一曲耳熟的童谣摇摇欲睡，母亲吟哦鼻音与喉音。或是在江南的泽国水乡，一大筐绿油油的桑叶被啃于千百头蚕，细细琐琐屑屑，口器与口器咀咀嚼嚼。雨来了，雨来的时候瓦这么说，一片瓦说千亿片瓦说，说轻轻地奏吧沉沉地弹，徐徐地叩吧挞挞地打，间间歇歇敲一个雨季，即兴演奏从惊蛰到清明，在零落的坟上冷冷奏挽歌，一片瓦吟千亿片瓦吟。

在日式的古屋里听雨，听四月，霏霏不绝的黄梅雨，朝夕不断，旬月绵延，湿黏黏的苔藓从石阶下一直侵到他舌底，心底。到七月，听台风台雨在古屋顶上一夜盲奏，千寻海底的热浪沸沸被狂风挟来，掀翻整个太平洋只为向他的矮屋檐重重压下，整个海在他的蜗壳上哗哗泻过。不然便是雷雨夜，白烟一般的纱帐里听羯鼓一通又一通，滔天的暴雨滂滂沛沛扑来，强劲的电琵琶忐忑忑忐忑忑，弹动屋瓦的惊悸腾腾欲掀起。不然便是斜斜的西北雨斜斜，刷在窗玻璃上，鞭在墙上打在阔大的芭蕉叶上，一阵寒濑泻过，秋意便弥湿日式的庭院了。

在日式的古屋里听雨，春雨绵绵听到秋雨潇潇，从少年听到中年，听听那冷雨。雨是一种单调而耐听的音乐是室内乐是室外乐，户内听听，户外听听，冷冷，那音乐。雨是一种回忆的音乐，听听那冷雨，回忆江南的雨下得满地是江湖下在桥上和船上，也下在四川在秧田和蛙塘，下肥了嘉陵江下湿布谷咕咕的啼声。雨是潮潮润润的音乐下在渴望的唇上，舐舐那冷雨。

因为雨是最最原始的敲打乐从记忆的彼端敲起。瓦是最最低沉的乐器灰蒙蒙的温柔覆盖着听雨的人，瓦是音乐的雨伞撑起。但不久公寓的时代来临，台北你怎么一下子长高了，瓦的音乐竟成了绝响。千片万片的瓦翩翩，美丽的灰蝴蝶纷纷飞走，飞入历史的记忆。现在雨下下来，下在水泥的屋顶和墙上，没有音韵的雨季。树也砍光了，那月桂，那枫树，柳树和擎天的巨椰，雨来的时候不再有丛叶嘈嘈切切，闪动湿湿的绿光迎接。鸟声减了啾啾，蛙声沉了阁阁，秋天的虫吟也灭了唧唧。七十年代的台北不需要这些，一个乐队接一个乐队便遣散尽了。要听鸡叫，只有去诗经的韵里寻找。现在只剩下一张黑白片，黑白的默片。

正如马车的时代去后，三轮车的时代也去了。曾经在雨夜，三轮车的油布篷挂起，送她回家的途中，篷里的世界小得多可爱，而且躲在警察的辖区以外。雨衣的口袋越大越好，盛得下他的一只手里握一只纤纤的手。台湾的雨季这么长，该有人发明一种宽宽的双人雨衣，一人分穿一只袖子，此外的部分就不必分得太苛。而无论工业如何发达，一时似乎还废不了雨伞。只要雨不倾盆，风不横吹，撑一把伞在雨中仍不失古典的韵味。任雨点敲在黑布伞或是透明的塑胶料伞上，将骨柄一旋，雨珠向四方喷溅，伞缘便旋成了一圈飞檐。跟女友共一把雨伞，该是一种美丽的合作吧。最好是初恋，有点兴奋，更有点不好意思，若即若离之间，雨不妨下大一点。真正初恋，恐怕是兴奋得不需要伞的，手牵手在雨中狂奔而去，把年轻的长发和肌肤交给漫天的淋淋漓漓，然后向对方的唇上颊上尝凉凉甜甜的雨水。不过那要非常年轻且激情，同时，也只能发生在法国的新潮片里吧。

大多数的雨伞想不会为约会张开。上班下班，上学放学，菜市来回的途中。现实的伞，灰色的星期三。握着雨伞。他听那冷雨打在伞上。索性更冷一些就好了，他想。索性把湿湿的灰雨冻成干干爽爽的白雨，六角形的结晶体在无风的空中回回旋旋地降下来。等须眉和肩头白尽时，伸手一拂就落了。二十五年，没有受故乡白雨的祝福，或许发上下一点白霜是一种变相的自我补偿吧。一位英雄，经得起多少次雨季？他的额头是水成岩削成还是火成岩？他的心底究竟有多厚的苔藓？厦门街的雨巷走了二十年与记忆等长，一座无瓦的公寓在巷底等他，一盏灯在楼上的雨窗子里，等他回去，向晚餐后的沉思冥想去整理青苔深深的记忆。

前尘隔海。古屋不再。听听那冷雨。

作家·作品

余光中（1928~2017），诗人，散文家。福建永春人；1928年生于南京；20世纪50年代留学美国，获爱荷华大学艺术硕士学位；曾任台湾师范大学、台湾政治大学、香港中文大学教授与台湾高雄中山大学文学院院长。余光中一生从事诗歌、散文、评论、翻译，自称为自己写作的"四度空间"，被誉为"艺术上的多妻主义者"。余光中的文学作品深受中国古典诗歌与欧美诗歌的影响，题材广阔，情思深远，语言清新；著有诗集《舟子的悲歌》《蓝色的羽毛》《莲的联想》《在冷战的年代》《白玉苦瓜》，散文集《左手的缪思》《逍遥游》《焚鹤人》《听听那冷雨》，评论集《掌上雨》《分水岭上》，译著《梵高传》等。

余光中在我国台湾与祖国大陆及海外文学界享有盛誉。他曾获得包括"吴三连文学奖""金鼎奖"等台湾所有重要奖项。中央电视台春节联欢晚会曾朗诵演出他的名诗《乡愁》。近年来,中央电视台《读书时间》《东方之子》等栏目专题向国内观众连续推荐报道余光中先生,影响很大。

《听听那冷雨》借"冷雨"这个意象,把人带进了一个冷寂的,凄迷的氛围之中,抒发了身在海岛的游子对故土的不尽乡愁。1974年,余光中到香港中文大学任教,正是带着这样的思想感情,写下了《听听那冷雨》这篇散文。雨是古今作家反复歌咏的对象,而余光中文中的"冷雨"的意象是经过其独有的审美感受而创造出来的,具有鲜明的独创性,是作家独具慧眼的发现。"冷"在本文中有两层含义:一是突出春寒料峭里的雨给人的外在的实在的感受,二是表现作者远离大陆,内心产生的凄凉。

这篇散文运用通感、比喻、叠字等多种修辞手法,构建出一个空蒙而迷幻的出神入化之境。如"听听,那冷雨。看看,那冷雨。嗅嗅闻闻那冷雨,舔舔吧那冷雨"一句,综合运用了通感、叠字、排比等手法,渗融着诗的意境,有雨声的节奏感,诉之于感官,给读者多方面的感受。

 思考·练习

1. 分析本文中"冷"字的双重含义。
2. 分析本文中通感、比喻、叠字等的修辞手法的运用。
3. 品味"雨"的意象有何深刻内涵。
4. 本文抒发了作者怎样的思想感情?

拓展·阅读

1. 余光中:《乡愁》。
2. 余光中:《梦与地理》。
3. 余光中:《白玉苦瓜》。

沙漠中的饭店

三 毛

我的先生很可惜是一个外国人。这样来称呼自己的先生不免有排外的味道，但是因为语文和风俗在各国之间确有大不相同之处，我们的婚姻生活也实在有许多无法共通的地方。

当初决定下嫁给荷西时，我明白的告诉他，我们不但国籍不同，个性也不相同，将来婚后可能会吵架甚至于打架。他回答我："我知道你性情不好，心地却是很好的，吵架打架都可能发生，不过我们还是要结婚。"于是我们认识七年之后终于结婚了。

我不是妇女解放运动的支持者，但是我极不愿在婚后失去独立的人格和内心的自由自在化，所以我一再强调，婚后我还是"我行我素"，要不然不结婚。荷西当时对我说："我就是要你'你行你素'，失去了你的个性和作风，我何必娶你呢！"好，大丈夫的论调，我十分安慰。做荷西的太太，语文将就他。可怜的外国人，"人"和"入"这两个字教了他那么多遍，他还是分不清，我只有讲他的话，这件事总算放他一马了。（但是将来孩子来了，打死也要学中文，这点他相当赞成。）

闲话不说，做家庭主妇，第一便是下厨房。我一向对做家事十分痛恨，但对煮菜却是十分有兴趣，几只洋葱、几片肉，一炒变出一个菜来，我很欣赏这种艺术。

母亲在台湾，知道我婚姻后因为荷西工作的关系，要到大荒漠地区的非洲去，十二分的心痛，但是因为钱是荷西赚，我只有跟了饭票走，毫无选择的余地。婚后开厨不久，我们吃的全部是西菜。后来家中航空包裹飞来接济，我收到大批粉丝、紫菜、冬菇、生力面、猪肉干等珍贵食品，我乐得爱不释手，加上欧洲女友寄来罐头酱油，我的家庭"中国饭店"马上开张，可惜食客只有一个不付钱的。（后来上门来要吃的朋友可是排长龙啊！）

其实母亲寄来的东西，要开"中国饭店"实在是不够，好在荷西没有去过台湾，他看看我这个"大厨"神气活现，对我也生起信心来了。

第一道菜是"粉丝煮鸡汤"。荷西下班回来总是大叫："快开饭啊，要饿死啦！"白白被他爱了那么多年，回来只知道叫开饭，对太太却是正眼也不瞧一下，我这"黄脸婆"倒是做得放心。话说第一道菜是粉丝煮鸡汤，他喝了一口问我："咦，什么东西？中国细面吗？""你岳母万里迢迢替你寄细面来？不是的。""是什么嘛？再给点，很好吃。"我用筷子挑起一根粉丝："这个啊，叫做'雨'。""雨？"他一呆。我说过，我是婚姻自由自在化，说话自然心血来潮随我高兴，"这个啊，是春天下的第一场雨，下在高山上，被一根一根冻住了，山胞扎好了背到山下来一束一束卖了换米酒喝，不容易买到哦！"荷西还是呆呆的，研究性的看看我，又去看看盆内的"雨"，然后说："你当我是白痴？"我不置可否。"你还要不要？"回答我："吹牛大王，我还要。"以后他常吃"春雨"，到现在不知道是什么东西做的。有时想想荷西很笨，所以心里有点悲伤。

第二次吃粉丝是做"蚂蚁上树"，将粉丝在平底锅内一炸，再洒上绞碎的肉和汁。荷西下班回来一向是饿的，咬了一大口粉丝，"什么东西？好像是白色的毛线，又好像是塑胶的？""都不是，是你钓鱼的那种尼龙线，中国人加工变成白白软软的了。"我回答他。他又吃了一口，莞尔一笑，口里说道："怪名堂真多，如果我们真开饭店，这个菜可卖个好价钱，乖乖！"那天他吃了好多尼龙加工白线。第三次吃粉丝，是夹在东北人的"合子饼"内与菠菜和肉绞得很碎当饼馅。他说："这个小饼里面你放了鲨鱼的翅膀对不对？我听说这种东西很贵，难怪你只放了一点点。"我笑得躺在地上。"以后这只很贵的鱼翅膀，请妈妈不要买了，我要去信谢谢妈妈。"我大乐，回答他："快去写，我来译信，哈哈！"

有一天他快下班了，我趁他忘了看猪肉干，赶快将藏好的猪肉干用剪刀剪成小小的方块，放在瓶子里，然后藏在毯子里面。恰好那天他鼻子不通，睡觉时要用毛毯，我一时里忘了我的宝贝，自在一旁看那第一千遍《水浒传》。他躺在床上，手里拿个瓶子，左看右看，我一抬头，哗，不得了，"所罗门王宝藏"被他发现了，赶快去抢，口里叫着："这不是你吃的，是药，是中药。""我鼻子不通，正好吃中药。"他早塞了一大把放在口中，我气极了，又不能叫他吐出来，只好不响了。"怪甜的，是什么？"我没好气的回答他："喉片，给咳嗽的人顺喉头的。""肉做的喉片？我是白痴？"第二天醒来，发觉他偷了大半瓶去送同事们吃，从那天起，只要是他同事，看见我都假装咳嗽，想再骗猪肉干吃，包括回教徒在内（我没再给回教朋友吃，那是不道德的）。

反正夫妇生活总是在吃饭，其他时间便是去忙着赚吃饭的钱，实在没多大意思。有天我做了饭卷，就是日本人的"寿司"，用紫菜包饭，里面放些维他肉松。荷西这一下拒吃了。"什么，你居然给我吃印蓝纸，复写纸？"我慢慢问他："你真不吃？""不吃，不吃。"好，我大乐，吃了一大堆饭卷。"张开口来我看？"他命令我。"你看，没有蓝色，我是用反面复写纸卷的，不会染到口里去。"反正平日说的是唬人的话，所以常常胡说八道。"你是吹牛大王，虚虚实实，我真恨你，从实招来，是什么嘛？""你对中国完全不认识，我对我的先生相当失望。"我回答他，又吃一个饭卷。他生气了，用筷子一夹夹了一个，面部大有壮士一去不复返的悲壮表情，咬了半天，吞下去。"是了，是海苔。"我跳起来，大叫："对了，对了，真聪明！"又要跳，头上吃了他一记老大爆栗。

中国东西快吃完了，我的"中国饭店"也舍不得出菜了，西菜又开始上桌。荷西下班来，看见我居然在做牛排，很意外，又高兴，大叫："要半生的。马铃薯也炸了吗？"连给他吃了三天牛排，他却好似没有胃口，切一块就不吃了。"是不是工作太累了？要不要去睡一下再起来吃？""黄脸婆"有时也温柔。"不是生病，是吃得不好。"我一听唬一下跳起来。"吃得不好？吃得不好？你知道牛排多少钱一斤？""不是的，太太，想吃'雨'，还是岳母寄来的菜好。""好啦，中国饭店一星期开张两次，如何？你要多久下一次'雨'？"

有一天荷西回来对我说："了不得，今天大老板叫我去。""加你薪水？"我眼睛一亮。"不是——"我一把抓住他，指甲掐到他肉里去。"不是？完了，你给开除了？天啊，我们——""别抓我嘛，神经兮兮的，你听我讲，大老板说，我们公司谁都被请过到我家吃饭，就是他们夫妇不请，他在等你请他吃中国菜——""大老板要我做菜？不干不干，不请他，请同事工友我都乐意，请上司吃饭未免太没骨气，我这个人啊，还谈些气节，你知道，我——"我正要大大宣扬中国人的所谓骨气，又讲不明白，再一接触到荷西的面部表情，这个骨气只好梗在喉咙里啦！

第二日他问我，"喂，我们有没有笋？""家里筷子那么多，不都是笋吗？"他白了我一眼。"大老板说要吃笋片炒冬菇。"乖乖，真是见过世面的老板，不要小看外国人。"好，明天晚上请他们夫妇来吃饭，没问题，笋会长出来的。"荷西含情脉脉地望了我一眼，婚后他第一次如情人一样的望着我，使我受宠若惊，不巧那天辫子飞散，状如女鬼。

第二天晚上，我先做好三道菜，用文火热着，布置了有蜡炬的桌子，桌上铺了白色的桌布，又加了一块红的铺成斜角，十分美丽。这一顿饭吃得宾主尽欢，不但菜是色香味俱全，我这个太太也打扮得十分干净，居然还穿了长裙子。饭后老板夫妇上车时特别对我说："如果公共关系室将来有缺，希望你也来参加工作，做公司的一分子。"我眼睛一亮。这全是"笋片炒冬菇"的功劳。

送走老板，夜已深了，我赶快脱下长裙，换上牛仔裤，头发用橡皮筋一绑，大力洗碗洗盆，重做灰姑娘状使我身心自由。荷西十分满意，在我背后问，"喂，这个'笋片炒冬菇'真好吃，你哪里弄来的笋？"我一面洗碗，一面问他："什么笋？""今天晚上做的笋片啊！"我哈哈大笑："哦，你是说小黄瓜炒冬菇吗？""什么，你，你，你骗了我不算，还敢去骗老板——？""我没有骗他，这是他一生吃得最好的一次'嫩笋片炒冬菇'，是他自己说的。"

荷西将我一把抱起来，肥皂水洒了他一头一胡子，口里大叫："万岁，万岁，你是那只猴子，那只七十二变的，叫什么，什么……"我拍了一下他的头，"齐天大圣孙悟空。这次不要忘记了。"

作家·作品

三毛（1943~1991），原名陈懋平（后改名为陈平），浙江舟山人；先后就读于西班牙马德里文哲学院、德国柏林自由大学、美国伊利诺大学；曾任台湾文化大学中文系副教授；曾留学欧洲，婚后定居西属撒哈拉沙漠迦纳利岛，以当地的生活为背景，写下脍炙人口的作品。三毛的足迹遍及世界各地，她的作品也在全球的华人社会广为流传。三毛生平著作和译作十分丰富，共有24种。三毛是一个用生命去写作的作家，"三毛体"的散文具有一种与众不同的特点，她用机智诙谐朴素的语言构筑一个独特的文本形式。在她的散文世界中主要有这样三个形态，即早期散文的忧郁感伤，远离都市的二人世界，孤独平淡的回归时期，作品有散文小说集《撒哈拉的故事》《雨季不再来》《稻草人手记》《哭泣的骆驼》《万水千山走遍》《送你一匹马》《我的宝贝》等。

《沙漠中的饭店》是三毛的成名作，写的是与荷西婚后吃饭做菜的小事，而这些家庭琐事，却被三毛叙述得很有生活情趣而又富含哲理，全篇读来轻松、明快、率真、幽默。文中三毛以小黄瓜代替冬笋做了一道"小黄瓜炒香菇"，居然赢得了荷西上司的赞不绝口，以为是他所吃到的最美味的"冬笋炒香菇"。她以一种不动声色的笔法写出一个幽默、可爱、骄傲的主妇形象。三毛的散文坦诚、机智、风趣，看来微不足道的生活小事，一经作者精妙的点染，就趣味横生，其乐无穷。文中小事看似杂乱而无逻辑关系，却都统一在作者的主观意趣之中。作品呈现出生动、明快而又风趣的特色。

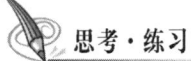
思考·练习

1. 分析《沙漠中的饭店》的写作特色。
2. 说说你在这篇散文中可以联想到三毛是一个具有怎样性格的人。

拓展·阅读

1. 三毛：《梦里花落知多少》。
2. 三毛：《滚滚红尘》。
3. 三毛：《撒哈拉的故事》。

海的味道　山的味道

[日]　黑柳彻子

　　终于，小豆豆盼望已久的"海的味道、山的味道"的午饭时间开始了。要说这"海的味道、山的味道"，原来是校长先生要求的盒饭的菜肴。一般来说，学校对学生们的盒饭有所要求时，会这样对家长说，"请注意不要让孩子养成偏食的习惯"，或者"请注意营养的全面和均衡"之类，但巴学园[1]的校长先生只是这样拜托家长们：

　　"请让他们带来海的味道和山的味道。"

　　山的味道……比如说蔬菜啦，肉啦（当然，肉并不是在山上得到的，不过大致区分一下的话，牛啊猪啊鸡啊都是生长在陆地上的，就归入"山的味道"里面）。海的味道则是鱼啦，红烧海味什么的。总之，盒饭的菜里一定要有海里和山上出产的东西。小豆豆的妈妈非常敬佩校长先生，她认为"能够把想说的话，如此简练地表达出来，这样的成年人，除了校长先生之外，没有第二个了"。而且，对妈妈来说，把山里和海里出产的食物分开来，在考虑做什么菜的时候，就不觉得麻烦了，这也挺奇怪的。校长先生还说，尽管要有海里和山上出产的东西，但千万"不要太勉强""不要太奢侈"，山味用"红烧牛蒡丝和煎鸡蛋"，海味用"干鲣鱼"就可以了。还有更简单的海味和山味的例子，那就是"紫菜和梅子干"。

　　正像小豆豆第一次见到而且非常羡慕的那样，孩子们在午饭时间里，兴奋地盼着校长先生来看自己的饭盒，问：

　　"海的味道和山的味道，都有了吗？"

　　真是让人开心。而且孩子们还可以学到什么是海里的东西，什么是山上的东西，经常会有令人吃惊的发现。

　　不过，偶尔也会出现这样的情况：有的妈妈一时很忙，做这做那应付不过来，孩子的盒饭里只有海味或者只有山味。这时候怎么办呢？一点儿也不用担心。因为，在过来看盒饭的校长先生身后，跟着校长夫人，夫人系着白色围裙，两只手里各拿着一个锅。每当校长先生看到没有带够菜的孩子，就说：

　　"海！"

　　于是校长夫人就从放海味的锅里，取出两个煮的鱼肉卷，放在饭盒盖上。如果先生说的是：

"山！"

夫人就会从另一个放山味的锅里，取出一块煮山芋。

就这样，没有一个孩子说"讨厌吃煮鱼肉卷"之类的话，也没有一个孩子会有"谁的菜很高级，谁的菜总是很寒酸"这样的想法。只要盒饭具备了海的味道和山的味道这两样，孩子们就非常高兴，笑着闹着，吵吵嚷嚷的。

小豆豆好不容易明白了什么是"海的味道、山的味道"，不禁有些担心："妈妈今天早晨匆匆忙忙做出来的盒饭，会不会有什么问题呢？"可是，一打开盒饭的盖子，小豆豆差点"哇——"的一声叫出来。因为，这实在是一个绝妙的盒饭，漂亮得让人目瞪口呆！黄色的煎鸡蛋，绿色的豌豆，茶色的鱼松，还有炒得松松的粉红色的鳕鱼子，五颜六色的，看上去像花圃一样漂亮。

校长先生看了一下小豆豆的盒饭，赞叹说：

"真漂亮啊。"

小豆豆非常开心，说：

"妈妈可会做菜啦。"

校长先生说了声"是吗"，指着茶色的鱼松问：

"这是海里的东西，还是山上的？"

小豆豆盯着鱼松，"是什么呢？"要是从颜色看，好像是山上的，因为是土一样的颜色嘛。可是……拿不定主意。于是，她回答道：

"我不知道。"

于是，校长先生大声地问孩子们：

"鱼松是海里的，还是山上的？"

孩子们想了一下，然后"山上的"和"海里的"声音响成一片，却没有一个一致的意见。等大家的叫声停下来，校长先生说：

"好了吗？鱼松是海里的呀。"

"为什么？"

一个胖胖的男孩问。校长先生站到桌子围成的大圆圈中间，解释说：

"鱼松呢，是把鱼刺从鱼肉里挑出来，把鱼肉切得细细的，然后炒一炒，才做出来的。"

"噢——"

大家发出佩服的声音。这时有人说：

"老师，我想看看小豆豆的鱼松，可以吗？"

校长先生说：

"可以啊。"

于是，学校里的孩子们都纷纷站起来，过来看小豆豆的鱼松。有的孩子本来就知道鱼松，也吃过，但是由于刚才的这一番话，又对鱼松发生了兴趣；也有的孩子想看看，自己家的鱼松和小豆豆的，是不是有什么不一样。来看鱼松的孩子们，有的还闻一闻味道，小豆豆有点担心：鱼松会不会被鼻子呼出来的气吹跑了？

小豆豆的第一次午饭时间，虽然有点儿紧张，但非常开心。思考什么是"海的味道、山的味道"也很有趣，还知道了鱼松是鱼做的，而且妈妈把"海的味道、山的味道"的盒饭准备得这么好。"一切都让人高兴！"小豆豆这么想着，觉得非常开心。而且，还有另外一件开心的事，那就是，妈妈做的盒饭，味道好极了！

注 释

[1] 巴学园：20世纪30年代，日本教育家小林宗作用废弃的电车做教室，创办了巴学园。本文译者为赵玉皎。

作家·作品

黑柳彻子，出生于1933年，日本著名作家、著名演员、著名电视节目主持人、联合国基金会亲善大使，"社会福利法人小豆豆基金"理事长、"社会福利法人小步的箱子"理事、"日本文学俱乐部"会员、"世界自然保护基金"日本理事、"岩崎画册美术馆"馆长、"日本熊猫保护协会"名誉会长、"东京爱乐乐团"副理事长、"日本笔会"会员。

《海的味道　山的味道》节选自《窗边的小豆豆》。《窗边的小豆豆》讲述了作者上小学时的一段真实的故事：小豆豆因淘气被原学校退学后，来到巴学园。小林校长却常常对小豆豆说："你真是一个好孩子呀！"在小林校长的爱护和引导下，一般人眼里"怪怪"的小豆豆逐渐变成了一个大家都能接受的孩子。巴学园里亲切、随和的教学方式使这里的孩子们度过了人生最美好的时光。

《海的味道　山的味道》讲述了小豆豆来到巴学园第一次和同学们一起吃饭的情景。小林校长为了孩子们的营养健康，以及让孩子们养成珍惜粮食的品德，要求孩子们的父母给孩子们准备"海的味道　山的味道"的饭盒，获得孩子们的喜爱之余，也获得了家长们的赞赏。

思考·练习

1. 小豆豆的妈妈说："能够把想要说的话，如此简练地表现出来，这样的成年人，除了校长先生之外，没有第二个了。"你觉得校长的"海的味道、山的味道"这句话蕴含怎样的大智慧？

2. 你喜欢这样的校长先生吗？谈谈你的感想。

3. 假想你是孩子的家长，你能给孩子安排多少组"海的味道　山的味道"的饭盒？

拓展·阅读

1. ［日］黑柳彻子：《窗边的小豆豆》。
2. ［日］黑柳彻子：《丢三落四的小豆豆》。
3. ［日］黑柳彻子：《小豆豆频道》。
4. ［日］黑柳朝：《小豆豆与我》。

第三部分 戏剧

牡丹亭·游园

汤显祖

【绕池游】（旦上）梦回莺啭，乱煞年光遍[1]。人立小庭深院。（贴）炷尽沉烟[2]，抛残绣线，恁今春关情似去年？

【乌夜啼】"（旦）晓来望断梅关[3]，宿妆残[4]。（贴）你侧着宜春髻子恰凭阑[5]。（旦）剪不断，理还乱[6]，闷无端。（贴）已分付催花莺燕借春看。"（旦）春香，可曾叫人扫除花径？（贴）分付了。（旦）取镜台衣服来。（贴取镜台衣服上）"云髻罢梳还对镜，罗衣欲换更添香。"[7]镜台衣服在此。

【步步娇】（旦）袅晴丝吹来闲庭院[8]，摇漾春如线。停半晌，整花钿。没揣菱花[9]，偷人半面，迤逗的彩云偏[10]。（行介）步香闺怎便把全身现！

（贴）今日穿插的好。

【醉扶归】（旦）你道翠生生出落的裙衫儿茜[11]，艳晶晶花簪八宝填[12]，可知我常一生儿爱好是天然[13]。恰三春好处无人见[14]。不提防沉鱼落雁鸟惊喧[15]，则怕的羞花闭月花愁颤。

（贴）早茶时了，请行。（行介）你看："画廊金粉半零星，池馆苍苔一片青。踏草怕泥新绣袜[16]，惜花疼煞小金铃[17]。"

（旦）不到园林，怎知春色如许！

【皂罗袍】原来姹紫嫣红开遍，似这般都付断井颓垣。良辰美景奈何天，赏心乐事谁家院！恁般景致，我老爷和奶奶再不提起。（合）朝飞暮卷[18]，云霞翠轩；雨丝风片，烟波画船——锦屏人忒看的这韶光贱[19]！

（贴）是花都放了[20]，那牡丹还早。

【好姐姐】（旦）遍青山啼红了杜鹃[21]，荼蘼外烟丝醉软[22]。春香呵，牡丹虽好，他春归怎占的先[23]！（贴）成对儿莺燕呵。（合）闲凝眄[24]，生生燕语明如翦，呖呖莺歌溜的圆。

（旦）去罢。（贴）这园子委是观之不足也[25]。（旦）提他怎的！（行介）

【隔尾】观之不足由他缱[26]，便赏遍了十二亭台是枉然。到不如兴尽回家闲过遣。

（作到介）（贴）"开我西阁门，展我东阁床[27]。瓶插映山紫[28]，炉添沉水香。"小姐，你歇息片时，俺瞧老夫人去也。（下）

注 释

[1] 乱煞年光遍：到处都是缭乱人心的春光。

[2] 沉烟：沉水香，薰用的香料。

[3] 梅关：即大庾岭，宋代在这里设置梅关。在本剧故事发生地点江西省南安府（大庾）的南面。

[4] 宿妆：隔夜的残妆。

[5] 宜春髻子：一种发式。相传立春那天，妇女剪纸作燕子状，戴在髻上，上贴"宜春"二字。

[6] 剪不断，理还乱：南唐后主李煜词《相见欢》中的两句。

[7] 云髻罢梳还对镜，罗衣欲换更添香：唐人薛逢诗《宫词》中的两句。

[8] 晴丝：游丝、飞丝，也即后文所说的烟丝，虫类所吐的丝缕，常在空中飘游。在春天晴朗的日子最易看见。

[9] 没揣：不意，没料到。菱花：镜子。古时用铜镜，背面所铸花纹一般为菱花，称菱花镜，故常用菱花作镜子的代称。

[10] 迤（yǐ）逗的彩云偏：迤逗（元曲中或作拖逗）：引惹，挑逗；彩云：美丽的发卷的代称。

[11] 翠生生出落的裙衫儿茜（qiàn）：翠生生，极言彩色鲜艳。出落的，显出，衬托出。茜：茜红色。

[12] 填：镶嵌。

[13] 天然：天性使然。

[14] 三春好处：比喻女子的青春美貌。

[15] 沉鱼落雁：形容女人的美貌。意思说，鱼见她的美色，自愧不如而下沉；雁则为看她的美色而停落下来。下文羞花闭月同此。

[16] 泥：这里作动词用，沾污。

[17] 惜花疼煞小金铃：《开元天宝遗事》："天宝初，宁王……于后园中纽红丝为绳，密缀金铃，掣于花梢之上。每有鸟鹊翔集，则令园吏掣铃索以惊之。盖惜花之故也。"

[18] 朝飞暮倦：出自唐王勃《滕王阁》诗："画栋朝飞南浦云，朱帘暮卷西山雨。"形容轩阁的高旷。

[19] 锦屏人：深闺中人，隔绝于锦绣屏风中的人。

[20] 是：凡是、所有的。

[21] 啼红了杜鹃：开遍了红色的杜鹃花。从杜鹃（鸟）泣血的传说联想起来的。

[22] 荼蘼：晚春时开放的花。

[23] 牡丹虽好，他春归怎占的先：春去时，牡丹与众花一同凋谢，占不得先。

[24] 凝眄（miǎn）：凝视。眄：斜视，泛指看、望。
[25] 观之不足：看不厌。
[26] 缱（qiǎn）：留恋。
[27] 开我西阁门，展我东阁床：《木兰诗》："开我东阁门，坐我西阁床。"
[28] 映山紫：映山红（杜鹃花）的一种。

作家·作品

汤显祖（1550~1616），中国明代戏曲家，字义仍，号若士，晚年号茧翁，自署清远道人，江西临川（今江西抚州）人；出身于书香之家，自幼博览群书，二十一岁中举，并以善写时文而名播天下；万历十一年（1583年）进士，先后任南京太常寺博士、詹事府主簿、礼部祠祭司主事等职，因权贵嫉恨，被劾辞官归里，遂绝意仕途，家居二十余年，潜心从事戏曲传奇的创作。汤显祖的剧作语言和曲调独具风格，对明末以后的戏曲家有很大的影响。其代表作《牡丹亭》（又名《还魂记》），是中国戏曲史上积极浪漫主义的杰作。《牡丹亭》与其创作的另外三个传奇《紫钗记》《南柯记》《邯郸记》，合称"临川四梦"，另有诗文集《玉茗堂全集》等传世。

本篇是《牡丹亭》第十出的前半部分，主要描写女主人公杜丽娘青春的觉醒。该剧以富家千金杜丽娘与书生柳梦梅的爱情故事为主题，表现了作家至美、至真、至情的人生与艺术追求。《游园》是《牡丹亭》中最富有神韵与表现力的一出，描写了主人公杜丽娘的美貌与娇羞，以及她对美与爱的发现与追求。汤显祖描写杜丽娘的美貌很成功，而描写杜丽娘的情感和理想的那些片段更具魅力。《牡丹亭》的感人力量，在于它具有强烈的追求个性自由，反对封建礼教的浪漫主义理想。在作品中，杜丽娘不是死于爱情被破坏，而是死于对爱情的徒然渴望。通过杜丽娘的形象，暴露了封建礼教对人们幸福生活和美好理想的摧残，表达了当时广大男女青年要求个性解放，要求爱情自由、婚姻自主的强烈呼声。

思考·练习

1. 文中是如何表现杜丽娘的美貌的？
2. 曲文中是怎样通过优美的词句表现人物的？
3. 试析杜丽娘的性格特征。
4. 分析《牡丹亭》的悲剧意蕴及其文化意义。

拓展·阅读

1. （明）汤显祖：《玉茗堂四梦》。
2. （元）王实甫：《破窑记》。
3. （元）关汉卿：《单刀会》。

一只马蜂

丁西林

（剧中人）

　　吉老太太：年约五十岁，身材细小，体质强健，淡素服装，非常的清洁。
　　吉先生：吉老太太的儿子，年约二十六七，强健活泼，极平常极自然的服装。
　　余小姐：年约二十五六，姿态美丽，面目富有表情，服装精致。
　　仆人

（布景）

　　一间小小长方形房子，后面墙壁中间，两扇宽门。门之左边置一衣架，靠墙一小桌，桌上置鲜花。右边靠墙立一书柜，内藏成套的中西书籍。右壁的里边，开一独门，门之前为短门大窗，窗边置写字桌，上置文具。房之右壁，后半亦开一门，前半靠壁置书架，架上置装饰品。壁上悬字画。房子中央略偏前与右，置一小圆桌，上置茶具，桌之右侧置大倚（即安乐椅），左侧置可坐两人之长椅，两椅之间置一小椅，椅上皆置腰枕。

　　开幕时吉老太太睡卧在大椅上，脚下置高垫，手中报纸落地上。

吉　　　（将左门徐徐推开，看老太太睡卧椅上。轻步走至衣架，取了一件薄大衣，走至椅前，轻轻盖在老太太身上。老太太醒觉。吉含笑问。）睡着了没有？

老太太　我本想闭了眼歇一会，不想一不留心，就睡着了。
　　　　（坐起。）

吉　　　老人家的眼睛，同小孩子的眼睛一样。闭不得的。一闭了，就不由你做主。
　　　　（将报纸拾起，坐在小椅上。）

老太太　现在什么时候了？

吉　　　（由怀里取出一个表看了一看。）三点一刻。

老太太　你在那里一直到现在？

吉　　　在书房里写了两封信。

老太太　喔，不错，你替我把那封信写了吧。

吉　　　好，现在就写。（坐到写字桌，从抽屉里拿出信纸信封，瓶里倒了水，磨墨取

　　　　笔，预备写字。）怎样写法？

老太太　随便的写几句好了。你把我们动身的日子告诉他们。叫他们雇一只船到港口接一接。

吉　　你一面说，我一面写吧。一定下星期二动身么？

老太太　喔，已经不是日子，还再不动身！

吉　　（一面写，一面念，一面说话。）……十九日起程回南。（停笔用手指计算日期。）十九，二十，二十一，（写）二十一日到港。叫张宏同江妈雇一只船到港口接一接。（问）是不是？

老太太　是，最好叫到李老四家的船，干净，要是李老四船出了门，叫邓祥发家的也可以。

吉　　（写）最好叫到李老四家的船（一面写，一面口中作低声的念。）……邓祥发家的也可以。（问）还有什么？

老太太　（自己想她的心思。）这几天太阳已经很厉害，不如叫他们先把南房里的皮衣服拿出来晒一晒。

吉　　好，还有什么？

老太太　没有什么。（自言自语。）王妈同家，说过了节，就回来，不知现在已经回来了没有？

吉　　（继续的写信。）

老太太　余小姐，应该送她点礼物才好。

吉　　（先写完了信，然后答话，再接着写信封。）你不是说送她一件衣料的么？（写完了信封。）好了，写完了。

老太太　（被吉打破她的深思。）写完了么？

吉　　（走至椅前，将信送出。）要不要看一遍？

老太太　你念一念吧。

吉　　（念信。）
　　　　"二妹览：'已经不是日子，还再不动身。'母亲说。"

老太太　这是写的什么？

吉　　这是写信的一个帽子。（继续一句一句的念信。）
　　　　"母亲定于十九日动身。二十一日到港。叫张宏同江妈，雇一只船，到港口，接一接。最好叫到李老四家的船，干净，要是李老四家的船，出了门，叫邓祥发家的也可以。这几天太阳已经很利害，不如叫他们先把南房里的皮衣拿出来晒一晒。王妈回家，说过了节就回来，不知现在已经回来了没有？"
　　　　没有写错吧？

老太太　（笑）喔，你们现在写信，都是这样写么？

吉　　这是最时行的直写式的白话文，有一句，说一句，你没有旁的话要说么？

老太太　没有。

吉　这下边是我的事。（继续念信。）

"这次母亲在京，一切都好，惟有两件事，不大称心。……"

老太太　我有什么事不称心？

吉　（不答，继续读信。）

"第一，她这次来京的目的，本想劝她的儿子，赶紧讨个媳妇，她可早点抱个孙儿。方头大耳，既肥且晳。嗳！不想来京两月，绝少成绩，媳妇，毫无影响。孙子，渺无消息。第二，她满心满意，想亲上加亲。把姊妹改做亲家，侄儿变做女婿。不想她那不肖之女，又刚愎自用，不顺母意。因此上，这几日来，口中不言，心中闷闷。不过那位表侄先生，现已广托亲友，多方物色。夫诚能动神，勤能移山，况在佳人才子聚会之首都，求一称心合意之老婆乎！故数月之内，定有良缘。将来一杯喜酒，或能稍慰老年人愿天下有情人无情人都成眷属之美情也。"说得对不对？不要生气啊。

老太太　（稍有不快之意。）我有这些闲工夫来同你们生气！你们的事，我老早就对你们讲过，由你们自己去，我一概不管。你们爱怎么说，就怎么说。

吉　（将信封好，贴了邮票，走至椅旁，一手放椅背上，一手理她的头发。）妈，你是一个特殊的女人，你什么事都是非常。你是一个非常的良妻，一个非常的贤母。惟有这一件，你没有逃出了个母亲的公例。

老太太　把这件大衣挂起来，（吉将衣挂原处，老太太追想到她以前的生活。）"贤妻良母"，配不上这四个字！（吉坐到原处。）你父亲死的时候，你只有八岁。云儿只有五岁。那个时候，我就不相信那私塾先生的教书方法。——也一半舍不得你们去受那野蛮的管束——所以我就拿定主意，自己教你们。一直把你们教到十六岁。那时所有的产业，就是那分来的五十亩坏田。现在你们可以不愁穿，不愁吃。不是说句大话，要是你们不是每年上千块钱的学费用费，现在大约十倍那么多都不止了。

吉　所以我说你是一个特殊的女人。

老太太　是的，贤妻良母，有甚么稀奇？现在的一般小姐们不是一天到晚所鄙薄不屑得做的么？

吉　你要原谅她们。她们因为有几千年没有说过话，现在可以拿起笔来，做文章，她们只要说，说，说，连她们自己都不知道说的些什么。

老太太　现在这班小姐们，真教人看不上眼。不懂得做人，不懂得治家。我不知道她们的好处在甚么地方？

吉　她们都是些白话诗。既无品格，又无风韵。旁人莫名其妙，然而她们的好处，就在这个上边。

老太太　我问你，这样的人也不好，那样的人也不好，旧的你说他们是八股文，新的你又说他们是白话诗。……

吉　　是的，同样的没有东西，没有味儿。

老太太　那末你到底要甚样的一个人，你就愿意？

吉　　（耸肩。）坏的就是连我自己都不知道。要是找老婆如同找数学的未知数一样，能够立出一个代数方程式来，那倒容易办了。

老太太　怎么你们表兄弟两个，这样的不同！那一个就请这个，托那个，差不多今天等不到明天。你是总不把他当一件正经事看。

吉　　不把他当一件正经事看！因为我把它看得太正经了，所以到今天还没有结婚。要是我把它当做配眼镜一样，那么你的孙子，已经进了中学。

老太太　（觉得他没有办法。）倒一杯茶给我。（吉倒了一杯茶送给老太太，自己亦倒了一杯，慢慢饮之，老太太沉思半响。）你知道不知道，你的表兄已经同我说了几次，要我替他做媒？

吉　　怎么不知道？

老太太　你知道他要说的是谁么？

吉　　余小姐，是不是？你问过了她没有？

老太太　（很慢地答。）没有。

吉　　为甚么不问她？

老太太　为甚么不问？（少顿。）我想今天问她。（略停。）好不好？（语时视吉。）

吉　　很好，看护妇配医生，互助的原则，合作的精神，结婚时最好的演说资料。

老太太　（微微的叹了一口气）。

仆人　　（推开左门。）老太太，余小姐来了。

老太太　请他进来。（仆人走出，吉放下茶杯，忙走至写字桌，整理笔砚，折好了桌上报纸。）

仆人　　（由外面推开左门让余走进，自己随后收去了桌上茶具。）

余　　（头带帽子，手带手套，一手提钱包，进来之后，一面与主人招呼，一面脱去手套，将钱包置门旁小桌上，解下帽子。）老太太，吉先生。

吉　　余小姐。（吉接过草帽，挂衣架上。）

余　　老太太，对不住得很，劳你们等了。

老太太　没有甚么，请坐。（让余坐大椅。）

余　　喔，老太太坐，老太太不用客气，我这儿坐好。（扶老太太坐大椅，自坐小椅，吉自坐长椅上。）两点半钟就想来，忽然来了一个病人，要替他腾出一间房间来，忙了半天。还打算打电话，说不能来了，后来我想老太太就要回南，无论怎样忙，都要来陪老太太玩半天。

老太太　多谢你，我们也知道你医院事情很忙，所以一向不常请你出来。今天是因为我们快要回南，想请你来，我们好当面向你道谢。这一次实在劳苦了你。起

	先是我们吉先生，住了两个星期，都是你招呼，后来又是我自己，我们实在感激你的了不得。
余	老太太太客气，那是我们的职务。老太太这几天饮食可好一点？
老太太	胃口不强，我一向就是这样。那一次到北京来，因为在路上略微受了一点辛苦，所以觉得不大舒服，实在没有什么病。我们吉先生一定要我到医院，说医院里怎样的舒服，怎样的干净。我总是不想去。后来他又说我精神不好，一定是睡觉不好，非得到一个清静的地方去静养几天不可。我被他说不过了，方才住到医院。我出来的时候，他还要我再多住几天。
吉	我的母亲是不相信医院，不相信看护妇的。
老太太	我并没有说我不相信看护妇，我是因为常常听见讲医院里招呼不大周到。
吉	没有甚么，你现不但相信她们，并且喜欢她们。
余	我们也知道，外面有很多的人，说我们的坏话，现在不是我来替自己辩护，有时实在不是看护妇的疏忽，实在是这一班生病的太太小姐们的麻烦。我时常同其余的同事说了玩。说这些人甚么事不会做，连生病也不会生。……
吉	要生病生得好，本来不是一件容易的事。
余	她们第一，就不肯听医生的话。要这样，要那样，一天要压几十次铃子。你对她们说，教她们不要吃东西，她一会儿要到外边买些水果，一会儿想教家里送点鸡汤。你想，要教我们同平常人家的老妈子伺候太太小姐们一样，我们那里有这么许久工夫？我们平均每人要招呼十个人。喔，说也是无用，她们那里肯讲理？
吉	看护妇本来是一种很苦的职业，因为世界上最不讲理的是醉汉，其次就要算病人。
余	好笑得很，遇到一种奇怪的人，病快好的时候，他还要你陪他谈天。（看了吉一眼。）
吉	那真是可想而知的讨厌。要是个男人，还没有甚么，假若是个女人，那恐怕简直没有办法。
老太太	不过我终是不相信，其余的人，能够同你一样。纵然有你这样的能干，也一定不会有这样的和善，这样的体贴。
仆人	（由左门入，手里拿了一个盘，盘中置茶壶，茶杯，糖碟等物。）
余	（老太太欲倒茶。）老太太请坐，让我自己来倒。（倒一杯茶送老太太。）
老太太	喔，谢谢你。（吉倒一杯茶送余。）
余	（受吉之茶。）谢谢。（欲代吉倒茶。）
吉	谢谢，我不喝茶。
余	（一面喝茶。）老太太为什么不在北京多住几天，有吉小姐在家，难道还不放心么？

老太太	她倒甚么都能够，不过我这次离家已经很久。我本是因为吉先生病了，所以来看看。
余	我想吉小姐一定也是很能干。
老太太	甚么叫能干。不过一个女孩子应该知道的事，我不容她们不知道。
余	不过要想能同老太太一样的能干，恐怕不容易。
吉	做能干父母的子女，是一件很苦的事。暑假那么热的天气，回到家，只有两个星期，两个星期一过，就一个赶到乡里去种田，一个赶到厨房里去烧饭。
老太太	笑。我是一个很顽固的人，——我现在也有了年纪，也不怕人笑话，——我以为一个人多知道一点事，一定不会有坏处。我不相信，一个女人会做了饭，就不会做文章。
吉	不错。不过困难的不是会做了饭的女人不会做文章，是会做了文章的女人就不会做饭。
余	吉小姐会到北京来么？我很想认识她，我想她一定是同老太太一样的和气，可爱。
吉	她旁的没有甚么好处，不过还直爽。就是我嫌她有点新的习气。
余	（高兴。）我想我们一定会变做好朋友，她来的时候，老太太一定要教她写信给我。
老太太	（问吉。）你有她的照片没有？
吉	有一张的，不知到那里去了。
余	（记起。）喔，吉先生信里，说老太太要我一张照片，我今天带来了。（走向小桌。）
老太太	（不解。）我没有说要照片。（向吉。）我几时？……
吉	你怎么没有讲，真是有了年纪的人，说过去的话，不要几天就忘了。
余	（装不听见，由钱包里取出一张小照片。）这一张不大好，不十分像，等以后有了好的时候，再送老太太吧。（把照片送给老太太。）
老太太	（看照片。）你已经长得很好看，这张照片更好。
吉	（向老太太取了照片，取笑老太太。）你平常最讲究会说话的，怎么今天自己把话说差了？你应该说，这张照片已经很好看，但是总不及照片的主人好看。（与余对看了一看。）
老太太	我是说的老实话。
吉	你们还坐一会儿才去？（向老太太。）我送你一个好看的照片框子。（带照片由左门走出。）（两人不语片刻，老太太对余注视，余不知所语，取了一块糖食之。）
老太太	余小姐，我有几句话，很久就想同你谈谈。（将椅移近。余忙将口里糖吞下，理了一理裙子，坐直了身子，用心的听。）我想你一定以为我是一个很爱舒服

的人，你知道我年青的时候，很过了些辛苦的日子。我们吉先生，从小就没了父亲，家里大大小小的事情，都全靠我一个人去问，连他们的书，也都是我自己教他们。差不多吃了二十年的苦，才把他们带到这么大。现在他们甚么事都用不着我去担心。不过还有一件，我放不了心，就是他们还都没有成家。（余的身子略微的颤动了一下。）这一层，我也同吉先生说过好几次，他都不把他当一件事。我也不知道他到底是什么意思。现在子女的婚姻，本来也用不着父母去管，所以我也只好由他们自己去。（叹了一口气，略顿。）我有一个表侄。（余转了一转身子，恢复了自然的呼吸。）你大概也认识他，他到医院看过我，他虽然只看见过你几次，但是因为他时常听见我说你怎样的好，所以他很敬重你。他向我说了好多次，托我说媒。我都没有提过。因为我自己儿子的事，我都不管。我那里有工夫去管旁人家的事？不过他说，他一来不知道你的意思，所以不好对你有什么表示，二来就是想对你说，也没有个好的机会。他人是一个很好的人，他学的是医道，现在预备自己挂牌行医。他的脾气很好，也是一点坏的嗜好都没有。——喔，我知道我是一个很腐败的老太婆，说媒的事，是你们现在最不欢喜的，要是这样。我请你不要生气。

余　　（如梦初觉。）我很感谢老太太的好意，那有生气的道理。

老太太　他还想，在我回南之前，得一个回信。我想这也不是立刻就要怎样的一件事，你如要细细想一想，你回来写封信告诉我，我想也没有什么不可以。（略顿。）你的意思怎么样？你有什么话，尽可对我说，你知道我差不多把你同自己的女儿一样的看待。

余　　（思索了一会，打定了主意。）我想我们年青的人，一点经验没有，什么事都全靠年纪大一点的人到处指点教导。老太太的意思怎么样？

老太太　喔，这是你自己的事，总得你自己做主。

余　　老太太的意思，如果觉得很好，那自然不会有错.

老太太　那我就说你很愿意？

余　　不过我想总得写一封信回去，问问父母的意思。

老太太　不错不错，自然应该这样。那你就写封信回去，等你接到家里回信之后，再说吧。

余　　我想单由我写信去，还不十分妥当。

老太太　那有什么不好？

余　　可以不可以请吉先生写一封详细的信，把老太太的意思告诉家里，我再另外写一封信，一齐寄去？

老太太　不错不错，应该这样。回来我对吉先生说一说，教他写起一封信，写好了，我叫一个人送给你，你说好不好？

余　　　老太太的主意很好。

老太太　我们还是坐一会，还是就到公园去？

余　　　老太太意思怎么样？

老太太　我们就去好不好？我教他们去请吉先生去。（走去压电铃。）

余　　　我借你们电话用一用。

老太太　在那边院子里，你知道。（余由右门出，仆人由左门入。）你去请吉先生，就说我们现在到公园去。（仆人由左门去，老太太坐回原处，若有所思。）

吉　　　（由左门入，手里拿了一个照片，装好了框子。进来之后，将照片放在书架上，一看，移动一回。）余小姐那儿去了？

老太太　（沉思中。）打电话去了。

吉　　　（坐到小椅上，取了一块牛奶糖，慢慢去其外皮，随便的问。）你的媒做得怎么样，问了她没有？

老太太　问过了。

吉　　　她怎么样讲？（将糖送至嘴边。）

老太太　她很愿意。

吉　　　（将糖由嘴边拿回。）她很愿意？她说很愿意么？她怎样说？

老太太　她没有说什么。

吉　　　她没有说什么，你怎样知道她很愿意？

老太太　喔，这用不着说的。

吉　　　喔，不错，这一类的事是用不着明说的，是不是？同天气一样，只要看看气色就知道了。（老太太对他严厉的看了看。）那么，已经定了？

老太太　她还要写封信回去，问问她的父母，要等……

吉　　　问问她的父母！（解悟。）喔（把一块糖投入口中。）

老太太　你笑什么？你笑她把她父母太看重了，是不是？我听了很欢喜。

吉　　　没有的事！我听了也很欢喜！（又拿一块放进嘴去。）她说了什么时候写信没有？

老太太　她要请你替她写。

吉　　　要我替她写！奇怪奇怪，我又不是她的亲兄弟，亲叔伯，她为甚么要请我替她写信，这不是奇而又奇的事？

老太太　你看了奇怪么？我看了一点也不奇怪。

吉　　　为甚么不奇怪？

老太太　因为你不知道，你不认识她。她是一个大户人家出来的女孩子，知道甚么是应说的，甚么是不应说的。她知道害羞。

吉　　　喔喔！女孩子！害羞！（又拿一块糖放进嘴去。）

老太太　怎么你向来不吃糖的人，今天爱吃起糖来了？

吉　　　今天的糖特别有味儿。（高兴，跳起。）你们现在就去公园么？

老太太　等余小姐打完了电话。

吉　　　（想了一想。）你不换一件衣服？

老太太　不过是到公园去坐一坐，谁再去换衣服？

吉　　　可是天气很凉，不换，也应该加一件，在那里？我替你去拿，好不好？

老太太　我自己去，你不知道。（吉开右门让老太太走出，将门关好，走到书架，取照片在手细细的审看。将照片放回，在房里走了两转。余由右门入。）

吉　　　电话打通没有？

余　　　打通了。（注意老太太不在房内，两人对看了一看。）

吉　　　（将长椅向前稍推。）老太太到后面去换一换衣服，教请你在这里等一会。请坐。

余　　　（由女人的直觉，知将有有趣的谈判发生，为准备抵御起见，先摩了一摩头发，理了一理裙子，选了长椅离小椅远的一边坐了。吉坐小椅上。）老太太真是一个很可佩服的人，那么大年纪，穿的衣服，比年青的小姐们还要讲究。

吉　　　一个人甚么都可以不讲究，惟有衣服不可以不讲究。

余　　　为什么？

吉　　　因为人是一个社会动物。一个人生在世上，所有的一切物质上的幸福，精神上的愉快，都是社会给他的。所以一个人对于社会，应当尽量的报答。

余　　　那与穿衣服有关系么？

吉　　　关系大得很！因为报答社会，有种种不同的方法。有职业的借他的职业，有技能的用他的技能。当兵的可以替我们杀人，做律师的可以替我们打官司，做医生的可以替我们治病。不过还有一种人——就像我们——既无职业，又无技能，最少也应该着几件好看的衣服，才不至走到人家面前，教人家看了难过。

余　　　（笑。）哈，我明白了。愈无用的人，愈应该穿好看的衣服，对不对？

吉　　　对，不过有用的人，也不应该着不好看的衣服。社会上没有一种职业，我们可以承认他有不顾装束的专利，一个人，自生至死，也没有一个时期，我们可以承认他有无须修饰的特权。假若一个女人，因为她已经结了婚，就不管她头发的高低，因为她生了儿子，就不管她袖子的长短，或是一个男人，因为他能够诌得几句诗词歌赋，就不洗清他的面孔，因为他能够画得几笔山水草虫，就不剃光他的下颔，拉直了他的袜筒，那都是社会的罪人。

余　　　这样讲，恐怕我们都是社会的罪人。

吉　　　你？喔！（欲言而止。）

余　　　我怎么样？

吉　　　你？两个月以前，你冤枉说我发烧的时候，我不是已经对你讲过么？

余　　　我冤枉说你发烧？

吉　　自然是冤枉。什么温度三十九，脉跳一百多，那都是你造的谣言。是的。完全是谣言。——不过我很感激你，假使没有你的谣言，我如何能够住到两个星期？喔！那两个星期！那是我一生最快乐的两个星期！（叹。）暖，无论怎样不会再有。

余　　（回想那时的景况。）是的，也不知说了多少话。从来没有看见过这样爱说话的病人。

吉　　是的，那都是些极真诚，极平常，极正当的话。为甚么平常我们不能讲？为甚么要男人装了病，方才可以讲，为甚么女人听了，一定要冤枉说他发烧？要是现在我说你眼睛生得怎样的动人，嘴唇怎样的可爱，你会装做没有听见，把我的额角摸一摸，枕头拥一拥，说一声"现在歇一会儿吧。你说话说得太多？"社会真是一个不自然的东西！这一类的话，有甚么说不得？为甚么现在不能说？

余　　因为——因为你现在不发烧。

吉　　你怎么知道我不发烧？我一年到头，没有一天不发烧。你要不相信，你现在替我试一试。（伸手放在长椅边上，余从长椅那一边，移到这一边，先理了一理裙子，然后用右手把脉，同时看左手上的腕表。约数秒钟无语。）我病的时候说了很多的话，是不是？（余点头。）说了些甚么？

余　　你说中国是一个可怜的社会，男人尤其可怜。除了赌钱，遇不到人家的小姐太太，除了生病，得不到女人的一点意情。所以你一个星期要打一次牌，一个月要装一次病。

吉　　对呀！这像生病人讲的话么？（余将手缩回。）发烧不发烧？

余　　（犹豫。）七十七次。

吉　　可见得是说谎。

余　　为什么？

吉　　因为你就没有数！

余　　喔，一个人可以随便说谎么？

吉　　自然不能"随便"。不过我们处在这个不自然的社会里面，不应该问的话，人家要问，可以讲的话，我们不能讲，所以只有说谎的一个方法，可以把许多丑事遮盖起来。

余　　我们从小就知道说谎是不道德的。

吉　　道德是没有标准的，随时代随个人而变的东西，平常"所谓"道德，不是多数人对于少数人的迷信，就是这班人对于那班人的偏见。

余　　这样说，世界上没有善恶好坏的标准？

吉　　世界上只有脏的习惯是坏习惯，丑的行为是恶行为。

余　　所以什么谎都可以说，只要说得好听。做贼赌钱都可以做，只要做得好看？

吉　　一点都不错。不过世界上美神经发达的人很少。做贼同赌钱的时候，大半都是不大十分雅观。说谎说得好的人很多，不过我最佩服的是你。

余　　我向来不说谎。你说我说谎，你有什么证据？

吉　　对呀！所以佩服你的缘故，就是因为拿不出证据来。不过一个人说谎说太多了，总有一天，转不过弯来，要露出马脚来。

余　　我从来不欢喜说谎。

吉　　好吧，白说是没有用的。我问你一件事。

余　　什么事？

吉　　老太太替你做媒没有？

余　　（着急。）你不应该问这句话。

吉　　为甚么不应该？

余　　因为这一类的话，连自己的父兄都不应该问，朋友更加不应该。

吉　　喔，新文化！新文化！不过你知道不知道？一个人的婚事，从前，是父母专制，现在因为用不着父母去管，所以用不着父母去问。（吉先生的意见，以为婚姻的事如其不要人帮忙则已，如要帮忙，父母应该是最重要的人物。现在所以不要他们过问，一则因为他们专制，一则也因为他们不能帮忙。这一层似乎还没有人见到，所以附带声明。）但是现在的婚姻是朋友专制，要想非靠朋友帮忙不行，所以你说朋友不应该过问，是完全错误。

余　　我去看看老太太去。（起立欲走。）

吉　　（起立阻之。）不要走，不要走，我还有一件要紧的事，没有对你说。请坐。（两人复坐。）我不在这里的时候，老太太同你讲了很多的话，是不是？

余　　是的。

吉　　她说到我不想结婚的话没有？

余　　说了很多。

吉　　你知道我不想结婚？

余　　为甚么不想结婚？

吉　　因为一个人最宝贵的是美神经。一个人一结了婚，他的美神经就迟钝了。

余　　这样说，还是不结婚的好？

吉　　是的，你可以不可以陪我？

余　　陪你做甚么？

吉　　陪我不结婚。（走至余前伸出两手。）陪我不要结婚！

余　　（为他两目的诚意与爱所动。）可以。（以手与之。）

吉　　给我一个证据。

余　　你要什么证据？

吉　　你让我抱一抱。（释其手，作欲抱状。）

余	（走开。）等你再生病的时候。
吉	不过我的母亲告诉我，说你已经答应了做她的侄媳妇，那怎样办？
余	（得意。）那没有甚么，我的父母不愿意我嫁给医生。
吉	对，我知道，我们是天生的说谎一对！（趁其不防，双手抱之。）
余	（大喊。）喔！（老太太由右门，仆人由左门，同时惊慌入。吉已释手。）
老太太	什么事，什么事？（余以一手掩面，面红不知所言。）
吉	（走至余前，将余手取下，视其面。）什么地方？刺了你没有？
老太太	什么事？什么一回事？
余	（呼了一口深气。）喔，一只马蜂！（以目谢吉。）（闭幕）

作家·作品

丁西林（1893～1974），原名丁燮林，字巽甫，江苏泰兴人；1913年毕业于清政府交通部工业专门学校；1914年赴英国伯明翰大学攻读物理学、数学。他自幼喜爱文艺，留学期间阅读了大量欧洲戏剧、小说名著。1920年，丁西林回国，任北京大学物理系教授，并从事业余戏剧创作，成为"五四"以来致力于喜剧创作的有影响的剧作家之一。其主要作品有：《一只马蜂》《三块钱国币》《等太太回来的时候》《妙峰山》等。这些作品主题深刻、结构严谨、语言幽默、意境含蓄。

《一只马蜂》发表于1923年。该剧写的是有封建思想的吉母，干涉儿子的婚姻自由，又想把一位余小姐说与侄儿为妻。岂料儿子早已与余小姐相爱，当他们接吻被吉母撞见后，就戏弄地说："喔，一只马蜂"，以蒙混吉母。这篇作品以幽默的情调，严谨的结构，表现反封建的主题，引起广泛注意，成为五四时期戏剧佳作之一。《一只马蜂》的结构精巧而严密，给人一种新颖的感觉。作品中的吉老太太由于旧思想、旧传统的影响表现出保守而又自以为开通、愚拙而又自以为聪明的特点，给读者很深的印象。戏剧中虽然只有人物三个，线索单一，情结单调，戏剧冲突也比较轻松，但情结富于变化，波澜起伏，妙趣横生。

思考·练习

1. 分析《一只马蜂》的独幕剧特色及丁西林的喜剧创作特色。
2. 理解《一只马蜂》的思想内涵。
3. 分角色饰演《一只马蜂》。

拓展·阅读

1. 丁西林：《亲爱的丈夫》。
2. 丁西林：《北京的空气》。
3. 丁西林：《三块钱国币》。

原野（序幕）

曹禺

（人物）

仇　虎——一个逃犯。

白傻子——小名狗蛋，在原野里牧羊的白痴。

焦大星——焦阎王的儿子。

焦花氏——焦大星新娶的媳妇。

焦　母——大星的母亲，一个瞎子。

常　五——焦家的客人。

（时间）　秋天

序　幕

秋天的傍晚。

大地是沉郁的，生命藏在里面。泥土散着香，禾根在土里暗暗滋长。巨树在黄昏里伸出乱发似的枝桠，秋蝉在上面有声无力地振动着翅翼。巨树有庞大的躯干，爬满年老而龟裂的木纹，矗立在莽莽苍苍的原野中，它象征着严肃、险恶、反抗与幽郁，仿佛是那被禁梏的普饶密休土，羁绊在石岩上。它背后有一片野塘，淤积油绿的雨水，偶尔塘畔簌落簌落地跳来几只青蛙，相率扑通跳进水去，冒了几个气泡；一会儿，寂静的暮色里不知从什么地方传来一阵断续的蛙声，也很寂寞的样子。巨树前，横着垫高了的路基，铺着由辽远不知名的地方引来的两根铁轨。铁轨铸得像乌金，黑黑的两条，在暮霭里闪着亮，一声不响，直伸到天际。它们带来人们的痛苦、快乐和希望。有时巨龙似的列车，喧赫地叫嚣了一阵，喷着火星乱窜的黑烟，风掣电驰地飞驶过来。但立刻又被送走了，还带走了人们的笑和眼泪。陪伴着这对铁轨的有道旁的电线杆，一根接连一根，当野风吹来时，白磁箍上的黑线不断激出微弱的呜呜的声浪。铁轨基道斜成坡，前面有墓碑似的哩石，有守路人的破旧的"看守阁"，有一些野草，并且堆着些生锈的铁轨和枕木。

在天上，怪相的黑云密匝匝遮满了天，化成各色狰狞可怖的形状，层层低压着地面。远处天际外逐渐裂成一张血湖似的破口，张着嘴，泼出幽暗的赭红，像噩梦，在乱峰怪石的黑云层堆点染成万千诡异艳怪的色彩。

地面依然昏暗暗，渐渐升起一层灰雾，是秋暮的原野，远远望见一所孤独的老屋，里面点上了红红的灯火。

大地是沉郁的。

〔开幕时，仇虎一手叉腰，背倚巨树望着天际的颜色，喘着气，一哼也不哼。青蛙忽而在塘边叫起来。他拾起一块石头向野塘掷去，很清脆地落在水里，立时蛙也吓得不响。他安了心，蹲下去坐，然而树上的"知了"又聒噪地闹起，他仰起头，厌恶地望了望，立起身，正要又取一个石块朝上——遥远一声汽笛，他回转头，听见远处火车疾驰过去，愈行愈远，夹连几声隐微的汽笛。他扔下石块，嘘出一口气，把宽大无比的皮带紧了紧，一只脚在那满沾污泥的黑腿上擦弄，脚踝上的铁镣恫吓地响起来。他陡然又记起脚上的赘累。举起身旁一块大石在铁镣上用力擂击。巨石的重量不断地落在手上，捣了腿骨，血殷殷的，他蹙着黑眉，牙根咬紧，一次一次捶击，喘着，低低地咒着。前额上渗出汗珠，流血的手擦过去。他狂喊一声，把巨石掷进塘里，喉咙哽咽像塞住铅块，失望的黑脸仰朝天，两只粗大的手掌死命乱绞，想挣断足踝上的桎梏。〕

〔远处仿佛有羊群奔踏过来，一个人"哦！哦！"地吆喝，赶它们回栏，羊们乱窜，哀伤地咩咩着，冲破四周的寂静。他怔住了。头转朝那声音的来向，惊愕地谛听。他蓦然跳起来，整个转过身来，面向观众，屏住气息瞩望。——这是一种奇异的感觉，人会惊怪造物者怎么会想出这样一个丑陋的人形：头发像乱麻，硕大无比的怪脸，眉毛垂下来，眼烧着仇恨的火。右腿打成瘸跛，背凸起仿佛藏着一个小包袱。筋肉暴突，腿是两根铁柱。身上一件密结纽袢的蓝布褂，被有刺的铁丝戳些个窟窿，破烂处露出毛茸茸的前胸。下面围着"腰里硬"，——一种既宽且大的黑皮带，——前面有一块瓦大的铜带扣，贼亮贼亮的。他眼里闪出凶狠、狡恶、机诈与嫉恨，是个刚从地狱里逃出来的人。〕

〔他提起脚跟眺望，人显明地向身边来。"哦！哦！"吆喝着，"咩！咩！"羊们拥挤着，人真走近了，他由轨道跳到野塘坡下藏起。〕

〔不知为什么传来一种不可解的声音，念得很兴高采烈的！"漆叉卡叉，漆叉卡叉，漆叉卡叉，漆叉卡叉，吐兔图吐，吐兔图吐，吐兔图吐，吐兔图吐……"一句比一句有气力，随着似乎顿足似乎又在疾跑的音响。〕

〔于是白傻子涨得脸通红，挎着一筐树枝，右手背着斧头，由轨道上跳跳蹦蹦地跑来。他约莫有二十岁，胖胖的圆脸，哈巴狗的扁鼻子，一对老鼠眼睛，眨个不停。头发长得很低，几乎和他那一字眉连接一片。笑起来眼眯成一道缝。一张大嘴整天呵呵地咧着；如若见着好吃好看的东西，下颚便不自主地垂下来，时而还流出涎水。他是个白痴，无父无母，寄在一个远亲的篱下，为人看羊，斫柴，做些零碎的事情。〕

白傻子　（兴奋地跑进来，自己就像一列疾行的火车）漆叉卡叉，漆叉卡叉……（忽而机车喷黑烟）吐兔图吐，吐兔图吐，吐兔图吐……（忽而他翻转过来倒退，两只臂膊像一双翅膀，随着嘴里的"吐兔"，一扇一扇地——哦，火车在打倒轮，他拼命地向后退，口里更热闹地发出各色声响，这次"火车头"开足了马力。然而，不小心，一根枕木拦住了脚，扑通一声，"火车头"忽然摔倒在轨道上，好痛！他咧着嘴似哭非哭地，树枝撒了一道，斧头溜到基道下，他手搁在眼上，大嘴里哇哇地嚎一两声，但是，摸摸屁股，四面望了一下，没人问，也没人疼，并没人看见。他回头望望自己背后，把痛处揉两次，立起来，仿佛是哄小孩子，吹一口仙气，轻轻把自己屁股打一下，"好了，不痛了，去吧！"他唏唏地似乎得到安慰。于是又——）漆叉卡叉，漆叉卡叉……（不，索性放下筐子，两只胳膊是飞轮，眉飞色舞，下了基道的土坡，在通行大车的土道上奔过来，绕过去，自由得如一条龙）漆叉卡叉，吐兔图吐，吐兔图吐，吐兔图吐……（更兴奋了，他咋圆了嘴，学着机车的汽笛）呜——呜——呜。漆叉卡叉，吐兔图吐。呜——呜——呜——（冷不防，他翻了一个跟头）呜——呜——呜（看！又翻了一个）呜——呜——呜——，漆叉卡叉，吐兔图吐，——呜——呜——（只吹了一半，远处遥遥传来一声低声而隐微的机车笛，他忽而怔住，出了神。他跑上基道，横趴在枕木上，一只耳紧贴着铁轨，闭上眼，仿佛谛听着仙乐，脸上堆满了天真的喜悦）呵呵呵！（不自主地傻笑起来）

〔从基道后面立起来的仇虎，他始而惊怪，继而不以为意地走到白傻子的身旁。〕

仇　虎　喂！（轻轻踢着白傻子的头）喂！你干什么？

白傻子　（谛听从铁轨传来远方列车疾行的声音，阖目揣摩，很幸福的样子，手拍着轮转的速律，低微地）漆叉卡叉，漆叉卡叉……（望也没有望，只不满意地伸出臂膊晃一晃）你……不用管。

仇　虎　（踹踹他的屁股）喂，你听什么？

白傻子　（不耐烦）别闹！（用手摆了摆）别闹！你听，火车头！（指轨道）在里面！火车！漆叉卡叉，漆叉卡叉，漆叉卡叉……（不由更满足起来，耳朵抬起来，仰着头，似乎在回味）吐兔图吐，吐兔图吐！（快乐地忘了一切，向远处望去，一个人喃喃地）嗯——火车越走越远！越走越远！吐兔图吐，吐兔图吐。……（又把耳朵贴近铁轨）

仇　虎　起来！（白傻子不听，又用脚踢他）起来！（白傻子仍不听，厉声）滚起来！（一脚把白傻子踹下土坡，自己几乎被铁镣绊个跟头）

白傻子　（在坡下，恍恍惚惚拾起斧头，一手抚摸踢痛了的屁股，不知所云地呆望着仇虎）你……你……你踢了我。

仇　虎　（狞笑，点点头）嗯，我踢你！（一只脚又抬到小腿上擦痒，铁镣沉重地响着）你要怎么样？

白傻子　（看不清楚那踹人的怪物，退了一步）我，我不怎么样。

仇　虎　（狠恶地）你看得见我么？
白傻子　（疑惧地）看……看不清。
仇　虎　（走出巨树的暗荫，面向天际）你看！（指自己）你看清了么？
白傻子　（惊骇地注视着仇虎，死命地"啊"了一声）妈！（拖着斧头就跑）
仇　虎　（霹雳一般）站住！
　　　　〔白傻子瘫在那里，口里流着涎水，眼更眨个不住。〕
仇　虎　（恶狠地）妈的，你跑什么？
白傻子　（解释地）我……我没有跑！
仇　虎　（指自己，愤恨地）你看我像个什么？
白傻子　（盯着他，怯弱地）像……嗯，像……（抓抓头发）反正——（想想，摇摇头）反正不像人。
仇　虎　（牙缝里喷出来）不像人？（迅雷似地）不像人？
白傻子　（吓住）不，你像，你像，像，像。
仇　虎　（狞笑起来，忽然很柔和地）我难看不难看？你看我丑不丑？
白傻子　（不知从哪里来了这么一点聪明，睁大眼睛）你……你不难看，不丑。（然而——）
仇　虎　（暴躁地）谁说我不丑！谁说我不丑！
白傻子　（莫明其妙）嗯，你丑！你——丑得像鬼。
仇　虎　那么，（向白傻子走去，脚下铛锒作响）鬼在喊你，丑鬼在喊你。
白傻子　（颤抖地）你别来！我……我自己过去。
仇　虎　来吧！
白傻子　（疑惧地，拖着不愿动的脚步）你……你从哪儿来的。
仇　虎　（指远方）天边！
白傻子　（指着轨道）天边？从天边？你也坐火车？（慢慢地）漆叉卡叉，吐兔图吐？（向后退，一面回头，模仿火车打倒轮）
仇　虎　（明白狞笑）嗯，漆叉卡叉，漆叉卡叉！（也以手做势，开起火车，向白傻子走近）吐兔图吐，吐兔图吐。（进得快，退得慢，火车碰上火车，仇虎蓦地抓着白傻子的手腕，一把拉过来）你过来吧！
白傻子　（痛楚地喊了一声，用力想挣出自己，乱嚎）哦！妈，我不跟你走，我不跟你！
仇　虎　（斜眼盯着他）好，你会"漆叉卡叉"，你看，我跟你来个（照着白傻子胸口一拳，白傻子啊地叫了一声，仇虎慢悠悠地）吐——兔——图——吐！（凶恶地）把斧头拿给我！
白傻子　（怯弱地）这……这不是我的。（却不自主把斧头递过去）
仇　虎　（抢过斧头）拿过来！

白傻子　（解释地）我……我……（翻着白眼）我没有说不给你。

仇　虎　（一手拿着斧头，指着脚镣）看见了么？

白傻子　（伸首，大点头）嗯，看见。

仇　虎　你知道这是什么？

白傻子　（看了看，抹去唇上的鼻涕，摇着头）不，不知道。

仇　虎　（指着铁镣）这是镯子——金镯子！

白傻子　（随着念）镯子——金镯子！

仇　虎　对了！（指着脚）你跟我把这副金镯子敲下来。（又把斧头交还他）敲下来，我要把它赏给你戴。

白傻子　给我戴？这个？（摇头）我不，我不要！

仇　虎　（又把斧头抢到手，举起来）你要不要？

白傻子　（眨眨眼）我……我……我要……我要！

　　　　（仇虎蹲在轨道上，白傻子倚立土坡，仇虎正想坐下，伸出他的腿）

仇　虎　（猜疑地）等等！你要告诉旁人这副金镯子是我的，我就拿这斧头劈死你。

白傻子　（不明白，但是——）嗯，嗯，好的，好的。（又收下他的斧头）

仇　虎　（坐在轨道上，双手撑在背后的枕木上，支好半身的体重，伸开了腿，望着白傻子）你敲吧！

白傻子　（向铁镣上重重打了一下，只一下，他停住了，想一想）可……可是这斧头也……也不是你的。

仇　虎　（不耐烦）知道，知道！

白傻子　（有了理）那你不能拿这斧子劈死我。（跟着站起来）

仇　虎　（跳起，抢过他的斧头，抡起来）妈，这傻王八蛋，你给我弄不弄？

　　　　〔野地里羊群又在哀哀地呼唤。〕

白傻子　（惧怯地）我……我没有说不给你弄。（又接过斧头，仇虎坐下来，白傻子蹲在旁边，开始一下两下向下敲）

　　　　〔野塘里的青蛙清脆地叫了几声。〕

白傻子　（忽然很怪异地看着仇虎）你怎么知道我……我的外号。

仇　虎　怎么？

白傻子　这儿的人要我干活的时候，才叫我白傻子。做完了活，总叫我傻王八蛋。（很亲切地又似乎很得意地笑起来）唏！唏！唏！（在背上抓抓痒又敲下去）

仇　虎　（想不到，真认不出是他）什么，你——你叫白傻子。

白傻子　嗯，（结结巴巴）他们都不爱理我，都叫我傻王八蛋，可有时也……也叫我狗……狗蛋。你看，这两个名字哪一个好？（得不着回答，一个人叨叨地）嗯，两个都叫，倒……倒也不错，可我想还是狗……狗蛋好，我妈活着就老叫我狗蛋。她说，你看，这孩子长得狗……狗头狗脑的，就叫他狗……狗蛋

　　　　　吧，长……长得大。你看，我……我小名原来叫……叫……（很得意地拍了自己的屁股一下）叫狗蛋！唏！唏！唏！（笑起来，又抹一下子鼻涕）
仇　虎　（一直看着他）狗蛋，你叫狗蛋！
白傻子　嗯，狗蛋，你……你没猜着吧！（得意地又在背上抓抓）
仇　虎　（忽然）你还认识我不认识我？
白傻子　（望了一会，摇头）不，不认识。（放下斧头）你……你认识我？
仇　虎　（等了一刻，冷冷地）不，不认识。（忽然急躁地）快，快点敲，少说废话，使劲！
白傻子　天快黑了！我看不大清你的镯子。
仇　虎　妈的，这傻王八蛋，你把斧头给我，你给我滚。
白傻子　（站起）给你？（高举起斧头）不，不成。这斧头不是我的。这斧头是焦……焦大妈的。
仇　虎　你说什么？（也站起）
白傻子　（张口结舌）焦……焦大妈！她说，送……送晚了点，都要宰……宰了我。（摸摸自己的颈脖，想起了焦大妈，有了胆子，指着仇虎的脸）你……你要是把她的斧头抢……抢走，她也宰……宰了你！（索性吓他一下，仿佛快刀从头颈上斩过，他用手在自己的颈上一摸）喳——喳——喳！就这样，你怕不怕？
仇　虎　哦，是那个瞎老婆子？
白傻子　（更着重地）就……就是那个瞎老婆子，又狠又毒，厉害着得呢！
仇　虎　她还没有死？
白傻子　（奇怪）没有，你见过她？
仇　虎　（沉吟）见过。（忽然抓着白傻子的胳膊）那焦老头子呢？
白傻子　（瞪瞪眼）焦老头子？
仇　虎　就是她丈夫，那叫阎王，阎王的。
白傻子　（恍然）哦，你说阎王啊，焦阎王啊。（不在意地）阎王早进……进了棺材了。
仇　虎　（惊愕得说不出话来）什——么？（立起）
白傻子　他死了，埋了，入了土了。
仇　虎　（很恶地）什么？阎王进了棺材？
白傻子　（不在心）前两年死的。
仇　虎　（阴郁地）死了！阎王也有一天进了棺材了。
白傻子　嗯，（不知从哪里听来的）光屁股来的光屁股走，早晚都得入土。
仇　虎　（失望地）那么，我是白来了，白来了。
白傻子　（奇怪地）你……你找阎王干……干什么？
仇　虎　（忽然回转头，愤怒地）可他——他怎么会死？他怎么会没有等我回来才死！他为什么不等我回来！（顿足，铁镣相撞，疯狂地乱响）不等我！（咬紧牙）

不等我！抢了我们的地！害了我们的家！烧了我们的房子，你诬告我们是土匪，你送了我进衙门，你叫人打瘸了我的腿。为了你我在狱里整整熬了八年。你逃到这个地方，改名换姓躲着我们，等到我来了，你伸伸脖子死了，你会死了！

白傻子　（莫明其妙，只好——）嗯，死了！

仇　虎　（举着拳头，压下声音）偷偷地你就死了。（激昂起来）可我怎么能叫你死，叫你这么安逸地死了。我告诉你，阎王，我回来了，我又回来了，阎王！杀了我们，你们就得偿命；伤了我们，我们一定还手。挖了我的眼睛，我也挖你的。你打瘸了我的腿，害苦了我们一大堆人，你想，你在这儿挖个洞偷偷死了，哼，你想我们会让你在棺材里安得了身！哦，阎王，你想得太便宜了！

白傻子　（诧异）你一个念叨些什么？你还要斧子敲你这镯子不要？

仇　虎　（想起当前的境界）哦，哦，要……要！（暴烈地）你可敲啊！

白傻子　（连忙）嗯，嗯！（啐口吐沫，举起斧子敲）

仇　虎　那么，他的儿子呢？

白傻子　谁？

仇　虎　我说阎王的儿子，焦大星呢？

白傻子　（不大清楚）焦……焦大星？

仇　虎　就是焦大。

白傻子　（恍然）他呀！他刚娶个新媳妇，在家里抱孩子呢。

仇　虎　又娶了个媳妇。

白傻子　（呲着白牙）新媳妇长得美着呢，叫……叫金子。

仇　虎　（惊愕）金子！金子！

白傻子　嗯，你……你认识焦大？

仇　虎　嗯，（狞笑）老朋友了，（回想）我们从小，这么大（用手比一下）就认识。

白傻子　那我替你叫他来，（指远远那一所孤独的房屋）他就住在那房子里。（向那房屋跑）

仇　虎　（厉声）回来！

白傻子　干——干什么？

仇　虎　（伸出手）把斧头给我！

白傻子　斧头？

仇　虎　我要自己敲开我这副金镯子送给焦老婆子戴。

白傻子　（又倔强起来）可这斧头是焦——焦——焦大妈的。

仇　虎　（不等他说完，走上前去，抢斧头）给我。

白傻子　（伸缩头，向后退）我！我不。（仇虎逼过去）

仇　虎　（抢了斧头，按下白傻子的头颈，似乎要斫下去）你——你这傻王八蛋。

〔轨道右外听见一个女人说话，有个男人在旁边劝慰着。〕

白傻子　（挣得脸通红）有——有人！

仇　虎　（放下手倾听一刻，果然是）狗蛋，便宜你！

白傻子　（遇了大赦）我走了？

仇　虎　（又一把抓住他）走，你跟着我来！

〔仇虎拉着白傻子走向野塘左面去，白傻子狼狈地跟随着，一会儿隐隐听见斧头敲铁镣的声音。〕

〔由轨道左面走上两个人。女人气冲冲地，一句话不肯说，眉头藏着泼野，耳上的镀金环子铿铿地乱颤。女人长得很妖冶，乌黑的头发，厚嘴唇，长长的眉毛，一对明亮亮的黑眼睛里面蓄满魅惑和强悍。脸生得丰满，黑里透出健康的褐红；身材不十分高，却也娉娉婷婷，走起路来，顾盼自得，自来一种风流。她穿着大红的裤袄，头上梳成肥圆圆的盘髻。腕上的镀金镯子骄傲地随着她走路的颤摇摆动。她的声音很低，甚至于有些哑，然而十分入耳，诱惑。〕

〔男人（焦大星）约莫有三十岁上下，短打扮，满脸髭须，浓浓的黑眉，凹进去的眼，神情坦白，笑起来很直爽明朗。脸色黧黑，眉目间有些忧郁，额上时而颤跳着蛇似的青筋。左耳悬一只铜环，是他父亲——阎王——在神前为他求的。他的身体魁伟，亮晶的眼有的是宣泄不出的热情。他畏惧他的母亲，却十分爱恋自己的艳丽的妻，妻与母为他尖锐的争斗使他由苦恼而趋于怯弱。他现在毫不吃力地背着一个大包袱，稳稳地迈着大步。他穿一件深灰的裤褂，悬着银表链，戴一顶青毡帽，手里握着一根小树削成的木棍，随着焦花氏走来。〕

焦大星　（那男人）金子！

焦花氏　（不理，仍然向前走）

焦大星　（拉着她）金子，你站着。

焦花氏　（甩开他）你干什么？

焦大星　（恳求地）你为什么不说话。

焦花氏　（瞋目地）说话？我还配说话？

焦大星　（体贴地）金子，你又怎么啦？谁得罪了你？

焦花氏　（立在轨道上）得罪了我？谁敢得罪了我！好，焦大的老婆，有谁敢得罪？

焦大星　（放下包袱）好，你先别这么说话，咱们俩说明白，我再走。

焦花氏　（斜眼望着他）走？你还用着走？我看你还是好好地回家找你妈去吧！

焦大星　（明白了一半）妈又对你怎么啦？

焦花氏　妈对我不怎么！（奚落地）哟，焦大多孝顺哪！你看，出了门那个舍不得妈丢不下妈的样子，告诉妈，吃这个，穿那个，说完了说，嘱咐，又嘱咐，就像你一出门，虎来了要把她叼了去一样。哼，你为什么不倒活几年长小了，长成，（两手一比）这么点，到你妈怀里吃喳儿去呢！

焦大星　（不好意思，反而解释地）妈——妈是个瞎子啊！

焦花氏　（头一歪，狠狠地）我知道她是个瞎子！（又嘲笑地）哟，焦大真是个孝子，妈妈长，妈妈短，跟妈带这个，跟妈带那个；我跟你到县里请一个孝子牌坊，好不好？（故意叹口气）唉，为什么我进门不就添个孩子呢？

焦大星　（吃一惊）你说什么？进门添孩子？

焦花氏　（瞟他一眼）你别吓一跳，我不是说旁的。我说进门就跟你添一个大小子，生个小焦大，好叫他像你这样地也孝顺孝顺我。哼，我要有儿子，我就要生你这样的，（故意看着焦大）是不错！

焦大星　（想骂她，但又没有话）金子，你说话总是不小心，就这句话叫妈听见了又是麻烦。

焦花氏　（强悍地）哼，你怕麻烦！我不怕！说话不小心，这还是好的，有一天，我还要做给她瞧瞧。

焦大星　（关心地）你——你说你做什么？

焦花氏　（任性泼野）我做什么？我是狐狸精！她说我早晚就要养汉偷人，你看，我就做给她瞧瞧，哼，狐狸精？

焦大星　（不高兴）怎么，你偷人难道也是做给我瞧瞧。

焦花氏　你要是这么待我，我就偷——

焦大星　（立起，一把抓着焦花氏的手腕，狠狠地）你偷谁？你要偷谁？

焦花氏　（忽然笑眯眯地）别着急，我偷你，（指着她丈夫的胸）我偷你，我的小白脸，好不好？

焦大星　（忍不住笑）金子，唉，一个妈，一个你，跟你们俩我真是没有法子。

焦花氏　（翻了脸）又是妈，又是你妈。你怎么张嘴闭嘴总离不开你妈，你妈是你的影子，怎么你到哪儿，你妈也到哪儿呢？

焦大星　（坐在包袱上，叹一口长气）怪，为什么女人跟女人总玩不到一块去呢？

〔塘里青蛙又叫了几声，来了一阵风，远远传来野鸟的鸣声。〕

焦花氏　（忽然拉起男人的手）我问你，大星，你疼我不疼我？

焦大星　（仰着头）什么？

焦花氏　（坐在他身旁）你疼我不疼我？

焦大星　（羞涩地）我——我自然疼你。

焦花氏　（贴近一些）那么，我问你一句话，我说完了你就得告诉我。别含糊！

焦大星　可是你问——问什么话？

焦花氏　你先别管，你到底疼我不？你说不说？

焦大星　（摇摇头）好，好，我说。

焦花氏　（指着男人的脸）一是一，二是二，我问出口，你就地就得说，别犹疑！
焦大星　（急于知道）好，你快说吧。
焦花氏　要是我掉在河里，——
焦大星　嗯。
焦花氏　你妈也掉在河里，——
焦大星　（渐明白）哦。
焦花氏　你在河边上，你先救哪一个？
焦大星　（窘迫）我——我先救哪一个？
焦花氏　（眼直盯着他）嗯，你先救哪一个，是你妈，还是我？
焦大星　我……我——（抬头望望她）
焦花氏　（迫待着）嗯？快说，是你妈？还是我？
焦大星　（急了）可——可哪会有这样的事？
焦花氏　我知道是没有。（固执地）可要是有呢，要是有，你怎么办？
焦大星　（苦笑）这——这不会的。
焦花氏　你，你别含糊，我问你要真有这样的事呢？
焦大星　要真有这样的事，（望望女人）那——那——
焦花氏　那你怎么样？
焦大星　（直快地）那我两个都救，（笑着）我（手势）我左手拉着妈，我右手拉着你。
焦花氏　不，不成。我说只能救一个。那你救谁？（魅惑地）是我，还是你妈？
焦大星　（苦恼）那我……那我……
焦花氏　（激怒地）你当然是救你妈，不救我。
焦大星　（老实地）不是不救你，不过妈是个——
焦花氏　（想不到）瞎子！对不对？
焦大星　（乞怜地望着她）嗯。瞎了眼自然得先救。
焦花氏　（撅起嘴）对了，好极了，你去吧！（怨而恨地）你眼看着我要淹死，你都不救我，你都不救我！好！好！
焦大星　（解释）可你并没有掉在河里——
焦花氏　（索性诉起委屈）好，你要我死，（气愤地）你跟你妈一样，都盼我立刻死了，好称心，你好娶第三个老婆。你情愿淹死我，不救我。
焦大星　（分辩地）可我并没有说不救你。
焦花氏　（紧问他）那么，你先救谁？
焦大星　（问题又来了）我——我先——我先——
焦花氏　（逼迫）你再说晚了，我们俩就完了。
焦大星　（冒出嘴）我——我救你。

焦花氏　（改正他）你先救我。

焦大星　（机械地）我先救你！

焦花氏　（眼里闪出胜利的光）你先救我！（追着，改了口）救我一个？

焦大星　（糊涂地）嗯。

焦花氏　（更说得清楚些）你"只"救我一个——

焦大星　（顺嘴说）嗯。

焦花氏　你"只"救我一个，不救她。

焦大星　可是，金子，那——那——

焦花氏　（逼得紧）你说了，你只救我一个，你不救她。

焦大星　（气愤地立起）你为什么要淹死我妈呢？

焦花氏　谁淹死她？你妈不是好好在家里？

焦大星　（忍不下）那你为什么老逼我说这些不好听的话呢？

焦花氏　（反抗地）嗯，我听着痛快，我听着痛快！你说，你说给我听。

焦大星　可是说什么？

焦花氏　你说"淹死她！"

焦大星　（故意避开）谁呀？

焦花氏　你说"淹死我妈！"

焦大星　（惊骇地望着她）什么，淹死——？

焦花氏　（期待得紧）你说呀，你说了我才疼你，爱你。（诱惑地）你说了，你要干什么，我就干什么。你看，我先给你一个。（贴着大星的脸，热热地亲了一下）香不香？

焦大星　（呆望着她）你——嗯！

焦花氏　你说不说！来！（拉着大星）你坐下！（把他推在大包袱上）你说呀！你说淹死她！淹死我妈！

焦大星　（傻气地）我说，我不说！

焦花氏　（没想到）什么！（想翻脸，然而——笑下来，柔顺地）好，好，不说就不说吧！（忽然孩子似的语调）大星，你疼我不疼我？（随着坐在大星的膝上，紧紧抱着他的颈脖，脸贴脸，偎过来，擦过去）大星，你疼我不疼我？你爱我不爱？

焦大星　（想躲开她，但为她紧紧抱住）你别——你别这样，有——有人看见。（四面望）

焦花氏　我不怕。我跟我老头子要怎么着就怎么着。谁敢拦我？大星，我俊不俊？我美不美？

焦大星　（不觉注视她）俊！——美！

焦花氏　（蛇似的手抚摸他的脸，心和头发）你走了，你想我不想我？你要我不要我？

焦大星　（不自主地紧紧握着她的手）要！

焦花氏　（更魅惑地）你舍得我不舍得我？

焦大星　（男人舔舔自己的嘴唇，低哑地）我——不——舍——得。（男人忽然翻过身，将焦花氏抱住，再把她——，喘着）我——

焦花氏　（倏地用力推开他，笑着竖起了眉眼，慢慢地）你不舍得，你为什么不说？

焦大星　（昏眩）说——说什么？

焦花氏　（泄恨地）你说淹死她，淹死我妈。

〔一阵野风，吹得电线杆呜呜地响。〕

焦花氏　你说了我就让你。

焦大星　（喘着）好，就——就淹死她，（几乎是抽咽）就淹，淹死我——

〔由轨道后面左方走上一位嶙峋的老女人，约莫有六十岁的样子。头发大半斑白，额角上有一块紫疤，一副非常峻削严厉的轮廓。扶着一根粗重的拐棍，张大眼睛，里面空空不是眸子，眼前似乎罩上一层白纱，直瞪瞪地望着前面，使人猜不透那一对失了眸子的眼里藏匿着什么神秘。她有着失了瞳仁的人的猜疑，性情急躁；敏锐的耳朵四方八面地谛听着。她的声音尖锐而肯定。她还穿着丈夫的孝，灰布褂，外面罩上一件黑坎肩，灰布裤，从头到尾非常整洁。她走到轨道上，一句话不说，用杖重重在铁轨上捣。〕

焦　母　（冷峻地）哼！

焦花氏　（吓了一跳）妈！（不自主地推开大星，立起）

焦大星　（方才的情绪立刻消失。颤颤地）哦，妈！

焦　母　（阴沉地）哼，狐狸精！我就知道你们在这儿！你们在说什么？

焦花氏　（惶惑地）没……没说什么，妈。

焦　母　大星，你说！

焦大星　（低得听不见）是……是没说什么。

焦　母　（回头，从牙缝里喷出来的话）活妖精，你丈夫叫你在家里还迷不够，还要你跑到外面来迷。大星在哪儿？你为什么不做声？

焦大星　（惶恐地）妈，在这儿。

焦　母　（用杖指着他）死人！还不滚，还不滚到站上干事去，（狠恶地）你难道还死在那骚娘儿们的手里！死人！你是一辈子没见过女人是什么样是怎么！你为什么不叫你媳妇把你当元宵吞到肚里呢？我活这么大年纪，我就没见过你这样的男人，你还配那死了的爸爸养活的？

焦大星　（惧怯地）妈，那么（看看焦花氏）我走了。（花氏口里嘟哝着）

焦　母　滚！滚！快滚！别叫我生气！——（忽然）金子，你嘴里念的什么咒。

焦花氏　（遮掩）我没什么！那是风吹电线，您别这么疑东疑西的。

焦　母　哼，（用手杖指着她，几乎戳着她的眼）你别看我瞅不见，我没有眼比有眼的还尖。大星——

焦大星　妈，在这儿。我就走。（背起大包袱）

焦花氏　大星，你去吧！

焦　母　（回头）你别管！又要你拿话来迷他。（对自己的儿子）记着在外头少交朋友，多吃饭，有了钱吃上喝上别心疼。听着！钱赚多了千万不要赌，寄给你妈，妈跟你存着，将来留着你那个没妈的儿子用。再告诉你，别听女人的话，女人真想跟你过的，用不着你拿钱买；不想跟你过，你就是为她死了，也买不了她的心。听明白了么？

焦大星　听明白了。

焦　母　去，去。（忽然由手里扔出一袋钱，落在大星的脚下）这是我的钱，你拿去用吧。

焦大星　妈，我还有。

焦　母　拾起来拿走，不要跟我装模装样。我知道你手上那一点钱早就给金子买手镯，打了环子了。（对着焦花氏）你个活妖精。

焦大星　好，妈，我走了。您好好地保重身体，多穿衣服，门口就是火车，总少到铁道上来。

焦　母　（急躁地）知道，知道，不要废话，快走。

焦花氏　哼，妈不稀罕你说这一套，还不快走。

焦　母　谁说的？谁说不稀罕？儿子是我的，不是你的。他说得好，我爱听，要你在我面前挑拨是非？大星，滚！滚！滚！别在我耳朵前面烦的慌。快走！

焦大星　嗯！嗯，走了！（低声）金子，我走了。

〔大星向右走了四五步。〕

焦　母　（忽然）回来！

焦大星　干什么？

焦　母　（厉声）你回来！（大星快快地又走回来）刚才我给你的钱呢？

焦大星　（拿出来）在这儿。

焦　母　（伸手）给我，叫我再数一下。（大星又把钱袋交给她，她很敏捷地摸着里面的钱数，口里念叨着）

焦花氏　（狠狠地看她一眼）妈，您放心！大星不会给我的。

焦　母　（数好，把钱交给大星）拿去，快滚！（忽然回过头向焦花氏，低声，狠狠地）哼，迷死男人的狐狸精。

〔大星一步一步地走向右去。〕

焦　母　你看什么？

焦花氏　谁看啦？

焦　母　天黑了没有？

焦花氏　快黑了。

焦　母　白傻子！（喊叫）白傻子！白傻子！白傻子！（无人应声）

焦花氏　您干什么？

焦　母　（自语）怪，天黑了，他该还给我们斧子了，哼，这王八蛋！又不知在哪儿死去了！——走，回家去，走！

焦花氏　（失神地）嗯，回家。（手伸过去）让我扶您。

焦　母　（甩开她的手）去！我不要你扶，假殷勤！

〔焦母向左面轨道走，焦花氏不动，立在后面。远远由右面又听见白傻子"漆叉卡叉，漆叉卡叉"起来，似乎很高兴地。〕

焦　母　金子！你还不走，你在干什么？

焦花氏　（看见远远白傻子的怪样，不由笑出）妈，您听，火车头来了。

焦　母　（怪癖地）你不走，你想等火车头压死你。

焦花氏　不，我说是白傻子！

焦　母　白傻子？

焦花氏　嗯。

〔"火车""吐兔图吐"地由右面轨道上跑进来，白傻子一双手疾迅地旋转，口里呜呜地吹着汽笛。〕

焦　母　（听见是他，严厉地）狗蛋！

白傻子　（瞥见焦母，斜着眼，火车由慢而渐渐停止）吐兔图吐，吐——兔——图——吐，吐——兔——图——吐。

焦　母　狗蛋，你滚到哪儿去了？

白傻子　（望望焦母，又望望焦花氏）我——我没有滚到哪儿去。

焦　母　斧子呢？

白傻子　（想起来，昏惑地）斧子？

焦花氏　你想什么？问你斧子在哪儿呢？

焦　母　（厉声）斧子呢？

白傻子　（惧怕地）斧子叫——叫人家抢——抢去了。

焦　母　什么？

白傻子　一个瘸——瘸子抢——抢去了。

焦　母　（低声）你过来。

白傻子　（莫明其妙地走过去）干——干什么？

焦　母　你在哪儿？

白傻子　（笑嘻嘻地）这儿！

焦　母　（照着那声音的来路一下打在白傻子的脸上）这个傻王八蛋，带我去找那个瘸子去！

白傻子　（摸着自己的脸，没想到）你打——打了我！
焦　母　嗯，我打了你！（白傻子哇地哭起来）你去不去？
白傻子　我——我去！
焦　母　走！（把拐杖举起一端，交给傻子，他拿起，于是他在前，瞎婆子在后走向右面去）

〔一阵野风，刮得电线又呜呜的，巨树矗立在原野，叶子哗哗地响，青蛙又在塘边咕噪起来。〕

〔焦花氏倚着巨树，凝望天际，这时天边的红云逐渐幻成乌云，四周景色翳翳，渐暗下去。大地更黑了。她走到轨道上，蹲坐着，拿起一块石头轻轻敲着铁轨。〕

〔由左面基道背后，蹑手蹑脚爬出来仇虎。他手里拿着那副敲断的铁镣，缓缓走到焦花氏的身后。〕

焦花氏　（察觉身旁有人，忽然站起）谁？
仇　虎　我！
焦花氏　（吓住）你是谁？
仇　虎　（搓弄铁镣，阴沉地）我！——（慢慢地）你不认识我？
焦花氏　（惊愕）不，我不认识。
仇　虎　（低哑地）金子，你连我都忘了？
焦花氏　（迫近，注视他，倒吸一口气）阿！
仇　虎　（悻悻地）金子，我可没忘了你。
焦花氏　什么，你——你是仇虎。
仇　虎　嗯，（恫吓地）仇虎回来了。
焦花氏　（四面望望）你回来干什么？
仇　虎　（诱惑地）我回来看你。
焦花氏　你看我？（不安地笑一下）你看我干什么——我早嫁人了。
仇　虎　（低沉地）我知道，你嫁给焦大，我的好朋友。
焦花氏　嗯。（忽然）你（半晌）从哪儿来？
仇　虎　（指着天际）远，远，老远的地方。
焦花氏　你坐火车来的？
仇　虎　嗯，（苍凉地）"吐兔图吐"，一会儿就到。
焦花氏　你怎么出来的！这儿又没有个站。
仇　虎　我从火车窗户跳出来，（指铁镣）带着这个。
焦花氏　（有些惧怕）怎么，你——你吃了官司了。
仇　虎　嗯！你看看！（退一步）我这副神，好不好？
焦花氏　（才注意到）你——你瘸了。

仇　虎　嗯，瘸了。（忽然）你心疼不心疼？
焦花氏　心疼怎么样，不心疼怎么样？
仇　虎　（狞笑）心疼你带我回家，不心疼我抢你走。
焦花氏　（忽然来了勇气，泼野地）丑八怪，回去撒泡尿自己照照，小心叫火车压死。
仇　虎　你叫我什么？
焦花氏　丑八怪，又瘸又驼的短命鬼。
仇　虎　（甜言蜜语，却说得诚恳）可金子你不知道我想你，这些年我没有死，我就为了你。
焦花氏　（不在意，笑嘻嘻）那你为什么不早回来？
仇　虎　现在回来也不晚呀。（迫近想拉她的手）
焦花氏　（甩开）滚！滚！滚！你少跟我说好听的，丑八怪。我不爱听。
仇　虎　（狡黠地）我知道你不爱听，你人规矩，可你管不着我爱说真心话。
焦花氏　（瞟他一眼）你说你的，谁管你呢？
仇　虎　（低沉地）金子，这次回来，我要带你走。
焦花氏　（睨视，叉住腰）你带我到哪儿？
仇　虎　远，远，老远的地方。
焦花氏　老远的地方？
仇　虎　嗯，坐火车还得七天七夜。那边金子铺的地，房子都会飞，张口就有人往嘴里送饭，睁眼坐着，路会往后飞，那地方天天过年，吃好的，穿好的，喝好的。
焦花氏　（眼里闪着妒羡）你不用说，你不用说，我知道，我早知道，可是，虎子，就凭你——
仇　虎　（捺住她）你别往下讲，我知道。你先看看这是什么！（由怀里掏出一个金光灿烂的戒子，上面镶着宝石，举得高高的）这是什么？
焦花氏　什么，（大惊异）金子！
仇　虎　对了，这是真金子，你看，我口袋还有。
焦花氏　（翻翻眼）你有，是你的。我不稀罕这个。
仇　虎　（故意地）我知道你不稀罕这个，你是个规矩人。好，去吧！（一下扔在塘里）
焦花氏　（惋惜）你——你丢了它干什么？
仇　虎　你既然不稀罕这个，我还要它有什么用。
焦花氏　（笑起来）丑八怪！你真——
仇　虎　（忙接）我真想你，金子，我心里就有你这么一个人！你还要不要，我怀里还有的是。
焦花氏　（骄傲地）我不要。
仇　虎　你不要，我就都扔了它。

焦花氏　（忙阻止他）虎子，你别！
仇　虎　那么，你心疼我不心疼我？
焦花氏　怎么？
仇　虎　心疼就带我回家。
焦花氏　不呢？
仇　虎　我就跳这坑里淹死！
焦花氏　你——你去吧！
仇　虎　（故意相反解释）好，我就去！（跑到焦花氏后面，要往下跳）
焦花氏　（一把拉住仇虎）你要做什么。
仇　虎　（回头）你不是要我往下跳？
焦花氏　谁说的？
仇　虎　哦，你不！——那么，什么时候？
焦花氏　（翻了脸，敛住笑容）干什么？
仇　虎　（没想到）干什么？
焦花氏　嗯？
仇　虎　到——到你家去，我，我好跟你——
焦花氏　（又翻了脸）你说怎么？
仇　虎　（看出不是颜色）我说好跟你讲讲，我来的那个好，好地方啊！
焦花氏　（忽然忍不住，笑起来）哦，就这样啊！好，那么，就今天晚上。
仇　虎　今天晚上
焦花氏　嗯，今天晚上。
仇　虎　（大笑）我知道，金子，你一小就是个规矩人。
焦花氏　（忽然听见右面有拐杖探路的声音，回过头看，惊慌地）我妈来了！丑八怪，快点跟我走。
仇　虎　不，让我先看看她，现在成了什么样。
焦花氏　不！（一把拉住仇虎）你跟我走。
　　　　〔仇虎慌慌张张地随着焦花氏下。〕
　　　　〔天大黑了，由右面走进焦母；一手拿着斧子，一手是拐杖，后面跟随白傻子。〕
焦　母　金子！金子！
白傻子　（有了理，兴高采烈地）我就知道那斧子不会拿走，用完了，一定把斧子放在那儿。你看，可不是！
焦　母　狗蛋，你少废话！（严厉地）金子，你记着，大星头一天不在家，今天晚上，门户要特别小心。今天就进了贼，掉了东西，（酷毒地）我就拿针戳烂你的眼，叫你跟我一样地瞎，听见了没有？

白傻子　嘻！嘻！嘻！

焦　母　狗蛋，你笑什么？

白傻子　你……你家新媳妇早……早走了。

焦　母　（立在铁轨后巨树前，森森然）啊？早走了？

〔忽然远处一列火车驶来，轮声轧轧，响着汽笛，机车前的探路灯，像个怪物的眼，光芒万丈，由右面射入，渐行渐近。〕

白傻子　（跑在道旁，跳跃欢呼）火车！火车！火车来了。

〔机声更响，机车的探路灯由右面渐射满焦母的侧面。〕

焦　母　（立在巨树下像一个死尸，喃喃地）哼！死不了的狐狸精，叫火车压死她！

〔原野里一列急行火车如飞地奔驰，好大的野风！探路灯正照着巨树下的焦母，看见她的白发和衣裾在疾风里乱抖。〕

——幕急落

作家·作品

曹禺（1910～1996），本名万家宝，字小石，剧作家、戏剧教育家，祖籍湖北潜江，1910年生于天津一个没落的封建家庭；1922年在南开中学读书时，阅读了大量"五四"以来国内的优秀作品和外国文学、戏剧作品，并参加了"南开新剧团"，演出中外剧作，为他从事戏剧创作打下了基础；1928年秋入南开大学，1930年转清华大学西洋文学系，广泛接触欧美文学作品，1933年创作了处女作四幕剧《雷雨》，暴露了具有浓厚封建性的资产阶级家庭的腐朽和罪恶，揭示了旧制度必将灭亡的历史趋势，以高度的艺术成就和现实主义的艺术力量震动了当时的戏剧界，标志着中国话剧艺术开始走向成熟。中华人民共和国成立后，曹禺历任北京人民艺术剧院院长、中央戏剧学院名誉院长、中国戏剧家协会主席等职。曹禺的作品除《雷雨》、《日出》外，还有《原野》、《蜕变》、《北京人》、《家》（根据巴金同名小说改编）、《艳阳天》（电影剧本）、《明朗的天》、《胆剑篇》（与梅阡等合作）、《王昭君》。此外，曹禺还翻译了莎士比亚的《罗密欧与朱丽叶》等。

《原野》是曹禺写得最深、最好看，也是最富争议的一部戏。它不是一个简单的复仇故事，也不仅仅揭露了封建社会的黑暗，表现被压迫、被摧残的农民对美好生活的向往，还更深地发掘了人性的复杂多面性。作品借助浩渺的原野，铺满黄金的理想仙境，黑暗迷茫的森林，通向远方的铁轨，梦魇一般挥不走的鬼魂等舞台意象，通过戏剧人物外部及其内部的矛盾冲突，揭示了传统文化观念对人性的扭曲。曹禺把古典的戏剧模式和现代的表现技巧完美地结合在一起，使这部戏扣人心弦，发人深省。人物粗犷坚强如煤石般的仇虎，炙热野性如火般的金子，刁钻尖刻如瘟神般的瞎子焦母，个个形象栩栩如生，这也使得这部戏成为中国戏剧的不朽经典。

 思考·练习

1. 感受《原野》序幕中表现出来的悲剧氛围。
2. 学习本剧人物刻画方面的优点和方法。

拓展·阅读

1. 曹禺:《雷雨》。
2. 曹禺:《日出》。
3. 曹禺:《北京人》。

哈姆雷特（节选）

[英] 莎士比亚

（剧中人物关系）

哈姆雷特（丹麦王子）　　　　克劳狄斯（丹麦国王，哈姆雷特之叔）
王后（哈姆雷特之母）　　　　波洛涅斯（御前大臣）
奥菲利娅（波洛涅斯之女）　　罗森格兰兹（宫廷大臣）
吉尔登斯吞（宫廷大臣）

第三幕

第一场　城堡中一室

国王、王后、波洛涅斯、奥菲利娅、罗森格兰兹及吉尔登斯吞上。

国王　你们不能用迂回婉转的方法，探出他为什么这样神魂颠倒，让紊乱而危险的疯狂困扰他的安静的生活吗？

罗森格兰兹　他承认他自己有些神经迷惘，可是绝口不肯说为了什么缘故。

吉尔登斯吞　他也不肯虚心接受我们的探问；当我们想要引导他吐露他自己的一些真相的时候，他总是用假作痴呆的神气故意回避。

王后　他对待你们还客气吗？

罗森格兰兹　很有礼貌。

吉尔登斯吞　可是不大自然。

罗森格兰兹　他很吝惜自己的话，可是我们问他话的时候，他回答起来却是毫无拘束。

王后　你们有没有劝诱他找些什么消遣？

罗森格兰兹　娘娘，我们来的时候，刚巧有一班戏子也要到这儿来，给我们赶过了；我们把这消息告诉了他，他听了好像很高兴。现在他们已经到了宫里，我想他已经盼咐他们今晚为他演出了。

波洛涅斯　一点不错；他还叫我来请两位陛下同去看看他们演得怎样哩。

国王　那好极了；我非常高兴听见他在这方面感到兴趣。请你们两位还要更进一步鼓起他的兴味，把他的心思移转到这种娱乐上面。

罗森格兰兹　是，陛下。（罗森格兰兹、吉尔登斯吞同下。）

国王　亲爱的乔特鲁德，你也暂时离开我们；因为我们已经暗中差人去唤哈姆雷特到这儿来，让他和奥菲利娅见见面，就像他们偶然相遇一般。她的父亲跟我两人将要权充一下密探，躲在可以看见他们，却不能被他们看见的地方，注意他们会面的情形，从他的行为上判断他的疯病究竟是不是因为恋爱上的苦闷。

王后　我愿意服从您的意旨。奥菲利娅，但愿你的美貌果然是哈姆雷特疯狂的原因；更愿你的美德能够帮助他恢复原状，使你们两人都能安享尊荣。

奥菲利娅　娘娘，但愿如此。（王后下。）

波洛涅斯　奥菲利娅，你在这儿走走。陛下，我们就去躲起来吧。（向奥菲利娅）你拿这本书去读，他看见你这样用功，就不会疑心你为什么一个人在这儿了。人们往往用至诚的外表和虔敬的行动，掩饰一颗魔鬼般的内心，这样的例子是太多了。

国王　（旁白）啊，这句话是太真实了！它在我的良心上抽了多么重的一鞭！涂脂抹粉的娼妇的脸，还不及掩藏在虚伪的言辞后面的我的行为更丑恶。难堪的重负啊！

波洛涅斯　我听见他来了；我们退下去吧，陛下。（国王及波洛涅斯下。）

（哈姆雷特上。）

哈姆雷特　生存还是毁灭，这是一个值得考虑的问题；默然忍受命运的暴虐的毒箭，或是挺身反抗人世的无涯的苦难，通过斗争把它们扫清，这两种行为，哪一种更高贵？

死了；睡着了；什么都完了；要是在这一种睡眠之中，我们心头的创痛，以及其他无数血肉之躯所不能避免的打击，都可以从此消失，那正是我们求之不得的结局。死了；睡着了；睡着了也许还会做梦；嗯，阻碍就在这儿：因为当我们摆脱了这一具朽腐的皮囊以后，在那死的睡眠里，究竟将要做些什么梦，那不能不使我们踌躇顾虑。人们甘心久困于患难之中，也就是为了这个缘故；谁愿意忍受人世的鞭挞和讥嘲、压迫者的凌辱、傲慢者的冷眼、被轻蔑的爱情的惨痛、法律的迁延、官吏的横暴和费尽辛勤所换来的小人的鄙视，要是他只要用一柄小小的刀子，就可以清算他自己的一生？谁愿意负着这样的重担，在烦劳的生命的压迫下呻吟流汗，倘不是因为惧怕不可知的死后，惧怕那从来不曾有一个旅人回来过的神秘之国，是它迷惑了我们的意志，使我们宁愿忍受目前的磨折，不敢向我们所不知道的痛苦飞去？

这样，重重的顾虑使我们全变成了懦夫，决心的赤热的光彩，被审慎的思维盖上了一层灰色，伟大的事业在这一种考虑之下，也会逆流而退，失去了行动的意义。且慢！美丽的奥菲利娅！——女神，在你的祈祷之中，不要忘记替我忏悔我的罪孽。

奥菲利娅　我的好殿下，您这许多天来贵体安好吗？

哈姆雷特　谢谢你，很好，很好，很好。

哈姆雷特（节选）

奥菲利娅　殿下，我有几件您送给我的纪念品，我早就想把它们还给您；请您现在收回去吧。

哈姆雷特　不，我不要；我从来没有给你什么东西。

奥菲利娅　殿下，我记得很清楚您把它们送给了我，那时候您还向我说了许多甜言蜜语，使这些东西格外显得贵重；现在它们的芳香已经消散，请您拿回去吧，因为在有骨气的人看来，送礼的人要是变了心，礼物虽贵，也会失去了价值。拿去吧，殿下。

哈姆雷特　哈哈！你贞洁吗？

奥菲利娅　殿下！

哈姆雷特　你美丽吗？

奥菲利娅　殿下是什么意思？

哈姆雷特　要是你既贞洁又美丽，那么你的贞洁应该断绝跟你的美丽来往。

奥菲利娅　殿下，难道美丽除了贞洁以外，还有什么更好的伴侣吗？

哈姆雷特　嗯，真的；因为美丽可以使贞洁变成淫荡，贞洁却未必能使美丽受它自己的感化；这句话从前像是怪诞之谈，可是现在时间已经把它证实了。我的确曾经爱过你。

奥菲利娅　真的，殿下，您曾经使我相信您爱我。

哈姆雷特　你当初就不应该相信我，因为美德不能熏陶我们罪恶的本性；我没有爱过你。

奥菲利娅　那么我真是受了骗了。

哈姆雷特　进尼姑庵去吧；为什么你要生一群罪人出来呢？我自己还不算是一个顶坏的人；可是我可以指出我的许多过失，一个人有了那些过失，他的母亲还是不要生下他来的好。我很骄傲，有仇必报，富于野心，我的罪恶是那么多，连我的思想也容纳不下，我的想像也不能给它们形象，甚至于我都没有充分的时间可以把它们实行出来。像我这样的家伙，匍匐于天地之间，有什么用处呢？我们都是些十足的坏人；一个也不要相信我们。进尼姑庵去吧。你的父亲呢？

奥菲利娅　在家里，殿下。

哈姆雷特　把他关起来，让他只好在家里发发傻劲。再会！

奥菲利娅　嗳哟，天哪！救救他！

哈姆雷特　要是你一定要嫁人，我就把这一个诅咒送给你做嫁奁：尽管你像冰一样坚贞，像雪一样纯洁，你还是逃不过谗人的诽谤。进尼姑庵去吧，去；再会！或者要是你必须嫁人的话，就嫁给一个傻瓜吧；因为聪明人都明白你们会叫他们变成怎样的怪物。进尼姑庵去吧，去；越快越好。再会！

奥菲利娅　天上的神明啊，让他清醒过来吧！

哈姆雷特　我也知道你们会怎样涂脂抹粉；上帝给了你们一张脸，你们又替自己另外造了一张。你们烟视媚行，淫声浪气，替上帝造下的生物乱取名字，卖弄你们不懂事的风骚。算了吧，我再也不敢领教了；它已经使我发了狂。我说，我们以后再不要结什么婚了；已经结过婚的，除了一个人以外，都可以让他们活下去；没有结婚的不准再结婚，进尼姑庵去吧，去。（下。）

　　奥菲利娅　啊，一颗多么高贵的心是这样殒落了！朝臣的眼睛、学者的辩舌、军人的利剑、国家所瞩望的一朵娇花；时流的明镜、人伦的雅范、举世注目的中心，这样无可挽回地殒落了！我是一切妇女中间最伤心而不幸的，我曾经从他音乐一般的盟誓中吮吸芬芳的甘蜜，现在却眼看着他的高贵无上的理智，像一串美妙的银铃失去了谐和的音调，无比的青春美貌，在疯狂中凋谢！啊！我好苦，谁料过去的繁华，变作今朝的泥土！

　　（国王及波洛涅斯重上。）

　　国王　恋爱！他的精神错乱不像是为了恋爱；他说的话虽然有些颠倒，也不像是疯狂。他有些什么心事盘踞在他的灵魂里，我怕它也许会产生危险的结果。为了防止万一，我已经当机立断，决定了一个办法：他必须立刻到英国去，向他们追索延宕未纳的贡物；也许他到海外各国游历一趟以后，时时变换的环境，可以替他排解去这一桩使他神思恍惚的心事。你看怎么样？

　　波洛涅斯　那很好；可是我相信他的烦闷的根本原因，还是为了恋爱上的失意。啊，奥菲利娅！你不用告诉我们哈姆雷特殿下说些什么话；我们全都听见了。陛下，照您的意思办吧；可是您要是认为可以的话，不妨在戏剧终场以后，让他的母后独自一人跟他在一起，恳求他向她吐露他的心事；她必须很坦白地跟他谈谈，我就找一个所在听他们说些什么。要是她也探听不出他的秘密来，您就叫他到英国去，或者凭着您的高见，把他关禁在一个适当的地方。

　　国王　就这样吧；大人物的疯狂是不能听其自然的。（同下。）

作家·作品

　　威廉·莎士比亚（W. William Shakespeare，1564～1616），文艺复兴时期英国杰出的戏剧家、诗人。莎士比亚是一位具有人文主义思想的进步作家，是文艺复兴时期英国文学的杰出代表。他1564年出生于英格兰沃里克郡斯特拉福镇的一个富商家庭，曾经在文法学校读书，后因父亲破产，中途辍学；21岁时到伦敦剧院工作，很快就登台表演，并开始创作剧本和诗歌。他创作的大部分是戏剧和诗歌，代表作有四大悲剧《哈姆雷特》《奥赛罗》《李尔王》《麦克白》，喜剧《威尼斯商人》等和一百多首十四行诗。他是"英国戏剧之父"，本·琼斯称他为"时代的灵魂"，马克思称他为"人类最伟大的天才之一"，被誉为"人类文学奥林匹克山上的宙斯"。

　　《哈姆雷特》是莎士比亚最著名的悲剧作品之一。全剧共5幕，大体情节是：丹麦王子哈姆雷特的叔父克劳狄斯毒死兄长、霸占嫂嫂，篡夺了王位。老王的鬼魂显现出来，将事情的真相告诉了儿子哈姆雷特，要他复仇。但他既下决心，又犹豫不定，反而错杀了情人奥菲利娅的父亲。奸王克劳狄斯对他的图谋有所察觉，送他去英国，他却半路逃回。最后在奸王安排的一场本欲除掉哈姆雷特的比剑中，哈姆雷特终于报了大仇，但自己也悲惨地死去。这里节选的部分是国王克劳狄斯设计试探哈姆雷特。

本文译者为朱生豪。

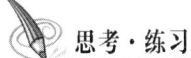

1. 《哈姆雷特》是当今世界上最受欢迎的戏剧，它的剧本仅在 1979～1985 年，就出版了 92 次。"一千个读者就有一千个哈姆雷特"，说说你心目中的哈姆雷特这一人物的形象。

2. 从"生存还是毁灭，这是一个值得考虑的问题"这段著名的独白中，我们可以看到哈姆雷特对生命意义做了哪些思索？

3. 选择阅读莎士比亚的一个剧作，分析其中的人文主义思想内涵。

拓展·阅读

1. ［英］威廉·莎士比亚：《哈姆雷特》。
2. ［英］威廉·莎士比亚：《仲夏夜之梦》。
3. ［英］威廉·莎士比亚：《罗密欧与朱丽叶》。
4. 《王子复仇记》，1948 年英国出品电影。
5. 纪连海："纪连海讲莎翁"（视频），载《百家讲坛》。

第四部分 小说

世说新语（二则）

刘义庆

过江诸人[1]

过江诸人，每至美日，辄相邀新亭[2]，藉卉饮宴[3]。周侯中坐而叹曰[4]："风景不殊[5]，正自有山河之异！"皆相视流泪。唯王丞相愀然变色曰[6]："当共戮力王室[7]，克复神州[8]，何至作楚囚相对[9]！"

注 释

[1] 316年，西晋灭亡。次年，司马睿在建业（今南京）即位，为元帝，史称东晋。因黄河流域为外族侵占，中州士族多渡江南下。"诸人"在此指王导、周𫖮等高级士族。

[2] 新亭：三国时吴国所建，名临沧观。晋安帝隆安年间重修，改名新亭。故址在今江苏江宁南部。

[3] 藉（jiè）卉：坐于草地上。藉：坐卧其上。卉：草的总称。

[4] 周侯：周𫖮（yǐ），字伯仁，汝南安成（今河南汝南东南）人，官至尚书仆射。侯是对州牧刺史的尊称，周𫖮曾任荆州刺史等，故称。中坐：坐中。

[5] 不殊：没有不同。

[6] 王丞相：王导，字茂弘，临沂（今属山东）人。东晋元帝即位后任丞相，辅佐晋室。愀（qiǎo）然：容色改变的样子。

[7] 戮（lù）力：合力。

[8] 神州：古代称中国为赤县神州，此指西晋失陷的江北地区。

[9] 楚囚：春秋时楚人钟仪被晋俘虏，晋人称他为楚囚。后借指处境窘困之人。

王子猷居山阴[1]

王子猷居山阴，夜大雪，眠觉[2]，开室，命酌酒，四望皎然。因起仿偟[3]，咏左思《招隐诗》。忽忆戴安道[4]。时戴在剡[5]，即便夜乘小船就之[6]。经宿方至[7]，造门，不前而返[8]。人问其故，王曰："吾本乘兴而行，兴尽而返，何必见戴？"

注　释

[1] 王子猷（yóu）：名徽之，字子猷，王羲之之子。山阴，旧县名，在今浙江绍兴。
[2] 眠觉：睡醒。
[3] 仿偟：同"彷徨"。
[4] 戴安道：戴逵，字安道，谯郡铚（今安徽宿州）人。博学多艺，擅长音乐、书画，精通佛理，志向清高，终身隐居不仕。
[5] 剡（shàn）：今浙江嵊州。其地有剡溪，在曹娥江上游，自山阴沿溪逆流而上可至。
[6] 即便：立即。
[7] 宿：一夜。
[8] 造：到。前：进见。此谓到门前不进去见面就返回。

作家·作品

刘义庆（403~444），南朝宋著名文学家，彭城（今江苏徐州）人；南朝刘宋的宗室，封临川王；喜好文学，官至兖州刺史、都督加开府仪同三司；主要著作有《世说新语》，分德行、言语、政事、文学等36篇。《世说新语》是中国小说肇端时期的优秀作品，也是南朝佚事笔记集大成之作，主要记述士人的生活和思想，及统治阶级的情况，反映了魏晋时期文人的思想言行和上层社会的生活面貌，记载颇为丰富真实。这样的描写有助读者了解当时士人所处的时代状况及政治社会环境，更让我们明确地看到了所谓"魏晋清谈"的风貌。其中"周处除三害""望梅止渴""击鼓骂曹"等故事，成为后世戏曲小说的素材，"新亭对泣""子猷访戴"等也成为后世诗文常用的典故。刘义庆另有《幽明录》，今佚。

《过江诸人》重在记言语，记述了在晋室南渡之后士族的生活和精神面貌。文章通过描写过江诸人的言谈举止，真实地反映了南渡之后士族们面对国土沦丧，王朝偏安这一现实，所产生的两种不同的生活态度：以周侯为代表的颓废不振；以王导为代表的则是刚毅慷慨，表现出积极奋发的精神。

《王子猷居山阴》是记行为，写王子猷兴来而游、兴尽而归的故事。文章十分鲜明地体现出当时士人所崇尚的"魏晋风度"的放浪不羁、不拘形迹的雅士形象。从眠觉到答问一连串动态细节均历历在目,虽言简文约,却形神毕现。

 思考·练习

1. 仔细阅读,品味文中的道理。
2. 谈谈《王子猷居山阴》这则短文"以行为传精神"的特点。
3. 试谈《世说新语》"简洁而传神"的特点。

拓展·阅读

1. (南朝)刘义庆:《世说新语》。
2. 王能宪:《世说新语研究》,江苏古籍出版社 1992 年版。
3. 唐翼明:《魏晋文学与玄学——唐翼明学术论文集》,长江文艺出版社 2004 年版。

阿　宝[1]

蒲松龄

粤西孙子楚[2]，名士也。生有枝指[3]；性迂讷，人诳之辄信为真。或值座有歌妓，则必遥望却走。或知其然，诱之来，使妓狎逼之，则赧颜彻颈[4]，汗珠珠下滴。因共为笑。遂貌其呆状[5]，相邮传作丑语[6]，而名之"孙痴"。

邑大贾某翁，与王侯埒富[7]，姻戚皆贵胄。有女阿宝，绝色也。日择良匹，大家儿争委禽妆[8]，皆不当翁意。生时失俪[9]，有戏之者，劝其通媒。生殊不自揣，果从其教，翁素耳其名，而贫之。媒媪将出，适遇宝，问之，以告。女戏曰："渠去其枝指，余当归之[10]。"媪告生。生曰："不难。"媒去，生以斧自断其指，大痛彻心，血溢倾注，滨死。过数日，始能起，往见媒而示之。媪惊，奔告女。女亦奇之，戏请再去其痴。生闻而哗辨，自谓不痴，然无由见而自剖。转念阿宝未必美如天人，何遂高自位置如此[11]？由是曩念顿冷。

会值清明，俗于是日，妇女出游，轻薄少年，亦结队随行，恣其月旦[12]。有同社数人强邀生去。或嘲之曰："莫欲一观可人否[13]？"生亦知其戏己，然以受女挪揄故，亦思一见其人，忻然随众物色之。遥见有女子憩树下，恶少年环如墙堵。众曰："此必阿宝也。"趋之，果宝也。审谛之，娟丽无双。少倾，人益稠。女起，遽去。众情颠倒，品头题足，纷纷若狂。生独默然。及众他适[14]，回视生犹痴立故所，呼之不应。群曳之曰："魂随阿宝去耶？"亦不答。众以其素讷，故不为怪，或推之，或挽之以归。至家直上床卧，终日不起，冥如醉，唤之不醒。家人疑其失魂，招于旷野，莫能效。强拍问之，则蒙胧应云："我在阿宝家。"及细诘之，又默不语，家人惶惑莫解。初，生见女去，意不忍舍，觉身已从之行，渐傍其衿带间，人无呵者。遂从女归，坐卧依之，夜辄与狎，甚相得。然觉腹中奇馁[15]，思欲一返家门，而迷不知路。女每梦与人交，问其名，曰："我孙子楚也。"心异之，而不可以告人。生卧三日，气休休若将澌灭[16]。家人大恐，托人婉告翁，欲一招魂其家。翁笑曰："平昔不相往还，何由遗魂吾家？"家人固哀之，翁始允。巫执故服、草荐以往[17]。女诘得其故，骇极，不听他往[18]，直导入室，任招呼而去。巫归至门，生榻上已呻。既醒，女室之香奁什具，何色何名，历言不爽[19]。女闻之，益骇，阴感其情之深。

生既离床寝，坐立凝思，忽忽若忘。每伺察阿宝，希幸一再遘之。浴佛节[20]，闻将降香水月寺，遂早旦往候道左，目眩睛劳。日涉午，女始至，自车中窥见生，以掺手搴帘[21]，凝睇不转。生益动，尾从之。女忽命青衣来诘姓字。生殷勤自展[22]，魂益摇。车去始归。归复病，冥然绝食，梦中辄呼宝名，每自恨魂不复灵。家旧养一鹦鹉，忽毙，小儿持弄于床。生自念：倘得身为鹦鹉，振翼可达女室。心方注想，身已翩然鹦鹉，遽飞而去，直达宝所。女喜而扑之，锁其肘，饲以麻子。大呼曰："姐姐勿锁！我孙子楚也！"女大骇，解其缚，亦不去。女祝曰："深情已篆中心[23]。今已人禽异类，姻好何可复圆？"鸟云："得近芳泽，于愿已足。"他人饲之，不食，女自饲之，则食；女坐，则集其膝；卧，则依其床。如是三日，女甚怜之。阴使人瞷生[24]，生则僵卧，气绝已三日，但心头未冰耳。女又祝曰："君能复为人，当誓死相从。"鸟云："诳我！"女乃自矢。鸟侧目若有所思。少间，女束双弯[25]，解履床上，鹦鹉骤下，衔履飞去。女急呼之，飞已远矣。女使妪往探，则生已寤。家人见鹦鹉衔绣履来，堕地死，方共异之。生既苏，即索履。众莫知故。适妪至，入视生，问履所在。生曰："是阿宝信誓物。借口相覆，小生不忘金诺也[26]。"妪反命，女益奇之，故使婢泄其情于母。母审之确，乃曰："此子才名亦不恶，但有相如之贫[27]。择数年得婿若此，恐将为显者笑[28]。"女以履故，矢不他[29]。翁媪乃从之，驰报生。生喜，疾顿瘳。翁议赘诸家。女曰："婿不可久处岳家。况郎又贫，久益为人贱。儿既诺之，处蓬茅而甘藜藿[30]，不怨也。"生乃亲迎成礼，相逢如隔世欢。

自是生家得奁妆，小阜，颇增物产。而生痴于书，不知理家人生业。女善居积，亦不以他事累生。居三年，家益富。生忽病消渴[31]，卒。女哭之痛，泪眼不晴，至绝眠食，劝之不纳，乘夜自经[32]。婢觉之，急救而醒，终亦不食。三日，集亲党，将以殓生。闻棺中呻以息，启之，已复活。自言："见冥王，以生平朴诚，命作部曹[33]。忽有人白：'孙部曹之妻将至。'王稽鬼录，言：'此未应便死。'又白：'不食三日矣。'王顾谓：'感汝妻节义，姑赐再生。'因使驭卒控马送余还。"由此体渐平[34]。值岁大比[35]，入闱之前，诸少年玩弄之，共拟隐僻之题七，引生僻处与语，言："此某家关节[36]，敬秘相授。"生信之，昼夜揣摩制成七艺[37]。众隐笑之。时典试者虑熟题有蹈袭弊，力反常径[38]。题纸下，七艺皆符。生以是抡魁[39]。明年，举进士，授词林[40]。上闻其异，召问之，生具启奏，上大嘉悦。后召见阿宝，赏赉有加焉。

异史氏曰："性痴则其志凝，故书痴者文必工，艺痴者技必良。世之落拓而无成者，皆自谓不痴者也。且如粉花荡产[41]，卢雉倾家[42]，顾痴人事哉[43]！以是知慧黠而过，乃是真痴，彼孙子何痴乎！"

注 释

[1] 本篇选自《聊斋志异》第二卷。

[2] 粤西：今广西一带。古粤地包括今广东广西地区。

[3] 枝指：歧指，俗称"六指儿"。

[4] 赪：红色。

[5] 貌：古"描"字，描述。

[6] 邮传：古时传递文书的驿站，此指互相转告。

[7] 埒：同等。

[8] 委禽妆：送聘礼。委：送。"禽妆"代指彩礼。

[9] 俪：成对的。此指妻子。

[10] 归之：嫁给他。古代女子出嫁称"归"。

[11] 高自位置：存心抬高自己的身份、地位。

[12] 恣其月旦：任意评论。《后汉书.许劭传》记劭好评论人物，"每月辄更其品题，故汝南俗称'月旦评'焉"。后世因此把评论人物称作"月旦评"或"月旦"。

[13] 可人：意中人。

[14] 他适：去别处，离开。

[15] 奇馁：非常饥饿。馁：饿。

[16] 休休：同"咻咻"，喘气声。

[17] 故服、草荐：平时穿用的旧衣与席垫，均属招魂的巫术用具。

[18] 不听他往：不让到别的处所。听：听凭。

[19] 历言不爽：一一说来，全无差错。爽：违背，差失。

[20] 浴拂节：即释迦牟尼诞辰纪念日，在农历四月初八。届时，寺庙以香汤浴洗拂象，信徒则到寺礼拜。

[21] 掺手：女子纤美的手。

[22] 展：一一说明。

[23] 篆：铭刻。

[24] 阴：暗地。瞷（jiàn）：看视。

[25] 束双弯：指缠足。

[26] 金诺：对他人诺言的敬称。金，表示珍贵。

[27] 相如：司马相如，西汉文学家，得富家女卓文君为妻，因贫寒而夫妇卖酒为生。事见《史记·司马相如列传》。

[28] 显者：有地位的人。

[29] 矢：通"誓"，立誓。

[30] 蓬茅：茅屋。甘藜藿：此处指甘心于粗茶淡饭。藜藿：野菜，此泛指糙粝食物。

[31] 消渴：糖尿病。

[32] 自经：上吊自杀。

[33] 部曹：泛指属官。

[34] 平：平复，指糖尿病痊愈。

[35] 大比：明清时的乡试，三年一次乡试，称为"大比"，考中者为举人。

[36] 关节：行贿称"打通关节"，此指行贿所得试题。

[37] 七艺：七篇应试文章。明清制度，乡试考七个题目，分别从"四书""五经"中选命。

[38] 常经：经常，常规。

［39］抡魁：选取第一名。抡：选拔。
［40］词林：翰林院别称。因明初在翰林院题匾为"词林"而得名。
［41］粉花：指狎邪、嫖妓。
［42］卢雉：指赌博。卢和雉都是古代赌博掷骰时的胜彩名，故古以"呼卢喝雉"代指赌博。
［43］顾：反诘词，难道是。

作家·作品

蒲松龄（1640～1715），清代小说家，字留仙、剑臣，号柳泉居士，蒙古族。蒲松龄一生热衷科举，却不得志，19 岁时参加县府的考试，夺得第一名，取中秀才，但直至 71 岁时才成贡生。因生活贫困，他一边教书，一边进行文学创作。从 20 岁起，蒲松龄就开始收集、写作志怪小说。他用毕生精力完成文言短篇小说集《聊斋志异》8 卷、491 篇，约 40 万字。其内容丰富多彩，故事多采自民间传说和野史轶闻，将花妖狐魅和幽冥世界的事物人格化、社会化，大胆描述社会的不公平现象，揭露封建社会的黑暗，借花妖狐鬼的故事，以曲折隐晦的方式反映现实生活，寄托了作者的爱憎感情和美好理想，是中国古代短篇文言小说的顶峰之作。除《聊斋志异》外，还有文集 4 卷、诗集 6 卷；杂著《省身语录》《怀刑录》等多种；戏曲 3 种、通俗俚曲 14 种。今人搜集编定为《蒲松龄集》。

在《聊斋志异》中爱情题材很多，而《阿宝》却有其独特之处：故事以孙子楚从求婚到成婚的过程，叙述了生动、离奇而感人的爱情故事。首先，孙子楚最初由于有"枝指""痴"而求婚不成，后孙子楚去"枝指"，以"痴"打动阿宝而成婚。孙子楚打动阿宝的芳心不是依靠才华学识（民间文学普遍存在的故事模式），而是靠痴情专一。为世人所笑的"痴"反被蒲松龄演绎为一段动人的爱情传奇，故《阿宝》在爱情题材中让人耳目一新。其次，因爱癫狂，因爱而灵魂出窍的爱情故事有不少，但作者却演化为附体于鹦鹉以及后又还魂的情节，使故事更加生动、离奇、吸引人。另外，作品不仅写出了阿宝与孙子楚圆满的爱情结局，而且写出了"痴""拙""愚""巧"的辨证道理。对孙子楚有悖于世俗的"痴"的赞美，实际上也是作者不满于黑暗现实的那种"孤愤""狂痴"的人生态度的反映。

思考·练习

1. 孙子楚的"痴"对其爱情及命运产生了那些影响？作者以此表现怎样的人生观？
2. 阿宝的感情变化过程合理否？
3. 请谈谈你对"异史氏曰"这段话的评价。

拓展·阅读

1.（清）蒲松龄：《聊斋志异》。

2. 马瑞芳：《狐鬼与人间——解读奇书〈聊斋志异〉》，当代中国出版社 2007 年版。

3. 郭延礼："论文学中的爱情主题——从中国古典爱情文学谈起"，载《东岳论丛》1982 年第 3 期。

红楼梦（节选）[1]

曹雪芹

且说宝玉因见林黛玉又病了，心里放不下，饭也懒去吃，不时来问。林黛玉又怕他有个好歹，因说道："你只管看你的戏去，在家里作什么？"宝玉因昨日张道士提亲，心中大不受用，今听见林黛玉如此说，心里因想道："别人不知道我的心还可恕，连他也奚落起我来。"因此心中更比往日的烦恼加了百倍。若是别人跟前，断不能动这肝火，只是林黛玉说了这话，倒比往日别人说这话不同，由不得立刻沉下脸来，说道："我白认得了你。罢了，罢了！"林黛玉听说，便冷笑了两声，"我也知道白认得了我，那里象人家有什么配的上呢。"宝玉听了，便向前来直问到脸上："你这么说，是安心咒我天诛地灭？"林黛玉一时解不过这个话来。宝玉又道："昨儿还为这个赌了几回咒，今儿你到底又准我一句。我便天诛地灭，你又有什么益处？"林黛玉一闻此言，方想起上日的话来。今日原是自己说错了，又是着急，又是羞愧，便颤颤兢兢的说道："我要安心咒你，我也天诛地灭。何苦来！我知道，昨日张道士说亲，你怕阻了你的好姻缘，你心里生气，来拿我煞性子。"

原来那宝玉自幼生成有一种下流痴病，况从幼时和黛玉耳鬓厮磨，心情相对，及如今稍明时事，又看了那些邪书僻传，凡远亲近友之家所见的那些闺英闱秀，皆未有稍及林黛玉者，所以早存了一段心事，只不好说出来，故每每或喜或怒，变尽法子暗中试探。那林黛玉偏生也是个有些痴病的，也每用假情试探。因你也将真心真意瞒了起来，只用假意，我也将真心真意瞒了起来，只用假意，如此两假相逢，终有一真。其间琐琐碎碎，难保不有口角之争。即如此刻，宝玉的心内想的是："别人不知我的心，还有可恕，难道你就不想我的心里眼里只有你！你不能为我烦恼，反来以这话奚落堵我。可见我心里一时一刻白有你，你竟心里没我。"心里这意思，只是口里说不出来。那林黛玉心里想着："你心里自然有我，虽有'金玉相对'之说，你岂是重这邪说不重我的。我便时常提这'金玉'，你只管了然自若无闻的，方见得是待我重，而毫无此心了。如何我只一提'金玉'的事，你就着急，可知你心里时时有'金玉'，见我一提，你又怕我多心，故意着急，安心哄我。"

看来两个人原本是一个心，但都多生了枝叶，反弄成两个心了。那宝玉心中又想着："我不管怎么样都好，只要你随意，我便立刻因你死了也情愿。你知也罢，不知也罢,只由我的心,可见你方和我近,不和我远。"那林黛玉心里又想着:"你只管你,你好我自好,你何必为我而自失。殊不知你失我自失。可见是你不叫我近你,有意叫我远你了。"如此看来,却都是求近之心,反弄成疏远之意。如此之话,皆他二人素习所存私心,也难备述。

　　如今只述他们外面的形容。那宝玉又听见他说"好姻缘"三个字,越发逆了己意,心里干噎,口里说不出话来,便赌气向颈上抓下通灵宝玉,咬牙恨命往地下一摔,道:"什么捞什子,我砸了你完事!"偏生那玉坚硬非常,摔了一下,竟文风没动。宝玉见没摔碎,便回身找东西来砸。林黛玉见他如此,早已哭起来,说道:"何苦来,你摔砸那哑吧物件。有砸他的,不如来砸我。"二人闹着,紫鹃雪雁等忙来解劝。后来见宝玉下死力砸玉,忙上来夺,又夺不下来,见比往日闹的大了,少不得去叫袭人。袭人忙赶了来,才夺了下来。宝玉冷笑道:"我砸我的东西,与你们什么相干!"

　　袭人见他脸都气黄了,眼眉都变了,从来没气的这样,便拉着他的手,笑道:"你同妹妹拌嘴,不犯着砸他;倘或砸坏了,叫他心里脸上怎么过的去?"林黛玉一行哭着,一行听了这话说到自己心坎儿上来,可见宝玉连袭人不如,越发伤心大哭起来。心里一烦恼,方才吃的香薷饮[2]解暑汤便承受不住,"哇"的一声都吐了出来。紫鹃忙上来用手帕子接住,登时一口一口的把一块手帕子吐湿。雪雁忙上来捶。紫鹃道:"虽然生气,姑娘到底也该保重着些。才吃了药好些,这会子因和宝二爷拌嘴,又吐出来。倘或犯了病,宝二爷怎么过的去呢?"宝玉听了这话说到自己心坎上来,可见黛玉不如一紫鹃。又见林黛玉脸红头胀,一行啼哭,一行气凑,一行是泪,一行是汗,不胜怯弱。宝玉见了这般,又自己后悔方才不该同他较证[3],这会子他这样光景,我又替不了他。心里想着,也不由的滴下泪来了。袭人见他两个哭,由不得守着宝玉也心酸起来,又摸着宝玉的手冰凉,待要劝宝玉不哭罢,一则又恐宝玉有什么委曲闷在心里,二则又恐薄了林黛玉。不如大家一哭,就丢开手了,因此也流下泪来。紫鹃一面收拾了吐的药,一面拿扇子替林黛玉轻轻的扇着,见三个人都鸦雀无声,各人哭各人的,也由不得伤心起来,也拿手帕子擦泪。四个人都无言对泣。

　　一时,袭人勉强笑向宝玉道:"你不看别的,你看看这玉上穿的穗子,也不该同林姑娘拌嘴。"林黛玉听了,也不顾病,赶来夺过去,顺手抓起一把剪子来要剪。袭人、紫鹃刚要夺,已经剪了几段。林黛玉哭道:"我也是白效力。他也不希罕,自有别人替他再穿好的去。"袭人忙接了玉道:"何苦来,这是我才多嘴的不是了。"宝玉向林黛玉道:"你只管剪,我横竖不带他,也没什么。"

　　只顾里头闹,谁知那些老婆子们见林黛玉大哭大吐,宝玉又砸玉,不知道要闹到什么田地,倘或连累了他们,便一齐往前头回贾母王夫人知道,好不干连了他们。那贾母、王夫人见他们忙忙的作一件正经事来告诉,也都不知有了什么大祸,便一齐进园来瞧他兄妹。急的袭人抱怨紫鹃为什么惊动了老太太、太太;紫鹃又只当是袭人去告诉的,也抱怨袭人。那贾母,王夫人进来,见宝玉也无言,林黛玉也无话,问起来又没为什么事，便将这祸移到袭人紫鹃两个人身上，说"为什么你们不小心伏侍，这会子闹起来都不管了！"因此将他二人连骂带说教训了一顿。二人都没话，只得听着。还是贾母带出宝玉去了，方才平服。

过了一日，至初三日，乃是薛蟠生日，家里摆酒唱戏，来请贾府诸人。宝玉因得罪了林黛玉，二人总未见面，心中正自后悔，无精打采的，那里还有心肠去看戏，因而推病不去。林黛玉不过前日中了些暑湿之气，本无甚大病，听见他不去，心里想："他是好吃酒看戏的，今日反不去，自然是因为昨儿气着了。再不然，他见我不去，他也没心肠去。只是昨儿千不该万不该剪了那玉上的穗子。管定他再不带了，还得我穿了他才带。"因而心中十分后悔。

那贾母见他两个都生了气，只说趁今儿那边看戏，他两个见了也就完了，不想又都不去。老人家急的抱怨说："我这老冤家是那世里的孽障，偏生遇见了这么两个不省事的小冤家，没有一天不叫我操心。真是俗语说的，'不是冤家不聚头'。几时我闭了这眼，断了这口气，凭着这两个冤家闹上天去，我眼不见心不烦，也就罢了。偏又不咽这口气。"自己抱怨着也哭了。这话传入宝林二人耳内。原来他二人竟是从未听见过"不是冤家不聚头"的这句俗语，如今忽然得了这句话，好似参禅的一般，都低头细嚼此话的滋味，都不觉潸然泣下。虽不曾会面，然一个在潇湘馆临风洒泪，一个在怡红院对月长吁，却不是人居两地，情发一心！

袭人因劝宝玉道："千万不是，都是你的不是。往日家里小厮们和他们的姊妹拌嘴，或是两口子分争，你听见了，你还骂小厮们蠢，不能体贴女孩儿们的心。今儿你也这么着了。明儿初五，大节下，你们两个再这们仇人似的，老太太越发要生气，一定弄的大家不安生。依我劝，你正经下个气，陪个不是，大家还是照常一样，这也好，那么也好。"那宝玉听见了不知依与不依，要知端详，且听下回分解。

话说林黛玉与宝玉角口后，也自后悔，但又无去就他之理，因此日夜闷闷，如有所失。紫鹃度其意，乃劝道："若论前日之事，竟是姑娘太浮躁了些。别人不知宝玉那脾气，难道咱们也不知道的。为那玉也不是闹了一遭两遭了。"黛玉啐道："你倒来替人派我的不是。我怎么浮躁了？"紫鹃笑道："好好的，为什么又剪了那穗子？岂不是宝玉只有三分不是，姑娘倒有七分不是。我看他素日在姑娘身上就好，皆因姑娘小性儿，常要歪派他，才这么样。"

林黛玉正欲答话，只听院外叫门。紫鹃听了一听，笑道："这是宝玉的声音，想必是来赔不是来了。"林黛玉听了道："不许开门！"紫鹃道："姑娘又不是了。这么热天毒日头地下，晒坏了他如何使得呢！"口里说着，便出去开门，果然是宝玉。一面让他进来，一面笑道："我只当是宝二爷再不上我们这门了，谁知这会子又来了。"宝玉笑道："你们把极小的事倒说大了。好好的，为什么不来？我便死了，魂也要一日来一百遭。妹妹可大好了？"紫鹃道："身上病好了，只是心里气不大好。"宝玉笑道："我晓得有什么气。"一面说着，一面进来，只见林黛玉又在床上哭。

那林黛玉本不曾哭，听见宝玉来，由不得伤了心，止不住滚下泪来。宝玉笑着走近床来，道："妹妹身上可大好了？"林黛玉只顾拭泪，并不答应。宝玉因便挨在床沿上坐了，一面笑道："我知道妹妹不恼我。但只是我不来，叫旁人看着，倒象是咱们又拌了嘴的似的。若等他们来劝咱们，那时节岂不咱们倒觉生分了？不如这会子，你要打要骂，凭着你怎么样，千万别不理我。"说着，又把"好妹妹"叫了几万声。林黛玉心里原是再不理宝玉的，这会子见宝玉说别叫人知道他们拌了嘴就生分了似的这一句话，又可见得比人原亲近，因又撑不住哭道："你也不用哄我。从今以后，我也不敢亲近二爷，二爷也全当我去了。"宝玉听了笑道："你往那去呢？"林黛玉道："我回家去。"宝玉笑道："我跟了你去。"林黛玉道："我死了。"宝玉道："你死了，我做和尚！"林黛玉一闻此言，登时将脸放下来，问道："想是你要死了，胡说的是什么！你家倒有几个亲姐姐亲妹妹呢，明儿都死了，你几个身子去作和尚？明儿我倒把这话告诉别人去评评。"

宝玉自知这话说的造次了，后悔不来，登时脸上红胀起来，低着头不敢则一声。幸而屋里没人。林黛玉直瞪瞪的瞅了他半天，气的一声儿也说不出来。见宝玉憋的脸上紫胀，便咬着牙用指头狠命的在他额颅上戳了一下，哼了一声，咬牙说道："你这——"刚说了两个字，便又叹了一口气，仍拿起手帕子来檫眼泪。宝玉心里原有无限的心事，又兼说错了话，正自后悔，又见黛玉戳他一下，要说又说不出来，自叹自泣，因此自己也有所感，不觉滚下泪来。要用帕子揩拭，不想又忘了带来，便用衫袖去檫。林黛玉虽然哭着，却一眼看见了，见他穿着簇新藕合纱衫，竟去拭泪，便一面自己拭着泪，一面回身将枕边搭的一方绡帕子拿起来，向宝玉怀里一摔，一语不发，仍掩面自泣。宝玉见他摔了帕子来，忙接住拭了泪，又挨近前些，伸手拉了林黛玉一只手，笑道："我的五脏都碎了，你还只是哭。走罢，我同你往老太太跟前去。"林黛玉将手一摔道："谁同你拉拉扯扯的。一天大似一天的，还这么涎皮赖脸的，连个道理也不知道。"

一句没说完，只听喊道："好了！"宝林二人不防，都唬了一跳，回头看时，只见凤姐儿跳了进来，笑道："老太太在那里抱怨天抱怨地，只叫我来瞧瞧你们好了没有。我说不用瞧，过不了三天，他们自己就好了。老太太骂我，说我懒。我来了，果然应了我的话了。也没见你们两个人有些什么可拌的，三日好了，两日恼了，越大越成了孩子了！有这会子拉着手哭的，昨儿为什么又成了乌眼鸡呢！还不跟我走，到老太太跟前，叫老人家也放些心。"说着拉了林黛玉就走。林黛玉回头叫丫头们，一个也没有。凤姐道："又叫他们作什么，有我服侍你呢。"一面说，一面拉了就走。宝玉在后面跟着出了园门。到了贾母跟前，凤姐笑道："我说他们不用人费心，自己就会好的。老祖宗不信，一定叫我去说合。我及至到那里要说合，谁知两个人倒在一处对赔不是了。对笑对诉，倒象'黄鹰抓住了鹞子的脚'[4]，两个都扣了环了，那里还要人去说合。"说的满屋里都笑起来。

此时宝钗正在这里。那林黛玉只一言不发，挨着贾母坐下。宝玉没甚说的，便向宝钗笑道："大哥哥好日子，偏生我又不好了，没别的礼送，连个头也不得磕去。大哥哥不知我病，倒象我懒，推故不去的。倘或明儿恼了，姐姐替我分辨分辨。"宝钗笑道："这也多事。你便要去也不敢惊动，何况身上不好，弟兄们日日一处，要存这个心倒生分了。"宝玉又笑道："姐姐知道体谅我就好了。"又道："姐姐怎么不看戏去？"宝钗道："我怕热，看了两出，热的很。要走，客又不散。我少不得推身上不好，就来了。"宝玉听说，自己由不得脸上没意思，只得又搭讪笑道："怪不得他们拿姐姐比杨妃，原来也体丰怯热。"宝钗听说，不由的大怒，待要怎样，又不好怎样。回思了一回，脸红起来，便冷笑了两声，说道："我倒象杨妃，只是没一个好哥哥好兄弟可以作得杨国忠的！"二人正说着，可巧小丫头靛儿因不见了扇子，和宝钗笑道："必是宝姑娘藏了我的。好姑娘，赏我罢。"宝钗指他道："你要仔细！我和你顽过，你再疑我。和你素日嘻皮笑脸的那些姑娘们跟前，你该问他们去。"说的个靛儿跑了。宝玉自知又把话说造次了，当着许多人，更比才在林黛玉跟前更不好意思，便急回身又同别人搭讪去了。

林黛玉听见宝玉奚落宝钗，心中着实得意，才要搭言也趁势儿取个笑，不想靛儿因找扇子，宝钗又发了两句话，他便改口笑道："宝姐姐，你听了两出什么戏？"宝钗因见林黛玉面上有得意之态，一定是听了宝玉方才奚落之言，遂了他的心愿，忽又见问他这话，便笑道："我看的是李逵骂了宋江，后来又赔不是。"宝玉便笑道："姐姐通今博古，色色都知道，怎么连这一出戏的名字也不知道，就说了这么一串子。这叫《负荆请罪》。"宝钗笑道："原来这叫作《负荆请罪》！你们通今博古，才知道'负荆请罪'，我不知道什么是'负荆请罪'！"

一句话还未说完，宝玉林黛玉二人心里有病，听了这话早把脸羞红了。凤姐于这些上虽不通达，但只见他三人形景，便知其意，便也笑着问人道："你们大暑天，谁还吃生姜呢？"众人不解其意，便说道："没有吃生姜。"凤姐故意用手摸着腮，诧异道："既没人吃姜，怎么这么辣辣的？"宝玉、黛玉二人听见这话，越发不好过了。宝钗再要说话，见宝玉十分讨愧，形景改变，也就不好再说，只得一笑收住。别人总未解得他四个人的言语，因此付之流水。

一时宝钗、凤姐去了，林黛玉笑向宝玉道："你也试着比我利害的人了。谁都象我心拙口笨的，由着人说呢。"宝玉正因宝钗多了心，自己没趣，又见林黛玉来问着他，越发没好气起来。待要说两句，又恐林黛玉多心，说不得忍着气，无精打采一直出来。

注　释

[1] 本文为《红楼梦》第二十九回"享福人福深还祷福，痴情女情重愈斟情"后半部分和第三十回"宝钗借扇机带双敲，龄官划蔷痴及局外"的前半部分。

[2] 香薷饮：香薷，植物名。叶茎可以入药。香薷饮是由香薷、厚朴、扁豆制成的一种药剂，可治伤暑感冒。

[3] 较证：辩论是非。

[4] 歇后语，比喻谁也离不开谁。

作家·作品

曹雪芹（约1715～1763），名沾，字梦阮，雪芹为其号，又号芹溪、芹圃，祖籍辽阳（今属辽宁），是清代伟大的现实主义作家。曹雪芹出身贵族世家，经历了一个封建富豪家庭盛极而衰的过程。自曾祖曹玺始，曹家先后有三代四人，近六十年担任江宁织造之职，深受皇帝信任。雍正五年（1727年），曹家被朝廷以"行为不端，织造款项亏空甚多"的罪名抄家，自此败落。少年时代的曹雪芹，生活豪华，使他熟悉了贵族大家庭和封建统治阶级的种种人情和世态。晚年的生活陷于绝境、贫困潦倒，使他能够更清醒地、深刻地观察生活，看清剥削阶级的腐朽和罪恶。有了这样一个认识生活、理解生活的基础，再加上他进步的思想意识、良好的艺术修养，最终创作出《红楼梦》这部被公认为中国古典小说高峰的杰作。全书共120回，前80回为曹雪芹所写，后40回一般认为是高鹗续写。

《红楼梦》写了一个封建贵族大家庭从繁荣走向衰败的故事。贾宝玉、林黛玉、薛宝钗的恋爱婚姻悲剧，是这个故事的中心。作者从人物思想性格的深处，从人与人之间的关系上挖掘这一爱情悲剧的社会根源，从而充分地揭露了封建主义的残酷虚伪和封建统治阶级的腐朽罪恶。描绘了一幅极其广阔的社会生活图画，深刻尖锐地批判了封建社会制度、政治吏治、婚姻制度、伦理关系，预示了封建社会和封建统治阶级必然灭亡的历史命运。《红楼梦》已成为剖析封建社会的百科全书。

本文通过宝玉摔玉、砸玉这一事件，描绘了宝玉与黛玉两人在爱情历程中的一次心灵的碰撞，作品将众多人物置于同一尖锐矛盾冲突之中，通过他们对宝玉摔玉、砸玉这一事件的各种不同态度的具体描绘，不仅把情侣间的争吵处理得细腻而又逼真，而且借此过程淋漓尽致地揭示了他们的性格特征，入木三分地揭露了他们的内心世界。作品反映了宝玉的叛逆思想的萌芽，为他以后诸多叛逆行为做了一个铺垫。林黛玉是一个和贾宝玉志同道合的封建叛逆者的形象。在她身上，一定程度地体现了封建社会里妇女的不幸命运，反映了她和宝玉勇于反抗和对自由爱情的热烈追求。但她性格中有着贵族小姐的矜持和脆弱。宝玉、黛玉是作者最心爱的两个中心人物。与宝黛截然相反，宝钗是照着封建正统思想塑造的一个形象，在封建主义制度没落时期，她也是一个悲剧形象。

思考·练习

1. 概括宝玉、黛玉、宝钗的性格特征。
2. 本文表达了宝玉和黛玉怎样的感情？
3. 宝玉砸玉的行为表现了他怎样的思想？

4. 找出文中主要人物的代表性对话，比较其异同，分析其含义，说明作品是怎样通过个性化的对话来表现人物性格和揭示人物内心世界的。

拓展·阅读

1. （清）曹雪芹：《红楼梦》。
2. 周汝昌：《红楼梦新证》。
3. 周汝昌：《石头记鉴真》。
4. 俞平伯：《红楼梦研究》。

风 波[1]

鲁 迅

临河的土场上,太阳渐渐的收了他通黄的光线了。场边靠河的乌桕树叶,干巴巴的才喘过气来,几个花脚蚊子在下面哼着飞舞。面河的农家的烟突里,逐渐减少了炊烟,女人孩子们都在自己门口的土场上泼些水,放下小桌子和矮凳;人知道,这已经是晚饭时候了。

老人男人坐在矮凳上,摇着大芭蕉扇闲谈,孩子飞也似的跑,或者蹲在乌桕树下赌玩石子。女人端出乌黑的蒸干菜和松花黄的米饭,热蓬蓬冒烟。河里驶过文人的酒船,文豪见了,大发诗兴,说,"无思无虑,这真是田家乐呵!"

但文豪的话有些不合事实,就因为他们没有听到九斤老太的话。这时候,九斤老太正在大怒,拿破芭蕉扇敲着凳脚说:"我活到七十九岁了,活够了,不愿意眼见这些败家相,——还是死的好。立刻就要吃饭了,还吃炒豆子,吃穷了一家子!"

伊的曾孙女儿六斤捏着一把豆,正从对面跑来,见这情形,便直奔河边,藏在乌桕树后,伸出双丫角的小头,大声说,"这老不死的!"

九斤老太虽然高寿,耳朵却还不很聋,但也没有听到孩子的话,仍旧自己说,"这真是一代不如一代!"

这村庄的习惯有点特别,女人生下孩子,多喜欢用秤称了轻重,便用斤数当作小名。九斤老太自从庆祝了五十大寿以后,便渐渐的变了不平家,常说伊年青的时候,天气没有现在这般热,豆子也没有现在这般硬:总之现在的时世是不对了。何况六斤比伊的曾祖,少了三斤,比伊父亲七斤,又少了一斤,这真是一条颠扑不破的实例。所以伊又用劲说,"这真是一代不如一代!"

伊的儿媳[2]七斤嫂子正捧着饭篮走到桌边,便将饭篮在桌上一摔,愤愤的说,"你老人家又这么说了。六斤生下来的时候,不是六斤五两么?你家的秤又是私秤,加重称,十八两秤;用了准十六,我们的六斤该有七斤多哩。我想便是太公和公公,也不见得正是九斤八斤十足,用的秤也许是十四两……"

"一代不如一代!"

七斤嫂还没有答话,忽然看见七斤从小巷口转出,便移了方向,对他嚷道,"你这死尸怎么这时候才回来,死到那里去了!不管人家等着你开饭!"

七斤虽然住在农村，却早有些飞黄腾达的意思。从他的祖父到他，三代不捏锄头柄了；他也照例的帮人撑着航船，每日一回，早晨从鲁镇进城，傍晚又回到鲁镇，因此很知道些时事：例如什么地方，雷公劈死了蜈蚣精；什么地方，闺女生了一个夜叉之类。他在村人里面，的确已经是一名出场人物了。但夏天吃饭不点灯，却还守着农家习惯，所以回家太迟，是该骂的。

七斤一手捏着象牙嘴白铜斗六尺多长的湘妃竹烟管，低着头，慢慢地走来，坐在矮凳上。六斤也趁势溜出，坐在他身边，叫他爹爹。七斤没有应。

"一代不如一代！"九斤老太说。

七斤慢慢地抬起头来，叹一口气说，"皇帝坐了龙庭了。"

七斤嫂呆了一刻，忽而恍然大悟的道，"这可好了，这不是又要皇恩大赦了么！"

七斤又叹一口气，说，"我没有辫子。"

"皇帝要辫子么？"

"皇帝要辫子。"

"你怎么知道呢？"七斤嫂有些着急，赶忙的问。

"咸亨酒店里的人，都说要的。"

七斤嫂这时从直觉上觉得事情似乎有些不妙了，因为咸亨酒店是消息灵通的所在。伊一转眼瞥见七斤的光头，便忍不住动怒，怪他恨他怨他；忽然又绝望起来，装好一碗饭，搡在七斤的面前道，"还是赶快吃你的饭罢！哭丧着脸，就会长出辫子来么？"

太阳收尽了他最末的光线了，水面暗暗地回复过凉气来；土场上一片碗筷声响，人人的脊梁上又都吐出汗粒。七斤嫂吃完三碗饭，偶然抬起头，心坎里便禁不住突突地发跳。伊透过乌桕叶，看见又矮又胖的赵七爷正从独木桥上走来，而且穿着宝蓝色竹布的长衫。

赵七爷是邻村茂源酒店的主人，又是这三十里方圆以内的唯一的出色人物兼学问家；因为有学问，所以又有些遗老的臭味。他有十多本金圣叹批评的《三国志》[3]，时常坐着一个字一个字的读；他不但能说出五虎将姓名，甚而至于还知道黄忠表字汉升和马超表字孟起。革命以后，他便将辫子盘在顶上，像道士一般；常常叹息说，倘若赵子龙在世，天下便不会乱到这地步了。七斤嫂眼睛好，早望见今天的赵七爷已经不是道士，却变成光滑头皮，乌黑发顶；伊便知道这一定是皇帝坐了龙庭，而且一定须有辫子，而且七斤一定是非常危险。因为赵七爷的这件竹布长衫，轻易是不常穿的，三年以来，只穿过两次：一次是和他呕气的麻子阿四病了的时候，一次是曾经砸烂他酒店的鲁大爷死了的时候；现在是第三次了，这一定又是于他有庆，于他的仇家有殃了。

七斤嫂记得，两年前七斤喝醉了酒，曾经骂过赵七爷是"贱胎"，所以这时便立刻直觉到七斤的危险，心坎里突突地发起跳来。

赵七爷一路走来，坐着吃饭的人都站起身，拿筷子点着自己的饭碗说，"七爷，请在我们这里用饭!"七爷也一路点头,说道"请请",却一径走到七斤家的桌旁。七斤们连忙招呼,七爷也微笑着说"请请",一面细细的研究他们的饭菜。

"好香的干菜,——听到了风声了么?"赵七爷站在七斤的后面七斤嫂的对面说。

"皇帝坐了龙庭了。"七斤说。

七斤嫂看着七爷的脸,竭力陪笑道,"皇帝已经坐了龙庭,几时皇恩大赦呢?"

"皇恩大赦?——大赦是慢慢的总要大赦罢。"七爷说到这里,声色忽然严厉起来,"但是你家七斤的辫子呢,辫子?这倒是要紧的事。你们知道:长毛时候,留发不留头,留头不留发,……"

七斤和他的女人没有读过书,不很懂得这古典的奥妙,但觉得有学问的七爷这么说,事情自然非常重大,无可挽回,便仿佛受了死刑宣告似的,耳朵里嗡的一声,再也说不出一句话。

"一代不如一代,——"九斤老太正在不平,趁这机会,便对赵七爷说,"现在的长毛,只是剪人家的辫子,僧不僧,道不道的。从前的长毛,这样的么?我活到七十九岁了,活够了。从前的长毛是——整匹的红缎子裹头,拖下去,拖下去,一直拖到脚跟;王爷是黄缎子,拖下去,黄缎子;红缎子,黄缎子,——我活够了,七十九岁了。"

七斤嫂站起身,自言自语的说,"这怎么好呢?这样的一班老小,都靠他养活的人,……"

赵七爷摇头道,"那也没法。没有辫子,该当何罪,书上都一条一条明明白白写着的。不管他家里有些什么人。"

七斤嫂听到书上写着,可真是完全绝望了;自己急得没法,便忽然又恨到七斤。伊用筷子指着他的鼻尖说,"这死尸自作自受!造反的时候,我本来说,不要撑船了,不要上城了。他偏要死进城去,滚进城去,进城便被人剪去了辫子。从前是绢光乌黑的辫子,现在弄得僧不僧道不道的。这囚徒自作自受,带累了我们又怎么说呢?这活死尸的囚徒……"

村人看见赵七爷到村,都赶紧吃完饭,聚在七斤家饭桌的周围。七斤自己知道是出场人物,被女人当大众这样辱骂,很不雅观,便只得抬起头,慢慢地说道:

"你今天说现成话,那时你……"

"你这活死尸的囚徒……"

看客中间,八一嫂是心肠最好的人,抱着伊的两周岁的遗腹子,正在七斤嫂身边看热闹;这时过意不去,连忙劝解说,"七斤嫂,算了罢。人不是神仙,谁知道未来事呢?便是七斤嫂,那时不也说,没有辫子倒也没有什么丑么?况且衙门里的大老爷也还没有告示,……"

七斤嫂没有听完,两个耳朵早通红了;便将筷子转过向来,指着八一嫂的鼻子,说,"阿呀,这是什么话呵!八一嫂,我自己看来倒还是一个人,会说出这样昏诞胡涂话么？那时我是，整整哭了三天，谁都看见；连六斤这小鬼也都哭，……"六斤刚吃完一大碗饭，拿了空碗，伸手去嚷着要添。七斤嫂正没好气，便用筷子在伊的双丫角中间，直扎下去，大喝道，"谁要你来多嘴！你这偷汉的小寡妇！"

扑的一声，六斤手里的空碗落在地上了，恰巧又碰着一块砖角，立刻破成一个很大的缺口。七斤直跳起来，捡起破碗，合上了检查一回，也喝道，"入娘的！"一巴掌打倒了六斤。六斤躺着哭，九斤老太拉了伊的手，连说着"一代不如一代"，一同走了。

八一嫂也发怒，大声说，"七斤嫂，你'恨棒打人'……"

赵七爷本来是笑着旁观的；但自从八一嫂说了"衙门里的大老爷没有告示"这话以后，却有些生气了。这时他已经绕出桌旁，接着说，"'恨棒打人'，算什么呢。大兵是就要到的。你可知道，这回保驾的是张大帅[4]，张大帅就是燕人张翼德的后代，他一支丈八蛇矛，就有万夫不当之勇，谁能抵挡他，"他两手同时捏起空拳，仿佛握着无形的蛇矛模样，向八一嫂抢进几步道，"你能抵挡他么！"

八一嫂正气得抱着孩子发抖，忽然见赵七爷满脸油汗，瞪着眼，准对伊冲过来，便十分害怕，不敢说完话，回身走了。赵七爷也跟着走去，众人一面怪八一嫂多事，一面让开路，几个剪过辫子重新留起的便赶快躲在人丛后面，怕他看见。赵七爷也不细心察访，通过人丛，忽然转入乌桕树后，说道"你能抵挡他么！"跨上独木桥，扬长去了。

村人们呆呆站着，心里计算，都觉得自己确乎抵不住张翼德，因此也决定七斤便要没有性命。七斤既然犯了皇法，想起他往常对人谈论城中的新闻的时候，就不该含着长烟管显出那般骄傲模样，所以对于七斤的犯法，也觉得有些畅快。他们也仿佛想发些议论，却又觉得没有什么议论可发。嗡嗡的一阵乱嚷，蚊子都撞过赤膊身子，闯到乌桕树下去做市；他们也就慢慢地走散回家，关上门去睡觉。七斤嫂咕哝着，也收了家伙和桌子矮凳回家，关上门睡觉了。

七斤将破碗拿回家里，坐在门槛上吸烟；但非常忧愁，忘却了吸烟，象牙嘴六尺多长湘妃竹烟管的白铜斗里的火光，渐渐发黑了。他心里但觉得事情似乎十分危急，也想想些方法，想些计画，但总是非常模糊，贯穿不得："辫子呢辫子？丈八蛇矛。一代不如一代！皇帝坐龙庭。破的碗须得上城去钉好。谁能抵挡他？书上一条一条写着。入娘的！……"

第二日清晨，七斤依旧从鲁镇撑航船进城，傍晚回到鲁镇，又拿着六尺多长的湘妃竹烟管和一个饭碗回村。他在晚饭席上，对九斤老太说，这碗是在城内钉合的，因为缺口大，所以要十六个铜钉，三文一个，一总用了四十八文小钱。

九斤老太很不高兴的说，"一代不如一代，我是活够了。三文钱一个钉；从前的钉，这样的么？从前的钉是……我活了七十九岁了，——"

此后七斤虽然是照例日日进城，但家景总有些黯淡，村人大抵回避着，不再来听他从城内得来的新闻。七斤嫂也没有好声气，还时常叫他"囚徒"。

过了十多日，七斤从城内回家，看见他的女人非常高兴，问他说，"你在城里可听到些什么？"

"没有听到些什么。"

"皇帝坐了龙庭没有呢？"

"他们没有说。"

"咸亨酒店里也没有人说么？"

"也没人说。"

"我想皇帝一定是不坐龙庭了。我今天走过赵七爷的店前，看见他又坐着念书了，辫子又盘在顶上了，也没有穿长衫。"

"……"

"你想，不坐龙庭了罢？"

"我想，不坐了罢。"

现在的七斤，是七斤嫂和村人又都早给他相当的尊敬，相当的待遇了。到夏天，他们仍旧在自家门口的土场上吃饭；大家见了，都笑嘻嘻的招呼。九斤老太早已做过八十大寿，仍然不平而且康健。六斤的双丫角，已经变成一支大辫子了；伊虽然新近裹脚，却还能帮同七斤嫂做事，捧着十八个铜钉[5]的饭碗，在土场上一瘸一拐的往来。[6]

注　释

[1] 本篇选自《呐喊》，最初发表于1920年9月《新青年》第八卷第一号。

[2] 伊的儿媳：从上下文看，这里的"儿媳"应是"孙媳"。

[3] 金圣叹批评的《三国志》：指小说《三国演义》。金圣叹（1608～1661），明末清初文人，曾批注《水浒》《西厢记》等书，他把所加的序文、读法和评语等称为"圣叹外书"。《三国演义》是元末明初罗贯中所著，后经清代毛宗岗改编，附加评语，卷首有假托为金圣叹所作的序，首回前亦有"圣叹外书"字样，通常就把这评语认为金圣叹所作。

[4] 张大帅：指张勋（1854～1923），江西奉新人，北洋军阀之一，原为清朝军官，辛亥革命后，他和所部官兵仍留着辫子，表示忠于清王朝，被称为辫子军。1917年7月1日他在北京扶持清废帝溥仪复辟，七月十二日即告失败。

[5] 十八个铜钉：据上文应是"十六个"。作者在1926年11月23日致李霁野的信中曾说："六斤家只有这一个钉过的碗，钉是十六或十八，我也记不清了。总之两数之一是错的，请改成一律。"

[6] 据《鲁迅日记》，本篇当作于1920年8月5日。

作家·作品

鲁迅简介，详见《看镜有感》。

这篇小说通过对江南水乡中一场辫子风波的描述，展示了辛亥革命后中国农村的真实面貌,揭示了国民缺乏精神信仰和追求的弱点。辛亥革命后中国的农村封闭、愚昧、保守,帝制的余孽还在向农民肆虐,农民还处于封建势力和封建思想的统治和控制之下,国民精神的枷锁依旧存在。作品借此说明革命若不能唤醒民众,是难以成功的。

作品以辫子事件为中心线索,描述了事件的起因、发展和消解,刻画了七斤、赵七爷等人物形象。作品在人物描写上,采用白描手法,善于借助性格化的对话和特征性的动作描写细节描写,揭示人物潜在的心理活动,勾勒人物的精神特征,展现复杂深微的人际关系,推动情节发展。而作品中的环境描绘和场面描写,不仅为读者展示了一幅充满地方色彩和生活气息的风景画和风俗画,而且与结尾相呼应,对辫子风波的起伏起到了对比衬托作用。小说含蓄隽永的结尾,更进一步深化了作品的主题思想。

思考·练习

1. 小说描述了一场什么风波?试概括小说的主题。
2. 分析七斤、赵七爷、七斤嫂、八一嫂的性格特征。
3. 九斤老太的口头禅说明了什么?
4. 文章的最后一段有何深意?

拓展·阅读

1. 鲁迅:《呐喊》。
2. 鲁迅:《彷徨》。
3. 鲁迅:《故事新编》。
4. 鲁迅:《中国小说史略》。

断魂枪

老 舍

"生命是闹着玩,事事显出如此;从前我这么想过,现在我懂得了。"

沙子龙的镖局已改成客栈。

东方的大梦没法子不醒了。炮声压下去马来与印度野林中的虎啸。半醒的人们,揉着眼,祷告着祖先与神灵;不大会儿,失去了国土、自由与权利。门外立着不同面色的人,枪口还热着。他们的长矛毒弩,花蛇斑彩的厚盾,都有什么用呢,连祖先与祖先所信的神明全不灵了啊!龙旗的中国也不再神秘,有了火车呀,穿坟过墓的破坏着风水。枣红色多穗的镖旗,绿鲨皮鞘的钢刀,响着串铃的口马[1],江湖上的智慧与黑话,义气与声名,连沙子龙,他的武艺、事业,都梦似的变成昨夜的。今天是火车、快枪,通商与恐怖。听说,有人还要杀下皇帝的头呢!

这是走镖已没有饭吃,而国术还没被革命党与教育家提倡起来的时候。

谁不晓得沙子龙是短瘦、利落、硬棒,两眼明得像霜夜的大星?可是,现在他身上放了肉。镖局改了客栈,他自己在后小院占着三间北房,大枪立在墙角,院子里有几只楼鸽。只是在夜间,他把小院的门关好,熟习熟习他的"五虎断魂枪"。这条枪与这套枪,二十年的工夫,在西北一带,给他创出来:"神枪沙子龙"五个字,没遇见过敌手。现在,这条枪与这套枪不会再替他增光显胜了;只是摸摸这凉、滑、硬而发颤的杆子,使他心中少难过一些而已。只有在夜间独自拿起枪来,才能相信自己还是"神枪沙"。在白天,他不大谈武艺与往事;他的世界已被狂风吹了走。

在他手下创练起来的少年们还时常来找他。他们大多数是没落子第,都有点武艺,可是没地方去用。有的在庙会上去卖艺:踢两趟腿,练套家伙,翻几个跟头,附带着卖点大力丸,混个三吊两吊的[2]。有的实在闲不起了,去弄筐果子,或挑些毛豆角,赶早儿在街上论斤吆喝出去。那时候米贱肉贱,肯卖膀子力气本来可以混个肚儿圆;他们可是不成:肚量既大,而且得吃口管事儿的;干饽饽、辣饼子咽不下去。况且他们还时常去走会:五虎棍,开路,太狮少狮……虽然算不了什么——比起走镖来——可是到底有个机会活动活动,露露脸。是的,走会捧场是买脸的事,他们打扮的得像个样儿,至少得有条青洋绉裤子,新漂白细市布的小褂,和一双鱼鳞洒鞋[3]——顶好是青缎子抓地虎靴子。他们是神枪沙子龙的徒弟——虽然沙子龙并不承认——得到处露脸，走会得赔上俩钱，说不定还得打场架。没钱，上沙老师那里去求。沙老师不含糊，多少不拘，不让他们空着手儿走。可是，为打架或献技去讨教一个招数，或是请给说个"对子"——什么空手夺刀，或虎头钩进枪——沙老师有时说句笑话，马虎过去："教什么？拿开水浇吧！"有时直接把他们逐出去。他们不大明白沙老师是怎么了，心中也有点不乐意。

可是，他们到处为沙老师吹腾，一来是愿意使人知道他们的武艺有真传授，受过高人的指教；二来是为激动沙老师：万一有人不服气而找上老师来，老师难道还不露一两手真的么？所以：沙老师一拳就砸倒了个牛！沙老师一脚把人踢到房上去，并没使多大的劲！他们谁也没见过这种事，但是说着说着，他们相信这是真的了，有年月，有地方，千真万确，敢起誓！

王三胜——沙子龙的大伙计——在土地庙拉开了场子，摆好了家伙。抹了一鼻子茶叶末色的鼻烟，他抡了几下竹节钢鞭，把场子打大一些。放下鞭，没向四围作揖，叉着腰念了两句："脚踢天下好汉，拳打五路英雄！"向四围扫了一眼："乡亲们，王三胜不是卖艺的；玩艺儿会几套，西北路上走过镖，会过绿林中的朋友。现在闲着没事，拉个场子陪诸位玩玩。有爱练的尽管下来，王三胜以武会友，有赏脸的，我陪着。神枪沙子龙是我的师傅；玩艺地道！诸位，有愿下来的没有？"他看着，准知道没人敢下来，他的话硬，可是那条钢鞭更硬，十八斤重。

王三胜，大个子，一脸横肉，努着对大黑眼珠，看着四围。大家不出声。他脱了小褂，紧了紧深月白色的"腰里硬"，把肚子杀进去。给手心一口唾沫，抄起大刀来：

"诸位，王三胜先练趟瞧瞧。不白练，练完了，带着的扔几个；没钱，给喊个好，助助威。这儿没生意口。好，上眼！"

大刀靠了身，眼珠努出多高，脸上绷紧，胸脯子鼓出，像两块老桦木根子。一跺脚，刀横起，大红缨子在肩前摆动。削砍劈拨，蹲越闪转，手起风生，忽忽直响。忽然刀在右手心上旋转，身弯下去，四围鸦雀无声，只有缨铃轻叫。刀顺过来，猛的一个蹉泥，身子直挺，比众人高着一头，黑塔似的。收了势："诸位！"一手持刀，一手叉腰，看着四围。稀稀的扔下几个铜钱，他点点头。"诸位！"他等着，等着，地上依旧是那几个亮而削薄的铜钱，外层的人偷偷散去。他咽了口气："没人懂！"他低声的说，可是大家全听见了。

"有功夫！"西北角上一个黄胡子老头儿答了话。

"啊？"王三胜好似没听明白。

"我说，你——有——功——夫！"老头子的语气很不得人心。

放下大刀，王三胜随着大家的头往西北看。谁也没看重这个老人：小干巴个儿，披着件粗蓝布大衫，脸上窝窝瘪瘪，眼陷进去很深，嘴上几根细黄胡，肩上扛着条小黄草辫子，有筷子那么细，而绝对不像筷子那么直顺。王三胜可是看出这老家伙有功夫，脑门亮，眼睛亮——眼眶虽深，眼珠可黑得像两口小井，深深的闪着黑光。王三胜不怕：他看得出别人有功夫没有，可更相信自己的本事，他是沙子龙手下的大将。

"下来玩玩，大叔！"王三胜说得很得体。

点点头，老头儿往里走。这一走，四外全笑了。他的胳臂不大动；左脚往前迈，右脚随着拉上来，一步步的往前拉扯，身子整着[4]，像是患过瘫痪病。蹭到场中，把大衫扔在地上，一点没理会四围怎样笑他。

"神枪沙子龙的徒弟，你说？好，让你使枪吧；我呢？"老头子非常的干脆，很像久想动手。

人们全回来了，邻场耍狗熊的无论怎么敲锣也不中用了。

"三截棍进枪吧？"王三胜要看老头子一手，三截棍不是随便就拿得起来的家伙。

老头子又点点头，拾起家伙来。

王三胜努着眼，抖着枪，脸上十分难看。

老头子的黑眼珠更深更小了，像两个香火头，随着面前的枪尖儿转，王三胜忽然觉得不舒服，那俩黑眼珠似乎要把枪尖吸进去！四外已围得风雨不透，大家都觉出老头子确是有威。为躲那对眼睛，王三胜耍了个枪花。老头子的黄胡子一动："请！"王三胜一扣枪，向前躬步，枪尖奔了老头子的喉头去，枪缨打了一个红旋。老人的身子忽然活展了，将身微偏，让过枪尖，前把一挂，后把撩王三胜的手。拍，拍，两响，王三胜的枪撒了手。场外叫了好。王三胜连脸带胸口全紫了，抄起枪来；一个花子，连枪带人滚了过来，枪尖奔了老人的中部。老头子的眼亮得发着黑光；腿轻轻一屈，下把掩裆，上把打着刚要抽回的枪杆；拍，枪又落在地上。

场外又是一片彩声。王三胜流了汗，不再去拾枪，努着眼，木在那里。老头子扔下家伙，拾起大衫，还是拉拉着腿，可是走得很快了，大衫搭在臂上，他过来拍了王三胜一下："还得练哪，伙计！"

"别走！"王三胜擦着汗："你不离，姓王的服了！可有一样，你敢会会沙老师？"

"就是为会他才来的！"老头子的干巴脸上皱起点来，似乎是笑呢。"走；收了吧；晚饭我请！"

王三胜把兵器拢在一处，寄放在变戏法二麻子那里，陪着老头子往庙外走。后面跟着不少人，他把他们骂散。

"你老贵姓？"他问。

"姓孙哪，"老头子的话与人一样，都那么干巴。"爱练；久想会会沙子龙。"

沙子龙不把你打扁了！王三胜心里说。他脚底下加了劲，可是没把孙老头落下。他看出来，老头子的腿是老走着查拳门中的连跳步；交起手来，必定很快。但是，无论他怎么快，沙子龙是没对手的。准知道孙老头要吃亏，他心中痛快了些，放慢了些脚步。

"孙大叔贵处？"

"河间的，小地方。"孙老者也和气了些："月棍年刀一辈子枪，不容易见功夫！说真的，你那两手就不坏！"

王三胜头上的汗又回来了，没言语。

到了客栈，他心中直跳，惟恐沙老师不在家，他急于报仇。他知道老师不爱管这种事，师弟们已碰过不少回钉子，可是他相信这回必定行，他是大伙计，不比那些毛孩子；再说，人家在庙会上点名叫阵，沙老师还能丢这个脸么？

"三胜，"沙子龙正在床上看着本《封神榜》[5]，"有事吗？"

三胜的脸又紫了，嘴唇动着，说不出话来。

沙子龙坐起来，"怎么了，三胜？"

"栽了跟头！"

只打了个不甚长的哈欠，沙老师没别的表示。

王三胜心中不平，但是不敢发作；他得激动老师："姓孙的一个老头儿，门外等着老师呢；把我的枪，枪，打掉了两次！"他知道"枪"字在老师心中有多大分量。没等吩咐，他慌忙跑出去。

客人进来，沙子龙在外间屋等着呢。彼此拱手坐下，他叫三胜去泡茶。三胜希望两个老人立刻交了手，可是不能不沏茶去。孙老者没话讲，用深藏着的眼睛打量沙子龙。沙很客气：

"要是三胜得罪了你，不用理他，年纪还轻。"

孙老者有些失望，可是看出沙子龙的精明。他不知怎样好了，不能拿一个人的精明断定他的武艺。"我来领教领教枪法！"他不由地说出来。

沙子龙没接碴儿。王三胜提着茶壶走进来——急于看二人动手，他没管水开了没有，就沏在壶中。

"三胜，"沙子龙拿起个茶碗来，"去找小顺们去，天汇见，陪孙老者吃饭。"

"什么！"王三胜的眼珠几乎掉出来。看了看沙老师的脸，他敢怒而不敢言地说了声："是啦！"走出去，撅着大嘴。

"教徒弟不易！"孙老者说。

"我没收过徒弟。走吧，这个水不开！茶馆去喝，喝饿了就吃。"沙子龙从桌子上拿起缎子褡裢，一头装着鼻烟壶，一头装着点钱，挂在腰带上。

"不，我还不饿！"孙老者很坚决，两个"不"字把小辫从肩上抡到后边去。

"说会子话儿。"

"我来为领教领教枪法。"

"功夫早搁下了，"沙子龙指着身上，"已经放了肉！"

"这么办也行，"孙老者深深的看了沙老师一眼："不比武，教给我那趟五虎断魂枪。"

"五虎断魂枪？"沙子龙笑了："早忘干净了！早忘干净了！告诉你，在我这儿住几天，咱们各处逛逛，临走，多少送点盘缠。"

"我不逛,也用不着钱,我来学艺!"孙老者立起来,"我练趟给你看看,看够得上学艺不够!"一屈腰已到了院中,把楼鸽都吓飞起去。拉开架子,他打了趟查拳:腿快,手飘洒,一个飞脚起去,小辫儿飘在空中,像从天上落下来一个风筝;快之中,每个架子都摆得稳、准,利落;来回六趟,把院子满都打到,走得圆,接得紧,身子在一处,而精神贯串到四面八方。抱拳收势,身儿缩紧,好似满院乱飞的燕子忽然归了巢。

"好!好!"沙子龙在台阶上点着头喊。

"教给我那趟枪!"孙老者抱了抱拳。

沙子龙下了台阶,也抱着拳:"孙老者,说真的吧,那条枪和那套枪都跟我入棺材,一齐入棺材!"

"不传?"

"不传!"

孙老者的胡子嘴动了半天,没说出什么来。到屋里抄起蓝布大衫,拉拉着腿:"打搅了,再会!"

"吃过饭走!"沙子龙说。

孙老者没言语。

沙子龙把客人送到小门,然后回到屋中,对着墙角立着的大枪点了点头。

他独自上了天汇,怕是王三胜们在那里等着。他们都没有去。

王三胜和小顺们都不敢再到土地庙去卖艺,大家谁也不再为沙子龙吹腾;反之,他们说沙子龙栽了跟头,不敢和个老头儿动手;那个老头子一脚能踢死个牛。不要说王三胜输给他,沙子龙也不是他的"个儿"[6]。不过呢,王三胜到底和老头子见了个高低,而沙子龙连句硬话也没敢说。"神枪沙子龙"慢慢似乎被人们忘了。

夜静人稀,沙子龙关好了小门,一气把六十四枪刺下来;而后,挂着枪,望着天上的群星,想起当年在野店荒林的威风。叹一口气,用手指慢慢摸着凉滑的枪身,又微微一笑,"不传!不传!"

注 释

[1] 口马:指张家口外的马匹。

[2] 吊:旧时货币单位,一千枚制钱叫一吊。

[3] 洒鞋:鞋帮纳得很密,前脸较深,上面缝着皮梁或三角形皮子的布鞋。

[4] 身子整着:两臂不动,身体僵硬地走路。

[5] 《封神榜》:即《封神演义》,明人许仲琳撰,讲述武王伐纣的故事,多有仙佛斗法的描写,以姜子牙封诸神和周武王分封诸侯作结。

[6] 个儿:对手。

作家·作品

老舍（1899～1966），现代著名作家，人民艺术家，原名舒庆春，字舍予，满族人；1918年师范毕业后，曾任北京十七小学校长、天津南开中学语文教员；1924年赴英国，任伦敦大学东方学院中文讲师，在英国讲学期间，创作了《老张的哲学》等三部长篇小说；1929年离英回国，先后任济南齐鲁大学、青岛山东大学教授；1937年，代表作《骆驼祥子》问世，被译成十几种文字，产生较大的国际影响；中华人民共和国成立后，曾任政务院文教委员会委员、全国文联副主席、全国作协副主席、北京市文联主席等职。

老舍文学创作生涯长达40年，是一位多产作家。其作品多以城市人民生活为题材，爱憎分明，有强烈的正义感，善于准确运用北京话表现人物、描写事件，使作品具有浓郁的地方色彩和强烈的生活气息。老舍以讽刺幽默和诙谐轻松的风格，赢得了人民的喜爱。老舍代表作有长篇小说《骆驼祥子》《四世同堂》《离婚》，中短篇小说《月牙儿》《断魂枪》，戏剧《龙须沟》《茶馆》等。老舍1966年8月逝世，终年67岁。现有《老舍文集》行世。

《断魂枪》所写的是一个半封建半殖民地的中国，此时传统古老文明已被西方现代物质文明所冲击、帝国主义侵略打开了中国的大门，但封建传统并没有消失，又加上了外来压迫与欺凌，人们的困惑与无可奈何相交织。《断魂枪》体现短篇小说的"借一斑略知全豹，以一目尽传精神"的特点。作者通过人物肖像、语言、动作的白描手法来塑造人物形象，揭示性格。小说语言洁净生动、富有表现力。以通俗的形式，揭示了国民精神和民族命运这一深刻主题。在近代社会急剧变化的情况下，曾威震一方的神枪沙子龙灰了心，他不再出头露面弄枪舞棒，而是珍藏起自己的绝技，既不比武也不传人，要让枪和枪法随人入土。小说形象地写出了一种被时代变动所冲击而自我隔绝的抗争方式，揭示了虽然珍爱宝物却又不能适应时世变化的落寞者的特定心态，这是特定时期生活的典型反映。

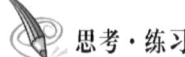

1. 简要分析王三胜和孙老者两人性格。
2. 试分析沙子龙的形象。
3. 小说结尾处沙子龙的叹气和"不传！"有何意义？

拓展·阅读

1. 老舍：《骆驼祥子》。
2. 老舍：《茶馆》。
3. 老舍：《四世同堂》。
4. 老舍：《我这一辈子》。

萧　萧[1]

沈从文

乡下人吹唢呐接媳妇，到了十二月是成天会有的事情。

唢呐后面一顶花轿，四个佚子平平稳稳的抬着。轿中人被铜锁锁在里面，虽穿了平时不上过身的体面红绿衣裳，也仍然得荷荷大哭。在这些小女人心中，做新娘子，从母亲身边离开，且准备作他人的母亲，从此将有许多新事情等待发生。像做梦一样，将同一个陌生男子汉在一个床上睡觉，做着承宗接祖的事情，这些事想起来，当然有些害怕，所以照例觉得要哭哭，于是就哭了。

也有做媳妇不哭的人。萧萧做媳妇就不哭。这小女子没有母亲，从小寄养到伯父种田的庄子上，出嫁只是从这家转到那家。因此到那一天这小女人还只是笑。她又不害羞，又不怕，她是什么事也不知道，就做了人家的媳妇了。

萧萧做媳妇时年纪十二岁，有一个小丈夫，年纪还不到三岁。丈夫比她年少九岁，断奶还不多久。地方规矩如此，过了门，她喊他做弟弟。她每天应作的事是抱弟弟到村前柳树下去玩，到溪边去玩，饿了，喂东西吃，哭了，就哄他，摘南瓜花或狗尾草戴到小丈夫头上，或者亲嘴，一面说，"弟弟，哪，再来。"在那肮脏的小脸上亲了又亲，孩子于是便笑了。孩子一欢喜兴奋，行动粗野起来，会用短短的小手乱抓萧萧的头发。那是平时不大能收拾蓬蓬松松在头上的黄发。有时候，垂到脑后那条小辫儿被拉得太久，把红绒线结也弄松了，生气了，就挞那弟弟，弟弟自然哇的哭出声来，萧萧便也装成要哭的样子，用手指着弟弟的哭脸，说，"哪，人不讲理，可不行！"

天晴落雨日子混下去，每日抱抱丈夫，也帮家中作点杂事，能动手的就动手。又时常到溪沟里去洗衣，搓尿片，一面还捡拾有花纹的田螺给坐到身边的丈夫玩。到了夜里睡觉，便常常做这种年龄人所做的梦，梦到后门角落或别的什么地方捡得大把大把铜钱，吃好东西，爬树，自己变成鱼到水中各处溜。或一时仿佛身子很小很轻，飞到天上众星中，没有一个人，只是一片白，一片金光，于是大喊"妈！"人就吓醒了。醒来心还只是跳。吵了隔壁的人，不免骂着，"疯子，你想什么！白天疯玩，晚上就做梦！"萧萧听着却不作声，只是咕咕的笑。也有很好很爽快的梦，为丈夫哭醒的事。那丈夫本来晚上在自己母亲身边睡，有时吃多了，或因另外情形，半夜大哭，起来放水拉稀是常有的事。丈夫哭到婆婆无可奈何，于是萧萧轻脚轻手爬起床来，睡眼朦胧走到床边，把人抱起，给他看月亮，看星光。或者互相觑着，孩子气的"嗨嗨，看猫呵，"那样喊着哄着，于是丈夫笑了，玩了一会，慢慢合上眼。人睡了，放上床，站在床边看着，听远处一递一声的鸡叫，知道天快到什么时候了，于是仍然蜷到小床上睡去。天亮了，虽不做梦，却可以无意中闭眼开眼，看一阵在面前空中变幻无端的黄边紫心葵花，那是一种真正的享受。

萧萧嫁过了门，做了拳头大丈夫的小媳妇，一切并不比先前受苦，这只看她半年来身体发育就可明白。风里雨里过日子，像一株长在园角落不为人注意的蓖麻，大叶大枝，日增茂盛。这小女人简直是全不为丈夫设想那么似的，一天比一天长大起来了。

夏夜光景说来如做梦。大家饭后坐到院中心歇凉，挥摇蒲扇，看天上的星同屋角的萤，听南瓜棚上纺织娘子咯咯咯拖长声音纺车，远近声音繁密如落雨，禾花风悠悠吹到脸上，正是让人在各种方便中说笑话的时候。

萧萧好高，一个人常常爬到草料堆上去，抱了已经熟睡的丈夫在怀里，轻轻的轻轻的随意唱着那自编的山歌，唱来唱去却把自己也催眠起来，快要睡去了。

在院坝中，公公婆婆，祖父祖母，另外还有帮工汉子两个，散乱的坐在小板凳上，摆龙门阵学古，轮流下去打发上半夜。

祖父身边有个烟包，在黑暗中放光。这用艾蒿作成的烟包，是驱逐长脚蚊的得力东西，蜷在祖父脚边，就如一条乌梢蛇。间或又拿起来晃那么几下。

想起白天场上的事，那祖父开口说话：

"听三金说，前天又有女学生过身。"

大家就哄然笑了。

这笑的意义何在？只因为大家印象中，都知道女学生没有辫子，留下个鹌鹑尾巴，像个尼姑，又不完全像。穿的衣服像洋人又不像洋人，吃的、用的……总而言之事事不同，一想起来就觉得怪可笑！

萧萧不大明白，她不笑。所以老祖父又说话了。他说：

"萧萧，你长大了，将来也会做女学生！"

大家于是更哄然大笑起来。

萧萧为人并不愚蠢，觉得这一定是不利于己的一件事情，所以接口便说：

"爷爷，我不做女学生！"

"你像个女学生，不做可不行。"

"我不做。"

众人有意取笑，异口同声说："萧萧，爷爷说得对，你非做女学生不行！"

萧萧急得无可如何，"做就做，我不怕。"其实做女学生有什么不好，萧萧全不知道。

女学生这东西，在本乡的确永远是奇闻。每年一到六月天，据说放"水假"日子一到，照例便有三三五五女学生，由一个荒谬不经的热闹地方来，到另一个远地方去，取道从本地过身。从乡下人眼中看来,这些人都近于另一世界中活下的人,装扮奇奇怪怪,行为更不可思议。这种女学生过身时,使一村人都可以说一整天的笑话。

祖父是当地一个人物,因为想起所知道的女学生在大城中的生活情形,所以说笑话要萧萧也去作女学生。一面听到这话就感觉一种打哈哈趣味,一面还有那被说的萧萧感觉一种惶恐,说这话的不为无意义了。

女学生由祖父方面所知道的是这样一种人:她们穿衣服不管天气冷热,吃东西不问饥饱,晚上交到子时才睡觉,白天正经事全不作,只知唱歌打球,读洋书。她们都会花钱,一年用的钱可以买十六只水牛。她们在省里京里想往什么地方去时,不必走路,只要钻进一个大匣子中,那匣子就可以带她到地。她们在学校,男女一处上课,人熟了,就随意同那男子睡觉,也不要媒人,也不要财礼,名叫"自由"。她们也做州县官,带家眷上任,男子仍然喊作老爷,小孩子叫少爷。她们自己不喂牛,却吃牛奶羊奶,如小牛小羊;买那奶时是用铁罐子盛的。她们无事时到一个唱戏地方去,那地方完全像个大庙,从衣袋中取出一块洋钱来(那洋钱在乡下可买五只母鸡),买了一小方纸片儿,拿了那纸片到里面去,就可以坐下看洋人扮演影子戏。她们被冤了,不赌咒,不哭。她们年纪有老到二十四岁还不肯嫁人的,有老到三十四十还好意思嫁人的。她们不怕男子,男子不能使她们受委屈,一受委屈就上衙门打官司,要官罚男子的款,这笔钱她有时独占自己花用,有时同官平分。她们不洗衣煮饭,也不养猪喂鸡;有了小孩子也只花五块钱、十块钱一月,雇人专管小孩,自己仍然整天看戏打牌,读那些没有用处的闲书……

总而言之,说来事事都希奇古怪,和庄稼人不同,有的简直可以说岂有此理。这时经祖父一为说明,听过这话的萧萧,心中却忽然有了一种模模糊糊的愿望,以为倘若她也是个女学生,她是不是照祖父说的女学生一个样子去做那些事?不管好歹,做女学生并不可怕,因此一来却已为这乡下姑娘体念到了。

因为听祖父说起女学生是怎样的人物,到后萧萧独自笑得特别久。笑够了时,她说:

"祖爹,明天有女学生过路,你喊我,我要看看。"

"你看,她们提你去作丫头。"

"我不怕她们。"

"她们读洋书念经你也不怕?"

"念观音菩萨消灾经,念紧箍咒,我都不怕。"

"她们咬人,和做官的一样,专吃乡下人,吃人骨头渣渣也不吐,你不怕?"

萧萧肯定的回答说:"也不怕。"

可是这时节萧萧手上所抱的丈夫,不知为什么,在睡梦中哭了,媳妇于是用作母亲的声势,半哄半吓说:

"弟弟,弟弟,不许哭,不许哭,女学生咬人来了。"

丈夫还仍然哭着，得抱起各处走走。萧萧抱着丈夫离开了祖父，祖父同人说另外一样古话去了。

萧萧从此以后心中有个"女学生"。做梦也便常常梦到女学生，且梦到同这些人并排走路。仿佛也坐过那种自己会走路的匣子，她又觉得这匣子并不比自己跑路更快。在梦中那匣子的形体同谷仓差不多，里面有小小灰色老鼠，眼珠子红红的，各处乱跑，有时钻到门缝里去，把个小尾巴露在外边。

因为有这样一段经过，祖父从此喊萧萧不喊"小丫头"，不喊"萧萧"，却唤作"女学生"。在不经意中萧萧答应得很好。

乡下的日子也如世界上一般日子，时时不同。世界上人把日子糟蹋，和萧萧一类人家把日子吝惜是同样的，各有所得，各属分定。许多城市中文明人，把一个夏天全消磨到软绸衣服、精美饮料以及种种好事情上面。萧萧的一家，因为一个夏天的劳作，却得了十多斤细麻，二三十担瓜。

作小媳妇的萧萧，一个夏天中，一面照料丈夫，一面还绩了细麻四斤。到秋八月工人摘瓜，在瓜间玩，看硕大如盆上面满是灰粉的大南瓜，成排成堆摆到地上，很有趣味。时间到摘瓜，秋天真的已来了，院子中各处有从屋后林子里树上吹来的大红大黄木叶。萧萧在瓜旁站定，手拿木叶一束，为丈夫编小笠帽玩。

工人中有个名叫花狗，年纪二十三岁，抱了萧萧的丈夫到枣树下去打枣子。小小竹竿打在枣树上，落枣满地。

"花狗大[2]，莫打了，太多了吃不完。"

虽听这样喊，还不停手。到后，仿佛完全因为丈夫要枣子，花狗才不听话。萧萧于是又喊他那小丈夫：

"弟弟，弟弟，来，不许捡了。吃多了生东西肚子痛！"

丈夫听话，兜了一堆枣子向萧萧身边走来，请萧萧吃枣子。

"姐姐吃，这是大的。"

"我不吃。"

"要吃一颗！"

她两手哪里有空！木叶帽正在制边，工夫要紧，还正要个人帮忙！

"弟弟，把枣子喂我口里。"

丈夫照她的命令作事，作完了觉得有趣，哈哈大笑。

她要他放下枣子帮忙捏紧帽边，便于添加新木叶。

丈夫照她吩咐作事，但老是顽皮的摇动，口中唱歌。这孩子原来像一只猫，欢喜时就得捣乱。

"弟弟，你唱的是什么？"

"我唱花狗大告我的山歌。"

"好好的唱一个给我听。"

丈夫于是就唱下去，照所记到的歌唱：

天上起云云起花，
包谷林里种豆荚，
豆荚缠坏包谷树，
娇妹缠坏后生家。

天上起云云重云，
地下埋坟坟重坟，
娇妹洗碗碗重碗，
娇妹床上人重人。

歌中意义丈夫全不明白，唱完了就问好不好。萧萧说好，并且问跟谁学来的。她知道是花狗教的，却故意盘问他。

"花狗大告我，他说还有好歌，长大了再教我唱。"

听说花狗会唱歌，萧萧说：

"花狗大，花狗大，您唱一个好听的歌我听听。"

那花狗，面如其心，生长得不很正气，知道萧萧要听歌，人也快到听歌的年龄了，就给她唱"十岁娘子一岁夫"。那故事说的是妻年大，可以随便到外面作一点不规矩事情，夫年小，只知道吃奶，让他吃奶。这歌丈夫完全不懂，懂到一点儿的是萧萧。把歌听过后，萧萧装成"我全明白"那种神气，她用生气的样子，对花狗说：

"花狗大，这个不行，这是骂人的歌！"

花狗分辩说："不是骂人的歌。"

"我明白，是骂人的歌。"

花狗难得说多话，歌已经唱过了，错了陪礼，只有不再唱。他看她已经有点懂事了，怕她回头告祖父，会挨一顿臭骂，就把话支开，扯到"女学生"上头去。他问萧萧，看没看过女学生习体操唱洋歌的事情。

若不是花狗提起，萧萧几乎已忘却了这事情。这时又提到女学生，她问花狗近来有没有女学生过路，她想看看。

花狗一面把南瓜从棚架边抱到墙角去，告她女学生唱歌的事，这些事的来源还是萧萧的那个祖父。他在萧萧面前说了点大话，说他曾经到官路上见到四个女学生，她们都拿得有旗子，走长路流汗喘气之中仍然唱歌，同军人所唱的一模一样。不消说，这自然完全是胡诌的笑话。可是那故事把萧萧可乐坏了。因为花狗说这个就叫做"自由"。

花狗是"起眼动眉毛，一打两头翘"会说会笑的一个人。听萧萧带着歆羡口气说，"花狗大，你膀子真大。"他就说，"我不止膀子大。"

"你身个子也大。"

"我全身无处不大。"

到萧萧抱了她的丈夫走去以后，同花狗在一起摘瓜，取名字叫哑巴的，开了平时不常开的口，他说：

"花狗，你少坏点。人家是十三岁黄花女，还要等十年才圆房！"

花狗不作声，打了那伙计一掌，走到枣树下捡落地枣去了。

到摘瓜的秋天，日子计算起来，萧萧过丈夫家有一年了。

几次降霜落雪，几次清明谷雨，一家人都说萧萧是大人了。天保佑，喝冷水，吃粗砺饭，四季无疾病，倒发育得这样快。婆婆虽生来像一把剪子，把凡是给萧萧暴长的机会都剪去了，但乡下的日头同空气都帮助人长大，却不是折磨可以阻拦得住。

萧萧十五岁时高如成人，心却还是一颗糊糊涂涂的心。

人大了一点，家中做的事也多了一点。绩麻、纺车、洗衣、照料丈夫以外，打猪草推磨一些事情也要作，还有浆纱织布。凡事都学，学学就会了。乡下习惯，凡是行有余力的都可从劳作中攒点私房，两三年来仅仅萧萧个人分上所聚集的粗细麻和纺就的棉纱，已够萧萧坐到土机上抛三个月的梭子了。

丈夫早断了奶。婆婆有了新儿子，这五岁儿子就像归萧萧独有了。不论做什么，走到什么地方去，丈夫总跟到身边。丈夫有些方面很怕她，当她如母亲，不敢多事。他们俩"感情不坏"。

地方稍稍进步，祖父的笑话转到"萧萧你也把辫子剪去好自由"那一类事上去了。听着这话的萧萧，某个夏天也看过一次女学生，虽不把祖父笑话认真，可是每一次在祖父说过这笑话以后，她到水边去，必用手捏着辫子梢梢，设想没有辫子的人那种神气，那点趣味。

因为打猪草，带丈夫上螺蛳山的山阴是常有的事。

小孩子不知事，听别人唱歌也唱歌。一唱歌，就把花狗引来了。

花狗对萧萧生了另外一种心，萧萧有点明白了，常常觉得惶恐不安。但花狗是男子，凡是男子的美德恶德都不缺少，劳动力强，手脚勤快，又会玩会说，所以一面使萧萧的丈夫非常欢喜同他玩，一面一有机会即缠在萧萧身边，且总是想方设法把萧萧那点惶恐减去。

山大人小，到处树木蒙茸，平时不知道萧萧所在，花狗就站在高处唱歌逗萧萧身边的丈夫；丈夫小口一开，花狗穿山越岭就来到萧萧面前了。

见了花狗，小孩子只有欢喜，不知其他。他原要花狗为他编草虫玩，做竹箫哨子玩，花狗想方法支使他到一个远处去找材料，便坐到萧萧身边来，要萧萧听他唱那使人开心红脸的歌。她有时觉得害怕，不许丈夫走开；有时又像有了花狗在身边，打发丈夫走去反倒好一点。终于有一天，萧萧就这样给花狗把心窍子唱开，变成个妇人了。

那时节，丈夫走到山下采刺莓去了，花狗唱了许多歌，到后却向萧萧唱：

> 娇家门前一重坡，
> 别人走少郎走多，
> 铁打草鞋穿烂了，
> 不是为你为哪个？

末了却向萧萧说："我为你睡不着觉。"他又说他赌咒不把这事情告给人。听了这些话仍然不懂什么的萧萧，眼睛只注意到他那一对粗粗的手膀子，耳朵只注意到他最后一句话。

末了花狗大便又唱歌给她听。她心里乱了。她要他当真对天赌咒，赌了咒，一切好像有了保障，她就一切尽他了。到丈夫返身时，手被毛毛虫螯伤，肿了一片，走到萧萧身边。萧萧捏紧这一只小手，且用口去呵它，吮它，想起刚才的糊涂，才仿佛明白自己作了一点不大好的糊涂事。

花狗诱她做坏事情是麦黄四月，到六月，李子熟了，她欢喜吃生李子。她觉得身体有点特别，在山上碰到花狗，就将这事情告给他，问他怎么办。

讨论了多久，花狗全无主意。虽以前自己当天赌得有咒，也仍然无主意。这家伙个子大，胆量小。个子大容易做错事，胆量小做了错事就想不出办法。

到后，萧萧捏着自己那条乌梢蛇似的大辫子，想起城里了，她说：

"花狗大，我们到城里去自由，帮帮人过日子，不好么？"

"那怎么行？到城里去做什么？"

"我肚子大了。"

"我们找药去。场上有郎中卖药。"

"你赶快找药来，我想……"

"你想逃到城里去自由，不成的。人生面不熟，讨饭也有规矩，不能随便！"

"你这没有良心的，你害了我，我想死！"

"我赌咒不辜负你。"

"负不负我有什么用？帮我个忙，赶快拿去肚子里这块肉罢。我害怕！"

花狗不再做声，过了一会，便走开了。不久丈夫从他处回来，见萧萧一个人坐在草地上哭，眼睛红红的。丈夫心中纳罕，看了一会，问萧萧：

"姐姐，为什么哭？"

"不为什么，灰尘落到眼睛里，痛。"

"我吹吹吧。"

"不要吹。"

"你瞧我，得这些这些。"

他把从溪中捡来的小蚌小石头陈列在萧萧面前，萧萧泪眼婆婆的看了一会，勉强笑着说，"弟弟，我们要好，我哭你莫告家中。告我可要生气。"到后这事情家中当真就无人知道。

过了半个月，花狗不辞而行，把自己所有的衣裤都拿去了。祖父问同住的哑巴，知不知道他为什么走路，走哪儿去。哑巴只是摇头，说花狗还欠了他两百钱，临走时话都不留一句，为人少良心。哑巴说他自己的话，并没有把花狗走的理由说明。因此这一家希奇一整天，谈论一整天。不过这工人既不偷走物件，又不拐带别的，这事过后不久，自然也就把他忘掉了。

萧萧仍然是往日的萧萧。她能够忘记花狗就好了。但是肚子真有些不同了，肚中东西总在动，使她常常一个人干着急，尽做怪梦。

她脾气坏了一点，这坏处只有丈夫知道，因为她对丈夫似乎严厉苛刻了好些。

仍然每天同丈夫在一处，她的心，想到的事自己也不十分明白。她常想，我现在死了，什么都好了。可是为什么要死？她还很高兴活下去，愿意活下去。

家中人不拘谁在无意中提起关于丈夫弟弟的话，提起小孩子，提起花狗，都像使这话如拳头，在萧萧胸口上重重一击。

到八月，她担心人知道更多了，引丈夫庙里去玩，就私自许愿，吃了一大把香灰。吃香灰被她丈夫见到了，丈夫问这是做什么，萧萧就说肚子痛，应当吃这个。虽说求菩萨许愿，菩萨当然没有如她的希望，肚子中长大的东西仍在慢慢地长大。

她又常常往溪里去喝冷水，给丈夫见到了，丈夫问她她就说口渴。

一切她所想到的方法都没有能够使她与自己不欢喜的东西分开。大肚子只有丈夫一人知道，他却不敢告这件事给父母晓得。因为时间长久，年龄不同，丈夫有些时候对于萧萧的怕同爱，比对于父母还深切。

她还记得花狗赌咒那一天里的事情，如同记着其他事情一样。到秋天，屋前屋后毛毛虫都结茧，成了各种好看的蝶蛾，丈夫像故意折磨她一样，常常提起几个月前被毛毛虫所螫的旧话，使萧萧心里难过。她因此极恨毛毛虫，见了那小虫就想用脚去踹。

有一天，又听人说有好些女学生过路，听过这话的萧萧，睁了眼做过一阵梦，愣愣的对日头出处痴了半天。

萧萧步花狗后尘，也想逃走，收拾一点东西预备跟了女学生走的那条路上城。但没有动身，就被家里人发觉了。

家中追究这逃走的根源，才明白这个十年后预备给小丈夫生儿子继香火的萧萧肚子，已被别人抢先下了种。这真是了不得的一件大事。一家人的平静生活，为这一件事全弄乱了。生气的生气，流泪的流泪，骂人的骂人，各按本分乱下去。悬梁，投水，吃毒药，被禁困的萧萧，诸事漫无边际的全想到了，究竟年纪太小，舍不得死，却不曾做。于是祖父从现实出发，想出了个聪明主意，把萧萧关在房里，派人好好看守着，请萧萧本族的人来说话，看是"沉潭"还是"发卖"？萧萧家中人要面子，就沉潭淹死她，舍不得就发卖。萧萧只有一个伯父，在近处庄子里为人种田，去请他时先还以为是吃酒，到了才知道是这样丢脸事情，弄得这老实忠厚家长手足无措。

大肚子作证，什么也没有可说。伯父不忍把萧萧沉潭，萧萧当然应当嫁人作二路亲了。

这处罚好像也极其自然，照习惯受损失的是丈夫家里，然而却可以在改嫁上收回一笔钱，当作赔偿损失的数目。那伯父把这事告给了萧萧，就要走路。萧萧拉着伯父衣角不放，只是幽幽地哭。伯父摇了一会头，一句话不说，仍然走了。

一时没有相当的人家来要萧萧，因此暂时就仍然在丈夫家中住下。这件事情既经说明白，照乡下规矩倒又像不什么要紧，只等待处分，大家反而释然了。先是小丈夫不能再同萧萧在一处，到后又仍然如月前情形，姊弟一般有说有笑的过日子了。

丈夫知道了萧萧肚子中有儿子的事情，又知道因为这样萧萧才应当嫁到远处去。但是丈夫并不愿意萧萧去，萧萧自己也不愿意去，大家全莫名其妙，只是照规矩像逼到要这样做，不得不做。

在等候主顾来看人，等到十二月，还没有人来，萧萧只好在这人家过年。

萧萧次年二月间，十月满足坐草生了一个儿子，团头大眼，声响洪壮，大家把母子二人照料得好好的，照规矩吃蒸鸡同江米酒补血，烧纸谢神。一家人都欢喜那儿子。

生下的既是儿子，萧萧不嫁别处了。

到萧萧正式同丈夫拜堂圆房时，儿子已经年纪十岁，能看牛割草，成为家中生产者一员了。平时喊萧萧丈夫做大叔，大叔也答应，从不生气。

这儿子名叫牛儿。牛儿十二岁时也接了亲，媳妇年长六岁。媳妇年纪大，才能诸事作帮手，对家中有帮助。唢呐吹到门前时，新娘在轿中呜呜的哭着，忙坏了那个祖父曾祖父。

这一天，萧萧抱了自己新生的月毛毛，却在屋前榆蜡树篱笆看热闹，同十年前抱丈夫一个样子。

注 释

[1]《萧萧》写于1929年冬，1957年2月校改，后收入《沈从文文集·新与旧》（第6卷）。

[2] 大：大哥的简称。

作家·作品

沈从文（1902～1988），著名文学家、历史文物研究家，原名沈岳焕，苗族，湖南凤凰人；14岁起当兵，1922年到北京大学旁听，1924年后开始发表作品，并与胡也频合编《京报副刊》和《民众文艺》周刊；1927年到上海编辑《红黑》杂志，参加新月社；1930年起在武汉大学、青岛大学任教；1934年起编辑北平和天津的《大公报》副刊《文艺》；抗日战争爆发后，执教于昆明西南联合大学；抗战胜利后，任北京大学教授，编辑《大公报》《益世报》等文学副刊。1949年后，沈从文中止了文学创作，从事出土文物、工艺美术、物质文化史、中国古代服饰及其他史学领域的研究。

沈从文的创作表现手法不拘一格，文体不拘常例，故事不拘常格。在小说创作中，对都市中的现代文明进行了无情的讽刺和批判，精心建造了一个美好的湘西世界，在小说的抒情诗手法和田园诗风格方面做出了自己独特的贡献。沈从文一生共出版了30多部短篇小说和6部中长篇小说，创作的结集约有80多部，代表作有《边城》《湘西》《湘行散记》等。

《萧萧》是沈从文早期创作的最富有写实意味的作品之一。小说对乡土风情的抒写和历史文化的思考都较成功。这篇小说写童养媳生活，但与一般以婆媳的复杂关系来表现童养媳悲惨命运的作品又有很大不同，它把大量笔墨用于风俗描绘，在人物命运和风俗场景之间进行精细的结构处理，在小说中，作者融入了丰富的散文和诗的元素，形成一幅以社会风俗为浓厚背景的人物画。小说以较多笔墨描写了萧萧的勤劳、纯朴以及作为一个少女所有的天真、幼稚和单纯。作品以青年男女的情爱作为切入的视角与中心话题。萧萧被花狗用歌唱开心窍，并怀有身孕，但最终还是做了小她9岁的丈夫的妻子。在故事发展的过程中，显示了作家对湘西完美人性的思考与表现。

思考·练习

1. 以本文为基点，分析沈从文的创作风格。
2. 分析萧萧对于婚姻的态度。
3. 文章对"女学生"的叙述有何意义？

拓展·阅读

1. 沈从文：《边城》。
2. 沈从文：《旧梦》。
3. 沈从文：《一个母亲》。
4. 沈从文：《长河》。
5. 沈从文：《阿黑小史》。

菉竹山房

吴组缃

阴历五月初十日和阿圆到家，正是家乡所谓"火梅"天气：太阳和淫雨交替迫人，那苦况非身受的不能想象。母亲说，前些日子二姑姑托人传了口信来，问我们到家没有；说"我做姑姑的命不好，连侄儿侄媳也冷淡我。"意思之间，是要我和阿圆到她老人家村上去住些时候。

二姑姑家我只于年小时去过一次，至今十多年了。我连年羁留外乡，过的是电灯电影洋装书籍柏油马路的另一世界的生活。每当想起家乡，就如记忆一个年远的传说一样。我脑中的二姑姑家，到现在更是模糊得如云如烟。那座阴森敞大的三进大屋，那间摊乱着雨蚀虫蛀的古书的学房，以及后园中的池塘竹木，想起来都如依稀的梦境。

二姑姑的故事好似一个旧传奇的仿本。她的红颜时代我自然没有见过，但从后来我所见到的她的风度上看来：修长的身材，清癯白晳的脸庞，狭长而凄清的眼睛，以及沉默少言笑的阴暗调子，都和她的故事十分相称。

故事在这里不必说得太多。其实，我所知道的也就有限；因为家人长者都讳谈它。我所知道的一点点，都是日长月远，家人谈话中偶然流露出来，由零碎撷拾起来的。

多年以前，叔祖的学塾中有个聪明年少的门生，是个三代孤子。因为看见叔祖房里的幛幔，笔套，与一幅大云锦上的刺绣，绣的都是各种姿态的美丽蝴蝶，心里对这绣蝴蝶的人起了羡慕之情；而这绣蝴蝶的姑娘因为听叔祖常常夸说这人，心里自然也早就有了这人。这故事中的主人以后是乘一个怎样的机缘相见相识，我不知道，长辈们恐怕也少知道。在我所撷拾的零碎资料中，这以后便是这悲惨故事的顶峰：一个三春天气的午间，冷清的后园的太湖石洞中，祖母因看牡丹花，拿住了一对仓皇失措的系裤带的顽皮孩子。

这幕才子佳人的喜剧闹了出来，人人夸说的绣蝴蝶的小姐一时连丫头也要加以鄙夷。放佚风流的叔祖虽从中尽力撮合周旋，但当时究未成功。若干年后，扬子江中八月大潮，风浪陡作，少年赴南京应考，船翻身亡。绣蝴蝶的小姐那时才十九岁，闻耗后，在桂花树下自缢，为园丁所见，救活了，没死。少年家觉得这小姐尚有稍些可风之处，商得了女家同意，大吹大擂接小姐过去迎了灵柩；麻衣红绣鞋，抱着灵牌参拜家堂祖庙，做了新娘。

这故事要不是二姑姑的，并不多么有趣；二姑姑要没这故事，我们这次也就不致急于要去。

母亲自然怂恿我们去。说我们是新结婚，也难得回家一次。二姑姑家孤寂了一辈子，如今如此想念我们，这点子人情是不能不尽的。但是阿圆却有点怕我们家乡的老太太。这些老太太——举个例，就如我的大伯娘，她老人家就最喜欢搂阿圆在膝上喊宝宝，亲她的脸，咬她的肉，摩挲她的臂膊；又要我和她接吻给她老人家看。一得闲空，就托支水烟袋坐到我们房里来，盯着眼看守着我们作迷迷笑脸，满口反复地说些叫人红脸不好意思的夸美的话。这种种罗唣，我倒不大在意；可是阿圆就老被窘得脸红耳赤，不知该往哪里躲。——因此，阿圆不愿去。

我知道弊病之所在，告诉阿圆：二姑姑不是这种善于表现的快乐天真的老太太。而且我会投年轻姑娘之所好，照二姑姑原来的故事又编上了许多的动人的穿插，说得阿圆感动得红了眼睛叹长气。听说二姑姑决不会给她那种罗唣，她的不愿去的心就完全消除；再听了二姑姑的故事，有趣得如从线装书中看下来的一样；又想到借此可以暂时躲避家下的老太太；而且又知道金燕村中风景好，菉竹山房的屋舍阴凉宽畅：于是阿圆不愿去的心，变成急于要去了。

我说金燕村，就是二姑姑的村；菉竹山房就是二姑姑的家宅。沿着荆溪的石堤走，走的七八里地，回环合抱的山峦渐渐拥挤，两岸葱翠古老的槐柳渐密，溪中暗赭色的大石渐多，哗哗的水激石块声越听越近。这段溪，渐不叫荆溪，而是叫响潭。响潭的两岸，槐树柳树榆树更多更老更葱茏，两面缝合，荫罩着乱喷白色水沫的河面，一缕太阳光也晒不下来。沿着响潭两岸的树林中，疏疏落落点缀着二十多座白垩瓦屋。西岸上，紧临着响潭，那座白屋分外大；梅花窗的围墙上面探露着一丛竹子；竹子一半是绿色的，一半已开了花，变成槁色。——这座村子便是金燕村，这座大屋便是二姑姑的家宅菉竹山房。

阿圆是外乡生长的，从前只在中国山水画上见过的景子，一朝忽然身历其境，欣跃之情自然难言。我一时回想起平日见惯的西式房子，柏油马路，烟囱，工厂等等，也觉得是重入梦境，作了许多缥缈之想。

二姑姑多年不见，显见得老迈了。

"昨天夜里结了三颗大灯花，今朝喜鹊在屋脊上叫了三四次，我知道要来人。"

那张苍白皱褶的脸没多少表情。说话的语气，走路的步法，和她老人家的脸庞同一调子：阴暗，凄苦，迟钝。她引我们进到内屋里，自己跚跚颤颤地到房里去张罗果盘，吩咐丫头为我们打脸水。——这丫头叫兰花，本是我家的丫头，三十多岁了。二姑姑陪嫁丫头死去后，祖父便拨了身边的这丫头来服侍姑姑，和姑姑作伴。她陪姑姑住守这所大屋子已二十多年，跟姑姑念诗念经，学姑姑绣蝴蝶，她自己说不要成家的。

二姑姑说没指望我们来得如此快，房子都没打扫。领我们参观全宅，顺便叫我们自己拣一间合意的住。四个人分作三排走，姑姑在前，我俩在次，兰花在最后。阿圆蹈着姑姑的步子走，显见得拘束不自在，不时昂头顾我，作有趣的会意之笑。我们都无话说。

屋子高大，阴森，也是和姑姑的人相谐调的。石阶，地砖，柱础，甚至板壁上，都染涂着一层深深浅浅的黯绿，是苔尘。一种与陈腐的土木之气混合的霉气扑满鼻官。每一进屋的梁上都吊有淡黄色的燕子窝，有的已剥落，只留着痕迹；有的正孵着雏儿，叫得分外响。

我们每走到一进房子，由兰花先上前开锁；因为除姑姑住的一头两间的正屋而外，其余每一间房，每一道门都是上了锁的。看完了正屋，由侧门一条巷子走到花园中。邻着花园有座雅致的房，门额上写着"邀月"两个八分字。百叶窗，古瓶式的门，门上也有明瓦纸的册叶小窗。我爱这地方近花园，较别处明朗清新得多，和姑姑说，我们就住这间房。姑姑叫兰花开了锁，两扇门一推开，就噗噗落下三只东西来：两只是壁虎，一只是蝙蝠。我们都怔了一怔。壁虎是悠悠地爬走了；兰花拾起那只大蝙蝠，轻轻放到墙隅里，呓语着似地念了一套怪话：

"福公公，你让让房，有贵客要在这里住。"

阿圆惊惶不安的样子，牵一牵我的衣角，意思大约是对着这些情景，不敢在这间屋里住。二姑姑年老还不失其敏感，不知怎样她老人家就窥知了阿圆的心事：

"不要紧。——这些房子，每年你姑爹回家时都打扫一次。停会，叫兰花再好好来收拾。福公公虎爷爷都会让出去的。"

又说："这间邀月庐是你姑爹最喜欢的地方；去年你姑爹回来，叫我把它修葺一下。你看看，里面全是新崭崭的。"

我探身进去张看，兜了一脸蜘蛛网。里面果然是新崭崭的。墙上字画，桌上陈设，都很整齐。只是蒙上一层薄薄的灰尘罢了。

我们看兰花扎了竹叶把，拿了扫帚来打扫。二姑姑自回前进去了。阿圆用一个小孩子的神秘惊奇的表情问我说：

"怎么说姑爹？……"

兰花放下竹叶把，瞪着两只阴沉的眼睛低幽地告诉阿圆说：

"爷爷灵验得很啦！三朝两天来给奶奶托梦。我也常看见的，公子帽，宝蓝衫，常在这园里走。"

阿圆扭着我的袖口，只是向着兰花的两只眼睛瞪看。兰花打扫好屋子，又忙着抱被褥毯子席子为我们安排床铺。里墙边原有一张檀木榻，榻几上面摆着一套围棋子，一盘瓷制的大蟠桃。把棋子蟠桃连同榻几拿去，铺上被席，便是我们的床了。二姑姑跚跚颤颤地走来，拿着一顶蚊帐给我们看，说这是姑爹用的帐，是玻璃纱制的；问我们怕不怕招凉。我自然愿意要这顶凉快帐子；但是阿圆却望我瞪着眼，好像连这顶美丽的帐子也有可怕之处。

这屋子的陈设是非常美致的，只看墙上的点缀就知道。东墙上挂着四幅大锦屏，上面绣着"箖竹山房唱和诗",边沿上密密齐齐地绣着各色的小蝴蝶,一眼看上去就觉得很灿烂。西墙上挂着一幅彩色的《钟馗捉鬼图》,两边有洪北江的"梅雪松风清几榻,天光云影护琴书"的对子。床榻对面的南墙上有百叶窗子可以看花园,窗下一书桌,桌上一个朱砂古瓶,瓶里插着马尾云拂。

我觉得这地方好。陈设既古色古香,而窗外一丛半绿半黄的修竹,和墙外隐约可听的响潭之水,越衬托得闲适恬静。

不久吃晚饭,我们都默然无话。我和阿圆是不知在姑姑面前该说些什么好;姑姑自己呢,是不肯多说话的。偌大屋子如一大座古墓,没一丝人声;只有堂厅里的燕子啾啾地叫。兰花向天井檐上张一张,自言自语地说:

"青姑娘还不回来呢!"

二姑姑也不答话,点点头。阿圆偷眼看看我。——其实我自己也正在纳罕着的。吃了饭,正洗脸,一只燕子由天井飞来,在屋里绕了一道,就钻进檐下的窝里去了。兰花停了碗,把筷子放在嘴沿上,低低地说:

"青姑娘,你到这时才回来。"悠悠地长叹一口气。

我释然,向阿圆笑笑;阿圆却不曾笑,只瞪着眼看兰花。

我说邀月庐清新明朗,那是指日间而言。谁知这天晚上,大雨复作,一盏三支灯草的豆油檠摇晃不定;远远正屋里二姑姑和兰花低幽地念着晚经,听来简直是"秋坟鬼唱鲍家诗";加以外面雨声虫声风弄竹声合奏起一支凄戾的交响曲,显得这周遭的确鬼气殊多。也不知是循着怎样的一个线索,很自然地便和阿圆谈起《聊斋》的故事来。谈一回,她越靠紧我一些,两眼只瞪着西墙上的"钟馗捉鬼图",额上鼻上渐渐全渍着汗珠。钟馗手下按着的那个鬼,披着发,撕开血盆口,露出两支大獠牙,栩栩欲活。我偶然瞥一眼,也不由得一惊。这时觉得那钟馗,那恶鬼,姑姑和兰花,连同我们自己俩,都成了鬼故事中的人物了。

阿圆瑟缩地说:"我想睡。"

她紧紧靠住我,我走一步,她走一步。睡到床上,自然很难睡着。不知辗转了多少时候,雨声渐止,月光透过百叶窗,映照得满屋凄幽。一阵飒飒的风摇竹声后,忽然听得窗外有脚步之声。声音虽然轻微,但是入耳十分清楚。

"你……听见了……没有?"阿圆把头钻在我的腋下,喘息地低声问。

我也不禁毛骨悚然。

那声音渐听渐近,没有了;换上的是低沉的戚戚声,如鬼低诉。阿圆已浑身汗濡。我咳了一声,那声音突然寂止;听见这突然寂止,想起兰花日间所说的话,我也不由得怕了。

半晌没有声息,紧张的心绪稍稍平缓,但是两人的神经都过分紧张,要想到梦乡去躲身,究竟不能办到。为要解除阿圆的恐怖,我找了些快乐高兴的话和她谈说。阿圆也就渐渐敢由我的腋下伸出头来了。我说:

"你想不想你的家?"

"想。"

"怕不怕了?"

"还有点怕。"

正答着话,她突然尖起嗓子大叫一声,搂住我,嚎啕,震抖,迫不成声:

"你……看……门上……"

我看门上——门上那个册叶小窗露着一个鬼脸,向我们张望;月光斜映,隔着玻璃纱帐看得分外明晰。说时迟,那时快。那个鬼脸一晃,就沉下去不见了。我不知从那里涌上一股勇气,推开阿圆,三步跳去,拉开门。

门外是两个女鬼!

一个由通正屋的小巷窜远了;一个则因逃避不及,正在我的面前蹲着。

"是姑姑吗?"

"唔——"幽沉的一口气。

我抹着额上的冷汗,不禁轻松地笑了。我说:

"阿圆,莫怕了,是姑姑。"

作家·作品

吴组缃(1908~1994),原名吴祖襄,字仲华,安徽泾县人。他在芜湖五中念书时曾编辑学生会创办的文艺周刊《赭山》,并在《皖江日报》副刊发表诗文;1932年创作小说《官官的补品》,一举成名;1934年创作了《一千八百担》;作品结集为《西柳集》《饭余集》;1938年发起并参加中华全国文艺界抗敌协会,担任协会理事;抗战时期创作长篇小说《鸭咀涝》;1946年至1947年间随冯玉祥访美,此后任金陵女子文理学院教授、清华大学教授和中文系主任,1952年任北京大学教授,潜心于古典文学尤其是明清小说的研究,任《红楼梦》研究会会长;著有长篇小说《山洪》,撰有《论〈儒林外史〉思想与艺术》《论贾宝玉的典型形象》等论文,以及《吴组缃小说散文集》。

吴组湘的《菉竹山房》写的是一个旧时代青年女子经历的恋爱、婚姻的幸福与凄凉的故事。小说中的事发地是座大宅院:菉竹山房。这座房宅给人的模糊的印象是"阴森敞大的三进大屋,那间摊乱着雨蚀虫蛀的古书的学房,以及后园中的池塘竹木,想起来都如依稀的梦境","屋舍阴凉宽畅",是美好的。

小说开头就讲了个二姑姑的故事,因为二姑姑在闺中刺绣蝴蝶——那么姿态万千,使得拜师于叔祖门下的一位聪明年少的书生心生爱慕,而二姑姑由于叔祖时常的夸赞,对年少的书生也芳心暗含。这样有缘分的爱情端倪,原本可以成全一对幸福恋人,但偏偏出了意外,让人惋惜。二姑姑是个值得我们去赏析的人物形象。二姑姑成为封建礼教的牺牲品,生理需要遭到压制,人格心理遭到扭曲,不人不鬼,虽生犹死,这固然激起我们人道主义的同情,但她自虐虐人,将自己的不幸阴毒地转嫁给更弱小者,又让人痛恨。

 **思考·练习**

1. 二姑姑又为何在此屋一住就是几十年却不怕鬼?赏析该人物。
2. 蝴蝶这个意象在这篇小说里有何内涵?
3. 《聊斋》式的鬼狐故事布局,带出了全篇谜案的答案。说说作者构思的妙处。

拓展·阅读

1. 吴组缃:《一千八百担》。
2. 吴组缃:《鸭嘴涝》。
3. 吴组缃:《天下太平》。
4. 吴组缃:《官官的补品》。

封　锁

张爱玲

　　开电车的人开电车。在大太阳底下，电车轨道像两条光莹莹的，水里钻出来的曲蟮，抽长了，又缩短了；抽长了，又缩短了，就这么样往前移——柔滑的，老长老长的曲蟮，没有完，没有完……开电车的人眼睛盯住了这两条蠕蠕的车轨，然而他不发疯。

　　如果不碰到封锁，电车的进行是永远不会断的。封锁了。摇铃了。"叮玲玲玲玲玲，"每一个"玲"字是冷冷的一小点，一点一点连成了一条虚线，切断了时间与空间。

　　电车停了，马路上的人却开始奔跑，在街的左面的人们奔到街的右面，在右面的人们奔到左面。商店一律地沙啦啦拉上铁门。女太太们发狂一般扯动铁栅栏，叫道："让我们进来一会儿！我这儿有孩子哪，有年纪大的人！"然而门还是关得紧腾腾的。铁门里的人和铁门外的人眼睁睁对看着，互相惧怕着。

　　电车里的人相当镇静。他们有座位可坐，虽然设备简陋一点，和多数乘客的家里的情形比较起来，还是略胜一筹。街上渐渐地也安静下来，并不是绝对的寂静，但是人声逐渐渺茫，像睡梦里所听到的芦花枕头里的窸窣。这庞大的城市在阳光里眈着了，重重地把头搁在人们的肩上，口涎顺着人们的衣服缓缓流下去，不能想象的巨大的重量压住了每一个人。上海似乎从来没有这么静过——大白天里！一个乞丐趁着鸦雀无声的时候，提高了喉咙唱将起来："阿有老爷太太先生小姐做做好事救救我可怜人哇？阿有老爷太太……"然而他不久就停了下来，被这不经见的沉寂吓噤住了。

　　还有一个较有勇气的山东乞丐，毅然打破了这静默。他的嗓子浑圆嘹亮："可怜啊可怜！一个人啊没钱！"悠久的歌，从一个世纪唱到下一个世纪。音乐性的节奏传染上了开电车的。开电车的也是山东人。他长长地叹了一口气，抱着胳膊，向车门上一靠，跟着唱了起来："可怜啊可怜！一个人啊没钱！"

　　电车里，一部分的乘客下去了。剩下的一群中，零零落落也有人说句把话。靠近门口的几个公事房里回来的人继续谈讲下去。一个人撒喇一声抖开了扇子，下了结论道："总而言之，他别的毛病没有，就吃亏在不会做人。"另一个鼻子里哼了一声，冷笑道："说他不会做人，他把上头敷衍得挺好的呢！"

一对长得颇像兄妹的中年夫妇把手吊在皮圈上，双双站在电车的正中，她突然叫道："当心别把裤子弄脏了！"他吃了一惊，抬起他的手，手里拎着一包熏鱼。他小心翼翼使那油汪汪的纸口袋与他的西装裤子维持二寸远的距离。他太太兀自絮叨道："现在干洗是什么价钱？做一条裤子是什么价钱？"

坐在角落里的吕宗桢，华茂银行的会计师，看见了那熏鱼，就联想到他夫人托他在银行附近一家面食摊子上买的菠菜包子。女人就是这样！弯弯扭扭最难找的小胡同里买来的包子必定是价廉物美的！她一点也不为他着想——一个齐齐整整穿着西装戴着玳瑁边眼镜提着公事皮包的人，抱着报纸里的热腾腾的包子满街跑，实在是不像话！然而无论如何，假使这封锁延长下去，耽误了他的晚饭，至少这包子可以派用场。他看了看手表，才四点半。该是心理作用罢？他已经觉得饿了。他轻轻揭开报纸的一角，向里面张了一张。一个个雪白的，喷出淡淡的麻油气味。一部分的报纸粘住了包子，他谨慎地把报纸撕了下来，包子上印了铅字，字都是反的，像镜子里映出来的，然而他有这耐心，低下头去逐个认了出来："讣告……申请……华股动态……隆重登场候教……"都是得用的字眼儿，不知道为什么转载到包子上，就带点开玩笑性质。也许因为"吃"是太严重的一件事了，相形之下，其他的一切都成了笑话。吕宗桢看着也觉得不顺眼，可是他并没有笑，他是一个老实人。他从包子上的文章看到报上的文章，把半页旧报纸读完了，若是翻过来看，包子就得跌出来，只得罢了。他在这里看报，全车的人都学了样，有报的看报，没有报的看发票，看章程，看名片。任何印刷物都没有的人，就看街上的市招。他们不能不填满这可怕的空虚——不然，他们的脑子也许会活动起来。思想是痛苦的一件事。

只有吕宗桢对面坐着的一个老头子，手心里骨碌碌骨碌碌搓着两只油光水滑的核桃，有板有眼的小动作代替了思想。他剃着光头，红黄皮色，满脸浮油，打着皱，整个的头像一个核桃。他的脑子就像核桃仁，甜的，滋润的，可是没有多大意思。

老头子右首坐着吴翠远，看上去像一个教会派的少奶奶，但是还没有结婚。她穿着一件白洋纱旗袍，滚一道窄窄的蓝边——深蓝与白，很有点讣闻的风味。她携着一把蓝白格子小遮阳伞。头发梳成千篇一律的式样，唯恐唤起公众的注意。然而她实在没有过分触目的危险。她长得不难看，可是她那种美是一种模棱两可的，仿佛怕得罪了谁的美，脸上一切都是淡淡的，松弛的，没有轮廓。连她自己的母亲也形容不出她是长脸还是圆脸。

在家里她是一个好女儿，在学校里她是一个好学生。大学毕了业后，翠远就在母校服务，担任英文助教。她现在打算利用封锁的时间改改卷子。翻开了第一篇，是一个男生做的，大声疾呼抨击都市的罪恶，充满了正义感的愤怒，用不很合文法的，吃吃艾艾的句子，骂着"红嘴唇的卖淫妇……大世界……下等舞场与酒吧间"。翠远略略沉吟了一会，就找出红铅笔来批了一个"A"字。若在平时，批了也就批了，可是今天她有太多的考虑的时间，她不由地要质问自己，为什么她给了他这么好的分数：不问倒也罢了，一问，她竟涨红了脸。她突然明白了：因为这学生是胆敢这么毫无顾忌地对她说这些话的唯一的一个男子。

他拿她当做一个见多识广的人看待；他拿她当做一个男人，一个心腹。他看得起她。翠远在学校里老是觉得谁都看不起她——从校长起，教授、学生、校役……学生们尤其愤慨得厉害："申大越来越糟了！一天不如一天！用中国人教英文，照说，已经是不应当，何况是没有出过洋的中国人！"翠远在学校里受气，在家里也受气。吴家是一个新式的，带着宗教背景的模范家庭。家里竭力鼓励女儿用功读书，一步一步往上爬，爬到了顶儿尖儿上——一个二十来岁的女孩子在大学里教书！打破了女子职业的新纪录。然而家长渐渐对她失掉了兴趣，宁愿她当初在书本上马虎一点，匀出点时间来找一个有钱的女婿。

她是一个好女儿，好学生。她家里都是好人，天天洗澡，看报，听无线电向来不听申曲滑稽京戏什么的，而专听贝多芬瓦格涅的交响乐，听不懂也要听。世界上的好人比真人多……翠远不快乐。

生命像圣经，从希伯莱文译成希腊文，从希腊文译成拉丁文，从拉丁文译成英文，从英文译成国语。翠远读它的时候，国语又在她脑子里译成了上海话。那未免有点隔膜。

翠远搁下了那本卷子，双手捧着脸。太阳滚热地晒在她背脊上。

隔壁坐着个奶妈，怀里躺着小孩，孩子的脚底心紧紧抵在翠远的腿上。小小的老虎头红鞋包着柔软而坚硬的脚……这至少是真的。

电车里，一位医科学生拿出一本图画簿，孜孜修改一张人体骨骼的简图。其他的乘客以为他在那里速写他对面盹着的那个人。大家闲着没事干，一个一个聚拢来，三三两两，撑着腰，背着手，围绕着他，看他写生。拎着熏鱼的丈夫向他妻子低声道："我就看不惯现在兴的这些立体派，印象派！"他妻子附耳道："你的裤子！"

那医科学生细细填写每一根骨头，神经，筋络的名字。有一个公事房里回来的人将折扇半掩着脸，悄悄向他的同事解释道："中国画的影响。现在的西洋画也时兴题字了，倒真是'东风西渐'！"

吕宗桢没凑热闹，孤零零地坐在原处。他确定他是饿了。大家都走开了，他正好从容地吃他的菠菜包子，偏偏他一抬头，瞥见了三等车厢里有他一个亲戚，是他太太的姨表妹的儿子。他恨透了这董培芝。培芝是一个胸怀大志的清寒子弟，一心只想娶个略具资产的小姐。吕宗桢的大女儿今年方才十三岁，已经被培芝睃在眼里，心里打着如意算盘，脚步儿越发走得勤了。吕宗桢一眼望见了这年青人，暗暗叫声不好，只怕培芝看见了他，要利用这绝好的机会向他进攻。若是在封锁期间和这董培芝困在一间屋子里，这情形一定是不堪设想！

他匆匆收拾起公事皮包和包子，一阵风奔到对面一排座位上，坐了下来。现在他恰巧被隔壁的吴翠远挡住了，他表侄绝对不能够看见他。翠远回过头来，微微瞪了他一眼。糟了！这女人准是以为他无缘无故换了一个座位，不怀好意。他认得出那被调戏的女人的脸谱——脸板得纹丝不动，眼睛里没有笑意，嘴角也没有笑意，连鼻洼里都没有笑意，然而不知道什么地方有一点颤巍巍的微笑，随时可以散布开来。觉得自己太可爱了的人，是熬不住要笑的。

　　该死，董培芝毕竟看见了他，向头等车厢走过来了，谦卑地，老远地就躬着腰，红喷喷的长长的面颊，含有僧尼气息的灰布长衫——一个吃苦耐劳，守身如玉的青年，最合理想的乘龙快婿。宗桢迅疾地决定将计就计，顺水推舟，伸出一只手臂来搁在翠远背后的窗台上，不声不响宣布了他的调情的计划。他知道他这么一来，并不能吓退了董培芝，因为培芝眼中的他素来是一个无恶不作的老年人。由培芝看来，过了三十岁的人都是老年人，老年人都是一肚子的坏。培芝今天亲眼看见他这样下流，少不得一五一十要去报告给他太太听——气气他太太也好！谁叫她给他弄上这么一个表侄！气，活该气！

　　他不怎么喜欢身边这女人。她的手臂，白倒是白的，像挤出来的牙膏。她的整个的人像挤出来的牙膏，没有款式。

　　他向她低声笑道："这封锁，几时完哪？真讨厌！"翠远吃了一惊，掉过头来，看见了他搁在她身后的那只胳膊，整个身子就僵了一僵，宗桢无论如何不能容许他自己抽回那只胳膊。他的表侄正在那里双眼灼灼望着他，脸上带着点会心的微笑。如果他夹忙里跟他表侄对一对眼光，也许那小子会怯怯地低下头去——处女风韵的窘态；也许那小子会向他挤一挤眼睛——谁知道？

　　他咬一咬牙，重新向翠远进攻。他道："您也觉着闷罢？我们说两句话，总没有什么要紧！我们——我们谈谈！"他不由自主的，声音里带着哀恳的调子。翠远重新吃了一惊，又掉回头来看了他一眼。他现在记得了，他瞧见她上车的——非常戏剧化的一刹那，但是那戏剧效果是碰巧得到的，并不能归功于她。他低声道："你知道么？我看见你上车，前头的玻璃上贴的广告，撕破了一块，从这破的地方我看见你的侧面，就只一点下巴。"是乃络维奶粉的广告，画着一个胖孩子，孩子的耳朵底下突然出现了这女人的下巴，仔细想起来是有点吓人的。"后来你低下头去从皮包里拿钱，我才看见你的眼睛，眉毛，头发。"拆开来一部分一部分地看，她未尝没有她的一种风韵。

　　翠远笑了。看不出这人倒也会花言巧语——以为他是个靠得住的生意人模样！她又看了他一眼。太阳光红红地晒穿他鼻尖下的软骨。他搁在报纸包上的那只手，从袖口里出来，黄色的，敏感的——一个真的人！不很诚实，也不很聪明，但是一个真的人！她突然觉得炽热，快乐。她背过脸去，细声道："这种话，少说些罢！"

　　宗桢道："嗯？"他早忘了他说了些什么。他眼睛盯着他表侄的背影——那知趣的青年觉得他在这儿是多余的，他不愿得罪了表叔，以后他们还要见面呢，大家都是快刀斩不断的好亲戚；他竟退回三等车厢去了。董培芝一走，宗桢立刻将他的手臂收回，谈吐也正经起来了。他搭讪着望了一望她膝上摊着的练习簿，道："申光大学……您在申光读书!"

他以为她这么年青?她还是一个学生?她笑了,没做声。

宗桢道:"我是华济毕业的。华济。"她颈子上有一粒小小的棕色的痣,像指甲刻的印子。宗桢下意识地用右手捻了一捻左手的指甲,咳嗽了一声,接下去问道:"您读的是哪一科?"

翠远注意到他的手臂不在那儿了,以为他态度的转变是由于她端凝的人格,潜移默化所致。这么一想,倒不能不答话了,便道:"文科。您呢?"宗桢道:"商科。"他忽然觉得他们的对话,道学气太浓了一点,便道:"当初在学校里的时候,忙着运动,出了学校,又忙着混饭吃。书,简直没念多少!"翠远道:"你公事忙么?"宗桢道:"忙得没头没脑。早上乘电车上公事房去,下午又乘电车回来,也不知道为什么去,为什么来!我对于我的工作一点也不感到兴趣。说是为了挣钱罢,也不知道是为谁挣的!"翠远道:"谁都有点家累。"宗桢道:"你不知道——我家里——咳,别提了!"翠远暗道:"来了!他太太一点都不同情他!世上有了太太的男人,似乎都是急切需要别的女人的同情。"宗桢迟疑了一会,方才吞吞吐吐,万分为难地说道:"我太太——一点都不同情我。"

翠远皱着眉毛望着他,表示充分了解。宗桢道:"我简直不懂我为什么天天到了时候就回家去。回到哪儿去?实际上我是无家可归的。"他褪下眼镜来,迎着亮,用手绢拭去上面的水渍,道:"咳!混着也就混下去了,不能想——就是不能想!"近视眼的人当众摘下眼镜,翠远觉得有点秽亵,仿佛当众脱衣服似的,不成体统。宗桢继续说道:"你——你不知道她是怎么样的一个女人!"翠远道:"那么,你当初……"宗桢道:"当初我也反对来着。她是我母亲给订下的。我自然是愿意让我自己拣,可是……她从前非常的美……我那时又年青……年青的人,你知道……"翠远点点头。

宗桢道:"她后来变成了这么样的一个人——连我母亲都跟她闹翻了,倒过来怪我不该娶了她!她……她那脾气——她连小学都没有毕业。"翠远不禁微笑道:"你仿佛非常看重那一纸文凭!其实,女子教育也不过是那么一回事!"她不知道为什么她说出这句话来,伤了她自己的心。宗桢道:"当然哪,你可以在旁边说风凉话,因为你是受过上等教育的。你不知道她是怎么样的一个——"他顿住了口,上气不接下气,刚戴上了眼镜,又褪下来擦镜片。翠远道:"你说得太过分了一点罢?"宗桢手里捏着眼镜,艰难地做了一个手势道:"你不知道她是——"翠远忙道:"我知道,我知道。"她知道他们夫妇不和,决不能单怪他太太,他自己也是一个思想简单的人。他需要一个原谅他,包涵他的女人。

街上一阵乱,轰隆轰隆来了两辆卡车,载满了兵。翠远与宗桢同时探头出去张望;出其不意地,两人的面庞异常接近。在极短的距离内,任何人的脸都和寻常不同,像银幕上特写镜头一般的紧张。宗桢和翠远突然觉得他们俩还是第一次见面。在宗桢的眼中,她的脸像一朵淡淡几笔的白描牡丹花,额角上两三根吹乱的短发便是风中的花蕊。

　　他看着她，她红了脸，她一脸红，让他看见了，他显然是很愉快。她的脸就越发红了。

　　宗桢没有想到他能够使一个女人脸红，使她微笑，使她背过脸去，使她掉过头来。在这里，他是一个男子。平时，他是会计师，他是孩子的父亲，他是家长，他是车上的搭客，他是店里的主顾，他是市民。可是对于这个不知道他的底细的女人，他只是一个单纯的男人。

　　他们恋爱着了。他告诉她许多话，关于他们银行里，谁跟他最好，谁跟他面和心不和，家里怎样闹口舌，他的秘密的悲哀，他读书时代的志愿……无休无歇的话，可是她并不嫌烦。恋爱着的男子向来是喜欢说，恋爱着的女人向来是喜欢听。恋爱着的女人破例地不大爱说话，因为下意识地她知道：男人彻底地懂得了一个女人之后，是不会爱她的。

　　宗桢断定了翠远是一个可爱的女人——白，稀薄，温热，像冬天里你自己嘴里呵出来的一口气。你不要她，她就悄悄地飘散了。她是你自己的一部分，她什么都懂，什么都宽宥你。你说真话，她为你心酸；你说假话，她微笑着，仿佛说："瞧你这张嘴！"

　　宗桢沉默了一会，忽然说道："我打算重新结婚。"翠远连忙做出惊慌的神气，叫道："你要离婚？那……恐怕不行罢？"宗桢道："我不能够离婚。我得顾全孩子们的幸福。我大女儿今年十三岁了，才考进了中学，成绩很不错。"翠远暗道："这跟当前的问题又有什么关系？"她冷冷地道："哦，你打算娶妾。"宗桢道："我预备将她当妻子看待。我——我会替她安排好的。我不会让她为难。"翠远道："可是，如果她是个好人家的女孩子，只怕她未见得肯罢？种种法律上的麻烦……"宗桢叹了口气道："是的。你这话对。我没有这权利。我根本不该起这种念头……我年纪也太大了。我已经三十五了。"翠远缓缓地道："其实，照现在的眼光看来，那倒也不算大。"宗桢默然。半响方说道："你……几岁？"翠远低下头去道："二十五。"宗桢顿了一顿，又道："你是自由的么？"翠远不答。宗桢道："你不是自由的。即使你答应了，你的家里人也不会答应的，是不是？……是不是？"

　　翠远抿紧了嘴唇。她家里的人——那些一尘不染的好人——她恨他们！他们哄够了她。他们要她找个有钱的女婿，宗桢没有钱而有太太——气气他们也好！气，活该气！

　　车上的人又渐渐多了起来，外面许是有了"封锁行将开放"的谣言，乘客一个一个上来，坐下，宗桢与翠远给他们挤得紧紧的，坐近一点，再坐近一点。

　　宗桢与翠远奇怪他们刚才怎么这样的糊涂，就想不到自动地坐近一点，宗桢觉得她太快乐了，不能不抗议。他用苦楚的声音向她说："不行！这不行！我不能让你牺牲了你的前程！你是上等人，你受过这样好的教育……我——我又没有多少钱，我不能坑了你的一生!"可不是,还是钱的问题。他的话有理。翠远想道:"完了。"以后她多半是会嫁人的,可是她的丈夫决不会像一个萍水相逢的人一般的可爱——封锁中的电车上的人……一切再也不会像这样自然。再也不会……呵,这个人,这么笨!这么笨!她只要他的生命中的一部分,谁也不希罕的一部分。他白糟蹋了他自己的幸福。那么愚蠢的浪费!她哭了,可是那不是斯斯文文的,淑女式的哭。她简直把她的眼泪唾到他脸上。他是个好人——世界上的好人又多了一个!

向他解释有什么用?如果一个女人必须倚仗着她的言语来打动一个男人,她也就太可怜了。

宗桢一急,竟说不出话来,连连用手去摇撼她手里的阳伞。她不理他。他又去摇撼她的手,道:"我说——我说——这儿有人哪!别!别这样!等会儿我们在电话上仔细谈。你告诉我你的电话。"翠远不答。他逼着问道:"你无论如何得给我一个电话号码。"翠远飞快地说了一遍道:"七五三六九。"宗桢道:"七五三六九?"她又不做声了。宗桢嘴里喃喃重复着:"七五三六九。"伸手在上下的口袋里掏摸自来水笔,越忙越摸不着。翠远皮包里有红铅笔,但是她有意地不拿出来。她的电话号码,他理该记得。记不得,他是不爱她,他们也就用不着往下谈了。

封锁开放了。"叮玲玲玲玲玲玲"摇着铃,每一个"玲"字是冷冷的一点,一点一点连成一条虚线,切断时间与空间。

一阵欢呼的风刮过这大城市。电车当当当往前开了。宗桢突然站起身来,挤到人丛中,不见了。翠远偏过头去,只做不理会。他走了。对于她,他等于死了。电车加足了速力前进,黄昏的人行道上,卖臭豆腐干的歇下了担子,一个人捧着文王神卦的匣子,闭着眼霍霍地摇。一个大个子的金发女人,背上背着大草帽,露出大牙齿来向一个意大利水兵一笑,说了句玩笑话。翠远的眼睛看到了他们,他们就活了,只活那么一刹那。车往前当当地跑,他们一个个的死去了。

翠远烦恼地合上了眼。他如果打电话给她,她一定管不住她自己的声音,对他分外的热烈,因为他是一个死去了又活过来的人。

电车里点上了灯,她一睁眼望见他遥遥坐在他原先的位子上。她震了一震——原来他并没有下车去!她明白他的意思了:封锁期间的一切,等于没有发生。整个的上海打了个盹,做了个不近情理的梦。

开电车的放声唱道:"可怜啊可怜!一个人啊没钱!可怜啊可……"一个缝穷婆子慌里慌张掠过车头,横穿过马路。开电车的大喝道:"猪猡!"

吕宗桢到家正赶上吃晚饭。他一面吃一面阅读他女儿的成绩报告单,刚寄来的。他还记得电车上那一回事,可是翠远的脸已经有点模糊——那是天生使人忘记的脸。他不记得她说了些什么,可是他自己的话他记得很清楚——温柔地:"你——几岁?"慷慨激昂地:"我不能让你牺牲了你的前程!"

饭后,他接过热手巾,擦着脸,踱到卧室里来,扭开了电灯。一只乌壳虫从房这头爬到房那头,爬了一半,灯一开,它只得伏在地板的正中,一动也不动。在装死么?在思想着么?整天爬来爬去,很少有思想的时间罢?然而思想毕竟是痛苦的。宗桢捻灭了电灯,手按在机括上,手心汗潮了,浑身一滴滴沁出汗来,像小虫子痒痒地在爬。他又开了灯,乌壳虫不见了,爬回窠里去了。

注　释

［1］窸窣:形容细小的摩擦声音。

作家·作品

张爱玲简介,详见《公寓生活记趣》。

《封锁》描写了两个在平淡、疲乏都市生活中的世俗男女,在某一短暂而特定的环境允许的情势之下,表现出对各自常规生活的不至于引起后果的瞬间反叛。

在一切有序的生活轨道上,人与人都保持着恰如其分的"位置",这个位置,于生命深处也许有着种种的遗憾,那是对自己没有得到的一切,所怀有的那一些不甘心。电车上的"封锁"是人性的一个出逃机会、也是一场试验,它引发了人心蓄积已久的躁动,让人从常规脱缰而出,然而"封锁"终究是短暂的,而这种短暂又意味着"安全",让"封锁"中的男女有了现实中的退路。

《封锁》中的象征意义是人是孤独的,人与人的心灵被有形无形的封锁隔绝了,情感也被封锁着,现实生活中的"封锁",实际上却是把束缚人性的枷锁一道道卸下的超越时空的时刻,它为情感的封锁创造了一个"真空环境",为人性提供了一个还原的机会"只有在毁灭的刹那,或许才无所顾忌的释放",在文明毁灭的时候,他们的感情才会升华,情与爱成了虚无的承诺。

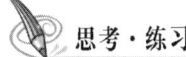

1. 思考封锁的寓意。
2. 宗桢为什么要和翠远搭讪?
3. 宗桢喜欢翠远吗?他为何和她聊到谈婚论嫁的地步?
4. 联系张爱玲的生活背景,再仔细琢磨文章。

拓展·阅读

1. 张爱玲:《倾城之恋》。
2. 张爱玲:《金锁记》。
3. 张爱玲:《半生缘》。
4. 张爱玲:《红玫瑰与白玫瑰》。
5. 胡兰成:《今生今世》。

美食家（节选）

陆文夫

一、吃喝小引

美食家这个名称很好听，读起来还真有点美味！如果用通俗的语言来加以解释的话，不妙了：一个十分好吃的人。

好吃还能成家！这是我万万没有想到的。想到的事情往往不来，没有想到的事情却常常就在身边；硬是有那么一个因好吃而成家的人，像怪影似的在我的身边晃荡了四十年。我藐视他，憎恨他，反对他，弄到后来我一无所长，他却因好吃成精而被封为美食家。

首先得声明，我绝不一般地反对吃喝。如果我自幼便反对吃喝的话，那末，我呱呱坠地之时，也就是一命呜呼之日了，反不得的。可是我们的民族传统是讲究勤劳朴实，生活节俭，好吃历来就遭到反对。母亲对孩子从小便进行"反好吃"的教育，虽然那教育总是以责骂的形式出现："好吃鬼，没有出息！"好吃成鬼，而且是没有出息的。孩子羞孩子的时候，总是用手指刮着自己的脸皮："不要脸，馋痨坯；馋痨坯，不要脸！"因此怕羞的姑娘从来不敢在马路上啃大饼油条；戏台上的小姐饮酒总是用水袖遮起来的。我从小便接受了此种"反好吃"的教育，因此对饕餮之徒总有点瞧不起。特别是碰上那个自幼好吃，如今成"家"的朱自冶以后，我见到了好吃的人便像醋滴在鼻子里。

朱自冶是个资本家，地地道道的资本家，绝不是错划的。有人说资本家比地主强，他们有文化，懂技术，懂得经营管理。这话我也同意。可这朱自冶却是个例外，他是房屋资本家，我们这条巷子里的房屋差不多全是他的。他剥削别人没有任何技术，只消说三个字："收房钱！"甚至连这三个字也用不着说，因为那收房钱的事儿自有经纪人代理。房屋资本家大概总懂得营造术吧，这门技术对社会也是很有用的。朱自冶对此却是一窍不通，他连自家究竟有多少房屋，坐落在哪里，都是糊里糊涂的。他的父亲曾经是一个很精明的房地产商人，抗日战争之前在上海开房地产交易所，家住在上海，却在苏州买下了偌大的家私。抗日战争之初，一个炸弹落在他家的屋顶上，全家有一幸免，那就是朱自冶，他是到苏州的外婆家来吃喜酒的。朱自冶因好吃而幸存一命,所以不好吃便难以生存。

我认识朱自冶的时候,他已经快到三十岁。别以为好吃的人都是胖子,不对,朱自冶那时瘦得像根柳条枝儿似的。也许是他觉得自己太瘦,所以才时时刻刻感到没有吃够,真正胖得不能动弹的人,倒是不敢多吃的。好吃的人总是顾嘴不顾身,这话却有点道理。尽管朱自冶有足够的钱来顾嘴又顾身,可他对穿着一事毫无兴趣。整年穿着半新不旧的长袍大褂,都是从估衣店里买来的;买来以后便穿上身,脱下来的脏衣服却"忘记"在澡堂里。听说他也曾结过婚,但是他的身边没有孩子,也没有女人。只有一次,看见他和一个妖冶的女人合坐一辆三轮车在虎丘道上兜风,后来才知道,那女人是雇不到车,请求顺带的,朱自冶也毫不客气地叫那女人付掉一半车钱。

朱自冶在上海的家没有了,独自住在苏州的一座房子里。这房子是二十年代末期的建筑,西式的,有纱门、纱窗和地毯,还有全套的卫生设备。晒台上有两个大水箱,水是用电泵从井里抽上来的。这座两层楼的小洋房坐落在一个大天井的后面,前面是一排六间的平房;门堂、厨房、马达间、贮藏室以及佣人的住所都在这里。

因为我的姨妈和朱自冶的姑妈是表姐妹,所以在抗战后期,在我的父亲谢世之后,便搬进朱自冶的住宅,住在前面的平房里。不出房钱,尽两个义务:一是兼做朱自冶的守门人,二是要我的妈妈帮助朱自冶料理点家务。这两个义务都很轻松,朱自冶早出晚归,有家没务,从来也不要求我妈妈帮他干什么。倒是我的妈妈实在看不过去,要帮他拆洗被褥,扫扫灰尘,打开窗户。他不仅不欢迎,反而觉得不胜其烦,多此一举。因为家在他的概念中仅仅是一张床铺,当他上铺的时候已经酒足饭饱,靠上枕头便打呼噜。

朱自冶起得很早,睡懒觉倒是与他无缘,因为他的肠胃到时便会蠕动,准确得和闹钟差不多。眼睛一睁,他的头脑里便跳出一个念头:"快到朱鸿兴去吃头汤面!"这句话需要做一点讲解。否则的话只有苏州人,或者是只有苏州的中老年人才懂,其余的人很难理解其中的诱惑力。

那时候,苏州有一家出名的面店叫作朱鸿兴,如今还开设在怡园的对面。至于朱鸿兴都有哪许多花式面点,如何美味等等我都不交待了,食谱里都有,算不了稀奇,只想把其中的吃法交待几笔。吃还有什么吃法吗?有的。同样的一碗面,各自都有不同的吃法,美食家对此是颇有研究的。比如说你向朱鸿兴的店堂里一坐:"喂(那时不叫同志)!来一碗××面。"跑堂的稍许一顿,跟着便大声叫喊:"来哉,××面一碗。"那跑堂的为什么要稍许一顿呢,他是在等待你吩咐吃法:硬面,烂面,宽汤,紧汤,拌面;重青(多放蒜叶),免青(不要放蒜叶),重油(多放点油),清淡点(少放油),重面轻浇(面多些,浇头少点),重浇轻面(浇头多,面少点),过桥——浇头不能盖在面碗上,要放在另外的一只盘子里,吃的时候用筷子攮过来,好像是通过一顶石拱桥才跑到你嘴里……如果是朱自冶向朱鸿兴的店堂里一坐,你就会听见那跑堂的喊出一连串的切口:"来哉,清炒虾仁一碗,要宽汤、重青,重浇要过桥,硬点!"

一碗面的吃法已经叫人眼花缭乱了，朱自冶却认为这些还不是主要的；最重要的是要吃"头汤面"。千碗面，一锅汤。如果下到一千碗的话，那面汤就糊了，下出来的面就不那么清爽、滑溜，而且有一股面汤气。朱自冶如果吃下一碗有面汤气的面，他会整天精神不振，总觉得有点什么事儿不如意。所以他不能象奥勃洛摩夫那样躺着不起来，必须擦黑起身，匆匆盥洗，赶上朱鸿兴的头汤面。吃的艺术和其它的艺术相同，必须牢牢地把握住时空关系。

朱自冶揉着眼睛出大门的时候，那个拉包月的阿二已经把黄包车拖到了门口。朱自冶大模大样地向车上一坐，头这么一歪，脚这么一踩，叮当一阵铃响，到朱鸿兴去吃头汤面。吃罢以后再坐上阿二的黄包车，到阊门石路去蹲茶楼。

苏州的茶馆到处有，那朱自冶为什么独独要到阊门石路去呢？有考究。那爿大茶楼上有几个和一般茶客隔开的房间，摆着红木桌、大藤椅，自成一个小天地。那里的水是天落水，茶叶是直接从洞庭东山买来的；煮水用瓦罐，燃料用松枝，茶要泡在宜兴出产的紫砂壶里。吃喝吃喝，吃与喝是一个不可分割的整体，凡是称得上美食家的人，无一不是陆羽和杜康的徒弟。

朱自冶登上茶楼之后，他的吃友们便陆续到齐。美食家们除掉早点之外，决不能单独行动，行动时最少不能少于四个，最多不得超过八人，这是由吃的内涵决定的，因为苏州菜有它一套完整的结构。比如说开始的时候是冷盆，接下来是热炒，热炒之后是甜食，甜食的后面是大菜，大菜的后面是点心，最后以一盆大汤作总结。这台完整的戏剧一个人不能看，只看一幕又不能领略其中的含义。所以美食家们必须集体行动。先坐在茶楼上回味昨天的美食，评论得失。第一阶段是个漫谈会。会议一结束便要转入正题，为了慎重起见，还不得不抽出一段时间来讨论今日向何方？是到新聚丰、义昌福，还是到松鹤楼。如果这些地方都吃腻了，他们也结伴远行，每人雇上一辆黄包车，或者是四人合乘一辆马车，浩浩荡荡，马蹄声碎，到木渎的石家饭店去吃鲃肺汤，枫桥镇上吃大面，或者是到常熟去吃叫花子鸡……可惜我不能把苏州和它近郊的美食写得太详细，生怕会因此而为苏州招来更多的会议，小说的副作用往往难以料及。

二、与我有涉

如果朱自冶仅仅自我吃喝而与我无关的话，我也不会那么强烈地厌恶他。他当他的美食家，我当我的穷学生，本来是能够平安相处的。可是我在前面的一节中只说到朱自冶吃早点，吃中饭，他还有一顿晚饭没有吃呐！

朱自冶吃罢中饭以后，便进澡堂去了。他进澡堂并不完全是为了洗澡，主要是找一个舒适的地方去消化那一顿丰盛的筵席。俗话说饿了打瞌睡，吃饱跑勿动。朱自冶饱餐一顿之后，双脚沉重，头脑昏迷，沉浸在一种满足、舒畅而又懒洋洋的神仙境界里。他摇摇晃晃地坐上阿二的黄包车，一阵风似的拉到澡堂里，好像是到医院里挂急诊似的。

朱自冶进澡堂只有举手之劳，即伸出手来撩开门帘。门帘一掀，那坐账台的便高声大喊："朱经理来哉！"天晓得，朱自冶哪一天当过经理的，对资本家应该喊一声老板才对。不过，老板这种尊称那时已经不时髦了。一是缺少点洋味，二是老板有大有小，开爿夫妻老婆店也能叫作老板的。经理就不同了，洋行经理，公司经理，买卖大，手面阔，给起小账来决不是三块两块的，五十元的关金券用不着找零头！所以那跑堂的一听到朱经理来哉，立刻有两个人应声而出，一边一个，几乎是把个朱自冶抬到头等房间里。这头等房间也和现在的高级招待所有点相似，两张铺位，一个搪瓷澡盆，有洗脸池，有莲蓬头。只是整个的面积较小，也没有空调设备。不碍，冬天有蒸气，夏天有一只华生老牌的大吊扇，四块木板在头顶上旋个不歇。

朱自冶向房间里一坐，就像重病号到了病房里，一切都用不着自己动手。跑堂的来献茶，擦背的来放水，甚至连脱鞋也用不着自己费力。朱自冶也不愿费力，痴痴呆呆地集中力量来对付那只胃，他觉得吃是一种享受，可那消化也是一种妙不可言的美，必须潜心地体会，不能被外界的事物来分散注意力。集中精力最好的方法是泡在温水里，这时候四大皆空，万念俱寂，只觉得那胃在轻轻地蠕动，周身有一种说不出的舒坦和甜美，这和品尝美食有异曲同工之妙，但是二者不能相互代替。他就这么四肢不动，两眼半闭地先在澡盆里泡上半个钟头。泡得迷迷糊糊、昏昏欲睡的时候，那擦背的背着一块大木板进来了。他把朱自冶从澡盆里拉出来，把木板向澡盆上一盖，叫朱自冶躺上"手术台"，开始了他那擦背的作业。读者诸君切不可把擦背二字作狭义的理解，好像擦背就是替人擦洗身上的污垢。不对，朱自冶天天一把澡，有什么可擦的？这擦背对他来说实在是一种古老的按摩术，是被动式的运动。饭后百步走被认为是长寿之道，但是奉行此道者需要自己迈开双腿。擦背则不同，只消四肢松弛地躺在"手术台"上，任人上摩下擦，伸拳屈腿，左转右侧，放倒扶起，同样收到运动的功效，却用不着自己花力气。真正的美食家必须精通消化术，如果来个食而不化，那非但不能连续工作，而且也十分危险！

朱自冶的此种运动时间也不太长，大体上不超过半个钟头。然后便在卧榻上躺下，开始那一整套的繁文褥节，什么捏脚、拿筋、敲膀、捶腿。这捶腿是最后的一个节目，很可能和催眠术有点关系，朱自冶在轻轻地拍打中，在那清脆而有节奏的响声中，心旷神怡，渐渐入睡。这一觉起码三个钟头，让那胃中的食物消化干净，为下一顿腾出地位。

当朱自冶快要醒来时，我也从学校里下学归来。书包一放，妈妈便来关照："今天还在元大昌，快去！"

妈妈的话只有我懂，那朱自冶还有一顿晚饭没有吃呐！

朱自冶吃晚饭也是别具一格，也和写小说一样，下一篇决不能雷同于上一篇。所以他既不上面馆，也不上菜馆，而是上酒店。中午的一顿饭他们是以品味为主，用他们的术语来讲，叫"吃点味道"。所以在吃的时候最多只喝几杯花雕，白酒点滴不沾，他们认为喝了白酒之后嘴辣舌麻,味觉迟钝,就品不出那滋味之中千分之几的差别!晚上可得开怀畅饮了,一醉之后可以呼呼大睡,免得饱尝那失眠的苦味,因此必须上酒店。

苏州的酒店卖酒不卖菜,最多各有几碟豆腐干,兰花豆,辣白菜之类。孔乙己能有这些便行了,君子在酒不在菜嘛。美食家则不然,因为他们比君子有钱,酒要考究,菜也是马虎不得的。既不能马虎,又不能雷同,于是他们便转向苏州食品中的另一个体系——小吃。提到苏州的小吃我又不愿多写了,除掉如前所述的原因外,还因为它会勾起我一段痛苦的回忆,我被一个我所厌恶的人随意差遣!

苏州的小吃不是由那一爿店经营的,它散布在大街小巷,桥堍路口。有的是店,有的是摊,有的是肩挑手提沿街叫卖的。如果要以各种风味小吃来下酒的话,那就没有一个跑堂的能对付得了,必须有个跑街的到四下里去收集。也许是我的腿长吧,朱自冶便来和我妈商议:

"你家高小庭蛮机灵,阿好相帮我做点事体,我也勿会亏待伊。"

妈妈当然答应啰,她住了人家的房子不给钱,又没有什么家务可料理,心里老是过意不去,巴不得能为朱自冶做点事,以免良心受责备。可怜的妈妈不知道剥削二字,只承认一切现存的社会法规。她教育儿子不能好吃,却对朱自冶的好吃不加反对,她认为那是一种"吃福",好吃与吃福是两回事体。可我却把它当作一回事,怎么也不愿意去替朱自冶当跑街的。堂堂的一个高中生怎么能去给一个好吃鬼当小厮呢!

妈妈又哭了,父亲谢世后家境贫困,是靠我的大哥当远洋水手挣点钱:"去吧小庭,我们头顶人家的天,脚踏人家的地,住了人家的房子不出房租,又不交水电费,算起来相当于全家的伙食费。只要朱经理说个不字,你就念不成书,我们一家就会住在露天里。只怪你爸爸走得早啊,我求求你……"

我只好忍辱负重了,每天提着个竹篮去等候在酒店的门口。等到华灯初上,霓虹灯亮满街头的时候,朱自冶和他的吃友们坐着黄包车来了。一长串油光锃亮的黄包车,当当地响着铜铃,哇哇地揿着喇叭,像游龙似的从人群中夺路而来,在酒店门口徐徐地停下。他们一个个洗得干干净净,浑身散发着香皂味,满面红光,春风得意。朱自冶的黄包车总是走在前面,车夫阿二也显得特别健壮而神气。阿二替朱自冶掀掉膝盖上的毡毯,朱自冶一跃落地,轻松矫捷。在酒店门口迎接他们的不是老板,也不是跑堂,而是两排衣衫褴褛,满脸污垢,由叫花子组成的仪仗队。乞丐们双手向前平举,嘴中喊着老爷,枯树枝似的手臂在他的左右颤抖。朱自冶似乎早有准备,手一扬,一张小票面的钞票飞向叫花子的头头:"去去。"

叫花子的头头把手一扬,叫花子呼啦一声散开,我这个手提竹篮,倚门而立,饥肠辘辘的特殊叫花子便到了朱自冶的面前。这个叫花子所以特殊,是因为他知道一点地理历史,自由平等,还读过三民主义;他反对好吃,还懂得人的尊严。当叫花子呼啦一声散开而把我烘托出来的时候,我满腔怒火,汗颜满面,恨不得要把手中的竹篮向朱自冶砸过去！可是我得忍气吞声地从朱自冶的手中接过钞票，按照他的吩咐到陆稿荐去买酱肉，到马咏斋去买野味，到五芳斋去买五香小排骨，到采芝斋去买虾子鲞鱼，到某某老头家去买糟鹅，到玄妙观里去买油氽臭豆腐干，到那些鬼才知道的地方去把鬼才知道的风味小吃寻觅……

我提着竹篮穿街走巷，苏州的夜景在我的面前交替明灭。这一边是高楼美酒，二簧西皮，那霓虹灯把铺路的石子照得五彩斑斓；那一边是街灯昏暗，巷子里像死一般的沉寂，老妇人在垃圾箱旁边捡菜皮。这里是杯盘交错，名菜陆陈，猜拳行令；那里却有许多人像影子似的排在米店门口，背上有用粉笔编写着的号码，在等待明天早晨供应配给米。这里是某府喜事，包下了整个的松鹤楼，马车、三轮车、黄包车在观前街上排了一长溜。新娘子轻纱披肩，长裙曳地，出入者西装革履，珠光宝气；可那玄妙观的廊沿下却有一大堆人蜷缩在麻袋片里，内中有的人也许就看不到明天……"朱门酒肉臭，路有冻死骨"这句众所周知的诗句常在我的头脑里徘徊。

朱自冶倒是不肯亏待我，常常把买剩的零钱塞在我的口袋里："拿去！"那神情和给叫花子是差不多的。

我睁眼、僵立。感到莫大的侮蔑。

"拿去吧，是给你奶奶买肉吃的。"

侮蔑被辛酸融化了。我是有个老祖母，是她把我从小带大的，那时已经七十六岁，满嘴没牙，半身不遂，头脑也不是那么清楚的。可是她的胃口很好，天天闹着要吃肉，特别是要吃陆稿荐的乳腐酱方，那肉入口就化，香甜不腻。她弄不清楚物价与货币的情况，在她的头脑中一切都是以铜板和银元计算的。她只知我的哥哥每月要寄回来几千块钱（能买一百多斤米），为什么不肯花二十六个铜板给她称一斤肉回来呢？三百个铜板才合一块钱！她把这一切都归罪于我的妈妈，骂她忤逆不孝，克扣老人，而且牵牵连连地诉述着陈年八代的婆媳关系，一面骂一面流眼泪。妈妈怎么解释也没用，只好一面在配给米里捡石子，一面把眼泪洒在淘米箩里。我在这两条泪河之间把心都挤碎！

当我用朱自冶给的零钱买回几块肉来，端到奶奶的床前时，她一面吃，一面哭，一面用颤巍巍的手抚摸着我的头："好孙子，还是你孝顺，奶奶没有白带你……"

我一听这话眼泪便簌簌地往下流，我想大哭，大喊，想问苍天！可是我拼命地哽住喉咙，俯伏在奶奶的床头，把头埋在棉被里。既然在侮蔑中把钱接过来了，为什么不能让奶奶得到一点安慰！

"上有天堂，下有苏杭"啊！这句老话不知道是谁发明的，而且大言不惭地把苏州放在杭州的前面。据说此种名次的排列也有考究，因为杭州是在南宋偏安以后才"春风熏得游人醉，错把杭州作汴州"的。而苏州在唐代就已经是"十万夫家供课税，五千子弟守封疆"了。到了明代更是"翠袖三千楼上下，黄金十万水东西"。近百年间上海崛起，在十里洋场上逐鹿的有识之士都在苏州拥有宅第，购置产业，取其进可以攻，退可以守。苏州不是政治经济的中心，没有那么多的官场倾轧，经营的风险；又不是

美食家（节选）

兵家的必争之地，吴越以后的两千三百多年间，没有哪一次重大的战争是在苏州发生的；有的是气候宜人，物产丰富，风景优美。列代的地主官僚，官商大贾，放下屠刀的佛，怀才不遇的文人雅士，人老珠黄的一代名妓等等，都欢喜到苏州来安度晚年。这么多有钱有文化的人集中在一起安居乐业，吃喝和玩乐是不可缺少的，这就使苏州的园林可以甲天下，那吃的文化也是登峰造极！风景不能当饭，天天看了也乏味，那吃却是一日三顿不可或少的。苏州所以能居于天堂之首，恐怕主要是因为它的美食超过了杭州。这也许是苏州人的骄傲吧，可我那时简直觉得这是一种罪恶，是人间最最不平的表现！我不知道地狱里可有"天堂"，可我知道"天堂"里确有地狱，而且绝大多数的人都在地狱的边缘上徘徊。说老实话，当我开始信仰共产主义的时候，我没有读过《资本论》，也没有读过《共产党宣言》，多半是由朱自冶他们促成的；他们使我觉得一切说得天花乱坠的主义都没有用，只有共产才能解决问题！如果共掉了朱自冶的房产，看他还神气不神气！

我偷偷地唱着一支从北平传来的歌：

山那边呀好地方，

穷人富人都一样，

你要吃饭得做工呀，

没人为你作牛羊。

……

这支歌的曲调很简单，唱起来也用不着尖起嗓门儿费死力，可它却使我从"朱门酒肉臭，路有冻死骨"中找到了出路，出路就在山那边！

我决定到解放区去了，那已经是一九四八年的冬天。我不知道解放区的形势，总以为国民党还很强大，还有美国的原子弹什么的。无产阶级要夺取全国胜利，恐怕还要经过几年、几十年的浴血奋斗！我读过《铁流》与《毁灭》，知道革命的艰难困苦，知道那是血与火的洗礼。所以当时的心情很悲壮，准备去战死沙场。"风萧萧兮易水寒，壮士一去兮不复还！"当时的心情很有点像荆轲辞别高渐离。

我的高渐离便是苏州，是这个美丽而又受难的城市叫我去战斗！临行之前我上了一趟虎丘山，站在虎伏阁上把这美丽的城市再看一遍：再见吧，你的儿子将用血来洗尽你身上的污垢！傍晚，我照样去替朱自冶买小吃，照样买了一块乳腐酱方送到奶奶的床前：吃吧，奶奶，孙子从屈辱中接过钱来为你买肉，这恐怕是最后的一回！我的判断没有错，当奶奶发觉最孝顺的孙子失踪之后，她哭喊了三天便与世永别。

年轻时的记忆多么深刻啊！"文化大革命"期间的挂牌、游街、屈辱、受罪如今已经淡忘了，仿佛那是一场不屑一顾的游戏。可是三十多年前离乡别井，暗中告别亲人，向着黑暗猛冲的情景，却点滴不漏地保存在记忆里。也许我是欢喜记着光荣而忘掉屈辱吧，可又为什么不把三四十年前的屈辱也忘记？每当我在电影或电视中看到受伤的战士从血泊中爬起来，举起枪，高喊着报仇的口号向敌人猛扑过去的时候，我的心便会向下一沉,两眼含着泪水。虽然这种镜头看得太多了,也觉得老一套,可是这种话我不许孩子们说,孩子们一说我就要骂:"小赤佬,你懂什么东西!"

....

十二、巧克力

出了五十四号向西走,到阿二家去。天啊,那里还有一桌酒席等着我哩!我什么也不想吃了,三套鸭不好消化,那一番谈话也值得回味。可我想和阿二和他的爸爸干几杯,当然是白酒,六十四度,喝下一口之后像一条热线似的直通到肚里,哈地一声长叹,人间无数的欢乐与辛酸都包含在内。

秋天对每个城市来说,都是金色的。苏州也不例外,天高气爽,不冷不热,庭院中不时地送出桂花的香气。小巷子的上空难得有这么蓝湛,难得有白云成堆。星期天来往的人也不多,绝大部分的人都在忙家务,家务之中吃为先,临巷的窗子里冒出水蒸气,还听到菜下油锅时滋啦一声炸溜。

从五十四号到阿二家,必须经过我原来住过的地方,这地方的样子一点儿也没有变。石库门,白粉墙,一排五间平房向里缩进一段,朱自冶住过的小洋楼就在里面。我仿佛看见阿二的黄包车就停在门前,朱自冶穿着长袍从门里出来,高踞在黄包车上,脚下铃铛一响,赶到朱鸿兴去吃头汤面。四十年来他是一个吃的化身,像妖魔似的缠着我,决定了我一生的道路,还在无意之中决定了我的职业。我厌恶他,反对他,想离他远点。可是反也反不掉,挥也挥不走,到头来还要当我的指导,每月给个百二八十。百二八十是多少?加起来除以二,正好是一百元人民币!如果杨中宝能来当指导,我情愿在一百之外再加二十,奖金还不计算在内。可这朱自冶算什么,食客提一级最多是个清客而已,他可以指导人们去消遣,去奢靡,却和我们的工作没有多大的关系。美食家,让你去钻门子吧,只要我还站在庙门口,你就休想进得去!

一直走到阿二家,我心中的怨气才稍稍平息。这里是个欢乐的世界,没有应酬,没有虚伪,也谈不上奢靡。天井里坐满了人,在那里嗑瓜子,吃喜糖。我的一家都来了,包括我那个刚满周岁的小外孙在内。这孩子长得又白又胖,会吃会笑,还会做眯眼,捏捏小拳头和人表示再会。现在都是独生子女,一个娃娃可以有六个大人在他的身上花费物力和精力。满天井的人都以娃娃为中心,给他吃,逗他笑,从这个人的手里传到那个人的手里。

有人把硬糖塞到我那小外孙的嘴里,他立刻吐了出来。

"怎么,他不吃糖吗?"

"他呀,要吃好的!"

"试试,给他巧克力。"

有人拿了一条巧克力来,剥去半段金纸,塞到孩子的手里。果然,这孩子拿了就往嘴里送,吃得唔唔地流口水。

人们哄笑起来了:"啊呀,这孩子真聪明,懂得吃好的!"

我的头脑突然发炸,得了吧,长大了又是一个"美食家"!我一生一世管不了个朱自冶,还管不了你这个小东西!伸手抢过巧克力,把一粒硬糖硬塞到孩子的小嘴里。

孩子哇地一声哭起来了……

满座愕然,以为我这个老家伙的神经出了问题。

作家·作品

陆文夫(1927~2005);江苏泰兴人;1948年于苏州中学毕业后,到苏北解放区参加革命;1949年随军渡江到苏州,任新华社苏州分社采访员、《新苏州报》记者、工业组长等;1953年开始写作,1956年出版首部小说集《荣誉》,同年成名作、短篇小说《小巷深处》;1957年调至江苏省文联从事专业创作,但很快因"探索者集团"案被打成右派,长期下放农村、工厂劳动改造,直到1978年才重返苏州从事专业创作;后曾任苏州文联副主席、中国作家协会副主席。陆文夫在小说、散文、文艺评论等方面都取得了卓越的成就,作品善于描绘市井风情和小巷人物的精神世界,风格清淡幽远。作品深蕴着时代和历史的内涵,不仅主题积极、艺术精湛,且清新淡雅、含蓄幽深、情趣盎然,具有浓郁的姑苏地方色彩和深厚的文化品格,深受中外读者的喜爱。其代表作品有小说《献身》《小贩世家》《围墙》《清高》《小巷深处》《美食家》和文论集《小说门外谈》等。

陆文夫作品题材大都以苏州风情为主。他的小说,是一个以苏州环境和人物营造的文学"建筑群落",具有独特的文化意味和民俗价值。苏州的石板小巷、码头轮船、园林美景、风味小吃等不断在作品中出现。他以苏州小巷人物为背景创作了一系列的小说,如《小巷深处》《临街的窗》《美食家》等。中篇小说《美食家》是陆文夫的巅峰之作,1983年发表于《收获》,获得全国第三届中篇小说奖。作品在吃字上大做文章,主人公朱自冶是一个嗜吃如命的吃客,作品通过朱自冶在不同时期对"食"的追求,一方面向读者展示了苏州的食文化,一方面对意识形态介入人的本性欲望(食)进行了反思。小说将社会生活中的政治风云变幻,经济文化的发展,市井风俗民情的画面,以及普通百姓们的细致灵敏的心理,全都扭结在一个"吃"字上面,让读者在反复的品尝与玩味中,获得各种不同的审美感受。随着时间的流逝,作品显示出永恒的魅力,"美食家"这个称谓也由此而盛行。

思考·练习

1. 作者是如何将历史与现实的深沉思考与苏州丰富精湛的饮食文化的描述巧妙结合的。
2. 如何看待与评价朱自冶这个人物。
3. 对中国人一贯热衷的食文化你有何看法和体会。

拓展·阅读

1. 陆文夫:《小巷深处》。
2. 陆文夫:《献身》。
3. 陆文夫:《围墙》。

那片血一般红的杜鹃花

白先勇

他们是在基隆附近,一个荒凉的海滩上,找到王雄的。他的尸体被潮水冲到了岩石缝中,夹在那里,始终没有漂走。舅妈叫我去认尸的时候,王雄的尸体已经让海水泡了好几天了。王雄全身都是乌青的,肚子肿起,把衣衫都撑裂了;他的头脸给鱼群叮得稀烂,红的红,黑的黑,尽是一个一个的小洞,眉毛眼睛都吃掉了。几丈外,一阵腐尸的恶臭,熏得人直要作呕,要不是他那双大得出奇的手掌,十个指头圆秃秃的,仍旧没有变形的话,我简直不能想像,躺在地上那个庞大的怪物,竟会是舅妈家的男工王雄。

王雄之死,引起了舅妈家中一阵骚动。舅妈当晚便在花园里烧了一大叠钱纸,一边烧,一边蹲在地上念念喃喃讲了一大堆安魂的话。她说像王雄那般凶死,家中难保干净。我告诉舅妈,王雄的尸首已经烂得发了臭,下女喜妹在旁边听得极恐怖地尖叫了起来,无论舅妈怎么挽留,她都不肯稍停,当场打点行李,便逃回她宜兰家中去了。只有表妹丽儿,我们瞒住了她,始终没有让她知道,因为怕她害怕。舅妈和我到王雄房中去收捡他的遗物,她对我赌咒,挨过这次教训,她一辈子再也不会雇用男工人了。

我第一次见到王雄,是两年前的一个春天里。我在金门岛上服大专兵役,刚调回台北,在联勤司令部当行政官。我家住在台中、台北的亲戚,只有舅妈一家,一报完到,我便到舅妈家去探望她们。舅舅生前是做大生意的,过世得早,只生下表妹丽儿一个人。舅舅留下了一笔很可观的产业,因此舅妈和表妹一向都过着十分富裕的生活。那时舅妈刚搬家,住在仁爱路四段,一幢三百多坪的大花园洋房里。我到舅妈家的那天,她正在客厅里打牌,心不在焉的问了我几句话,便叫我到花园里去找表妹丽儿去了。我母亲告诉过我,丽儿是舅妈含在嘴里长大的,六岁大,舅妈还要亲自喂她的奶,惯得丽儿上六年级了,连鞋带都不肯自己系。可是丽儿的模样儿却长得实在逗人疼怜,我从来没有见过哪家的孩子生得像她那样雪白滚圆的:圆圆的脸,圆圆的眼睛,连鼻子嘴巴都圆得那般有趣;尤其是当她甩动着一头短发,咯咯一笑的时候,她那一份特有的女婴的憨态,最能教人动心,活像一个玉娃娃一般。然而她那一种娇纵任性的脾气,也是别家孩子少有的,半点不遂她的意,什么值钱东西,拿到了手里便是一摔,然后往地上一坐,搓着一双浑圆的腿子,哭破了喉咙也不肯稍歇,无论什么人,连舅妈在内，也拗她不过来。

舅妈家的花园十分宽敞，新植的草木花树都打点得非常整齐，中间是一块绿茸茸的朝鲜草坪，四周的花圃里却种满了清一色艳红的杜鹃花，许多株已经开始打苞了。我一进到园内，便听到丽儿一连串清脆滑溜的笑声。当我绕过那丛芭蕉树的时候，赫然看见丽儿正骑在一个大男人的身上，那个男人手脚匍匐在草坪上，学着兽行，丽儿却正跨在他的背上，她白胖的小手执着一根杜鹃花的枝子，当着马鞭子一般，在空中乱挥，丽儿穿了一身大红的灯芯绒裙子，两条雪白滚圆的腿子露在外面不停的踢蹬，一头的短发都甩动了，乐不可支的尖笑着。

"表哥，看我骑马嘟嘟——"丽儿发觉我时，丢掉了手上的树枝，两手朝我乱招一顿，叫道，然后她跨过那个男人的头跳了下来，跑到我跟前来。那个男人赶忙爬了起来，向我笑着喏喏的叫了一声：

"表少爷——"

我发觉原来他竟高大得出奇，恐怕总有六呎以上，一颗偌大的头颅，头皮剃得青亮，黑头黑脸，全身都黑得乌铜一般发出了亮光来，他朝我咧着嘴，龇着一口的白牙齿，有点羞赧似的，一直搓着他那双巨掌，他的十个指头却秃得有点滑稽。他穿着一条洗得发了白的军裤，膝盖上沾满了泥草。

"表哥，"丽儿指着那个男人对我说道，"王雄说，他可以那样爬着走好几里路呢。"

"那是从前打仗的时候啊——"王雄赶忙分辩道，他的口音带着浓浊的湖南土腔。

"胡说！"丽儿皱起眉头打断他的话道，"你那天明明说过：你可以让我骑着上学校去呢。"

王雄讪讪的瞅着丽儿，说不出话来，浑黑的脸上竟泛起红晕来了，好像丽儿把他和她两人之间的什么秘密泄漏了一般。

"表哥，我带你去看，王雄替我捉来了好多蝈蝈儿。"丽儿说着便跑在我前头，引着我向屋内走去，跑了几步，她好像又突然记起了什么似的，停下来，转过身，向王雄伸出了她那只雪白滚圆的手臂叫道：

"王雄，来。"

王雄踌躇了一下，终于走上了前去，丽儿一把便捞住了他那粗黑的膀子，和他手牵手，径自蹦着跳着，往屋内跑去，王雄拖着他那庞大的身躯也跟着丽儿迟笨的奔跑起来。

到了晚间，舅妈打完牌，和我闲聊起来，才告诉我，原来王雄就是她新雇的男工。本来是行伍出身的，刚退了下来，人是再老实不过了，舅妈颇为赞许道，整天一声不响，就会闷着头做事，而且，看不出他那么个粗人，打理起花木来，却别有一番心思呢。舅妈说，园子里那成百株杜鹃花，一颗颗都是王雄亲手栽的。为什么要种那么些杜鹃花呢？舅妈叹了一口气解说道，还不是为了丽儿。就是因为那个小魔星喜欢杜鹃花的缘故。

"我从来也没见过，"舅妈突然笑得用手掩起了嘴来，"一个四十岁的大汉子，竟让个女娃娃牵着鼻子走，什么都依全了她。"

最后舅妈摇着头赞叹道：难得他们两个人有缘！

丽儿和王雄确实有缘。每次我到舅妈家去，总看见他们两人在一块儿玩耍。每天早上，王雄踏着三轮车送丽儿去上学，下午便去接她回来。王雄把他踏的那辆三轮车经常擦得亮亮的，而且在车头上插满了一些五颜六色的绒球儿，花纸铰的凤凰儿，小风车轮子，装饰得像凤辇宫车一般。每次出去接送丽儿，王雄总把自己收拾得头干脸净的，即使是大热天，也穿戴得体体面面。当丽儿从外头走进大门来时，扬起脸，甩动着她那一头短发，高傲得像个小公主一般，王雄跟在她身后，替她提着书包，挺着腰，满面严肃，像足了丽儿的护驾卫士。一回到家里，丽儿便拉着王雄到花园中嬉游去了。王雄总是想出百般的花样，来讨丽儿的欢心。有一次，我看见王雄独个儿坐在屋檐下，脚旁边地上摆着一大堆红红绿绿的玻璃珠子，他手里拈着根金线，聚精会神的串着那些珠儿。当他伸出他那双黑秃秃的巨掌，满地去捕捉那些滑溜乱滚的玻璃珠子时，显得十分的笨拙有趣。那天丽儿回家后，王雄在花园里，便替她戴满了一身玻璃珠子串成的手钏儿和项链子。丽儿头上戴了两圈，两只膀子上，一边箍了五六个，她把鞋子也踢掉了，打了一双赤足，撈起了裙子，露出她雪白的腿子来，她的足踝上，也套了好几个五彩玻璃脚圈子。丽儿嘴里咿呀唔呀的唱着笑着，手里擎着两球艳红的杜鹃花，挥动着她那白胖的小膀子，在那片绿茸茸的草地上，跳起她学校里教的山地舞来。王雄也围着丽儿，连蹦带跳，不停的拍着他那双大手掌。他那张大黑脸涨得鲜红鲜红的，嘴巴咧得老大，露出一口雪白的牙齿来。他们两个人，一大一小，一黑一白，蹦着跳着，在那片红红的花海里，载歌载舞起来。

在联勤总司令部服役那段时期，一个礼拜总有两三天，我在舅妈家留宿，舅妈要我替丽儿补习功课，因为夏天她就要考中学了。在舅妈家出入惯了，我和王雄也渐渐混熟了，偶尔他也和我聊起他的身世来。他告诉我说，他原是湖南乡下种田的，打日本人抽壮丁给抽了出来。他说他那时才十八岁，有一天挑了两担谷子上城去卖，一出村子，便让人截走了。

"我以为过几天仍旧回去的呢，"他笑了一笑说道，"哪晓得出来一混便是这么些年，总也没能回过家。"

"表少爷，你在金门岛上看得到大陆吗？"有一次王雄若有所思的问我道。我告诉他，从望远镜里可以看得到那边的人在走动。

"隔得那样近吗？"他吃惊的望着我，不肯置信的样子。

"怎么不呢？"我答道，"那边时常还有尸首漂过来呢。"

"他们是过来找亲人的。表少爷，你不知道，"王雄摇了摇手止住我道，"我们湖南乡下有赶尸的，人死在外头，要是家里有挂得紧的亲人，那些死人跑回去跑得才快呢。"

我在金门的时候，营里也有几个老士兵，他们在军队里总有十来年的历史了，可是我总觉得他们一径还保持着一种赤子的天真，他们的喜怒哀乐，就好像金门岛上的烈日海风一般，那么原始，那么直接。有时候，我看见他们一大伙赤着身子在海水里打水仗的当儿，他们那一张张苍纹满布的脸上，突地都绽开了童稚般的笑容来，那种笑容在别的成人脸上是找不到的。有一天晚上巡夜，我在营房外面海滨的岩石上，发觉有一个老士兵在那儿独个儿坐着拉二胡。那天晚上，月色清亮，没有什么海风，不知是他那垂首深思的姿态，还是那十分幽怨的胡琴声，突然使我联想到，他那份怀乡的哀愁，一定也跟古时候戍边的那些士卒的那样深，那样远。

"王雄，你家里还有些什么人？"有一晚，我和王雄在园子里乘凉，王雄和我谈起他湖南湘阴乡下的老家时，我问他道。

"有个老娘，不晓得还在不在，"王雄说道，"还有——"

突然间，他变得有点忸怩起来了，结结巴巴的告诉我，原来他没有出来以前，老早便定下亲了。是他老娘从隔壁村庄买来的一个小妹仔。

"那时她才十岁，只有这么高——"王雄说着用手比了一下。

他那个小妹子好吃懒做，他老娘时常拿扫把打她的屁股，一打她，她就躲到他的身后去。

"小妹仔长得白白胖胖，是个很傻气的丫头。"王雄说，他咧着嘴笑了起来。

"给你一挂鱿鱼吃。"下女喜妹突然走到王雄身后伸过手来，把一挂烤鱿鱼拎到王雄的脸上。她刚洗完头，也到园子里来乘凉。喜妹是个极肥壮的女人，偏偏又喜欢穿紧身衣服，全身总是箍得肉颤颤的，脸上一径涂得油白油白，画着一双浓浓的假眉毛，看人的时候，乜斜着一对小眼睛，很不驯的把嘴巴一撇，自以为很有风情的样子。舅妈说，王雄和喜妹的八字一定犯了冲，王雄一来便和她成了死对头，王雄每次一看见她就避得远远的，但是喜妹偏偏却喜欢去撩拨他，每逢她逗得他红头赤脸的当儿，她就大乐起来。

王雄很鲁莽的把喜妹的手一拔，闷吼了两下，扭过头去，皱起了眉头，便不肯出声了。喜妹噗哧的笑了起来，她仰起头，把那挂烤鱿鱼往嘴巴里一送，摇着一头湿淋淋的长发，便走到那丛芭蕉树下一张藤靠椅上，躺了下去，园子里一轮黄黄的大月亮刚爬过墙头来，照得那些肥大的芭蕉树叶都发亮了。喜妹一面摇着一柄大蒲扇，啪嗒啪嗒的打着她的大腿在赶蚊子，一面却用着十分尖细的声音哼起台湾的哭调《闹五更》来。王雄霍然立起身，头也不回，拖着他那庞大的身体，便向屋内走了进去。

丽儿到底是一个十分聪敏的孩子，暑假中，我只替她补习了几个礼拜，她很轻巧的便考上了省立二女中。舅妈笑得合不拢嘴来，一放了榜，便带着丽儿出去缝制服，买书包文具。开学的那天，一屋人都忙得团团转，舅妈亲自替丽儿理书包，烫制服，当丽儿穿着她那一身笔挺的童军制服，挂得一身的佩件，很俏皮的歪戴着一顶童军帽，提着一只黑皮新书包，摇摇摆摆，神气十足的走出大门口时，顷刻间，她好像长大了许多似的,俨然是一副中学生的派头了。王雄老早便推着三轮车在门口候着了,丽儿一走出去,王雄好像猛吃了一惊似的,呆望着丽儿,半晌都说不出话来,丽儿把书包往三轮车上一扔,很轻快的便跳上了车去,朝着我们挥了一挥手,然后把王雄猛推了一把叫道:

"走啊,王雄。"

丽儿对她的中学生活十分着迷,头几天,放学回来,制服也不肯脱,在镜子面前看了又看,照了又照,一有空,便捧起一本远东英语读本,得意洋洋的大声念起英文来。有一天,她立在通到花园的石阶上,手里擎着她那本英语读本,王雄站在石阶下面,仰着头,聚精会神的望着丽儿在听她念英文。

"I am a girl." 丽儿指了一指自己的胸膛念道,然后又指了一指王雄。

"You are a boy." 王雄微张着嘴,脸上充满了崇敬的神情。

"I am a student." 丽儿又念了一句,她瞥了王雄一眼,然后突然指着他大声叫道:

"You are a dog." (你是一只狗。)

丽儿咯咯地笑了起来,笑得前俯后仰,一头的短发都甩动了。王雄迷惘的眨了几下眼睛,有点不知所措的样子,旋即他也跟着丽儿咧开了嘴,开心的笑了起来。

开了学的三个礼拜后,一个星期六的中午,丽儿从学校回来,我们都在客厅里等着她吃午饭。丽儿进来时,把客厅门一摔开,满面怒容,王雄跟在她身后,手里替她提着书包。

"下礼拜起,我不要王雄送我上学了。"丽儿一坐下来便对舅妈说道。我们都感到十分意外,舅妈赶忙询问丽儿为了什么缘故。

"人家都在笑我了。"丽儿猛抬起头,一脸通红。

"这有什么可笑的呢?"舅妈走过去,用手绢替丽儿揩拭她额上的汗,柔声的安慰她道,"坐三轮车上学的人也有的是啊。"

丽儿一把推开舅妈的手,突然指向王雄道:

"同学们都在说——他像一头大猩猩!"

丽儿斜睨住王雄,脸上登时显出了鄙夷的神色来。舅妈打量了王雄一下,撑不住笑了。喜妹却捞起了裙角,笑得弯了腰。王雄捏着丽儿的书包,站在那儿,十分羞惭似的,黧黑的面孔一下子都紫涨了起来。他偷偷瞅了丽儿一眼,嘴唇一直抖动着,好像要向她赔一个笑脸,却笑不出来。

自从丽儿改骑脚踏车上学后,她便很少跟王雄在一块儿了。她在学校里十分活跃,经常带领一大伙同学回到家中来玩。有一个星期日的下午,丽儿又带了七八个同学——全是十二三岁的小女孩,到家中的花园里来踢毽子,丽儿是个踢毽子的能手,一口气可以踢上百来下。我正站在石阶上,望着那群小女孩儿,个个捞起裙子,兴高采烈的踢着毽子,忽然看见王雄从那丛芭蕉树后闪了出来,朝着丽儿直招手,悄悄的叫道:

"丽儿——"

"你来干什么？"丽儿走了过来，有点不耐烦的问道。

"你看，我给你找了什么东西来？"王雄从一个牛皮纸袋里，拿出了一只精致的玻璃水缸来，里面有两条金鱼在游动着。我从前买过一缸金鱼送给丽儿，丽儿非常喜爱，挂在她的窗台上，天天叫王雄喂红虫给鱼吃，后来让隔壁一只猫跑来捣翻吃掉了。丽儿哭得十分伤心，我哄着她答应替她再买一缸，后来竟把这件事情忘掉了。

"谁还要玩那个玩意儿？"丽儿把面一扬，很不屑的说道。

"我找了好久才找到这两条呢。"王雄急切的说道。

"我踢毽子去了。"丽儿一扭头便想跑开。

"这是两条凤尾的——"王雄一把抓住了丽儿一只膀子，把那缸金鱼擎到丽儿脸上让她看。

"放开我的手。"丽儿叫道。

"你看一看嘛，丽儿——"王雄乞求道，他紧紧的捏住丽儿，不肯放开她。丽儿挣了两下，没有挣脱，她突然举起另外一只手把那只玻璃水缸猛一拍，那只金鱼缸便哐啷一声拍落到地上，砸得粉碎。丽儿摔开了王雄的手，头也没回便跑掉了。缸里的水溅得一地，那两条艳红的金鱼便在地上拼命的跳跃起来。王雄惊叫了一声，蹲下身去，两手握住拳头，对着那两条挣扎的金鱼，不知该怎么去救它们才好。那两条娇艳的金鱼最后奋身猛跳了几下，便跌落在地上不能动弹了。王雄佝着头，呆呆的望着那两条垂死的金鱼，半晌，他才用手拈起了那两条金鱼的尾巴，把鱼搁在他的手掌上，捧着，走出了花园。

自从那次以后，王雄变得格外的沉默起来。一有空他便避到园子里浇花。每一天，他都要把那百来株杜鹃花浇个几遍，清晨傍晚，总看到他那个庞大的身躯，在那片花丛中，孤独的徘徊着。他垂着头，微微弯着腰，手里执着一根长竹竿水瓢，一下又一下，哗啦哗啦，十分迟缓的，十分用心的，在灌溉着他亲手栽的那些杜鹃花。无论什么人跟他说话，他一概不理睬。有时舅妈叫急了，他才嘎哑着嗓子应着一声："是，太太。"旋即他又闷声不响，躲到花园里去。直到出事的前一天，喜妹在园子里的水龙头接水洗被单，王雄老早便在龙头上挂着一只水桶，盛水浇花了。喜妹把王雄那只装得半满的水桶取了下来，将自己的洗衣盆搁到龙头下面去。王雄突然走了过来，也不做声，一脚便把水盆踢翻了，盆里的水溅得喜妹一身。喜妹登时恼怒得满面绯红，她把长发往后一绾，一闪身便站到了王雄面前，用身子挡住水龙头，对王雄喝道：

"今天谁也别想用水！"

喜妹扬着脸，插着腰，胸脯挺得高高的，她满面挂着水珠子，裙角也在淋淋沥沥的滴着水，她把木屐踢掉了，赤了一双脚，很不逊的和王雄对峙着。王雄闭着嘴，定定的望着她。喜妹打量了王雄一下，突然间，她放纵的浪笑了起来，笑得全身都颤抖了，一边笑，一边尖叫着：

"大猩猩——大猩猩——"

喜妹的话还没有落音，王雄一把便伸出了他那双巨手抓住了喜妹肥胖的膀子，拼命的前后摇撼起来，一边摇着，他的喉头不住发出咽呜咆哮的声音来，好像一头受了重伤的野兽，在发着悲愤的吼声一般。喜妹痛得一脸扭曲起来，大概惊呆了，一下子喊不出声音。正当我赶过去阻止王雄的时候，喜妹才尖叫了一声，王雄一松手，喜妹赶忙捞着裙子便跑开了。一面跑她一面揉着她的膀子，跑到老远她才回过头来，朝着王雄吐了一泡口沫骂道：

"考背！"

王雄仍旧站在那里，一动也不动，他重重的喘息着，额头上的汗珠子，大颗大颗的滚下来，一双眼睛红得要喷火了似的。我突然发觉，原来王雄的样子竟走了形。他满脸的胡子茬，头发长出了寸把来也没有剃，全头一根根倒竖着，好像个刺猬一般，他的眼塘子整个都坑了下去，乌黑乌黑的，好像多少夜没睡过觉似的。我没有料到才是几天的工夫，王雄竟变得这般憔悴，这般暴戾起来。

出了事，好几天，舅妈都不肯相信，她说她做梦也没有想到，像王雄那么个老实人，竟会干出那种事情。

"那个死鬼——"喜妹一提到王雄就捞起裙子掩面痛哭，一面抚着她的颈子，犹带余悸似的。

那天早上，我们发现喜妹的时候，以为她真的死了。她躺在园子里，昏迷在一丛杜鹃花的下面，她的衣裙撕得粉碎，上体全露了出来，两只乳房上，斑斑累累，掐得一块一块的瘀青，她颈子上一转都是指甲印。同一天，王雄便失了踪。他遗留下来的那些衣物，舅妈都叫我拿去分给了我们连上那些老士兵。在他箱子里，翻出了一大包五颜六色的玻璃珠子来，是那次他替丽儿串手钏子用剩的。

退役后，我便回台中家里去了，直到第二年春天，我到台北来找事，才又到舅妈家去。舅妈病了很久，一直躺在床上，她显得非常苍白无神。舅妈说，自从她家发生过那桩不吉利的事情以后，她的身体就没有好过，夜夜失眠。她挣扎着起来，紧紧的执着我的手，悄悄说道：

"天天夜里，我都听见有人在园子里浇水的声音。"

母亲说过，舅妈是个神经极衰弱的女人，一辈子专爱讲鬼话。当我走到园子里的时候，却赫然看见那百多株杜鹃花，一球堆着一球，一片卷起一片，全部爆放开了。好像一腔按捺不住的鲜血，猛地喷了出来，洒得一园子斑斑点点都是血红血红的，我从来没看见杜鹃花开得那样放肆，那样愤怒过。丽儿正和一群女孩子在园子里捉迷藏，她们在那片血一般红的杜鹃花丛中穿来穿去。女孩子们尖锐清脆的嬉笑声，在春日的晴空里，一阵紧似一阵的荡漾着。

作家·作品

白先勇（1937~），当代著名作家，生于广西桂林，国民党高级将领白崇禧之子，在重庆度过了童年，后随父母迁居南京、香港、台湾；1958年发表第一篇小说《金大奶奶》；1960年与陈若曦等人创办《现代文学》杂志，发表了《月梦》《玉卿嫂》《毕业》等小说多篇；1965年获硕士学位后旅居美国，在加州大学任教，讲授中国文学课程。白先勇吸收了西洋现代文学的写作技巧，融合到中国传统的表现方式之中，描写新旧交替时代人物的故事和生活，或表现各种人物怀恋过去的落魄伤感之情，或表现流落异国的寂寞苦闷的心态，富于历史兴衰和人世沧桑感。其主要作品有短篇小说集《寂寞的十七岁》《纽约客》《台北人》《谪仙记》，散文评论集《蓦然回首》《明星咖啡馆》，长篇小说《孽子》等。白先勇及其代表作《台北人》在港澳和海外华人世界拥有很高的声誉。

  本文是白先勇小说集《台北人》中的一篇。所谓"台北人"，实质是沦落台北的大陆人。他们眷恋故土，怀念亲人，成了台北人却又不是纯粹的台北人。《那片血一般红的杜鹃花》是以表少爷"我"的第一人称来叙述，视角独特，既有一定的客观性，又能在需要感情介入的时候投入充沛的情感，能有效地刻画人物，表现人物的复杂感受。这是一篇颇具象征意味的小说，作品中王雄为丽儿穿手镯、脚镯和项链的红红绿绿的玻璃珠子，被丽儿打碎的金鱼缸，王雄亲手栽种的成百株的开得血红的杜鹃花，都被作者赋予了象征意义，也表明了主人公心理变化的不同阶段。而王雄、家乡的小妹仔、丽儿、喜妹这几个人物的身上，又交织着主人公王雄漂泊与渴望归宿、过去与现在、现实与期待的复杂情感。

思考·练习

1. 分析王雄的性格特征。
2. 理解文中不同意象的象征意蕴。
3. 体会第一人称手法的作用。

拓展·阅读

1. 白先勇：《寂寞的十七岁》。
2. 白先勇：《台北人》。
3. 白先勇：《孽子》。

命若琴弦

史铁生

莽莽苍苍的群山之中走着两个瞎子，一老一少，一前一后，两顶发了黑的草帽起伏攒动，匆匆忙忙，像是随着一条不安静的河水在漂流。无所谓从哪儿来，也无所谓到哪儿去，每人带一把三弦琴，说书为生。

方圆几百上千里的这片大山中，峰峦叠嶂，沟壑纵横，人烟稀疏，走一天才能见一片开阔地，有几个村落。荒草丛中随时会飞起一对山鸡，跳出一只野兔、狐狸，或者其它小野兽。山谷中常有鹞鹰盘旋。

寂静的群山没有一点阴影，太阳正热得凶。

"把三弦子抓在手里。"老瞎子喊，在山间震起回声。

"抓在手里呢。"小瞎子回答。

"操心身上的汗把三弦子弄湿了。弄湿了晚上弹你的肋条?"

"抓在手里呢。"

老少二人都赤着上身，各自拎了一条木棍探路，缠在腰间的粗布小褂已经被汗水洇湿了一大片。蹚起来的黄土干得呛人。这正是说书的旺季。天长，村子里的人吃罢晚饭都不呆在家里；有的人晚饭也不在家里吃，捧上碗到路边去，或者到场院里。老瞎子想赶着多说书，整个热季领着小瞎子一个村子一个村子紧走，一晚上一晚上紧说。老瞎子一天比一天紧张、激动，心里算定：弹断一千根琴弦的日子就在这个夏天了，说不定就在前面的野羊坳。

暴躁了一整天的太阳这会儿正平静下来，光线开始变得深沉。远远近近的蝉鸣也舒缓了许多。

"小子！你不能走快点吗?"老瞎子在前面喊，不回头也不放慢脚步。

小瞎子紧跑几步，吊在屁股上的一只大挎包叮喱哐啷地响，离老瞎子仍有几丈远。

"野鸽子都往窝里飞啦。"

"什么?"小瞎子又紧走几步。

"我说野鸽子都回窝了，你还不快走!"

"噢。"

"你又鼓捣我那电匣子呢。"

"噫——！鬼动来。"

"那耳机子快让你鼓捣坏了。"

"鬼动来！"

老瞎子暗笑：你小子才活了几天？"蚂蚁打架我也听得着。"老瞎子说。

小瞎子不争辩了，悄悄把耳机子塞到挎包里去，跟在师父身后闷闷地走路。无尽无休的无聊的路。

走了一阵子，小瞎子听见有只獾在地里啃庄稼，就使劲学狗叫，那只獾连滚带爬地逃走了，他觉得有点开心，轻声哼了几句小调儿，哥哥呀妹妹的。师父不让他养狗，怕受村子里的狗欺负，也怕欺负了别人家的狗，误了生意。又走了一会，小瞎子又听见不远处有条蛇在游动，弯腰摸了块石头砍过去，"哗啦啦"一阵高粱叶子响。老瞎子有点可怜他了，停下来等他。

"除了獾就是蛇。"小瞎子赶忙说，担心师父骂他。

"有了庄稼地了，不远了。"老瞎子把一个水壶递给徒弟。

"干咱们这营生的，一辈子就是走，"老瞎子又说。"累不？"

小瞎子不回答，知道师父最讨厌他说累。

"我师父才冤呢。就是你师爷，才冤呢，东奔西走一辈子，到了没弹够一千根琴弦。"

小瞎子听出师父这会儿心绪好，就问："什么是绿色的长乙（椅）？"

"什么？噢，八成是一把椅子吧。"

"曲折的油狼（游廊）呢？"

"油狼？什么油狼？"

"曲折的油狼。"

"不知道。"

"匣子里说的。"

"你就爱瞎听那些玩艺儿。听那些玩艺儿有什么用？天底下的好东西多啦，跟咱们有什么关系？"

"我就没听您说过，什么跟咱们有关系。"小瞎子把"有"字说得重。

"琴！三弦子！你爹让你跟了我来，是为让你弹好三弦子，学会说书。"

小瞎子故意把水喝得咕噜噜响。

再上路时小瞎子走在前头。

大山的阴影在沟谷里铺开来。地势也渐渐的平缓，开阔。

接近村子的时候，老瞎子喊住小瞎子，在背阴的山脚下找到一个小泉眼。细细的泉水从石缝里往外冒，淌下来，积成脸盆大的小洼，周围的野草长得茂盛，水流出去几十米便被干渴的土地吸干。

"过来洗洗吧，洗洗你那身臭汗味。"

小瞎子拨开野草在水洼边蹲下，心里还在猜想着"曲折的油狼"。

"把浑身都洗洗。你那样儿准像个小叫花子。"

"那您不就是个老叫花子了？"小瞎子把手按在水里，嘻嘻地笑。

老瞎子也笑，双手掬起水往脸上泼。"可咱们不是叫花子，咱们有手艺。"

"这地方咱们好像来过。"小瞎子侧耳听着四周的动静。

"可你的心思总不在学艺上。你这小子心太野。老人的话你从来不竖着耳朵听。"

"咱们准是来过这儿。"

"别打岔！你那三弦子弹得还差着远呢。咱这命就在这几根琴弦上，我师父当年就这么跟我说。"

泉水清凉凉的。小瞎子又哥哥呀妹妹的哼起来。

老瞎子挺来气："我说什么你听见了吗？"

"咱这命就在这几根琴弦上，您师父我师爷说的。我都听过八百遍了。您师父还给您留下一张药方，您得弹断一千根琴弦才能去抓那付药，吃了药您就能看见东西了。我听您说过一千遍了。"

"你不信？"

小瞎子不正面回答，说："干嘛非得弹断一千根琴弦才能去抓那付药呢？"

"那是药引子。机灵鬼儿，吃药得有药引子！"

"一千根断了的琴弦还不好弄？"小瞎子忍不住嗤嗤地笑。

"笑什么笑！你以为你懂得多少事？得真正是一根一根弹断了的才成。"

小瞎子不敢吱声了，听出师父又要动气。每回都是这样，师父容不得对这件事有怀疑。

老瞎子也没再作声，显得有些激动，双手搭在膝盖上，两颗骨头一样的眼珠对着苍天，像是一根一根地回忆着那些弹断的琴弦。盼了多少年了呀，老瞎子想，盼了五十年了！五十年中翻了多少架山，走了多少里路哇，挨了多少回晒，挨了多少回冻，心里受了多少委屈呀。一晚上一晚上地弹，心里总记着，得真正是一根一根尽心尽力地弹断的才成。现在快盼到了，绝出不了这个夏天了。老瞎子知道自己又没什么能要命的病，活过这个夏天一点不成问题。"我比我师父可运气多了，"他说，"我师父到底没能睁开眼睛看一回。"

"咳！我知道这地方是哪儿了！"小瞎子忽然喊起来。

老瞎子这才动了动，抓起自己的琴来摇了摇，叠好的纸片碰在蛇皮上发出细微的响声，那张药方就在琴槽里。

"师父，这儿不是野羊岭吗？"小瞎子问。

老瞎子没搭理他，听出这小子又不安稳了。

"前头就是野羊坳，是不是，师父？"

"小子，过来给我擦擦背。"老瞎子说，把弓一样的脊背弯给他。

"是不是野羊坳，师父？"

"是！干什么？你别又闹猫似的。"

小瞎子的心扑通扑通跳，老老实实地给师父擦背，老瞎子觉出他擦得很有劲。

"野羊坳怎么了？你别又叫驴似的会闻味儿。"

小瞎子心虚，不吭声，不让自己显出兴奋。

"又想什么呢？别当我不知道你那点心思。"

"又怎么了，我？"

"怎么了你？上回你在这儿疯得不够？那妮子是什么好货！"老瞎子心想，也许不该再带他到野羊坳来。可是野羊坳是个大村子，年年在这儿生意都好，能说上半个多月。老瞎子恨不能立刻弹断最后几根琴弦。

小瞎子嘴上嘟嘟囔囔的，心却飘飘的，想着野羊坳里那个尖声细气的小妮子。

"听我一句话，不害你，"老瞎子说，"那号事靠不住。"

"什么事？"

"少跟我贫嘴，你明白我说的什么事。"

"我就没听您说过，什么事靠得住。"小瞎子又偷偷地笑。

老瞎子没理他，骨头一样的眼珠又对着苍天。那儿，太阳正变成一汪血。

两面脊背和山是一样的黄褐色。一座已经老了，嶙峋瘦骨像是山根下裸露的基石。另一座正年轻。老瞎子七十岁，小瞎子才十七。

小瞎子十四岁上父亲把他送到老瞎子这儿来，为的是让他学说书，这辈子好有个本事，将来可以独自在世上活下去。

老瞎子说书已经说了五十多年。这一片偏僻荒凉的大山里的人们都知道他：头发一天天变白，背一天天变驼，年年月月背一把三弦琴满世界走，逢上有愿意出钱的地方就拨动琴弦唱一晚上，给寂寞的山村带来欢乐。开头常是这么几句："自从盘古分天地，三皇五帝到如今，有道君王安天下，无道君王害黎民。轻轻弹响三弦琴，慢慢稍停把歌论，歌有三千七百本，不知哪本动人心。"于是听书的众人喊起来，老的要听董永卖身葬父，小的要听武二郎夜走蜈蚣岭，女人们想听秦香莲。这是老瞎子最知足的一刻，身上的疲劳和心里的孤寂全忘却，不慌不忙地喝几口水，待众人的吵嚷声鼎沸，便把琴弦一阵紧拨，唱道："今日不把别人唱，单表公子小罗成。"或者："茶也喝来烟也吸，唱一回哭倒长城的孟姜女。"满场立刻鸦雀无声，老瞎子也全心沉到自己所说的书中去。

他会的老书数不尽。他还有一个电匣子，据说是花了大价钱从一个山外人手里买来，为的是学些新词儿，编些新曲儿。其实山里人倒不太在乎他说什么唱什么。人人都称赞他那三弦子弹得讲究，轻轻漫漫的，飘飘洒洒的，疯颠狂放的，那里头有天上的日月，有地上的生灵。老瞎子的嗓子能学出世上所有的声音，男人、女人、刮风下雨、兽啼禽鸣。不知道他脑子里能呈现出什么景象，他一落生就瞎了眼睛，从没见过这个世界。

　　小瞎子可以算见过世界，但只有三年，那时还不懂事。他对说书和弹琴并无多少兴趣，父亲把他送来的时候费尽了唇舌，好说歹说连哄带骗，最后不如说是那个电匣子把他留住。他抱着电匣子听得入神，甚至没发觉父亲什么时候离去。

　　这只神奇的匣子永远令他着迷，遥远的地方和稀奇古怪的事物使他幻想不绝，凭着三年朦胧的记忆，补充着万物的色彩和形象。譬如海，匣子里说蓝天就像大海，他记得蓝天，于是想象出海；匣子里说海是无边无际的水，他记得锅里的水，于是想象出满天排开的水锅。再譬如漂亮的姑娘，匣子里说就像盛开的花朵，他实在不相信会是那样，母亲的灵柩被抬到远山上去的时候，路上正开遍着野花，他永远记得却永远不愿意去想。但他愿意想姑娘，越来越愿意想；尤其是野羊坳的那个尖声细气的小妮子，总让他心里荡起波澜。直到有一回匣子里唱道："姑娘的眼睛就像太阳"，这下他才找到了一个贴切的形象，想起母亲在红透的夕阳中向他走来的样子，其实人人都是根据自己的所知猜测着无穷的未知，以自己的感情勾画出世界。每个人的世界就都不同。

　　也总有一些东西小瞎子无从想象，譬如"曲折的油狼"。

　　这天晚上，小瞎子跟着师父在野羊坳说书，又听见那小妮子站在离他不远处尖声细气地说笑。书正说到紧要处——"罗成回马再交战，大胆苏烈又兴兵。苏烈大刀如流水，罗成长枪似腾云，如似海中龙吊宝，犹如深山虎争林。又战七日并七夜，罗成清茶无点唇……"老瞎子把琴弹得如雨骤风疾，字字句句唱得铿锵。小瞎子却心猿意马，手底下早乱了套数……

　　野羊岭上有一座小庙，离野羊坳村二里地，师徒二人就在这里住下。石头砌的院墙已经残断不全，几间小殿堂也歪斜欲倾百孔千疮，唯正中一间尚可遮蔽风雨，大约是因为这一间中毕竟还供奉着神灵。三尊泥像早脱尽了尘世的彩饰，还一身黄土本色返璞归真了，认不出是佛是道。院里院外、房顶墙头都长满荒藤野草，翁翁郁郁倒有生气。老瞎子每回到野羊坳说书都住这儿，不出房钱又不惹是非。小瞎子是第二次住在这儿。

　　散了书已经不早，老瞎子在正殿里安顿行李，小瞎子在侧殿的檐下生火烧水。去年砌下的灶稍加修整就可以用。小瞎子撅着屁股吹火，柴草不干，呛得他满院里转着圈咳嗽。

　　老瞎子在正殿里数叨他："我看你能干好什么。"

　　"柴湿嘛。"

　　"我没说这事。我说的是你的琴，今儿晚上的琴你弹成了什么。"

　　小瞎子不敢接这话茬，吸足了几口气又跪到灶火前去，鼓着腮帮子一通猛吹。"你要是不想干这行，就趁早给你爹捎信把你领回去。老这么闹猫闹狗的可不行，要闹回家闹去。"

小瞎子咳嗽着从灶火边跳开，几步蹿到院子另一头，呼哧呼哧大喘气，嘴里一边骂。

"说什么呢？"

"我骂这火。"

"有你那么吹火的？"

"那怎么吹？"

"怎么吹？哼，"老瞎子顿了顿，又说："你就当这灶火是那妮子的脸！"

小瞎子又不敢搭腔了，跪到灶火前去再吹，心想：真的，不知道兰秀儿的脸什么样。那个尖声细气的小妮子叫兰秀儿。

"那要是妮子的脸，我看你不用教也会吹。"老瞎子说。

小瞎子笑起来，越笑越咳嗽。

"笑什么笑！"

"您吹过妮子脸？"

老瞎子一时语塞。小瞎子笑得坐在地上。"日他妈。"老瞎子骂道，笑笑，然后变了脸色，再不言语。

灶膛里腾的一声，火旺起来。小瞎子再去添柴，一心想着兰秀儿。才散了书的那会儿，兰秀儿挤到他跟前来小声说："哎，上回你答应我什么来？"师父就在旁边，他没敢吭声。人群挤来挤去，一会儿又把兰秀儿挤到他身边。"噫，上回吃了人家的煮鸡蛋倒白吃了？"兰秀儿说，声音比上回大。这时候师父正忙着跟几个老汉拉话，他赶紧说："嘘——，我记着呢。"兰秀儿又把声音压低："你答应给我听电匣子你还没给我听。""嘘——，我记着呢。"幸亏那会儿人声嘈杂。

正殿里好半天没有动静。之后，琴声响了，老瞎子又上好了一根新弦。他本来应该高兴的，来野羊坳头一晚上就又弹断了一根琴弦。可是那琴声却低沉、零乱。

小瞎子渐渐听出琴声不对，在院里喊："水开了，师父。"

没有回答。琴声一阵紧似一阵了。

小瞎子端了一盆热水进来，放在师父跟前，故意嘻嘻笑着说："您今儿晚还想弹断一根是怎么着？"

老瞎子没听见，这会儿他自己的往事都在心中。琴声烦躁不安，像是年年旷野里的风雨，像是日夜山谷中的流溪，像是奔奔忙忙不知所归的脚步声。小瞎子有点害怕了：师父很久不这样了，师父一这样就要犯病，头疼、心口疼、浑身疼，会几个月爬不起炕来。

"师父，您先洗脚吧。"

琴声不停。

"师父，您该洗脚了。"小瞎子的声音发抖。

琴声不停。

"师父!"

琴声戛然而止,老瞎子叹了口气,小瞎子松了口气。

老瞎子洗脚,小瞎子乖乖地坐在他身边。

"睡去吧,"老瞎子说,"今儿个够累的了。"

"您呢?"

"你先睡,我得好好泡泡脚。人上了岁数毛病多。"老瞎子故意说得轻松。

"我等您一块儿睡。"

山深夜静。有了一点风,墙头的草叶子响。夜猫子在远处哀哀地叫。听得见野羊坳里偶尔有几声狗吠,又引得孩子哭。月亮升起来,白光透过残损的窗棂进了殿堂,照见两个瞎子和三尊神像。

"等我干嘛,时候不早了。"

"你甭担心我,我怎么也不怎么。"老瞎子又说。

"听见没有,小子?"

小瞎子到底年轻,已经睡着。老瞎子推推他让他躺好,他嘴里咕囔了几句倒头睡去。老瞎子给他盖被时,从那身日渐发育的筋肉上觉出,这孩子到了要想那些事的年龄,非得有一段苦日子过不可了。唉,这事谁也替不了谁。

老瞎子再把琴抱在怀里,摩挲着根根绷紧的琴弦,心里使劲念叨,又断了一根了,又断了一根了。再摇摇琴槽,有轻微的纸和蛇皮的磨擦声。唯独这事能为他排忧解烦。一辈子的愿望。

小瞎子做了一个好梦,醒来吓了一跳,鸡已经叫了。他一骨碌爬起来听听,师父正睡得香,心说还好。他摸到那个大挎包,悄悄地掏出电匣子,蹑手蹑脚出了门。

往野羊坳方向走了一会儿,他才觉出不对头,鸡叫声渐渐停歇,野羊坳里还是静静的没有人声。他愣了一会儿,鸡才叫头遍?灵机一动扭开电匣子。电匣子里也是静悄悄。现在是半夜。他半夜里听过匣子,什么都没有。这匣子对他来说还是个表,只要扭开一听,便知道是几点钟,什么时候有什么节目都是一定的。

小瞎子回到庙里,老瞎子正翻身。

"干嘛哪?"

"撒尿去了。"小瞎子说。

一上午,师父逼着他练琴。直到晌午饭后,小瞎子才瞅机会溜出庙来,溜进野羊坳。鸡也在树阴下打盹,猪也在墙根下说着梦话,太阳又热得凶,村子里很安静。

小瞎子踩着磨盘,扒着兰秀儿家的墙头轻声喊:"兰秀儿——兰秀儿——"

屋里传出雷似的鼾声。

他犹豫了片刻,把声音稍稍抬高:"兰秀儿——!兰秀儿——!"

狗叫起来。屋里的鼾声停了,一个闷声闷气的声音问:"谁呀?"

小瞎子不敢回答,把脑袋从墙头上缩下来。

屋里吧唧了一阵嘴，又响起鼾声。

他叹口气，从磨盘上下来，快快地往回走。忽听见身后嘎吱一声院门响，随即一阵细碎的脚步声向他跑来。

"猜是谁？"尖声细气。小瞎子的眼睛被一双柔软的小手捂上了。——这才多余呢。兰秀儿不到十五岁，认真说还是个孩子。

"兰秀儿！"

"电匣子拿来没？"

小瞎子掀开衣襟，匣子挂在腰上。"嘘——，别在这儿，找个没人的地方听去。"

"咋啦？"

"回头招好些人。"

"咋啦？"

"那么多人听，费电。"

两个人东拐西弯，来到山背后那眼小泉边。小瞎子忽然想起件事，问兰秀儿："你见过曲折的油狼吗？"

"啥？"

"曲折的油狼。"

"曲折的油狼？"

"知道吗？"

"你知道？"

"当然。还有绿色的长椅。就是一把椅子。"

"椅子谁不知道。"

"那曲折的油狼呢？"

兰秀儿摇摇头，有点崇拜小瞎子了。小瞎子这才郑重其事地扭开电匣子，一支欢快的乐曲在山沟里飘荡。

这地方又凉快又没有人来打扰。

"这是'步步高'。"小瞎子说，跟着哼。

一会儿又换了支曲子，叫"旱天雷"，小瞎子还能跟着哼。兰秀儿觉得很惭愧。

"这曲子也叫'和尚思妻'。"

兰秀儿笑起来："瞎骗人！"

"你不信？"

"不信。"

"爱信不信。这匣子里说的古怪事多啦。"小瞎子玩着凉凉的泉水，想了一会儿。"你知道什么叫接吻吗？"

"你说什么叫？"

这回轮到小瞎子笑，光笑不答。兰秀儿明白准不是好话，红着脸不再问。

音乐播完了，一个女人说，"现在是讲卫生节目。"

"啥？"兰秀儿没听清。

"讲卫生。"

"是什么？"

"嗯——，你头发上有虱子吗？"

"去——，别动！"

小瞎子赶忙缩回手来，赶忙解释："要有就是不讲卫生。"

"我才没有。"兰秀儿抓抓头，觉得有些刺痒。"噫——，瞧你自个儿吧！"兰秀儿一把扳过小瞎子的头，"看我捉几个大的。"

这时候听见老瞎子在半山上喊："小子，还不给我回来！该做饭了，吃罢饭还得去说书！"他已经站在那儿听了好一会儿了。

野羊坳里已经昏暗，羊叫、驴叫、狗叫、孩子们叫，处处起了炊烟。野羊岭上还有一线残阳，小庙正在那淡薄的光中，没有声响。

小瞎子又蹶着屁股烧火。老瞎子坐在一旁淘米，凭着听觉他能把米中的砂子捡出来。

"今天的柴挺干。"小瞎子说。

"嗯。"

"还是焖饭？"

"嗯。"

小瞎子这会儿精神百倍，很想找些话说，但是知道师父的气还没消，心说还是少找骂。

两个人默默地干着自己的事，又默默地一块儿把饭做熟。岭上也没了阳光。

小瞎子盛了一碗小米饭，先给师父："您吃吧。"声音怯怯的，无比驯顺。

老瞎子终于开了腔："小子，你听我一句行不？"

"嗯。"小瞎子往嘴里扒拉饭，回答得含糊。

"你要是不愿意听，我就不说。"

"谁说不愿意听了？我说'嗯'！"

"我是过来人，总比你知道的多。"

小瞎子闷头扒拉饭。

"我经过那号事。"

"什么事？"

"又跟我贫嘴！"老瞎子把筷子往灶台上一摔。

"兰秀儿光是想听听电匣子。我们光是一块儿听电匣子来。"

"还有呢？"

"没有了。"

"没有了?"

"我还问她见没见过曲折的油狼。"

"我没问你这个!"

"后来,后来,"小瞎子不那么气壮了。"不知怎么一下就说起了虮子……"

"还有呢?"

"没了,真没了!"

两个人又默默地吃饭。老瞎子带了这徒弟好几年,知道这孩子不会撒谎,这孩子最让人放心的地方就是诚实、厚道。

"听我一句话,保准对你没坏处。以后离那妮子远点儿。"

"兰秀儿人不坏。"

"我知道她不坏,可你离她远点儿好。早年你师爷这么跟我说,我也不信……"

"师爷?说兰秀儿?"

"什么兰秀儿,那会儿还没她呢。那会儿还没有你们呢……"老瞎子阴郁的脸又转向暮色浓重的天际,骨头一样白色的眼珠不住地转动,不知道在那儿他能"看"见什么。

许久,小瞎子说:"今儿晚上您多半又能弹断一根琴弦。"想让师父高兴些。

这天晚上师徒俩又在野羊坳说书。"上回唱到罗成死,三魂七魄赴幽冥,听歌君子莫嘈嚷,列位听我道下文。罗成阴魂出地府,一阵旋风就起身,旋风一阵来得快,长安不远面前存……"老瞎子的琴声也乱,小瞎子的琴声也乱。小瞎子回忆着那双柔软的小手捂在自己脸上的感觉,还有自己的头被兰秀儿扳过去时的滋味。老瞎子想起的事情更多……

夜里老瞎子翻来覆去睡不安稳,多少往事在他耳边喧嚣,在他心头动荡,身体里仿佛有什么东西要爆炸。坏了,要犯病,他想。头昏,胸口憋闷,浑身紧巴巴的难受。他坐起来,对自己叨咕:"可别犯病,一犯病今年就甭想弹够那些琴弦了。"他又摸到琴。要能丁丁当当随心所欲地疯弹一阵,心头的忧伤或许就能平息,耳边的往事或许就会消散。可是小瞎子正睡得香甜。

他只好再全力去想那张药方和琴弦,还剩下几根,还只剩最后几根了。那时就可以去抓药了,然后就能看见这个世界——他无数次爬过的山,无数次走过的路,无数次感到过她的温暖和炽热的太阳,无数次梦想着的蓝天、月亮和星星……还有呢?突然间心里一阵空,空得深重。就只为了这些?还有什么?他朦胧中所盼望的东西似乎比这要多得多……

夜风在山里游荡。

猫头鹰又在凄哀地叫。

不过现在他老了,无论如何没几年活头了,失去的已经永远失去了,他像是刚刚意识到这一点。七十年中所受的全部辛苦就为了最后能看一眼世界,这值得吗?他问自己。

小瞎子在梦里笑，在梦里说："那是一把椅子，兰秀儿……"

老瞎子静静地坐着。静静地坐着的还有那三尊分不清是佛是道的泥像。

鸡叫头遍的时候老瞎子决定，天一亮就带这孩子离开野羊坳。否则这孩子受不了，他自己也受不了。兰秀儿人不坏，可这事会怎么结局，老瞎子比谁都"看"得清楚。鸡叫二遍，老瞎子开始收拾行李。

可是一早起来小瞎子病了，肚子疼，随即又发烧。老瞎子只好把行期推迟。

一连好几天，老瞎子无论是烧火、淘米、捡柴，还是给小瞎子挖药、煎药，心里总在说："值得，当然值得。"要是不这么反反复复对自己说，身上的力气似乎就全要垮掉。"我非要最后看一眼不可。""要不怎么着？就这么死了去？""再说就只剩下最后几根了。"后面三句都是理由。老瞎子又冷静下来，天天晚上还到野羊坳去说书。

这一下小瞎子倒来了福气。每天晚上师父到岭下去了，兰秀儿就猫似的轻轻跳进庙里来听匣子。兰秀儿还带来熟的鸡蛋，条件是得让她亲手去扭那匣子的开关。"往哪边扭？""往右。""扭不动。""往右，笨货，不知道哪边是右哇？""咔哒"一下，无论是什么便响起来，无论是什么俩人都爱听。

又过了几天，老瞎子又弹断了三根琴弦。

这一晚，老瞎子在野羊坳里自弹自唱："不表罗成投胎事，又唱秦王李世民。秦王一听双泪流，可怜爱卿丧残身，你死一身不打紧，缺少扶朝上将军……"

野羊岭上的小庙里这时更热闹。电匣子的音量开得挺大，又是孩子哭，又是大人喊，轰隆隆地又响炮，嘀嘀哒哒地又吹号。月光照进正殿，小瞎子躺着啃鸡蛋，兰秀儿坐在他旁边。两个人都听得兴奋，时而大笑，时而稀里糊涂莫名其妙。

"这匣子你师父哪买来？"

"从一个山外头的人手里。"

"你们到山外头去过？"兰秀儿问。

"没。我早晚要去一回就是，坐坐火车。"

"火车？"

"火车你也不知道？笨货。"

"噢，知道知道，冒烟哩是不是？"

过了一会儿兰秀儿又说："保不准我就得到山外头去。"语调有些惆怅。

"是吗？"小瞎子一挺坐起来，"那你到底瞧瞧曲折的油狼是什么。"

"你说是不是山外头的人都有电匣子？"

"谁知道。我说你听清楚没有？曲、折、的、油、狼，这东西就在山外头。"

"那我得跟他们要一个电匣子。"兰秀儿自言自语地想心事。

"要一个？"小瞎子笑了两声，然后屏住气，然后大笑，"你干嘛不要俩？你可真本事大。你知道这匣子几千块钱一个？把你卖了吧，怕也换不来。"

兰秀儿心里正委屈,一把揪住小瞎子的耳朵使劲拧,骂道:"好你个死瞎子。"

两个人在殿堂里扭打起来。三尊泥像袖手旁观帮不上忙。两个年青的正在发育的身体碰撞在一起,纠缠在一起,一个把一个压在身下,一会儿又颠倒过来,骂声变成笑声。匣子在一边唱。

打了好一阵子,两个人都累得住了手,心怦怦跳,面对面躺着喘气,不言声儿,谁却也不愿意再拉开距离。

兰秀儿呼出的气吹在小瞎子脸上,小瞎子感到了诱惑,并且想起那天吹火时师父说的话,就往兰秀儿脸上吹气。兰秀儿并不躲。

"嘿,"小瞎子小声说:"你知道接吻是什么了吗?"

"是什么?"兰秀儿的声音也小。

小瞎子对着兰秀儿的耳朵告诉她。兰秀儿不说话。老瞎子回来之前,他们试着亲了嘴儿,滋味真不坏……

就是这天晚上,老瞎子弹断了最后两根琴弦。两根弦一齐断了。他没料到。他几乎是连跑带爬地上了野羊岭,回到小庙里。

小瞎子吓了一跳:"怎么了,师父?"

老瞎子喘吁吁地坐在那儿,说不出话。

小瞎子有些犯嘀咕:莫非是他和兰秀儿干的事让师父知道了?

老瞎子这才相信:一切都是值得的。一辈子的辛苦都是值得的。能看一回,好好看一回,怎么都是值得的。

"小子,明天我就去抓药。"

"明天?"

"明天。"

"又断了一根了?"

"两根。两根都断了。"

老瞎子把那两根弦卸下来,放在手里揉搓了一会儿,然后把它们并到另外的九百九十八根中去,绑成一捆。

"明天就走?"

"天一亮就动身。"

小瞎子心里一阵发凉。老瞎子开始剥琴槽上的蛇皮。

"可我的病还没好利索,"小瞎子小声叨咕。

"噢,我想过了,你就先留在这儿,我用不了十天就回来。"

小瞎子喜出望外。

"你一个人行不?"

"行!"小瞎子紧忙说。

老瞎子早忘了兰秀儿的事。"吃的、喝的、烧的全有。你要是病好利索了,也该学着自个儿去说回书。行吗?"

"行。"小瞎子觉得有点对不住师父。

蛇皮剥开了,老瞎子从琴槽中取出一张叠得方方正正的纸条。

他想起这药方放进琴槽时,自己才二十岁,便觉得浑身上下都好像冷。

小瞎子也把那药方放在手里摸了一会儿,也有了几分肃穆。

"你师爷一辈子才冤呢。"

"他弹断了多少根?"

"他本来能弹够一千根,可他记成了八百。要不然他能弹断一千根。"

天不亮老瞎子就上路了。他说最多十天就回来,谁也没想到他竟去了那么久。

老瞎子回到野羊坳时已经是冬天。

漫天大雪,灰暗的天空连接着白色的群山。没有声息,处处也没有生气,空旷而沉寂。所以老瞎子那顶发了黑的草帽就尤其攒动得显著。他蹒蹒跚跚地爬上野羊岭。庙院中衰草瑟瑟,蹿出一只狐狸,仓惶逃远。

村里人告诉他,小瞎子已经走了些日子。

"我告诉他我回来。"

"不知道他干嘛就走了。"

"他没说去哪儿?留下什么话没?"

"他说让您甭找他。"

"什么时候走的?"

人们想了好久,都说是在兰秀儿嫁到山外去的那天。

老瞎子心里便一切全都明白。

众人劝老瞎子留下来,这么冰天雪地的上哪去?不如在野羊坳说一冬书。老瞎子指指他的琴,人们见琴柄上空荡荡已经没了琴弦。老瞎子面容也憔悴,呼吸也孱弱,嗓音也沙哑了,完全变了个人。他说得去找他的徒弟。

若不是还想着他的徒弟,老瞎子就回不到野羊坳。那张他保存了五十年的药方原来是一张无字的白纸。他不信,请了多少个识字而又诚实的人帮他看,人人都说那果真就是一张无字的白纸。老瞎子在药铺前的台阶上坐了一会儿,他以为是一会儿,其实已经几天几夜,骨头一样的眼珠在询问苍天,脸色也变成骨头一样的苍白。有人以为他是疯了,安慰他,劝他。老瞎子苦笑:七十岁了再疯还有什么意思?他只是再不想动弹,吸引着他活下去、走下去、唱下去的东西骤然间消失干净。就像一根不能拉紧的琴弦,再难弹出赏心悦耳的曲子。老瞎子的心弦断了。现在发现那目的原来是空的。老瞎子在一个小客店里住了很久,觉得身体里的一切都在熄灭。他整天躺在炕上,不弹也不唱,一天天迅速地衰老。直到花光了身上所有的钱,直到忽然想起了他的徒弟,他知道自己的死期将至,可那孩子在等他回去。

茫茫雪野,皑皑群山,天地之间蠕动着一个黑点。走近时,老瞎子的身影弯得如一座桥。他去找他的徒弟。他知道那孩子目前的心情、处境。

他想自己先得振作起来，但是不行，前面明明没有了目标。

他一路走，便怀恋起过去的日子，才知道以往那些奔奔忙忙兴致勃勃的翻山、赶路、弹琴，乃至心焦、忧虑都是多么欢乐！那时有个东西把心弦扯紧，虽然那东西原是虚设。老瞎子想起他师父临终时的情景。他师父把那张自己没用上的药方封进他的琴槽。"您别死，再活几年，您就能睁眼看一回了。"说这话时他还是个孩子。他师父久久不言语，最后说："记住，人的命就像这琴弦，拉紧了才能弹好，弹好了就够了。"……不错，那意思就是说：目的本来没有。老瞎子知道怎么对自己的徒弟说了。可是他又想：能把一切都告诉小瞎子吗？老瞎子又试着振作起来，可还是不行，总摆脱不掉那张无字的白纸……

在深山里，老瞎子找到了小瞎子。

小瞎子正跌倒在雪地里，一动不动，想那么等死。老瞎子懂得那绝不是装出来的悲哀。老瞎子把他拖进一个山洞，他已无力反抗。

老瞎子捡了些柴，打起一堆火。

小瞎子渐渐有了哭声。老瞎子放了心，任他尽情尽意地哭。只要还能哭就还有救，只要还能哭就有哭够的时候。

小瞎子哭了几天几夜，老瞎子就那么一声不吭地守候着。火头和哭声惊动了野兔子、山鸡、野羊、狐狸和鹞鹰……

终于小瞎子说话了："干嘛咱们是瞎子！"

"就因为咱们是瞎子。"老瞎子回答。

终于小瞎子又说："我想睁开眼看看，师父，我想睁开眼看看！哪怕就看一回。"

"你真那么想吗？"

"真想，真想——"

老瞎子把篝火拨得更旺些。

雪停了。铅灰色的天空中，太阳像一面闪光的小镜子。鹞鹰在平稳地滑翔。

"那就弹你的琴弦，"老瞎子说，"一根一根尽力地弹吧。"

"师父，您的药抓来了？"小瞎子如梦方醒。

"记住，得真正是弹断的才成。"

"您已经看见了吗？师父，您现在看得见了？"

小瞎子挣扎着起来，伸手去摸师父的眼窝。老瞎子把他的手抓住。

"记住，得弹断一千二百根。"

"一千二？"

"把你的琴给我，我把这药方给你封在琴槽里。"老瞎子现在才弄懂了他师父当年对他说的话——咱的命就在这琴弦上。

目的虽是虚设的，可非得有不行，不然琴弦怎么拉紧，拉不紧就弹不响。

"怎么是一千二,师父?"

"是一千二,我没弹够,我记成了一千。"老瞎子想:这孩子再怎么弹吧,还能弹断一千二百根?永远扯紧欢跳的琴弦,不必去看那张无字的白纸……

这地方偏僻荒凉,群山不断。荒草丛中随时会飞起一对山鸡,跳出一只野兔、狐狸、或者其它小野兽。山谷中鹞鹰在盘旋。

现在让我们回到开始:

莽莽苍苍的群山之中走着两个瞎子,一老一少,一前一后,两顶发了黑的草帽起伏蹾动,匆匆忙忙,像是随着一条不安静的河水在漂流。无所谓从哪儿来、到哪儿去,也无所谓谁是谁……

作家·作品

史铁生(1951~2010),河北涿州人,小说家;1969 年去陕西延安插队落户,1972 年双腿瘫痪回到北京;1974 年始在某街道工厂做工,后因病情加重回家疗养;1979 年开始发表文学作品;初期小说作品风格恬淡朴素,有散文化倾向,后则注意吸收现代小说的创作技巧;著有中短篇小说集《我的遥远的清平湾》《礼拜日》《命若琴弦》等,散文随笔集《自言自语》《我与地坛》《病隙碎笔》等,长篇小说《务虚笔记》以及《史铁生作品集》。其部分作品被译成英、法、日等文字,单篇或结集在海外出版;曾先后获全国优秀短篇小说奖、鲁迅文学奖,以及多种全国文学刊物奖。2002 年,史铁生荣获华语文学传播大奖年度杰出成就奖;同年,《病隙碎笔》(之六)获首届"老舍散文奖"一等奖。

小说的故事情节很简单,语言也很朴素,整篇小说表现了作者对于人生的求索、信念、苦涩、循环的哲学思索;群山、沟壑、荒草、野兽以及盘旋的鹞鹰等景物烘托出环境的荒凉孤寂,也是对艰难人生的一种注解,一种映衬,一种渲染;"琴槽中药方"的悬念使小说于不惊处起波澜,并且还孕育了下一个悬念,使小说曲折有致,令人咀嚼思索。同时,作者深刻地告诉读者们,最终的"生命的意义在于过程"。正如小说的篇名是"命若琴弦",人活着要心有所系,心弦要有两个点,一个是追求,一个是目的,心弦拉紧了就能弹出动听的人生乐章,人们应该拉紧欢跳的琴弦,不必去看那无字的白纸(目的)。作者巧妙地将哲学思考与故事叙述相结合,在平静的叙述下蕴含深沉的人生感悟,具有耐人寻味的艺术效果。

思考·练习

1. 体味小说的语言特色以及表达方式。

2. 仔细阅读小说的开头和结尾,作者为什么采用相同的手法,这样构思有何用意?

3. 对于生活,对于艰难困苦,我们的生命缺乏的不是勇气,而是一个"支点"。你认为这个支点是什么呢?

拓展·阅读

1. 史铁生：《我与地坛》。
2. 史铁生：《病隙碎笔》。
3. 陈凯歌执导电影：《边走边唱》。
4. 吴天明执导电影：《百鸟朝凤》。

一只特立独行的猪

王小波

　　插队的时候，我喂过猪，也放过牛。假如没有人来管，这两种动物也完全知道该怎样生活。它们会自由自在地闲逛，饥则食渴则饮，春天来临时还要谈谈爱情；这样一来，它们的生活层次很低，完全乏善可陈。人来了以后，给它们的生活做出了安排：每一头牛和每一口猪的生活都有了主题。就它们中的大多数而言，这种生活主题是很悲惨的：前者的主题是干活，后者的主题是长肉。我不认为这有什么可抱怨的，因为我当时的生活也不见得丰富了多少，除了八个样板戏，也没有什么消遣。有极少数的猪和牛，它们的生活另有安排。以猪为例，种猪和母猪除了吃，还有别的事可干。就我所见，它们对这些安排也不大喜欢。种猪的任务是交配，换言之，我们的政策准许它当个花花公子。但是疲惫的种猪往往摆出一种肉猪（肉猪是阉过的）才有的正人君子架势，死活不肯跳到母猪背上去。母猪的任务是生崽儿，但有些母猪却要把猪崽儿吃掉。总的来说，人的安排使猪痛苦不堪。但它们还是接受了：猪总是猪啊。

　　对生活做种种设置是人特有的品性。不光是设置动物，也设置自己。我们知道，在古希腊有个斯巴达，那里的生活被设置得了无生趣，其目的就是要使男人成为亡命战士，使女人成为生育机器，前者像些斗鸡，后者像些母猪。这两类动物是很特别的，但我以为，它们肯定不喜欢自己的生活。但不喜欢又能怎么样？人也好，动物也罢，都很难改变自己的命运。

　　以下谈到的一只猪有些与众不同。我喂猪时，它已经有四五岁了，从名分上说，它是肉猪，但长得又黑又瘦，两眼炯炯有光。这家伙像山羊一样敏捷，一米高的猪栏一跳就过；它还能跳上猪圈的房顶，这一点又像是猫——所以它总是到处游逛，根本就不在圈里呆着。所有喂过猪的知青都把它当宠儿来对待，它也是我的宠儿——因为它只对知青好，容许他们走到三米之内，要是别的人，它早就跑了。它是公的，原本该劁掉。不过你去试试看，哪怕你把劁猪刀藏在身后，它也能嗅出来，朝你瞪大眼睛，噢噢地吼起来。我总是用细米糠熬的粥喂它，等它吃够了以后，才把糠对到野草里喂别的猪。其他猪看了嫉妒，一起嚷起来。这时候整个猪场一片鬼哭狼嚎，但我和它都不在乎。吃饱了以后，它就跳上房顶去晒太阳，或者模仿各种声音。它会学汽车响、拖拉机响，学得都很像；有时整天不见踪影，我估计它到附近的村寨里找母猪去了。

我们这里也有母猪，都关在圈里，被过度的生育搞得走了形，又脏又臭，它对它们不感兴趣；村寨里的母猪好看一些。它有很多精彩的事迹，但我喂猪的时间短，知道得有限，索性就不写了。总而言之，所有喂过猪的知青都喜欢它，喜欢它特立独行的派头儿，还说它活得潇洒。但老乡们就不这么浪漫，他们说，这猪不正经。领导则痛恨它，这一点以后还要谈到。我对它则不止是喜欢——我尊敬它，常常不顾自己虚长十几岁这一现实，把它叫做"猪兄"。如前所述，这位猪兄会模仿各种声音。我想它也学过人说话，但没有学会——假如学会了，我们就可以做倾心之谈。但这不能怪它。人和猪的音色差得太远了。

后来，猪兄学会了汽笛叫，这个本领给它招来了麻烦。我们那里有座糖厂，中午要鸣一次汽笛，让工人换班。我们队下地干活时，听见这次汽笛响就收工回来。我的猪兄每天上午十点钟总要跳到房上学汽笛，地里的人听见它叫就回来——这可比糖厂鸣笛早了一个半小时。坦白地说，这不能全怪猪兄，它毕竟不是锅炉，叫起来和汽笛还有些区别，但老乡们却硬说听不出来。领导上因此开了一个会，把它定成了破坏春耕的坏分子，要对它采取专政手段——会议的精神我已经知道了，但我不为它担忧——因为假如专政是指绳索和杀猪刀的话，那是一点门都没有的。以前的领导也不是没试过，一百人也逮不住它。狗也没用：猪兄跑起来像颗鱼雷，能把狗撞出一丈开外。谁知这回是动了真格的：指导员带了二十几个人，手拿五四式手枪；副指导员带了十几人，手持看青的火枪，分两路在猪场外的空地上兜捕它。这就使我陷入了内心的矛盾：按我和它的交情，我该舞起两把杀猪刀冲出去，和它并肩战斗，但我又觉得这样做太过惊世骇俗——它毕竟是只猪啊；还有一个理由，我不敢对抗领导，我怀疑这才是问题之所在。总之，我在一边看着。猪兄的镇定使我佩服之极：它很冷静地躲在手枪和火枪的连线之内，任凭人喊狗咬，不离那条线。这样，拿手枪的人开火就会把拿火枪的打死，反之亦然；两头同时开火，两头都会被打死。至于它，因为目标小，多半没事。就这样连兜了几个圈子，它找到了一个空子，一头撞出去了；跑得潇洒之极。以后我在甘蔗地里还见过它一次，它长出了獠牙，还认识我，但已不容我走近了。这种冷淡使我痛心，但我也赞成它对心怀叵测的人保持距离。

我已经四十岁了，除了这只猪，还没见过谁敢于如此无视对生活的设置。相反，我倒见过很多想要设置别人生活的人，还有对被设置的生活安之若素的人。因为这个缘故，我一直怀念这只特立独行的猪。

作家·作品

王小波（1952～1997），北京人，当代作家；1984年至1988年在美国匹兹堡大学学习，获硕士学位后回国；曾任教于北京大学和中国人民大学，后辞职专事写作；1997年4月11日病逝于北京。其主要作品有：《黄金时代》《白银时代》《青铜时代》《黑铁时代》《我的精神家园》《沉默的大多数》《地久天长》，电影文学剧本《东宫西宫》及数十万字的杂文随笔文字。

王小波的作品以其深邃独特的思想和幽默辛辣的语言受到读者的喜爱。文中，作者以亦真亦幻的笔调，通过一头猪的命运，显现世相荒诞，反衬了人的精神生活的了无生趣和因精神压抑而丧失自我的状态。作者对此在许多年后由衷地感慨道："我已经40岁了，除了这只猪，还没见过谁敢于如此无视对生活的设置。相反，我倒见过很多想要设置别人生活的人，还有对被设置的生活安之若素的人。因为这个缘故，我一直怀念这只特立独行的猪。"也许，正是在这只敢于对抗人类的"猪兄"的鼓舞下，王小波始终崇尚的是科学、自由、民主和个性独立，反对的是愚蠢、教条、无趣和虚伪。这是"自由之思想、独立之精神"的血脉在当代知识分子身上的延续和体现。

思考·练习

1. 试分析"我"的心态的内涵和当时的社会特点。
2. 现实中，人们很难按所想的去生活，常见的是按生活去想。作为新时代的大学生，我们该如何看待生活？

拓展·阅读

1. 王小波：《时代三部曲》。
2. 王小波：《我的精神家园》。
3. 王小波：《地久天长》。
4. 王小波、李银河：《东宫西宫》。

霸王别姬（节选）

李碧华

又一场了。

戏人与观众的分合便是如此。高兴地凑在一块，惆怅地分手。演戏的，赢得掌声彩声，也赢得他华美的生活。看戏的，花一点钱，买来别人绚缦凄切的故事，赔上自己的感动，打发了一晚。大家都一样，天天的合，天天的分，到了曲终人散，只偶尔地，相互记起。其它辰光，因为事忙，谁也不把谁放在心上。

歪歪乱乱的木椅，星星点点的瓜子壳，间中还杂有一两条惨遭践踏、万劫不复的毛巾，不知擦过谁的脸，如今来擦地板的脸。

段小楼和程蝶衣都分别卸好妆。

乐师们调整琴瑟，发出单调和谐返璞归真的声音。蝶衣把手绢递给小楼。他匆匆擦擦汗，信手把手绢搁在桌上。随便一坐，聊着：

"今儿晚上是炸窝子般的彩声呀。"小楼很满意，架势又来了："好像要跟咱斗斗嗓门大。"

蝶衣瞅他一笑，也满意了。

小楼念念不忘：

"我唱到紧要关头，有一个窍门，就是两只手交换撑在腰里，帮助提气——"

蝶衣问：

"撑什么地方？"

"腰里。"

蝶衣站他身后伸手来，轻轻按他的腰："这里？"

小楼浑然不觉他的接触和试探："不，低一点，是，这里，从这提气一唱，石破天惊，威武有力。"——然后，他又有点不自在。

说到"威武有力"，蝶衣忽记起：

"这几天，倒真有个威武有力的爷们夜夜捧场。"

"谁？"

"叫袁四爷。戏园子里的人说过。"

"怕不怀好意。留点神。"

"好。"稍顿,蝶衣又说道:"嗳,我们已经做了两百三十八场夫妻了。"

小楼没留意这话,只就他小茶壶喝茶。

"我喜欢茶里头搁点菊花,香得多。"

蝶衣弃而不舍:

"我问你,我们做了几场夫妻?"

"什么?"小楼糊涂了:"——两百多吧。"

蝶衣澄明地答:

"两百三十八!"

"哎,你算计得那么清楚?"不愿意深究。

"唱多了,心里头有数嘛。"

蝶衣低忤一下,又道:

"我够钱置行头了,有了行头,也不用租戏衣。"

"怎么你从小到大,老念着这些?"小楼取笑:"行头嘛,租的跟自己买的都一样,戏演完了,它又不陪你睡觉。"

"不,虞姬也好,贵妃也好,是我的就是我的!"

"好啦好啦,那你就乖乖地存钱,置了行头,买一个老大的铁箱子,把所有的戏服、头面,还有什么干红胭脂、黑锅胭脂……一古脑儿锁好,白天拿来当凳子,晚上拿来当枕头,加四个轱辘儿,出门又可以当车子。"

小楼一边说,一边把动作夸张地做出来,掩不住嘲笑别人的兴奋。蝶衣气得很:

"你就是七十二行不学,专学讨人嫌!"

想起自"小豆子"摇身变了"程蝶衣",半点由不得自己做主:命运和伴儿。如果日子从头来过,他怎样挑拣?也许都是一样,因为除了古人的世界,他并没有接触过其他,是险恶的芳香?如果上学堂读了书,如果跟了一个制药师傅或是补鞋匠,如果……

蝶衣随手,不知是有意抑无意,取过小楼的小茶壶,就势也喝一口茶。

——突然他发觉这小茶壶,不是他平素饮场的那个。

"新的茶壶呀?"

"唔。"

"好精致!还描了菊花呢。"

小楼有点掩不住的风流:"人家送的。"

"……"蝶衣视线沿茶壶轻游至小楼。满腹疑团。

正当此时,蹬蹬蹬跑来兴冲冲的小四。这小子,那天在关师父班上见过两位老板,非常倾慕,求爷爷告奶奶,央师父让他来当跑腿,见见世面。也好长点见识。他还没出科,关师父只许上戏时晚上来。

小四每每躲在门帘后,看得痴了。

他报告：

"程老板，爷们来了！"

只见戏园子经理、班主一干人等，簇拥着袁四爷来了后台。

袁四爷先一揖为礼。

"二位果然不负盛名呐。"

随手挥挥，随从端着盘子进来，经理先必恭必敬地掀去绸子盖面，是一盘莹光四射的水钻头面。看来只打算送给程蝶衣的。

"唐突得很，不成敬意。只算见面礼。"

蝶衣道：

"不敢当。"

袁四爷笑：

"下回必先打听好二位老板喜欢什么。"

小楼一边还礼一边道：

"请坐请坐，人来了已是天大面子了。四爷还是会家子呢。"

袁四爷不是什么大帅将军。时代不同了，只是艺人古旧困囿狭窄的世界里头，他就是这类型的人物。小人书看多了，什么《隋唐传》，《王宝钏》，《三国志》，还有自己的首本戏《霸王别姬》……时代不同，角色一样。

有些爷们，倚仗了日本人的势力，倚仗了政府给的面子，也就等于是霸王了。台上的霸王靠的是四梁八柱，铿锵鼓乐，唱造念打，令角色栩栩如生。台下的霸王，方是有背景显实力。谁都不敢得罪。

袁四爷懂戏，也是票友。此刻毫不客气，威武而深沉，一显实力来呢：

"这'别姬'嘛，渊源已久。是从昆剧老本'千金记'里脱胎而来。很多名家都试过，就数程老板的唱造念打，还有一套剑，真叫人叹为观止。"

啊哈一笑，瞅着蝶衣：

"还让袁某疑为虞姬转世重生呢，哈！"

蝶衣给他一说，脸色不知何故，突泛潮红。叫袁四爷心中一动。他也若无其事，转向段小楼：

"段老板的行腔响遏入云，金声玉振。若单论唱，可谓鳌头独占，可论功架作派嘛，袁某还是有点意见——"

袁四爷习惯了左右横扫一下，见各人像听演说那样，更加得意。大伙倒是顺着他，赔着笑脸。他嘴角一牵：

"试举一例，霸王回营亮相到与虞姬相见，按老规矩是七步，而你只走了五步。楚霸王盖世英雄，威而不重，重而不武，哪行？对不对？"

段小楼只笑着，敷衍：

"四爷您是梨园大拿，您的高见还有错儿么？"

蝶衣看出小楼心高气傲，赶忙打圆场，也笑：

"四爷日后得空再给我们走走戏？"

袁四爷一听，正合孤意：

"好！如不嫌弃，再请到舍下小酌，大家细谈。就今儿晚上吧！"

"哎哟四爷，"小楼作个揖："真是万分抱歉，不赶巧儿我有个约会，改天吧，改天一定登门讨教去。"

蝶衣失神地，一张笑脸僵住了。

小茶壶映入眼帘。

"不赶巧儿我有个约会"？他约了谁去？怎么自己不知道？从来没听他提过？

花满楼。

正是另一个舞台。

"彩凤，双喜，水仙，小梅，玉兰香。"男人在念唱着姑娘花名，一个一个，招展地步下楼梯，亮相。

窑子中一群客人在座，见了喜欢的姑娘，便招手，她款摆过来就座。高跟鞋、长旗袍，旗袍不是绯红，便是嫩黄。上面绣的不是花，便是柳，晃荡无定。

简直是乱泼颜色，举座目迷。

段小楼一身乌紫衣赴约来了。他高声一唤：

"给哥哥透个实情，菊仙在哪间房呢？"

仆从和姑娘们招呼着：

"菊仙姑娘就来了，段老板请稍等，先请坐！"

老鸨出迎，直似望穿秋水殷勤状：

"唷！霸王来了呢！就等着您呀！"

小楼乐呼呼，出示那小茶壶，不可一世：

"专程来道谢姑娘送我的礼物。"

"真有用来饮场？"老鸨笑，"别诳咱姑娘们。"

"嘿，小茶壶盛满了白干，真是越唱越来劲——"

正展示着架势，一人自房间里错开珠帘冲出来，撞向小楼满怀。

珠帘在激动着。

这也是个珠环翠绕的艳女，她穿缎地彩绣曲襟旗袍，簪了一朵菊花，垂丝前刘海显然纷乱。风貌楚楚却带一股子傲气。眼色目光一样，蒙上一层冷，几分仓皇。

"我不喝！"

她还没看清楚前面是谁，后面追来一个叼着镶翠玉烟嘴的恶客，流里流气：

"咦？跟着吃肉的喝汤儿，还要不依？"

老鸨一迭声陪不是，又怪道：

"菊仙，才不过喝一盅——"

"他要我就他嘴巴对嘴巴喝，"菊仙不愿委屈，"我不干！"

真到此时方抬头一瞥，见到段小楼。她忙道："小楼救我！"

见此局面，小楼倒信口开河：

"救你救你。"

旁边有帮腔的，一瞧：

"哦？唱戏的？"

恶客是赵德兴，人称赵七爷，当下便问：

"你是她什么人？"

小楼好整以暇，不变应万变：

"我是男人，她是女人。"

"哈哈哈！"赵七与帮腔的大笑，"大伙谁不是王八看绿豆，公猪找母猪？图段老板嗓门大不成？咱们谁也别扫谁的兴了。"

他啪地一声，把整袋银元搁在桌面上。小楼只眼角一瞅，赵七毫不示弱，盛气凌人：

"菊仙姑娘仗着盘儿尖，捧角来了？"

菊仙靠近小楼一步。小楼当下以护花姿态示众。对方一瞥，鄙夷地：

"捧角儿，由我来！我把花满楼的美人包了，全请去听段老板唱，哈哈！台上见，你可得卖点力，好叫咱听得开心！对吧，菊仙姑娘？"

"菊仙——"小楼大言："我包了！"

她闻言，一愕。

他来过几回，有些人，是一遇上，就知道往后的结局。但，那是外面的世界，常人的福分。她是姑娘儿，一个婊子，浪荡子在身畔打转，随随便便地感动了，到头来坑害了自己。"婊子无情"是为了自保。

菊仙凝望小楼。

只见他意气风发，面不改容。

她一字一顿地问：

"要定我了？"

小楼不假思索，是人前半戏语？抑或他有心？菊仙听得他答：

"你跟我就要呗！今儿咱就喝盅定情酒吧！"

小楼拿过一盅，先大口喝了，然后递送予她，不，把杯子一转，让她就自己喝过的唾沫星子呷下去。一众见此局面，措手不及。

赵七怪笑连声：

"啊哈！逢场作戏，可别顺口溜。何况，半点朱唇万客尝，老子才刚尝——"

话未了，段小楼把赵七掀翻在酒桌杯盘上，扭打起来。他像英雄一般攥起拳头搏斗，舞台上的功架，体能的训练，正好用来打架。

霸王别姬（节选）

来人有五个，都是在出事时尽一分力气的。拳来脚往。

一人觑个空儿，拎起酒壶，用力砸向他额头上，应声碎裂。大伙惊见小楼没事人一样，生生受了它。

这才是护花的英雄，头号武生。

菊仙在喧嚣吆喝的战阵旁边，倾慕地看着这打上一架的男人，在此刻，她暗下决心。连她自己也不相信，她绮艳流金的花国生涯，将有个什么结局？

第二天晚上，戏还是演下去。

蝶衣打好底彩，上红。一边调红胭脂，自镜中打量他身后另一厢位的小楼。

他正在开脸，稍触到伤瘀之处，咬牙忍一忍。就被他逮着了。

"听说，你在八大胡同打出名儿来了。"

二人背对着背，但自镜中重叠反映，仿如面对着面。

"嘿嘿，武松大闹狮子楼。"

小楼却并未刻意否认。

"——姑娘好看吗？"

"马马虎虎。"

蝶衣不动声色："一个好的也没？"

"有一个不错。有情有义。"

听的人，正在画眉毛，不慎，轻溅一下。忙用小指拭去。

"……怎么个有情有义法？"

小楼转身过来，喜孜孜等他回答："带你一道逛逛怎样？"

"我才不去这种地方！"蝶衣慢条斯理，却是五内如焚。

"怎么啦？"

他正色面对师哥了："我也不希望你去。这些窑姐儿，弄不好便惹上了脏病。而且我们唱戏的，嗓子就是本钱，万一中了彩，'塌中'了，就完了。唱戏可是一辈子的事。"

这样说，小楼有点抹不开：

"这不都唱了半辈子么？"

师弟这般强调，真是冷硬，叫人下不了台。人不风流枉少年。

蝶衣不是这样想。一辈子是一辈子。差一年、一个月、一天、一个时辰，都不能算"一辈子"。

一阵空白，蝶衣忍不住再问：

"什么名儿？"

"菊仙。"

又一阵空白。垂下眼来，画好的眼睛如两片黑色的桃叶，微抖。

"哦。"

蝶衣回心一想，道：

"——敢情是姘头，还送你小茶壶。上面不是描了菊花吗？就为她？打上了一架？"

"不过闲话一句嘛，算得上什么？真是！"

这个男人，并不明白那个男人的断续试探。

那个男人，也禁不住自己的断续试探，不知伊于胡底。

上好妆，连脖子耳朵和手背都抹了白水彩。白水彩是蜂蜜调的，持久地苍白，真到地老天荒。

原来是为了掩饰苍白，却是徒劳了。

按常情，蝶衣惯于为小楼作最后勾脸。他硬是不干了。背了他，望着朦胧纱窗，嘴唇有点抖索。他不肯！

直到晚上。

"大王醒来！大王醒来！"

舞台上的虞姬，带着惊慌。

因她适才在营外闲步，忽听得塞内四面楚歌声，思潮起伏。

霸王欷歔：

"妃子啊，想你跟随孤家，转战数载，未尝分离，今看此情形，就是你我分别之日了！"

"砰！砰！"

戏园子某个黑暗的角落响起两下枪声。

一个帮会中人模样的汉子倒在血泊中。观众慌乱起来。这是近日常有的事，本月来第三宗。

小楼一愕，马上往池座子一瞧。

他的目光，落在台下第一排右侧，一个俏丽的女子身上，蝶衣也瞥到她了。

嗑着瓜子听戏的菊仙有点苍白失措。但她没有其它人骨酥筋软那么窝囊。她一个女子，还是坐得好好的，不动。小楼给她做了一个"不要怕"的手势示意，她眼神中交错着复杂的情绪。本来犹有余悸，因他在，他叫她不要怕，她的心安定下来了。

蝶衣在百忙中打量一下，一定是这个了，一定是她！

不正路的坐姿，眉目传情的对象，忽地泛了一丝笑意，佯嗔薄喜，不要脸，这样的勾引男人，渴求保护。还嗑了一地瓜子壳儿。

小楼在众目睽睽下跟她暗打招呼？她陶醉于戏里戏外武生的目光中？她的喜悦，泛升上来，包容了整个自己，旁若无人。

蝶衣在台上，心如明镜。总得唱完这场戏。为着不可洒汤漏水，丢板荒调，抖擞着，五内翻腾，表情硬是只剩一个，还得委婉动情地劝慰着末路霸王。

"啊大王，好在垓下之地，高岗绝岩，不易攻入，候得机会，再突围求救也还不迟呀！"

警察及时赶至。四下暗涌。他们悄无声响地把死人抬出去。

一切都定了。

大王一句：

"酒来——"

虞姬强颜为欢：

"大王请！"

二人在吹打中，同饮了一杯。

四面楚歌，却如挥之不去的心头一块阴影。

菊仙也定下来，下了决心。她本来要的只是一个护花的英雄，妾本丝萝，愿拖乔木，她未来的天地变样，此际心境平静，她是全场最平静的一个人——不，她的平静，与舞台上蝶衣的平静，几乎是相媲美的。

炉火并没把他烧死。

幕下了。

他还抽空坐在写信摊子的对面。这老头，穿灰士林大褂，态度安详温谦，参透人情，为关山阻隔的人们铺路相通。

他不认识他，故蝶衣全盘信赖，慢慢地近乎低吟：

"娘，我在这儿很好，您不用惦念。我的师哥小楼，对我处处照顾，我们日夜一起练功喊嗓，又同台演戏，已有十多年，感情很深……"

他自腰间袋里掏出一个月白色的荷包，取出钞票。里头原已夹着一帧与小楼的合照，上面给涂上四五种颜色。都一古脑儿递给对面的老头。他刚把这句写完，蝶衣继续：

"这里有点钱，您自己买点好吃的吧。"

信写完了，他很坚持地说："我自己签名！"

取过老头的那管毛笔，在上面认真地签了"程蝶衣"，一想，又再写了"小豆子"。就在他一个长得这么大个的男子身后，围上几个刚放学的小孩，十分好奇，在看他签名。有个女孩还朗朗地念：

"娘，我在这儿很好，您不用——惦念……我的师哥——"

她看不到下句，把脖子翘得老长的："——小楼，对我——"

蝶衣一下子腼腆起来："看什么？"小孩见他生气，又顽皮地学他的女儿态了："看什么？看什么？"一哄而散。

老头折好信笺，放进信封，取些饭粒捺在封口，问："信寄到什么地址呀？"

蝶衣不语，取过信，一个人踽踽上路。走至一半，把信悄悄给撕掉，扔弃。又回到后台上妆去。

花满楼的老鸨一脸纳罕。她四十多，描眉搽粉，发髻理得光溜，吃四方饭，当然横草不拿竖草不掂，只叼着一根扫帚苗子似的牙签儿剔牙。厚红的嘴唇半歪。

她交加双手,眼角瞅着对面的菊仙姑娘。

云石桌上铺了一块湘绣圆台布,已堆放一堆银元、首饰、钞票……

老鸨意犹为尽。

菊仙把满头珠翠,一个一个地摘下,一个一个地添在那赎身的财物上。

还是不够?她的表情告诉她。

菊仙这回倒似下了死心,她淡淡一笑,一狠,就连脚上那绣花鞋也脱掉了,鞋面绣了凤回头,她却头也不回,鞋给端放桌面上。

老鸨动容了。不可置信。原来打算劝她一劝:"戏子无义……"

菊仙灵巧地,抢先一笑:"谢谢干娘栽培我这些年日了。"

她一揖拜别。不管外头是狼是虎。旋身走了。

老鸨见到她是几乎光着脚空着手,自己给自己赎的身。

白线袜子踩在泥土上。

风姿秀逸婀娜多姿,她繁荣醉梦的前半生,孤注一掷豁出去。老鸨失去一棵栽植多年的摇钱树,她最后的卖身的钱都归她了。老鸨气得说不出话来。

菊仙竟为了小楼"卸妆"。

作家·作品

李碧华(1959~),原名李白,广东人,香港文坛著名的才女。她从小生活在那种楼顶很高,有着木楼梯的旧式楼宇之中,听闻过很多旧式的人事斗争,这种环境和残余的记忆为李碧华提供了创作的素材和灵感。李碧华从小喜爱文学艺术,曾任教师兼任多份职业;1976年秋至今,任记者及电影、电视编剧,并撰写专栏。李碧华擅长写情,揭示人物复杂丰富的心灵世界,表达了作者对情的执着追求,并融入历史的、社会的、美学的、哲学的意蕴,所以她书中的人物独具一格,故事别出心裁、瑰奇诡异、雅俗共赏;著有《白开水》《爆竹烟花》《青红皂白》《胭脂扣》《霸王别姬》《纠缠》《秦俑》《诱僧》《青蛇》等,多部作品被改编成电影。

李碧华的《霸王别姬》通过扮演虞姬的程蝶衣和扮演楚霸王的段小楼以及一个妓女之间的三角感情纠葛,反映了新旧社会灾难深重年代的梨园血泪。其纵深的历史感,及对人的命运的高度关注,成为作品的亮点。

本文为《霸王别姬》第四章"猛抬头见碧落月色清明",重点突出了菊仙出现后,程蝶衣与段小楼关系的微妙转变,以及二人对京戏态度的迥然差异。程蝶衣人生中另一台悲剧——爱情悲剧开始上演。小说的人物刻画细微独到,生动形象。程蝶衣的痴情、爱戏、念母、孤独、凄苦、性倒错,各点描述深刻入微;段小楼豪爽粗野的霸王男子形象;菊仙的风情女子形象;袁四爷文儒阴险的地方官霸形象等,均能观听其言行,洞测其心理。小说以沧桑的时代气息和浓郁的文化韵味作背景,熔艺术欣赏价值与人生思考价值为一炉,值得深入品读、赏析与反思。

思考·练习

1. 分析程蝶衣与段小楼对演京戏的态度有什么不同。
2. 如何理解程蝶衣说的"一辈子是一辈子。差一年、一个月、一天、一个时辰,都不能算'一辈子'"?
3. 细读程蝶衣写信给失踪的娘亲那一段,分析他这一异常举动的心理。
4. 联系该同名小说改编的影视文学版本,分角色演绎选段中的角色。

拓展·阅读

1. 李碧华:《青蛇》。
2. 李碧华:《胭脂扣》。
3. 李碧华:《川岛芳子》。

悲惨世界（节选）[1]

[法] 雨 果

一八一五年十月初，距日落前约一点钟，有一个步行的人走进了那小小的迪涅城。稀稀落落的居民在他们家门口或窗前，带着一种不安的心情瞧着这个行人。要碰见一个比他更褴褛的过路人是很不容易的了。他是一个中等身材的人，体格粗壮，正在盛年，可能有四十六或四十八岁。一顶皮檐便帽压齐眉心，把他那被太阳晒黑、淌着大汗的脸遮去了一部分。从他那领上扣一个小银锚的黄粗布衬衫里露出一部分毛茸茸的胸脯，他的领带扭得像根绳子，蓝棉布裤也磨损不堪，一个膝头成了白色，一个膝头有了窟窿；一件破旧褴褛的老灰布衫，左右两肘上都已用麻线缝上了一块绿呢布；他背上有只布袋，装得满满的也扣得紧紧的；手里拿根多节的粗棍，一双没有穿袜子的脚踩在两只钉鞋里，光头，长须。

汗、热、奔走和徒步旅行替那潦倒的人添上了一种说不出的狼狈神情。

他的头发原是剃光了的，但现在又茸茸满头了，因为又开始长出了一点，还好像多时没有修剪过似的。

谁也不认识他，他自然只是一个过路人。他是从什么地方来的呢？从南方来的。或是从海滨来的。因为他进迪涅城所走的路，正是七个月前拿破仑皇帝从戛纳去巴黎时所经过的路。这个人一定已走了一整天，他那神气显得异常疲乏。许多住在下城旧区里的妇人看见他在加桑第大路的树底下歇了一回脚，又在那广场尽头的水管里喝了些水。他一定渴极了，因为追着他的那些孩子还看见他在两百步外的那个小菜场的水管下停下来喝了水。

走到了巴许维街转角的地方，他向左转，朝市政厅走去。他进去，一刻钟过后又走了出来。有个警察坐在门旁的石凳上，那正是三月四日德鲁埃将军立上去向着惊骇万状的迪涅民众宣读茹安港[2]宣言的那条石凳。那汉子脱下他的便帽，向那警察恭恭敬敬行了一个礼。

警察没有答礼，只仔细打量了他一会，眼光送了他一程，就走到市政厅里去了。

当时，迪涅有一家华美的旅舍叫"柯耳巴十字架"。旅舍主人是雅甘·拉巴尔。城里的人都认为他是另外一个拉巴尔的亲族，另外那个拉巴尔在格勒诺布尔开着三太子旅舍，并且做过向导[3]。据当时传说，正月间贝特朗将军曾经乔装为车夫，在那一带地方往来过多次，把许多十字勋章分给一些士兵，把大量的拿破仑[4]分给一些士绅。实在的情形是这样的：皇帝进入格勒诺布尔城以后，不愿住在省长公署里，他谢了那位市长，他说："我要到一个我认识的好汉家里去住。"他去的地方便是那三太子旅舍。三太子旅舍的那个拉巴尔所得的荣耀一直照射到二十五法里以外的这个柯耳巴十字架旅舍的拉巴尔。城里的人都说他是格勒诺布尔那位的堂兄弟。

那人正向着这旅舍走去，它是这地方最好的旅舍了。他走进了厨房，厨房的门临街，也和街道一般平。所有的灶都升了火，一炉大火在壁炉里熊熊地烧着。那旅舍主人，同时也就是厨师，从灶心管到锅盏，正忙着照顾，替许多车夫预备一顿丰盛的晚餐，他们可以听见车夫们在隔壁屋子里大声谈笑。凡是旅行过的人都知道再也没有什么人比那些车夫吃得更考究的了。穿在长叉上的一只肥田鼠夹在一串白竹鸡和一串雄山雉中间，在火前转动。炉子上还烹着两条乐愁湖的青鱼和一尾阿绿茨湖的鲈鱼。

那主人听见门开了，又来了一个新客人，两只眼睛仍望着炉子，也不抬头，他说：

"先生要什么？"

"吃和睡。"那人说。

"再容易也没有，"主人回答说。这时，他转过头，目光射在旅客身上，又接着说："……要付钱的呀。"

那人从他布衫的袋里掏出一只大钱包，回答说：

"我有钱。"

"好，我就来伺候您。"主人说。

那人把钱包塞回衣袋里，取下行囊，放在门边的地上，手里仍拿着木棍，去坐在火旁边的一张矮凳上。迪涅在山区，十月的夜晚是寒冷的。

但是，旅舍主人去了又来，来了又去，总在打量这位旅客。

"马上有东西吃吗？"那人问。

"得稍微等一会儿。"旅舍主人说。

这时，新来的客人正转过背去烘火，那位像煞有介事的旅舍主人从衣袋里抽出一支铅笔，又从丢在窗台旁小桌子上的那张旧报纸上扯下一角。他在那白报纸边上写了一两行字，又把这张破纸折好，并不封，交给一个好像是他的厨役又同时是他的跑腿的小厮。旅舍主人还在那小伙计耳边说了一句话，小伙计便朝着市政厅的方向跑去了。

那旅客一点也没有看见这些经过。

他又问了一次：

"马上有东西吃吗？"

"还得等一会儿。"旅舍主人说。

那孩子回来了。他带回了那张纸。主人急忙把它打开，好像一个等候回音的人，他仿佛细心地读了一遍，随后又点头，想了想。他终于朝着那心神似乎不大安定的旅客走上一步。

"先生，"他说，"我不能接待您。"

那个人从他的坐位上半挺着身子。

"怎么！您恐怕我不付钱吗？您要不要我先会账？我有钱呢，我告诉您。"

"不是为那个。"

"那么是为什么？"

"您有钱……"

"有。"那人说。

"但是我，"主人说，"我没有房间。"

那人和颜悦色地说："把我安顿在马房里就是了。"

"我不能。"

"为什么？"

"那些马把所有的地方都占了。"

"那么，"那人又说，"阁楼上面的一个角落也可以。一捆草就够了。我们吃了饭再看吧。"

"我不能开饭给您吃。"

那个外来人对这种有分寸而又坚硬的表示感到严重了，他站立起来。

"哈！笑话！我快饿死了，我。太阳出来，我就走起。走了十二法里[5]的路程。我并不是不付钱。我要吃。"

"我一点东西也没有。"旅舍主人说。

那汉子放声大笑，转身朝着那炉灶。

"没有东西！那是什么？"

"那些东西全是客人定了的。"

"谁定的？"

"那些车夫先生定了的。"

"他们多少人？"

"十二个人。"

"那里有二十个人吃的东西。"

"那都是预先定好并且付了钱的。"

那个人又坐下去，用同样的口吻说：

"我已经到了这客栈里，我饿了，我不走。"

那主人弯下身子，凑到他耳边，用一种使他吃惊的口吻说：

"快走。"

这时，那旅客弯下腰去了，用他棍子的铁梢拨着火里的红炭，他蓦地转过身来，正要开口辩驳，可是那旅舍主人的眼睛盯着他，照先头一样低声说：

"我说，废话已经说够了。您要我说出您的姓名吗？您叫冉阿让。现在您要我说出您是什么人吗？您进来时，我一见心里就有些疑惑，我已派人到市政厅去过了，这是那里的回信。您认识字吗？"

他一面那样说，一面把那张完全打开了的、从旅舍到市政厅、又从市政厅转回旅舍的纸递给那客人看。客人在纸上瞟了一眼。旅舍主人停了一会不响，接着又说：

"无论对什么人，我素来都是客客气气的，您还是走吧。"

那人低下了头，拾起他那只放在地上的布袋走了。

他沿着那条大街走去。好象一个受了侮辱、满腔委屈的人，他紧靠着墙壁，信步往前走。他的头一次也没有回转过。假使他回转头来，他就会看见那柯耳巴十字架的旅舍主人正立在他门口，旅舍里的旅客和路上的行人都围着他，在那里指手画脚，说长论短；并且从那一堆人的惊疑的目光里，他还可以猜想到他的出现不久就要搞得满城风雨。

那些经过，他完全没有瞧见。心情沮丧的人，总是不朝后面看的。他们只觉得厄运正追着他们。

他那样走了一些时候，不停地往前走，信步穿过了许多街道，都是他不认识的，忘了自身的疲乏，人在颓丧时是常有这种情况的。忽然，他感到饿得难受。天也要黑了。他向四周望去，想发现一处可以过夜的地方。

那家华丽的旅馆既享以闭门羹，他便想找一家简陋的酒店，一所穷苦的破屋。

恰好在那条街的尽头，燃起了一盏灯，在半明半暗的暮色中，显出一根松枝，悬在一条曲铁上。他向那地方走去。

那确是一家酒店。就是沙佛街上的那家酒店。

那行人停了一会，从玻璃窗口望那酒家底层厅房的内部，看见桌上的灯正点着，壁炉里的火也正燃着。几个人在里面喝酒。老板也傍着火。一只挂在吊钩上的铁锅在火焰中烧得发响。

这家酒店，同时也是一种客栈，它有两扇门，一扇临街，另一扇通一个粪土混积的小天井。

那行人不敢由临街的门进去。他先溜进天井，待了一会，再轻轻地提起门闩，把门推开。

"来的是谁？"那老板问。

"一个想吃晚饭和过夜的人。"

"好的，这儿有饭吃，也有地方可以住。"

跟着，他进去了。那些正在喝酒的人全都转过头来。他这面有灯光照着，那面有火光照着。当他解下那口袋时，大家都打量了他好一会儿。那老板向他说：

"这儿有火，晚餐也正在锅里煮着。您来烤烤火吧，伙计。"

他走去坐在炉边，把那两只累伤了的脚伸到火前，一阵香味从锅里冲出。他的脸仍被那顶压到眉心的便帽半遮着，当时所能辨别出来的只是一种若隐若现的舒适神情，同时又掺杂着另外一种由于长期苦痛而起的愁容。

那是一副坚强有力而又忧郁的侧形。这相貌是稀有的，一眼看去像是谦卑，看到后来，却又严肃。眼睛在眉毛下炯炯发光，正象荆棘丛中的一堆火。

当时，在那些围着桌子坐下的人中有个鱼贩子。他在走进沙佛街这家酒店以前，到过拉巴尔的旅舍，把他的马寄放在马房里，当天早晨他又偶然碰见过这个面恶的外来人在阿塞湾和……（我已忘了那地名，我想是爱斯古布龙）之间走着。那外来人在遇见他时曾请求让他坐在马臀上，他当时已显得非常困顿了，那鱼贩子却一面支吾，一面加鞭走了。半点钟以前，那鱼贩子也是围着雅甘·拉巴尔那堆人中的一个，并且他亲自把当天早晨那次不愉快的遭遇告诉了柯耳巴十字架旅舍里的那些人。这时他从他座上向那酒店老板使了个眼色。酒店老板就走到他身边。彼此低声交谈了几句。那个赶路的客人却正在想他的心事。

酒店老板回到壁炉旁边，突然把手放在那人的肩上，向他说：

"你得离开此地。"

那个生客转过身来，低声下气地说：

"唉！您知道？"

"我知道。"

"他们把我从那个旅舍里撵了出来。"

"又要把你从这儿赶出去。"

"您要我到什么地方去呢？"

"到旁的地方去。"

那人提起他的棍和布袋，走了。

他走出店门，又遇到几个孩子，扔着石子打他，那起孩子是从柯耳巴十字架跟来，专在门口候他出来的。他狠狠地回转来，扬着棍子表示要打，孩子们也就像一群小鸟似的散了。

他走过监狱，监狱的大门上垂着一根拉钟的铁链。他便拉动那口钟。

墙上的一个小洞开了。

"看守先生，"他说，一面恭恭敬敬地脱下他的便帽，"您可愿意开开牢门让我住一宵？"

有个人的声音回答说：

"监牢又不是客栈。你得先叫人逮捕你。这门才会替你开。"

那小墙洞又闭上了。

他走到一条有许多花园的街。其中的几处只用篱笆围着，那样可以使街道显得更生动。在那些花园和篱笆之间，他看见一所小平房的窗子里有灯光。他从那玻璃窗朝里看，正好像他先头望那酒店一样。那是一大间用灰浆刷白了的屋子，里面有一张床，床上铺着印花棉布的床单，屋角里有只摇篮，几张木椅，墙上挂着一枝双管枪。屋子中间有桌子，桌上正摆着食物。一盏铜灯照着那块洁白宽大的台布，一把灿烂如银的盛满了酒的锡壶和一只热气腾腾的栗黄汤钵。桌子旁边坐着一个四十岁左右喜笑颜开的男子，他用膝头颠着一个小孩，逗他跳跃。一个年纪正轻的妇人在他旁边喂另外一个婴孩的奶。父亲笑着，孩子笑着，母亲也微微地笑着。

这个异乡人在那种温柔宁静的景物前出了一会神。他心里想着什么？只有他自己才能说出来。也许他正想着那样一个快乐的家庭应当是肯待客的吧，他在眼前的那片福地上也许找得着一点恻隐之心吧。

他在玻璃窗上极轻地敲了一下。

没有人听见。

他敲第二下。

他听见那妇人说：

"当家的，好像有人敲门。"

"没有。"她丈夫回答。

他敲第三下。

那丈夫立起来，拿着灯，走去把门开了。

他是一个身材高大，半农半工模样的人。身上围着一件宽大的皮围裙，一直围到他的左肩，围裙里有一个铁锤、一条红手巾、一只火药匣、各式各样的东西，都由一根腰带兜住，在他的肚子上鼓起来。他的头朝后仰着，一件翻领衬衫大大敞开，露出了白皙光滑的牛脖子。他有浓厚的眉毛，腮帮上留着一大片黑胡须，眼睛不凹，下颏突出，在那样的面貌上，有一种说不出的怡然自得的神气。

"先生，"那过路人说，"请原谅。假使我出钱，您能给我一盆汤，让我在园里那棚子里的角上睡一宵？请您说，您可以吗，假使我出钱的话？"

"您是谁？"那房子的主人问。

那人回答说：

"我是从壁马松来的。我走了一整天，我走了十二法里。您同意吗？假使我出钱？"

"我并不拒绝留宿一个肯付钱的正派人，"那农人说，"但是您为什么不去找客栈呢？"

"客栈里没有地方了。"

"笑话！没有的事。今天又不是演杂技的日子，又不是赶集的日子。您到拉巴尔家去过没有？"

"去过了。"

"怎样呢？"

那过路人感到为难，他回答说：

"我不知道，他不肯接待我。"

"您到沙佛街上那叫做什么的家里去过没有？"

那个外来人更感困难了，他吞吞吐吐地说：

"他也不肯接待我。"

那农民的脸上立刻起了戒惧的神情，他从头到脚打量那陌生人，并且忽然用一种战栗的声音喊着说：

"难道您就是那个人吗？……"

他又对那外来人看了一眼，向后退三步，把灯放在桌上，从墙上取下了他的枪。

那妇人听见那农民说"难道您就是那个人吗？……"以后，也立了起来，抱着她的两个孩子，赶忙躲在她丈夫背后，惊慌失措地瞧着那个陌生人，敞着胸口，睁大了眼睛，她低声说："佐马洛德。"[6]这些动作比我们想像的还快些。屋主把那"人"当作毒蛇观察了一番之后，又回到门前，说道：

"滚！"

"求您做做好事，"那人又说，"给我一杯水吧！"

"给你一枪！"农民说。

随后他把门使劲关上，那人还听见他推动两条大门闩的声音。过一会儿，板窗也关上了，一阵上铁门的声音直达外面。

天越来越黑了。阿尔卑斯山中已经起了冷风。那个无家可归的人从苍茫的暮色中看见街边的一个花园里有个茅棚，望去仿佛是草墩搭起来的。他下定决心，越过一道木栅栏，便到了那园里。他朝着那茅棚走去，它的门只是一个狭而很低的洞，正像那些筑路工人替自己在道旁盖起的那种风雨棚。他当然也认为那确实是一个筑路工人歇脚的地方，现在他感到又冷又饿，实在难熬。他虽然已不再希望得到食物，但至少那还是一个避寒的地方。那种棚子照例在晚上是没有人住的。他全身躺下，爬了进去。里面相当温暖，地上还铺了一层麦秸。他在那上面躺了一会，他实在太疲倦了，一点也不能动。随后，因为他背上还压着一个口袋，使他很不舒服，再说，这正是一个现成的枕头，他便动手解开那捆口袋的皮带。正在这时，他忽然听见一阵粗暴的声音。他抬起眼睛。黑暗中瞧见在那茅棚的洞口显出一只大狗头。

原来那是一个狗窝。

他自己本是胆大力壮，猛不可当的人，他拿起他的棍子，当作武器，拿着布袋当作藤牌，慢慢地从那狗窝里爬了出来，只是他那身褴褛的衣服已变得更加破烂了。

他又走出花园，逼得朝后退出去，运用棍术教师们所谓"盖蔷薇"的那种棍法去招架那条恶狗。

他费尽力气，越过木栅栏，回到了街心，孤零零，没有栖身之所，没有避风雨的地方，连那堆麦秸和那个不堪的狗窝也不容他涉足，他就让自己落（不是坐）在一块石头上，有个过路人仿佛听见他骂道："我连狗也不如了！"

不久，他又立起来，往前走。他出了城，希望能在田野中找到一棵树或是一个干草堆，可以靠一下。

悲惨世界（节选）

他那样走了一段时间，老低着头。直到他感到自己已和那些人家离得远了，他才抬起眼睛，四面张望。他已到了田野中，在他前面，有一片矮丘，丘上覆着齐地割了的麦茬，那矮丘在收获之后就像推光了的头一样。

天边已全黑了，那不仅是夜间的黑暗，仿佛还有极低的云层，压在那一片矮丘上面，继又渐渐浮起，满布天空。但是，由于月亮正待上来，穹苍中也还留着一点暮色的余辉，浮云朵朵，在天空构成了一种乳白的圆顶，一线微光从那顶上反照下来。

因此地面反比天空显得稍亮一些，那是一种特别阴森的景色，那片矮丘的轮廓，荒凉枯瘦，被黑暗的天边衬托得模糊难辨，色如死灰。所有这一切都是丑恶、卑陋、黯淡、无意义的。在那片田野中和矮丘上，空无所有，只见一棵不成形的树，在和这个流浪人相距几步的地方，蜷曲着它的枝干，摇曳不定。

显然，这个人在智慧方面和精神方面都谈不上有那些细腻的习气，因而对事物的神秘现象也就无动于衷；可是当时，在那样的天空中，那样的矮丘上，那样的原野里，那样的树杪头，却有一种惊心动魄的凄凉意味，因此他在凝神伫立一阵以后，也就猛然折回头走了。有些人的本能常使他们感到自然界是含有恶意的。

他顺着原路回去。迪涅的城门都已关上了。迪涅城在宗教战争[7]中受过围攻，直到一八一五年，它周围还有那种加建了方形碉楼的旧城墙，日后才被拆毁。他便经过那样一个缺口回到城里。

当时应已是晚上八点钟了，因为他不认识街道，他只得信步走去。他这样走到了省长公署，过后又到了教士培养所。在经过天主堂广场时，他狠狠地对着天主堂扬起了拳头。

在那广场角上有个印刷局。从前拿破仑在厄尔巴岛上亲自口授，继又带回大陆的诏书及《羽林军告军人书》便是在这个印刷局里第一次排印的。

他已经困惫不堪，也不再希望什么，便走到那印刷局门前的石凳上躺下来。

恰巧有个老妇人从那天主堂里出来，她看见这个人躺在黑暗里，便说：

"您在这儿干什么，朋友？"

他气冲冲地、粗暴地回答说：

"您瞧见的，老太婆，我在睡觉。"

那老太婆，确也当得起这个称呼，她是 R 侯爵夫人。

"睡在这石凳上吗？"她又问。

"我已经睡了十九年的木板褥子，"那人说，"今天要来睡睡石板褥子了。"

"您当过兵吗？"

"是呀，老太婆。当过兵。"

"您为什么不到客栈里去？"

"因为我没有钱。"

"唉！"R 夫人说，"我荷包里也只有四个苏。"

"给我就是。"

那人拿了那四个苏。R 夫人继续说：

"这一点钱，不够您住客栈。不过您去试过没有？您总不能就这样过夜呀。您一定又饿又冷。也许会有人做好事，让您住一宵。"

"所有的门我都敲过了。"

"怎样呢？"

"没有一个地方不把我撵走。"

"老太婆"推着那人的胳膊，把广场对面主教院旁边的一所矮房子指给他看。

"所有的门，"她又说，"您都敲过了？"

"敲过了。"

"敲过那扇没有呢？"

"没有。"

"去敲那扇去。"

注 释

[1] 本文节选《悲惨世界》第一部第二卷《沉沦》。本文译者为李丹、方于。

[2] 茹安港（Juan）在戛纳附近，拿破仑在此登陆时曾发出宣言。

[3] 替拿破仑当向导。

[4] 拿破仑，金币名，值二十法郎。

[5] 一法里等于现在的四公里。

[6] 佐马洛德（tsoCmaraude），法国境内阿尔卑斯山区的方言，即野猫。

[7] 指 16 世纪中叶法国新旧两派宗教进行的战争。

作家·作品

维克多·雨果（1802～1885），19 世纪法国浪漫主义代表作家；1802 年生于法国白桑松，上有兄长二人，父亲为拿破仑麾下大将；少年时期家庭因父亲职业而追随军旅迁徙各处，虽然家庭环境困难，仍然持续接受教育；1815 年，与兄长进入寄读学校就学，兄弟均成为学生领袖；1816 年，雨果在 16 岁时已能创作杰出的诗句，21 岁时出版诗集，声名大噪。1845 年，法王路易·菲利普绶予其上议院议员职位，自此专心从政。1849 年法国大革命爆发，法王路易被处死刑。雨果于此时期四出奔走鼓吹革命，为人民贡献良多，赢得新共和政体的尊敬，晋封伯爵，并当选国民代表及国会议员。3 年后，拿破仑三世称帝，雨果对此大加攻击，因此被放逐国外。此后 20 年间各处漂泊，此时期完成小说《悲惨世界》（Les Miserables），同名音乐剧即依此小说改编而成。1870 年法国恢复共和政体（第二共和），雨果亦结束流亡生涯，回到法国。1885 年，雨果以 83 岁高龄辞世，于潘德拉举行国葬。

就《悲惨世界》在内容上的丰富、深广与复杂而言，它在雨果数量众多的文学作品中居于首位，《悲惨世界》问世以来，已有一个多世纪，它在时间之流的大海上傲然挺立，它是不同时代、不同国度的千千万万人民，不断造访的一块艺术胜地，而且将永远是人类文学史中一块不朽的胜地。

1. 试分析冉阿让的性格特征？
2. 了解法国巴黎大革命的时代背景。

拓展·阅读

1. ［法］维克多·雨果：《巴黎圣母院》。
2. ［法］维克多·雨果：《世纪传说》。
3. ［法］维克多·雨果：《九三年》。
4. ［法］维克多·雨果：《笑面人》。

参考文献

1. 蓝开祥主编：《战国策名篇赏析》，北京十月文艺出版社1991年版。
2. 吴相洲主编：《大学语文》，高等教育出版社2016年版。
3. 薛锡振主编：《大学语文》，厦门大学出版社2003年版。
4. 王步高主编：《大学语文》，南京大学出版社2006年版。
5. 郭兴良、周建忠主编：《中国古代文学》，高等教育出版社2009年版。
6. 黄伟敏主编：《唐宋词精选》，安徽人民出版社2005年版。
7. 乔象钟、陈铁民主编：《唐代文学史》，人民文学出版社1995年版。
8. 林庚：《中国文学简史》，北京大学出版社2007年版。
9. 于非主编：《中国古代文学教程》，高等教育出版社2009年版。
10. 张新吾：《唐诗四百首注释赏析》，中国工人出版社1993年版。
11. 李炳海、魏强主编：《中国文学课堂》，吉林人民出版社2004年版。
12. 马跃、杨睿主编：《大学语文》，吉林人民出版社2004年版。
13. 徐中玉、齐森华主编：《大学语文》，华东师范大学出版社2013年版。
14. 朱家钰主编：《大学语文》，中国方正出版社、法律出版社1999年版。
15. 罗玉峰、卢学英、黎爱斌主编：《大学语文》，武汉大学出版社2006年版。
16. 徐中玉主编：《大学语文》，高等教育出版社2012年版。
17. 杨宽：《战国史》，上海人民出版社2010年版。
18. （西汉）司马迁：《史记·匈奴传》，中华书局2013年版。
19. 丁帆、朱晓进、徐兴无主编：《新编大学语文》，外语教学与研究出版社2005年版。
20. 梁启超：《饮冰室合集》，中华书局2015年版。
21. 瞿蜕园选注：《通鉴选》，中华书局2015年版。
22. （唐）韩愈：《昌黎先生集》。
23. 王小波：《我的精神家园》，文化艺术出版社2002年版。
24. 王小波：《沉默的大多数》，中国青年出版社1999年版。
25. 邓中龙：《唐代诗歌演变》，岳麓书社2005年版。

26. 余福智编著：《唐诗底蕴》，中南大学出版社 2005 年版。
27. 张中宇：《白居易〈长恨歌〉研究》，中华书局 2005 年版。
28. 赵翼：《瓯北诗话》，人民文学出版社 1963 年版。
29. 朱东润主编：《中国历代文学作品选》，上海古籍出版社 2002 年版。
30. 游国恩等主编：《中国文学史》，人民文学出版社 2002 年版。
31. 周国强编：《北京青年现代诗十六家》，漓江出版社 1986 年版。
32. 谢冕、洪子诚主编：《中国当代文学作品精选》，北京大学出版社 2015 年版。
33. 万夏、潇潇主编：《后朦胧诗全集》，四川教育出版社 1993 年版。
34. 吴晓东：《阳光与苦难》，文汇出版社 1999 年版。
35. 燎原："孪生的麦地之子——骆一禾，海子及其麦地诗歌的启示"，载崔卫平编：《不死的海子》，中国文联出版社 1999 年版。
36. 周俊、张维编：《海子，骆一禾作品集》，南京出版社 1991 年版。
37. 许道军："'幻象的死亡'和'真正的死亡'——论海子的死亡哲学"，载《巢湖学院学报》2004 年第 5 期。
38. 《顾城文选》，北方文艺出版社 2005 年版。
39. 顾城：《顾城的诗》，人民文学出版社 2010 年版。
40. 王庆生主编：《中国当代文学作品选》（台港澳版），华中师范大学出版社 1998 年版。
41. 洪子诚、孟繁华主编：《当代文学关键词》，广西师范大学出版社 2002 年版。
42. 张钟等：《中国当代文学》，北京大学出版社 1998 年版。
43. 陈晓明主编：《现代性与中国当代文学转型》，云南人民出版社 2003 年版。
44. 邓光东、陈公仲主编：《世界著名华文女作家传/台湾卷》，百花洲文艺出版社 1999 年版。
45. 李碧华：《霸王别姬》，香港天地图书有限公司 1989 年版。
46. 李碧华：《霸王别姬　青蛇》，花城出版社 2001 年版。
47. 胡智锋：《影视文化论稿》，北京广播学院出版社 2001 年版。
48. 公子羽：《时间的灰》，汉语大词典出版社 2005 年版。
49. 魏海军等编：《香港制造》，北京现代出版社 2003 年版。
50. 王怡：《载满鹅的火车——我看电影》，湖南美术出版社 2002 年版。
51. 戴锦华：《雾中风景》，北京大学出版社 2004 年版。
52. 武晔岚、赵正节编著：《电影百年佳片赏析》，中国长安出版社 2005 年版。
53. 卫西谛、黄小璐、徐震主编：《后窗看电影》，广西师范大学出版社 2005 年版。
54. 郑树森编：《文化批评与华语电影》，广西师范大学出版社 2003 年版。
55. 庄园：《重构女性话语》，汕头大学出版社 2003 年版。
56. 周江：《男人的性格电影课》，华文出版社 2004 年版。

57. 王恩泽编著：《50 部必知的电影经典》，北京工业大学出版社 2006 年版。

58. ［美］海姆·G. 吉诺特：《孩子，把你的手给我》，京华出版社 2007 年版。

59. 王栋生主编：《现代教师读本人文卷》，广西教育出版社 2008 年版。

60. 《曹禺选集》，人民文学出版社 2004 年版。

61. 陈瘦竹、沈蔚德："曹禺剧作的语言艺术"，载《钟山文艺丛刊》1978 年第 2 期。

62. 丁西林：《丁西林剧作全集（上册）》，中国戏剧出版社 1985 年版。

63. 丁西林：《一只马蜂及其他独幕剧》，北京大学现代评论社 1925 年版。

64. 孙庆升编：《丁西林研究资料集》，中国戏剧出版社 1986 年版。

65. 陈白尘、董健主编：《中国现代戏剧史稿》，中国戏剧出版社 1989 年版。

66. 王震东："丁西林评传"，载《戏曲艺术》1983 年第 3 期。

67. 北京大学中文系教研室选注：《先秦文学史参考资料》（《诗经》部分），中华书局 1990 年版。

68. （北宋）朱熹注：《诗集传》，上海古籍出版社 1980 年版。

69. 《毛诗正义》，上海古籍出版社 1990 年版。

70. 夏传才：《诗经研究概要》，中州古籍书社 1982 年版。